대학,

정치를 배우다

고전오디세이 08

대학, 정치를 배우다

아름다운 순우리말 번역의 새로운 주석서

정천구

산지니

서문

성리학자들이 『예기』의 한 편에서 독립시켜 경전의 반열에 올린 『대학』은 1700여 자의 한문으로 이루어진, 매우 짧은 고전이다. 따라서 원문의 번역과 간단한 주석 작업만 해서는 단행본으로 내놓기 어렵다. 그러나 유교 정치의 요체를 간략하게 서술한 고전이므로 좀 더 자세하게 풀이할 필요가 있어서 풍부한 역사적 사실들을 끌어와서 사족으로 덧붙였다. 이리하여 단행본으로 내놓을 만한 분량이 되었다.

2016년 10월 초에 『대학』의 번역과 풀이 작업에 들어갔다. 이 작업을 하는 동안에 최순실의 국정 관여 문제가 더욱 불거지고 마침내 '박근혜 게이트'로 확대되었다. 그리고 '박근혜 퇴진'을 외치는 시민들의 촛불시위가 본격적으로 전개되고 이어졌다. 마침내 12월 9일, 국회에서 대통령 탄핵안이 가결될 즈음에 나의 『대학』 주석서도 탈고되었다. 두어 달이 걸린 셈이다.

묘한 느낌이 일었다. 이미 2015년 3월부터 8월까지 국제신문을 통해 '한비자 21세기 제국을 말하다'(2016년에 『한비자 제국을 말하다』로 출판되었다)라는 기획물을 연재하면서 박근혜 대통령과 그 정부의 행태에 대해 조목조목 비판하는 글을 매주 썼던 터에 또 유교의 정치 교과서인 『대학』 주석서를 쓰는 동안에 탄핵이 결정되었다니 말이다. 통치의 원칙과 기본을 몰랐고 헌정 질서를 문란케 했으니, '박근혜 게이트'는 그야말로 무지와 무능의 절묘한 조화가 빚어낸 사태였다.

동아시아에서는 거의 3천 년 동안 당대의 정치를 위해 역사를 거울로 삼아 왔다. 군주들마다 툭 하면 옛 성왕들을 거론하며 통치를 운운했고, 지식인이라면 누구나 역사를 끌어대며 논쟁을 벌이고 또 군주에게 간언했다. 역사 속에 당대의 정치가 투영되어 있다고 여겼기 때문이다. 그럼에도 얼마나 많은 통치자들이 비슷한 과오를 거듭 저질렀는지, 얼마나 많은 지식인들과 정치인들이 그릇된 행태를 되풀이해 왔는지. 인간의 망각과 우둔함에 혀를 내두르지 않을 수 없다. 이 망각과 우둔함은 오늘날에도 여전해서 이 나라에서뿐만 아니라 전 세계 곳곳에서 끊임없이 목격되고 있다.

왜 21세기 지금에 굳이 2천 년 전의 『대학』을 장황하게 풀이하고 출판하느냐고 묻는 이가 있다면, 대한민국의 최근 10년 정치를 돌아보라는 말로도 충분히 대답이 되리라 생각한다. 물론 『대학』은 2천 년 전에 쓰였다. 그때는 군주가 통치하던 시대였다. 이제는 시민 또는 국민이 주권자인 민주주의 시대다. 군주정과 민주정이 전혀 다른 제도임은 분명하다. 그렇지만 정치가 한 나라의 구성원 모두를 잘 살게 해주는 행위여야 한다는 점에서는 전혀 다르지 않다. 더구나 이제는 정치가들뿐만 아니라 시민들도 정치에 적극적으로 관심을 갖고 또 감시의 눈길을 주어야 한다. 그렇게 하지 않으면 또 다른 게이트가 음지에서 싹을 틔운다. 이런 점들을 분명히 하기 위해서 길게 글을 썼다.

물론 『대학』 주석서를 내는 데에는 사사로운 동기도 작용했다. 2009년에 어쩌다 『논어, 그 일상의 정치』를 내놓고 그것으로 끝날 줄 알았다가 시민강좌를 위한 교재로 쓰기 위해 『중용, 어울림의 길』을 2013년에, 『맹자, 시대를 찌르다』를 2014년에 잇달아 내놓았다. 그렇게 하는 바람에 사서(四書)의 마지막 한 권도 내버려둘 수 없었다. 굳이 구색을 갖추려는 의식이 작용한 셈이다. 성리학적 해석의 틀에서 벗어난 번역과 주석이 필요하다는 일관된 의식과 사명감도 작용했다.

사실, 이 책은 1년 전에 나올 수 있었다. 2016년 연말에 친분이 있던 조봉권 기자(국제신문 문화부장)의 전화가 없었더라면. 신문에 날마다 연재되는 '한자 코너'가 있는데, 그 필자가 올해(2016년)까지만 하고 붓을 놓겠다고 해서 다른 필자를 물색해 달라는 전화가 온 것이다. 기실은 내가 맡아서 해주었으면 하는 것이 속셈인 듯했다.

그러나 한 주일에 엿새 동안 날마다 원고지 5-6매 분량의 글을 쓰는 일은 고수라 해도 버거운 일이다. 다른 누구에게 부탁하기도 어렵고 또 부탁할 사람도 딱히 없었다. 그렇다고 내가 맡기도 부담스러웠다. 그때 문득 막 작업을 끝낸 『대학』 주석서를 연재해 보면 어떨까 하는 생각이 들었다. 그래서 "내가 할까 하는데, 이미 다 쓴 원고로 코너를 진행해도 되느냐?"고 물었더니, 기꺼이 받아들여주었다.

2017년 1월 1일자 신문부터 '대학에서 정치를 배우다'라는 제목으로 날마다 토막글이 연재되었다. 그리고 2018년 1월 2일, 305회로 끝났다. 이미 완성된 원고를 가지고 연재한 것이지만, 하나의 고전 텍스트를 주석하고 풀이하는 내용을 신문에 연재한 경우는 없었던 것으로 안다. 그것도 날마다. 조 기자도 나 자신도 그 점에 의의를 부여하며 잘 마무리된 것을 은근히 기뻐했다.

연재가 끝나고 한 달가량 다시 글의 차례와 전체 내용을 검토하고 손질을 하면서 부록으로 『예기』의 한 편인 「학기(學記)」와 『순자』의 「해폐(解蔽)」를 덧붙였다. 이 둘은 『대학』의 내용을 보완해주는 글들로서 함께 읽어두면 유익하리라 생각했다. 이렇게 마무리해서 '대학, 정치를 배우다'는 제목을 달았다.

끝으로 이 원고를 꼼꼼하게 읽고 오자와 탈자, 어색한 문장 등을 지적해준 박이현, 김태균, 이치훈에게 고마움을 표한다. 그리고 이 원고를 책으로 탈바꿈해주느라 애써주신 산지니 식구들께도 감사드린다.

2018년 2월 4일 입춘을 보내며

금정산 기슭에서 정천구 쓰다

차례

『대학』, 유교 정치학의 교과서

고전으로서 『대학(大學)』은 사서(四書)라는 명칭과 관련이 깊다. 사서는 『논어(論語)』, 『맹자(孟子)』, 『중용(中庸)』, 『대학』을 가리키는 말이다. 이 넷은 유학이 사상적으로 한 차례 대대적인 혁신을 꾀하여 이른바 성리학(性理學), 주자학(朱子學), 이학(理學), 도학(道學) 따위로 일컬어지는 신유학(新儒學)으로 거듭나면서 유교의 핵심 경전이 되었다. 시기적으로는 대략 남송(南宋, 1127~1279) 시대로 볼 수 있다. 주자학이라는 명칭에서도 짐작할 수 있듯이 특히 주희(朱熹, 1130~1200)가 사서에 주석을 단 사서집주(四書集註)를 낸 것이 결정적이었다.

주희는 「독대학법(讀大學法)」이라는 글에서 이렇게 말했다.

> 『논어』와 『맹자』는 일에 따라서 묻고 답하였으므로 그 요령을 엿보기 어려운데, 오직 『대학』은 공자께서 옛 사람들이 학문하던 큰 방법에 대해 말씀하신 것을 증자가 적고 또 그 문인들이 이어서 그 뜻을 밝혀 적은 것이다. 그리하여 앞뒤가 서로 말미암아 전체의 계통이 다 갖추어져 있으니, 이 책을 곱씹어서 맛보면 옛 사람이 학문을 하며 지향했던 바를 알 수 있다. 그런 뒤에 『논어』와 『맹자』를 읽으면 들어가기가 수월하니, 나중에 공부하는 것이 아무리 많더라도 그 대체는 이미 서 있게 된다. (語孟隨事問答, 難見要領, 惟大學是曾子述孔子說古人爲學之大方, 而門人又傳述以明其旨. 前後相因, 體統都具, 玩味此書, 知得古人爲學所向. 却讀語孟, 便易入, 後面工夫雖多, 而大體已立矣.)

흔히 사서를 공부할 때 가장 먼저 『대학』을 읽고 그다음에 『논어』와 『맹자』, 『중용』의 순서로 읽어야 한다고 말하는데, 그것은 주희가 강조한 데 따른 것이다. 그로부터 『대학』은 유교 경전의 입문서로 또 개론서로 간주되었다. 그런데 『대학』은 본래 '예법에 관한 포괄적인 기록'인 『예기(禮記)』 마흔아홉 편 가운데 한 편이었다. 이를 신유학자들이 독립시켜서 따로 경전의 반열에 올려놓으며 중시했던 것이다.

그런데 신유학자들은 『예기』에 있던 글을 그대로 두지 않았다. 북송(北宋, 960~1127) 시대의 정명도(程明道, 1032~1085)와 정이천(程伊川, 1033~1107) 형제가 『예기』의 원문은 차례가 잘못되었고 잘못된 글자도 있다고 하여 재편집해서 개정본을 내놓았다. 두 형제의 학문을 사숙(私淑)하여 그 사상을 이어받은 주희가 다시 개정하여 내놓은 것이 바로 『대학장구(大學章句)』이며, 오늘날 널리 읽히는 『대학』은 곧 이 『대학장구』다. 이리하여 본래 『예기』에 있던 '대학'은 따로 『고본대학(古本大學)』이라 불린다.

삼례(三禮)와 『예기』

늘그막에 공자는 "너무나 내가 약해졌구나! 꿈에 주공을 다시 뵙지 못한 게 이리도 오래되었으니!"(甚矣, 吾衰也! 久矣, 吾不復夢見周公!)라고 탄식했다. 공자가 얼마나 주공(周公)을 그리워하며 본받으려 했는지 잘 드러나 있다. 주공은 상(商) 왕조를 무너뜨리고 주(周, 기원전 1145~기원전 256) 왕조를 일으킨 무왕(武王)의 아우로서, 바뀐 왕조의 토대가 될 문물과 제도를 정비한 인물로 알려져 있다. 공자가 강조한 인(仁)과 예악(禮樂)도 주공에서 비롯되었다고 한다. 비록 공자 스스로 "이어서 전하되 짓지 않았다"는 '술이부작(述而不作)'을 강조하기는 했으나, 공자가 시대에 맞게 재해석하고 새로운 의미를 덧붙임으로써 그 함의가 사뭇 달라졌다고 보는 것이 타당하다.

공자가 주 왕조의 예악을 중시하자 후대의 유자들도 대개 이를 따랐다. 순자(荀子)가 「예론(禮論)」과 「악론(樂論)」을 지은 이유도 유가 정치의 고갱이가 예악에 있다는 판단 때문이었다. 순자를 거쳐 마침내 한대(漢代)에 이르자 주나라의 문물과 제도, 특히 예악에 대한 광범위한 기록과 편집이 시도되었다. 현재 전해지고 있는 것으로는 『주례(周禮)』와 『의례(儀禮)』, 『예기(禮記)』가 있다. 이 셋을 흔히 '삼례(三禮)'라 부른다.

『주례』는 주 왕조의 관료 제도에 대한 기록인데, 절반쯤은 문헌을 바탕으로 하였고 절반쯤은 상상으로 빚어낸 것이었다. 단순히 예법에 대한 책이 아니라, 법률이나 법제(法制)에 관한 책이다. 『의례』는 사(士) 계층에서 실행되었던 갖가지 의례, 가령 관례(冠禮)나 혼례(婚禮), 상례(喪禮), 제례(祭禮), 상복(喪服)의 규정, 향음주례(鄕飮酒禮) 따위를 자세하게 기록한 책이다. 대략 춘추시대(春秋時代, 기원전 770~403)부터 전국시대(戰國時代, 기원전 403~221)를 거쳐 한대(漢代, 기원전 202~기원후 220)에 이르기까지 행해진 의례라고 볼 수 있으며, 당시의 풍속과 종교, 윤리 등을 두루 알 수 있는 자료다.

『예기』는 제도나 예법뿐만 아니라 그런 것들에 대한 견해나 이론도 꽤 기술하고 있어서 철학적인 내용이 훨씬 풍부하다. 이 『예기』의 제31편이 역시 성리학에서 중시하게 된 『중용(中庸)』이며, 제42편이 바로 『대학』이다. 『중용』이 인간과 만물의 근본 원리를 간략하게 서술한 것이라면, 『대학』은 유가의 정치란 무엇인지를 간결하게 총괄한 글이다.

수신(修身)이 아닌 치국(治國)의 교과서

주희는 '대학(大學)'을 "대인(大人)의 학문(學問)"으로 풀이한다. 대학이 대인의 학문이라면, 소인(小人)의 학문도 있을 법하다. 물론 여기서 소인은 흔히 말하는 소인배의 소인이 아니라 어린 사람을 뜻한다. 어린 사람을 위한 학문으로는 소학(小學)이 있다. 『소학(小學)』이라는 책도 있다. 그런데 『소학』은 『예기』가 편찬될 때 있었던 책이 아니다. 주희가 지시하여 그 제자 유자징(劉子澄)이 편찬한 책이다.

『소학』은 유교의 기본적이고 필수적인 도덕규범을 아동들에게 가르치기 위해 갖가지 경전(經典)과 서책(書冊) 들에서 긴요한 내용들을 가려 뽑아 완성한 것이다. 흔히 소학의 공부를 간단하게 '쇄소응대(灑掃應對)'라고 하는데, 쇄는 물 뿌리는 일을, 소는 마당 쓰는 일을, 응대는 손님을 맞이하거나 어른이 부를 때 대답하는 것을 뜻한다. 이는 어린 사람이 어른이 되어 생활할 때 반드시 필요한 기본적인 예법들을 익히는 과정이다.

이렇게 신유학이 등장한 뒤에는 유자의 길을 가려는 이라면 반드시 먼저 『소학』을 익히고 그다음에 『대학』을 읽어야 했다. 문제는 본래의 『대학』이 아니라 주희가 개정한 『대학장구(大學章句)』를 읽으며 주희의 해석을 주로 따랐다는 사실이다. 성리학적 이념이 공고해진 조선후기에는 주희의 해석에 의문을 제기하거나 주희와 다른 해석을 가하면, 이른바 '사문난적(斯文亂賊)'으로 내몰렸다. 이는 학문과 사상에서 전제(專制)와 횡포(橫暴)를 일삼은 것인데, 이것이 결국 창조적인 사유를 가로막아 정치 · 사회 · 경제 · 문화 · 군사 각 방면에서 정체(停滯)가 일어난 이유였다. 또 성리학적 관점에서는 『대학』을 주로 수신(修身)의 차원에서 이해하고 그치는데, 이는 『대학』 본래의 의의에서 벗어난 것이다.

『대학』은 본디 치국(治國)의 요체를 다룬 글이다. 후한(後漢) 때의 정현(鄭玄, 127~200)은 『대학』을 "넓게 배워 정치를 하는 데 활용하는 바탕"으로 생각했다. '대학(大學)'의 뜻을 소박하게 말하면, "큰 배움 또는 크게 배운다"가 된다. 달리 말하면, "큰일을 위한 학문 또는 큰일을 배운다"로 풀이할 수 있는데, 이때 큰일이란 바로 통치 또는 정치다. 나라를 다스리며 백성을 교화하는 일이 유가에서는 가장 중요하고 큰일이었다. 바로 그런 큰일을 하기 위해서 갖추어야 할 덕목이나 능력이 무엇이며, 어떻게 배울 것인가에 대해 간결하게 적고 있는 책이 『대학』이라는 말이다.

육가(陸賈)와 고조(高祖)

육가(陸賈, 기원전 240?~170?)는 한고조(漢高祖) 유방(劉邦, 기원전 247?~195) 앞에 나아가 말할 때면 늘 『시경(詩經)』과 『상서(尚書)』를 들먹였다. 그러자 짜증이 난 고조가 꾸짖듯이 말했다.

"나는 말 위에서 천하를 얻었는데, 어찌 『시경』이나 『상서』 따위를 섬기겠소!"

그러자 육가가 이렇게 대답했다.

"말 위에서 천하를 얻기는 했으나, 어찌 말 위에서 천하를 다스릴 수 있겠습니까? 저 상(商) 왕조를 일으킨 탕왕(湯王)과 주(周) 왕조를 일으킨 무왕(武王)은 무력으로 천하를 얻었으나 이치를 따라 천하를 지켰습니다. 문무(文武)를 아울러 쓰는 것이 나라를 길이 보존할 수 있는 방법입니다. 옛날 오(吳)나라 왕 부차(夫差)와 진(晉)나라의 지백(智伯)은 무력만 지나치게 쓰다가 망했고, 진(秦) 제국은 형법만을 쓰고 변통(變通)하지 않은 탓에 결국 멸망했습니다. 만일 진 제국이 천하를 아우른 뒤에 인의(仁義)를 실행하고 옛 성인들을 본받았다면, 폐하께서 어찌 천하를 차지할 수 있었겠습니까?"

고조는 언짢게 여기면서도 부끄러움도 느끼며 육가에게 말했다.

"나를 위해 진 제국이 천하를 잃게 된 까닭과 내가 천하를 얻게 된 까닭이 무엇인지, 또 옛 나라들이 정치에서 성공하거나 실패한 까닭이 무엇인지 글을 지어 주시오."

이에 육가는 국가 존망의 징후에 대해 거칠게나마 서술하여 모두 열두 편을 지었다. 그가 한 편씩 올릴 때마다 고조가 훌륭하다고 칭찬하지 않은 적이 없었고, 좌우 신하들도 만세를 불렀다. 그 책을 『신어(新語)』라 한다. 육가의 이 책은 지금도 전하고 있다.

위 이야기는 『사기(史記)』 「역생육가열전(酈生陸賈列傳)」에 나온다. 육가는 한나라 초기의 정치가이자 사상가다. 그가 한 말인 "말 위에서 천하를 얻기는 했으나, 어찌 말 위에서 천하를 다스릴 수 있겠습니까?"(居馬上得之, 寧可以馬上治之乎?)는 후대에 "말 위에서 천하를 얻을 수 있으나, 말 위에서 천하를 다스릴 수는 없다"는 말로 널리 회자되었다.

흔히 "창업(創業)보다 수성(守成)이 어렵다"고 하는데, 이는 창업은 한때의 책략만으로 가능하나 수성은 장구한 계책을 필요로 하기 때문이리라. 육가는 이를 잘 꿰뚫고 있었다. 그래서 한 고조에게 무력과 책략으로써 천하를 차지할 수는 있어도 거대한 제국의 질서를 유지하고 지속시켜 나가기 위해서는 제국에 걸맞은 정치 철학과 제도, 방략이 필요하다고 역설했던 것이다.

이제 한국을 보라. 오로지 경제성장을 지향하면서 간과해서는 안 될 부정과 모순, 부조리, 불평등과 차별 따위를 애써 외면해온 탓에 경제뿐만 아니라 정치와 외교, 군사, 문화, 교육 각 방면에서 갖가지 심각한 문제들이 불거져 나오고 있지 않은가. 오랫동안 쌓이고 쌓여서 쉽사리 해결할 수 없는 거대한 적폐(積弊)가 되어 있지 않은가. 2016년 하반기에 온 나라를 들쑤신 '박근혜 게이트'는 그 축도(縮圖)라 할 만하다. 육가의 말투를 빌려 말하자면 이렇다.

"경제로써 나라를 일으켰으나, 경제만으로는 지속적으로 융성하기 어렵다!"

이제 참으로 민주주의에 입각한 정치가 무엇인지를 심각하게 고민하고 심도 있게 논의해야 한다.

가의(賈誼)와 개혁(改革)

앞서 육가는 "진(秦) 제국은 형법만을 쓰고 변통하지 않은 탓에 결국 멸망했다"고 말했다. 진 제국은 중국 최초로 천하를 일통(一統)하여 거대하고 강력한 중앙집권 국가를 이루었으나 불과 15년 만에 무너졌다. 육가가 보기에는 법가의 통치술로 천하를 일통할 수는 있었으나 그 천하를 이어갈 수는 없었던 것이다. 말하자면 새로운 제국에 걸맞은 통치 이념과 질서, 제도를 다시 마련해야 했음에도 그렇게 하지 못했다는 말이다. 그런데 그게 어디 쉬운 일인가? 진 제국을 이은 한(漢) 제국도 처지는 마찬가지였다.

항우(項羽)의 강력한 군대에 밀려 수세에 몰렸던 유방은 해하(垓下)의 전투에서 승리를 거둠으로써 단번에 천하를 차지했다. 기원전 202년의 일로, 진 제국 몰락으로부터 불과 5년이 지났을 뿐이다. 그러니 다시금 천하가 통일되었다고 해도 쉽게 안정을 찾기는 어려웠다. 실제로 고조 유방이 통치할 때도 곳곳의 제후왕(諸侯王)들이 모반(謀叛)하고 또 북방의 흉노가 남하하여 불안과 위기가 지속되었다.

고조 사후에는 여태후(呂太后)가 권력을 잡고 여씨(呂氏) 일족들이 전횡을 일삼는 바람에 위기가 더욱 고조되었다. 이윽고 여태후가 죽자 태위(太尉) 주발(周勃)과 승상(丞相) 진평(陳平) 등이 여씨 일족을 제압하고 대왕(代王)으로 있던 고조의 넷째 아들 유항(劉恒)을 맞아들여 옹립했다. 그가 문제(文帝, 기원전 180~157 재위)다. 문제가 즉위하면서 비로소 제국의 기틀이 다져져서 안정적으로 통치할 수 있는 계기가 마련되었다.

문제는 제국에 걸맞은 새로운 정치 제도를 마련하고 사회의 기강을 확립해야 하는 난제를 떠맡았다. 이를 정치적 기반이 취약한 상태에서 대신들과 제후왕들의 눈치를 보면서 실행해야 했으므로 여간 어려운 일이 아니었다. 따라서 경륜과 행정 능력을 갖춘 인재가 절실하게 요구되었는데, 그때 두각을 나타낸 이가 가의(賈誼, 기원전 200~168)다.

가의는 유가사상을 토대로 개혁적인 정책을 개진했다. 법령을 간략하게 하고 형벌을 줄여야 하며, 중농억상(重農抑商) 정책을 통해 사회의 안정과 부를 축적해야 하며, 장안에 거주하면서 권세를 부리던 제후들을 각자의 봉지(封地)로 돌아가게 하여 제후들의 세력을 약화시켜야 하며, 흉노를 무력화시키기 위해서는 여러 가지 방책을 써야 한다는 등 개혁안을 내놓았다. 그러나 주발 등 대신들이 "나이도 어리고 학문도 얕은데, 권력을 독점해서 정치를 어지럽히려 한다"며 강력하게 반대했고, 문제도 이를 무시하지 못해 결국 가의를 멀리해야 했다. 그럼에도 문제는 가의의 개혁안을 완급을 조절하며 적절하게 실행하여 통치의 기반을 다지고 대내외적으로 안정된 정치를 펼칠 수 있었다.

가의의 사상과 정책에 대해서는 그의 글들을 모아 놓은 『신서(新書)』를 통해 알 수 있다. 『신서』를 보면, 물자 비축과 화폐 주조에 관한 문제나 풍속을 바로잡는 일, 제후와 흉노의 문제 등 당시의 주요한 문제들부터 정치와 학문, 예법 따위에 이르기까지 다루지 않은 게 거의 없다. 가의의 사상은 간단히 말해 인의(仁義)와 예악을 바탕으로 법가(法家)의 통치술을 아우른 것이었다. 그 사상은 육가의 사상과 더불어 한 제국이 유교국가가 되는 데 크게 기여했다. 이는 『대학』을 이해하는 데 중요한 실마리가 되는 사실이기도 하다.

무제(武帝)와 태학(太學)

한 제국을 안정시킨 문제는 학문하는 선비들을 등용하기는 했으나, 그리 적극적이지는 않았다. 이어 제위에 오른 경제(景帝, 기원전 157~141 재위)는 강성해진 제후들을 굴복시켜야 하는 입장에 있었으므로 인의의 정치를 펼 겨를이 없었다. 경제는 즉위 3년째에 일어난 '오초칠국(吳楚七國)의 난'을 제압하기 위해 자신이 아끼던 어사대부 조조(鼂錯)를 서슴없이 희생시킬 정도로 냉철하고 냉혹한 군주였다. 한마디로 법가적 군주의 성향이 강한 황제였다.

이윽고 경제를 이어 즉위한 무제(武帝, 기원전 141~87 재위)가 유학(儒學)에 관심을 가지고 유학에 밝은 선비들을 대거 기용했다. 이때 중용(重用)되어 유학이 정치 이념으로 자리 잡을 수 있게 한 인물이 공손홍(公孫弘, 기원전 200~121)과 동중서(董仲舒, 기원전 176~104)다. 특히 동중서는 "다른 모든 학파를 물리치고 오로지 유학을 높인다"는 '파출백가, 독존유술(罷黜百家, 獨尊儒術)'의 정책을 강력하게 주장한 인물이다. 동중서를 통해 유학은 국가의 이데올로기가 되고 나아가 제도로 정착되기에 이르렀다.

『한서(漢書)』의 「동중서전」에 "태학을 세워 도성 안에서 가르침을 펴고, 상서를 만들어 고을에서 교화를 편다"(立大學以教於國, 設庠序以化於邑)는 구절이 나온다. 무제는 『시경』·『상서』·『예기』·『주역』·『춘추』의 오경(五經)을 중시하여 각각에 박사(博士)와 박사제자(博士弟子)를 두었으며, 이와 더불어 관리 양성을 위해 태학(太學)을 설립했다. 이는 공손홍과 동중서의 건의에 따른 것이었다.

태학은 관리 양성을 위한 국립대학으로, 교육과 정치가 어우러지는 곳이다. 이는 학문이 실제로 정치를 통해 세상에 쓰이는 것임을 의미하며, 『대학』이 지향하는 바이기도 하다. 大學(대학)이 본래 학문이면서 교육기관을 나타내는 말이었고, 교육기관을 가리킬 때는 '태학'으로 읽혔다는 사실에서도 확인된다.

오늘날 대학도 사회에 쓸모 있는 인재, 각 분야에서 자신의 능력을 발휘할 수 있는 인재를 양성한다고 표방하고 있으므로 태학과 유사한 면이 어느 정도 있다. 그런 점에서 역사적 연속성이 있다고 해야 할 것이나, 실상은 그렇지 못하다. 안타깝게도 지금의 대학을 보면, 폐쇄된 이익 집단으로 전락했다는 느낌을 지울 수 없다.

한국의 대학을 보라. 그곳에서 이루어지는 연구와 강의의 수준이 과연 '대학'이라 불릴 만한가? 대학의 학문이 이 사회에 과연 얼마나 쓸모 있는가? 과연 큰 학문이 이루어져 미래를 책임질 동량지재(棟梁之材)를 배출하고 있는가? 대학 진학률이 세계 1위라고 하는데, 사회 곳곳에 이토록 몰상식(沒常識)과 비정상(非正常)이 만연한 까닭은 무엇인가? 학문과 인생의 스승은 드물고 제 밥그릇만 챙기는 교수들이 득시글거리니, 자잘하게 학점에만 매여서 깊은 성찰은 없이 오로지 취직만 고민하는 젊은이들로 가득해서가 아닐까? 지금 21세기에 『대학』을 주목하고 깊이 음미해야 하는 까닭이 여기에도 있다.

『대학』에 바탕을 둔 세종의 정치

『대학』은 유교의 정치 교과서다. 흔히 그 요체를 삼강령(三綱領)과 팔조목(八條目)으로 정리한다. 삼강령은 『대학』의 첫머리에 나오는 "큰 배움의 길은 밝은 덕을 밝히는 데 있고, 백성을 가까이하는 데 있으며, 지극히 좋은 것에 머무는 데 있다"(大學之道, 在明明德, 在親民, 在止於至善)에서 '명명덕'과 '친민'과 '지어지선' 셋을 가리킨다. 『대학』의 나머지는 모두 이 세 강령에 대한 해설이라고 보아도 큰 무리는 없다.

팔조목이란 널리 알려져 있는 수신(修身)·제가(齊家)·치국(治國)·평천하(平天下)의 네 조목에 격물(格物)·치지(致知)·성의(誠意)·정심(正心) 넷을 더한 것이다. 흔히 정치라 하면 치국과 평천하를 생각할 텐데, 이는 정치를 포괄적으로 말했을 때다. 정치의 시작이나 토대로 말하자면 수신과 제가를 빼놓을 수 없다. 수신의 신(身)과 제가의 가(家)는 정치의 대상일 수도 있지만 그보다는 정치의 주체로서 의의가 특히 크다. 이에 견주면 치국과 평천하는 정치의 대상과 외연에 대해 말한 것이라 할 수 있다.

정치나 통치에서 흔히 간과하는 것이 바로 주체의 문제인데, 그 점에서 『대학』은 정치 주체가 어떻게 해야 하는지를 아주 분명하게 제시하고 있다. 정치는 공공의 선을 지향하는 것인데, 만약 정치 주체가 행실이 그릇되고 마음도 바르지 않다면 그가 실행하는 정치가 과연 정치일 수 있을까? 이에 대해서는 우리가 과거의 역사를 통해서뿐만 아니라 현대사에서, 심지어 최근 10여 년 동안에 더욱 확실하게 또 강렬하게 경험한 일이 아닌가?

이렇게 『대학』이 수신과 제가를 중시하고 나아가 세부 항목으로 격물과 치지, 성의, 정심을 자세하게 논한 것은 정치나 통치의 주체야말로 그 성패의 관건이 된다는 인식에서 비롯된 것으로, 이는 오늘날의 민주주의 정치에서도 여전히 유효할 뿐 아니라 오히려 더욱더 긴요하다. 왜냐하면 모든 시민 또는 국민이 바로 정치의 주체이기 때문이다. 『대학』이 정치의 주체 문제를 심도 있게 다룬 것은 그만큼 이것이 쉽사리 간과되기 때문이리라.

정치의 주체는 어떤 사람이어야 하며 또 어떻게 해야 하는지를 누구보다 잘 알고 있었던 이가 세종(世宗)이다. 세종은 자신이 펼칠 정치의 시작을 이 『대학』에서 찾았던 군주다.

세종 즉위년(1418) 10월 7일의 실록을 보면 이렇다.

> 처음으로 경연을 열고 영경연사 박은·이원, 지경연사 유관·변계량, 동지경연사 이지강, 참찬관 하연·김익정·이수·윤회, 시강관 정초·유영, 시독관 성개, 검토관 김자, 부검토관 권도 들이 『대학연의(大學衍義)』를 강론했다. 임금이 말했다.
> "과거를 설치하여 선비를 뽑는 것은 참다운 인재를 얻으려 함인데, 어떻게 하면 선비들이 실속 없이 겉만 화려하게 하는 습

관을 없애게 할 수 있겠소?"

변계량과 이지강 등이 대답하여 아뢰었다.

"초장에서는 의(疑, 경전에서 의심스런 곳을 논술하고 풀이하는 것)와 의(義, 경전의 의의를 해설하는 것)로 경학의 수준을 살펴보고, 종장에서는 대책(對策, 어떤 사건을 어떻게 처리할 것인지 방책을 논구하는 것)으로 그 사람의 알맞은 쓰임새를 살펴보는 것이 처음에 법을 세운 뜻입니다. 요즘 학생들이 실학에 힘쓰지 않으므로 초장에 강경(講經, 과거에서 경서 가운데 어느 구절을 지정하여 등을 돌린 채 외우고 강의하듯이 풀이하는 것)을 하도록 법을 고쳤습니다. 이로 말미암아 영민하고 날카로워 쓸 만한 인재가 모두 무과로 달려갔습니다."

임금이 말했다.

"강경은 가장 어려운 일이어서 지금 비록 변삼재(변계량)를 시켜 강론하게 한들 어찌 다 꿰뚫을 수 있겠느냐?"

이에 영경연사 외에 동지경연사 이상은 하루에 한 사람씩 진강(進講)하고, 시독관 이하는 세 번으로 나누어 진강하며, 참찬관 김익정·이수·윤회 또한 하루에 한 사람씩 진강하라고 명을 내렸다.

(始開經筵, 領經筵事朴訔·李原, 知經筵事柳觀·卞季良, 同知經筵事李之剛, 參贊官河演·金益精·李隨·尹淮, 侍講官鄭招·柳潁, 侍讀官成槪, 檢討官金赭, 副檢討官權蹈等 進講大學衍義. 上曰: "設科取士, 欲得實才, 何以則令士去浮華之習?" 季良·之剛等對曰: "初場以疑義觀經學, 終場以對策觀適用, 此初立法之意也. 近學生不務實學, 改立初場講經之法. 由此, 英銳可用之材, 皆趨武科." 上曰: "講經最爲難事, 今雖使卞三宰講論, 安能盡通乎?" 仍命領經筵外同知經筵以上, 一日一員進講, 侍讀官以下, 分三番進講, 參贊官金益精·李隨·尹淮亦一日一員進講. －『世宗實錄 1년』)

세종은 즉위한 지 꼭 두 달 만에 경연을 열었는데, 경연은 왕이 군주로서 덕성을 함양하고 통치 능력을 갖추기 위해서 현명하고 경륜이 많거나 학식이 풍부한 신하들과 경서(經書)를 강론하면서 정책을 토론하는 제도다. 그런데 세종은 그 첫 번째로 『대학연의』를 선택했다. 『대학연의』는 송나라 때 진덕수(眞德秀, 1178~1235)가 편찬한 책으로, 『대학』의 체제를 빌려서 역사적 사례들을 풍부하게 덧붙여 대폭 보완하고 새롭게 정리한 정치 교과서다.

이 『대학연의』의 특색은 공부의 주체를 군주로 설정했다는 점이다. 과거의 역사를 볼 때 군주가 어떤 인물이며 그가 어떻게 했는가에 따라 나라의 흥망성쇠가 결정되었으며, 또 어떤 인재들을 발탁해서 썼느냐에 따라 정치의 성패가 좌우되었다는 데 따른 것이다. 이는 『대학』의 본령을 꿰뚫어본 것이다. 세종 또한 군주로서 『대학연의』의 주장을 기꺼이 받아들인 셈이다.

세종이 이 책을 고른 것은 위의 말에서도 드러난다. 훌륭한 인재들이 발탁되어 나라를 경영하는 데 긴요하게 쓰여야 통치가 이루어지는데, 당시의 과거제를 통해서는 그런 인재를 얻지 못한다는 인식을 하고 있었다. 말하자면, 과거가 경전의 뜻을 얼마나 깊이 알고 있으며 그것이 세상에 어떻게 쓰일 것인지를 살피지 않고, 경전 구문을 얼마나 잘 외우는가를 시험하는 데서 그쳤다는 뜻이다. 그런 과거로는 결코 유능하고 현명한 인재를 얻기 어려운 것이 사실이다.

세종은 즉위 교서에서 '시인발정(施仁發政)' 곧 "어짊을 베풀어 정치를 실행할" 것을 강조했다. 『대학연의』에도 맹자와 제선왕의 대화가 거론되는데, 바로 '여민동락(與民同樂)' 곧 "백성과 더불어 같이 즐거워한다"는 것이다. 세종 또한 백성의 삶을 편안하고 윤택하게 해주려는 뜻이 강했던 군주다. 이를 위해서는 마땅히 인재를 얻어야 하고, 군주 자신이나 신하들 모두 정치의 근간이나 요체에 대해 깊이 이해하고 있어야 한다. 세종이 『대학연의』를 경연의 첫 교재로 선택한 이유다.

대학을 어떻게 읽을 것인가

『대학연의』로 경연을 시작한 지 닷새째인 10월 12일의 일이다.

> 경연에 나아갔다. 동지경연 이지강이 『대학연의』를 진강하고는 아뢰었다.
> "임금의 학문은 마음을 바르게 하는 것이 근본이니, 마음을 바르게 한 뒤에야 백관이 바르게 되고, 백관이 바르게 된 뒤에야만 백성이 바르게 됩니다. 마음을 바르게 하는 요체는 오로지 이 책에 있습니다."
> 임금이 말했다.
> "그렇소. 경서를 글귀로만 읽는 것은 학문에 아무런 보탬이 없으니, 반드시 마음으로 하는 공부라야 보탬이 있소."
> (同知經筵李之剛進講大學衍義, 且啓曰: "人君學問, 正心爲本, 心正然後, 百官正, 百官正然後, 萬民正. 正心之要, 專在此書." 上曰: "然. 句讀經書, 無益於學, 必有心上功夫, 乃有益矣." －『世宗實錄』)

세종은 '심상공부(心上功夫)' 곧 "마음으로 하는 공부"를 말했다. 마음으로 하지 않는 공부는 진정한 학문이 아니라고 했다. 사실 이는 『대학』을 읽을 때뿐만 아니라 다른 경서나 고전들을 읽을 때도 마찬가지다. 마음으로 읽어야 글에 담긴 뜻을 깊이 느끼고 알며, 읽는 이 자신도 더 깊어지고 넓어진다.

세종 19년 10월 23일의 일이다.

> 경연에 나아갔다. 강독하다가 주문공이 옛말의 잘못을 바로잡

은 대목에 이르러 말했다.

"문공은 진실로 후세 사람으로서는 논의할 대상이 아니다. 그러나 잘못을 바로잡은 말에도 혹 의심스러운 곳이 있다. 그리고 그 자신이 한 말도 또한 의심스러운 곳이 있다. 주자의 문인으로서 스승의 말을 취하지 않은 자가 있었던 것이니, 비록 주자의 말이라도 또한 다 믿을 수는 없을 듯하다."

(講至朱文公矯舊說之非曰: "文公固非後人所可得而議者也. 然矯失之語, 或有可疑處, 且其自爲說者, 亦有可疑處, 朱子之門人, 亦有不取師說者, 雖朱子之說, 疑亦不可盡信也. -『世宗實錄』)

조선은 성리학의 국가다. 성리학은 주문공(朱文公) 곧 주희가 집대성한 학문으로, 그의 해석은 다른 어떤 학자들보다 권위를 갖는다. 그럼에도 세종은 주자의 말이라도 의심스러운 곳이 있을 수 있으므로 다 믿을 수 없다고 했다. 이는 학문하는 이가 지녀야 할 마땅한 자세다. 그럼에도 조선시대 내내 주희의 해석은 더욱더 권위를 가져 마침내 절대적인 권위를 누렸다. 그 결과, 오늘날에도 여전히 주희의 해석을 아무런 의문도 의심도 없이 받아들이고 있는 실정이다. 이 책에서 『대학장구』와 주희의 해석을 밀쳐놓고 『고본대학』을 바탕으로 유교 정치학에 대해 논한 까닭도 학문을 질식시킬 뿐인 권위주의를 타파해야 함을, 해석의 가능성은 늘 열려 있다는 것을, 그래야만 학문이 학문다워지고 또 세상에 쓸모가 있다는 것을 분명히 하고자 함이다.

1장

무엇이 대학의 길인가

1-1

大學之道, 在明明德, 在親民, 在止於至善.

큰 배움의 길은 밝은 덕을 밝히는 데 있고, 백성을 가까이하는 데 있으며, 지극히 좋은 것에 머무는 데 있다.

注釋 도(道)는 추상적이고 형이상학적인 궁극의 무엇을 가리키는 것이 아니라, 현실적으로 사람이 가야만 하고 또 갈 수밖에 없는 구체적인 길을 뜻한다. 명명덕(明明德)에서 앞의 명(明)은 뒤의 명덕(明德)을 밝힌다는 뜻이며, 명덕은 본래 사람이 지닌 밝은 덕을 뜻한다. 덕 자체가 밝은 것인데, 덕의 의미가 퇴색함에 따라 명(明)을 덧붙인 것으로 볼 수 있다. 친(親)은 가깝다, 가까이하다는 뜻이다. 신유학자들은 이 친을 신(新)으로 고쳐 읽었으나, 여기서는 본래대로 했다. 지(止)는 멈추다, 머물다는 뜻이다.

蛇足 대학(大學) 곧 큰 배움이란 궁극적으로는 정치를 위한 밑천을 가리킨다. 흔한 말로 두루 배우고 많이 들어서 안다는 '박학다식(博學多識)'이나 갖가지 책을 널리 읽고 잘 외우는 '박람강기(博覽强記)'는 큰 배움의 시작일 뿐, 이것으로 큰 배움이 온전해지는 것은 아니다. 두루 배우고 아는 것을 바탕으로 자신을 잡도리하거나 사람들과 어우러지거나 사회적으로 또는 국가적으로 큰일을 알맞게 해내는 데에 이르러야 비로소 큰 배움은 완성된다. 여기에서 큰 배움의 길을 셋으로 나누어 말한 것도 이를 분명히 하기 위해서다.

그런데 큰 배움의 길은 '명명덕(明明德)'에서 시작하여 '친민(親民)'에서 완성되는 것이 아닌가, 그것으로 충분하지 않은가 하고 반문할 수 있다. 실제로 그렇다. 친민이야말로 정치의 궁극이고 정치의 완성이라 할 수 있다. 그럼에도 굳이 '지어지선(止於至善)'을 덧붙인 까닭은 무엇인가? 그것은 대학의 도(道) 즉 큰 배움의 '길'을 말하고 있기 때문이다. 길이란 과정이지 목표나 목적지가 아니다. 대체로 도를 목표나 목적으로 여기는 것은 후대의 관념이다. 길은 어디까지나 길이다. 시작점에서 도착점까지 그 가운데에 길게 이어져 있는 것, 그것이 길이다. 그 길이 바로 '지어지선'이라는 말이다. '명명덕'에서 시작되어 '친민'에서 끝나는 정치나 통치의 길은 '지어지선'에서 벗어나서는 안 된다는 뜻이며, '지어지선'에서 벗어나면 정치나 통치가 온전하게 이루어지지 않는다는 뜻이기도 하다.

정치나 종교에서 자신들의 주장을, 자신들의 신앙을 으뜸으로 여기면서 다른 주장이나 신앙을 무조건 배척하며 이단으로 내모는 일은 인류의 역사에서 매우 흔했다. 목표나 목적에 집중하고 집착하면서 그 과정을 간과하거나 도외시한 탓이다. 거의 모든 정치적 주체나 종교인들이 세상을 바로잡는다는 고상하고 이상적인 명분이나 목표를 내세우면서도 도리어 차별과 배척, 폭력과 억압을 저지르며 끊임없이 분란과 분쟁을 조장하는 이유도 여기에서 찾을 수 있다. 『대학』도 세속 정치의 길을 제시하는 유가의 경전이다. 동아시아의 모든 지식인들이 한결같이 외고 있는 '수신제가치국평천하(修身齊家治國平天下)'라는 이상, 그 이상이 자칫 아집과 독선으로 흐를 수 있기 때문에 그 점을 경계하기 위해 반드시 덧붙여야만 했던 것이 '지어지선'이다.

큰 배움의 길

'지어지선'의 길에서 벗어나지 않기 위해 해야 하는 것이 공부, 여기서 말하는 큰 배움이다. 배움은 예나 이제나 쉽지 않다. 배우는 게 즐거울 수는 있어도 쉬울 수는 없다. 배움은 본디 어려운 일이다. 누군가 배우는 게 쉽다고 말한다면, 그가 무엇을 배우며 어떻게 배우는지 의심해 볼 필요가 있다. 살아가는 데 긴요하고 절실한 것을 배우려 했다면, 결코 쉽다고 말하지 못한다. 실천의 문제가 늘 배우는 이의 발목을 잡기 때문이다. 제대로 배운 자가 정치를 맡아야 한다는 말은 그가 실천하며 배웠기 때문이다.

『예기』에는 「학기(學記)」라는 글이 실려 있다. 여기에는 유교의 학문이 무엇이며, 어떻게 가르치고 배워야 하는지, 스승이 해야 할 일은 무엇인지가 일목요연(一目瞭然)하게 정리되어 있다. 거기에 다음의 문장이 나온다.

> 옥은 쪼지 않으면 그릇이 되지 않고, 사람은 배우지 않으면 도를 알지 못한다. 이러하므로 옛 왕들은 나라를 세우고 백성의 군주 노릇을 할 때 가르치고 배우는 일을 먼저 했다. 『상서(尙書)』 「열명」에서 "처음부터 끝까지 늘 배움을 생각하라"고 했는데, 이를 이르는 말이리라!
>
> (玉不琢, 不成器; 人不學, 不知道. 是故古之王者建國君民, 教學爲先. 兌命曰, "念終始典于學," 其此之謂乎!)

"처음부터 끝까지 늘 배움을 생각하라"는 말은 끊임없이 새로운 정치적 상황, 사회 · 경제적 변화에 맞닥뜨리므로 이에 알맞게 대처하기 위해서는 통치자나 정치가들 모두 끊임없이 자신을 새롭게 해야 한다는 뜻이다.

공자는 '유교무류(有教無類)' 즉 배우기를 바라고 찾아온 이라면 그 신분을 묻지 않고 누구에게나 가르쳤다. 공자로부터 사학(私學)이 시작된 까닭이 여기에 있다. 그러면 누가 공자를 찾아가서 배우려 했으며 무얼 배우려 했는가? 벼슬을 하고 싶은 미천한 이들이 찾아가서 인의와 예악의 정치를 배웠다.

그런데 벼슬이라는 목적에 집착하면 얄팍하게 배우는 데서 그치고, 욕심이 앞서면 의도치 않게 옆길로 샌다. 『논어』 「태백(泰伯)」편을 보면, "3년 동안 배우고도 녹봉을 구하려 하지 않는 사람을 얻기는 쉽지 않다"(三年學, 不至於穀, 不易得也)는 구절이 나온다. 대체로 공부를 시작한 지 3년쯤 되면 무언가 큰일을 해낼 수 있을 만한 능력이 생긴 듯이 여겨져 전에 없던 자신감으로 충만해진다. 그럴 때면 당장 세상에 나가서 쓰이기를 바라게 되는데, 바로 그런 때일수록 자신을 돌아보며 더더욱 다져야 한다. 공자처럼 야무진 스승에게서 배워도 3년은 짧은 기간인데, 하물며 공자보다 못하거나 어설픈 스승을 만나면 어떻게 될까?

> 지금의 가르침이란 눈앞의 책을 되풀이해서 읽게 하고 (깊은 뜻을 알게 하지 않으며) 질문을 번다하게 하고 말을 했다 하면 잡다하며, 학습의 진도에만 급급하여 학생의 상황을 돌아보지 않고, 학생이 온 마음을 다 기울일 수 있게 하지 못하며, 그 재능을 다하지 못하도록 가르치니, 가르침을 베푸는 자는 어그러져 있고 가르침을 구하는 이도 어긋나 있다. 그렇기 때문에 배운 것을 숨기려 하고 제 스승을 미워하며, 공부가 어렵다고 힘들어만 하고 그것이 보탬이 되는 줄은 모른다. 이러하니 학업을 다 마쳤더라도 배운 것을 내버리는 일이 참으로 빠르다. 가르침이 올바로 이루어지지 못하는 것은 바로 이 때문이리라! －『예기』「학기」
>
> (今之敎者, 呻其佔畢, 多其訊, 言及于數, 進而不顧其安, 使人不由其誠, 敎人不盡其材, 其施之也悖, 其求之也佛. 夫然, 故隱其學而疾其師, 苦其難而不知其益也, 雖終其業, 其去之必速. 敎之不刑, 其此之由乎! －『禮記』「學記」)

저 옛날의 부실한 교육이 어쩌면 이리도 지금과 비슷한가! 학문을 익힌 자가 정치를 맡아서 해 온 역사가 그토록 오래되었음에도 여전히 올바른 정치가 이루어지지 않고, 이루어져도 달리는 말을 문틈으로 본듯이 짧게 그친 것도 그런 교육 때문이 아닐까? 그럼에도 개개인이 자유롭게 살고 그 사회가 건강하고 한 나라가 부강해지기 위해서는 교육이 바로 서야만 한다는 사실은 변함이 없다. 『대학』은 이 전제에서 출발한다.

덕이란 무엇인가

왜 덕이 아니라 '밝은 덕'인가? 이는 강조한 것이다. 강조한다는 것은 그것을 바라는 마음이 간절하고 절실하다는 뜻이다. 왜 간절하고 절실한가? 사람들이 어우러져 살아야 하는 데 긴요한 것, 집안을 가지런히 하거나 나라를 다스리거나 천하를 태평하게 하는 데 없어서는 안 될 것이기 때문이다. 그러면 그냥 덕이라고 할 것이지, 왜 구태여 밝은 덕이라 했는가? 이는 『대학』이 쓰였던 그 시대적 상황에 말미암은 것이다. 탐욕과 어리석음으로 혼란과 전쟁이 거듭되어 제후나 귀족, 백성 모두 위태롭고 괴로웠던 시절, 사람의 본성에 대한 믿음이 가장 약화되어 "사람은 이익을 좋아하는 본성을 지녔다"는 법가 사상가들의 주장이 참으로 당연하게 받아들여졌던 시대에 저술된 글이기 때문이다.

『대학』이 오랫동안 유가 정치학의 교과서로 간주되어 신봉되었다고 해서 거기에 담긴 사상이 어떠한 역사적 배경과도 상관없이 저술된 것으로 여겨서는 곤란하다. 어떠한 사상이나 철학도 진공 상태에서 나오지 않았다. 대체로 독창적인 사유나 뛰어난 식견은 혼란이 극심하고 지독히 혼탁한 시대의 산물이다. 안정되고 평화로운 시대에 누가 문제의식을 갖고 새로운 사유를 펼치려 하겠는가. 그럼에도 덕(德)이라는 글자의 본뜻부터 살펴보는 것에서 시작할 필요는 있다.

덕(德)은 금문(金文)을 보면 본디 "조금 걷다, 길을 가다"는 뜻의 척(彳)과 "살피다, 깨닫다"는 뜻의 성(省)이 합쳐진 글자다. 나중에 여기에 "마음"을 뜻하는 심(心)이 덧붙었다. 이로써 보면, 덕은 차근차근 자신을 살피면서 내적인 자각을 이루어 얻은 마음, 나아가 이치를 체득한 것을 뜻한다고 말할 수 있다. 이러한 덕을 지닐 수 있는 타고난 능력을 맹자는 양지(良知)와 양능(良能)이라고 했다.

어쨌든 사람이 다른 짐승들과는 달리 '만물의 영장'이 될 수 있었던 것도 이 덕으로 말미암아서다. 아무리 법가 사상가들이 "사람의 본성은 나쁘다"는 성악(性惡)을 말하더라도, 이 사실은 부정하기 어렵다. 법가 사상가들 자신들이 가지고 있던 능력도 이 덕이 아니던가? 문제는 이 덕을 제대로 갖추지 못할 때 사람은 사람답다고 할 수 없으며, 심지어는 짐승보다 못한 존재로 전락하기 쉽다는 데 있다. 어떠한 짐승들보다 더 끔찍한 폭력을 저지르는 존재가 인간이 아니던가? 폭력적인 인간을 어찌 짐승보다 낫다고 하겠는가. 덕은 바로 폭력과 대립된다. 그 폭력이 무력이든 형벌이든 남을 억압하거나 강제하는 힘이라면 모두 덕과 어긋난다.

> 목왕이 견융을 정벌하려 하였다. 이때 제공 모보가 간언하였다.
> "안 됩니다! 선왕들께서는 덕을 빛내셨지 군사력을 과시하지 않았습니다. 무릇 군사는 거두어 두었다가 알맞은 때에 움직이는 것이니, 그때 움직이면 위세를 떨칩니다. 그러나 함부로 과시하면 웃음거리가 되고, 웃음거리가 되면 위세를 떨치지 못합니다. 이런 까닭에 주나라 문공은 이렇게 노래하였습니다. '창과 방패 거두고, 활과 화살 활집에 넣노라. 나 아름다운 덕을 구하여 이 중원에 베푸나니, 참으로 왕께서 천명을 지키시네.' 선왕들께서는 백성이 덕을 바르게 하여 본성을 도탑게 하도록 힘쓰시고, 필요한 재물을 넉넉하게 해주고 긴요한 기구를 이용하게 하시며, 이로움과 해로움의 방향을 밝혀서 문화로써 닦게 하셨습니다. 이리하여 백성이 이로운 일에 힘쓰고 해로움을 피하며, 덕을 품고 천자의 위세를 두려워하게 하셨습니다. 그러므로 나라를 대대로 지켜서 더욱더 크게 할 수 있었습

니다. … 이는 무력에 힘쓰지 않은 것이니, 백성의 고통을 가슴 아파하며 해악을 없앤 것입니다." – 『국어』「주어 상」

(穆王將征犬戎, 祭公謀父諫曰: "不可! 先王耀德不觀兵. 夫兵戢而時動, 動則威, 觀則玩, 玩則無震. 是故周文公之頌曰, '載戢干戈, 載櫜弓矢. 我求懿德, 肆于時夏, 允王保之.' 先王之於民也, 懋正其德而厚其性, 阜其財求而利其器用, 明利害之鄕, 以文修之, 使務利而避害, 懷德而畏威, 故能保世以滋大. … 是先王非務武也, 勤恤民隱, 而除其害也. – 『國語』「周語 上」)

목왕은 주 왕조의 제5대 왕으로, 기원전 977년부터 922년까지 재위했다. 주 왕조 초기의 군주고, 아직 예악이 무너지기 전에 통치하던 군주다. 그런 그가 지금의 섬서성 일대에 거주하고 있던 오랑캐 견융을 치려고 했는데, 이는 왕실의 안정을 위해서 필요하다고 판단했기 때문이다. 그러나 모보는 만류했다. 무력을 통해 정벌하는 것보다 덕을 드러내어 포용하는 일이 나라를 존속시키는 데 더 긴요하고 또 장구한 계책이 된다고 보았기 때문이다. 그런데 여기서 주목해야 할 점이 있다. 모보가 덕만 중시하지 않았다는 사실이다.

덕이 덕으로서 가치를 갖기 위해서는 "필요한 재물을 넉넉하게 해주고 긴요한 기구를 이용하게 하는" 등 백성이 살아가는 데 유감이 없도록 해주는 일도 함께해야 한다는 점이다. 이는 『상서』「대우모(大禹謨)」에서 "덕을 바로잡고 쓸 것을 이롭게 하며 생활을 도탑게 해주어 서로 잘 어우러지도록 한다"(正德利用厚生, 惟和)고 한 말을 다르게 표현한 것이나 마찬가지다. 18세기 후반에 조선의 북학파 사상가들이 주장한 '이용후생(利用厚生)'도 이 구절에서 나왔다. 요컨대 물질적인 문제까지 아울러 다루지 않고서는 덕이 덕으로서 구실하기 어렵다는 말이다. 패도(覇道)를 극력 부정하고 오로지 왕도(王道)만을 유일한 정치라고 주장했던 맹자조차 "산 사람을 먹여 살리고 죽은 사람을 장사지낼 때 섭섭함이 없게 하는 것"에서 왕도가 시작된다고 분명하게 말하지 않았던가.

여기서 경제력이나 군사력은 단순히 덕과 상반되는 개념이 아님을 알아야 한다. 다만, 아무리 경제적으로 부유하고 군사적으로 강대하더라도 덕이 전제되지 않으면, 쉽게 사치나 방종, 폭압이나 분란으로 흐르게 된다는 것을 이른다. 요컨대, 덕과 대립되는 개념은 폭력이지, 경제력이나 군사력 또는 형벌 자체가 아니다. 『논어』「위정(爲政)」편에서 공자가 "정령으로써 이끌고 형벌로써 잡도리하려고 하면, 백성은 벗어나려고만 하고 부끄러워할 줄 몰라. 허나 덕으로써 이끌고 예의로써 잡도리하면, 부끄러워하면서 바루려 하지"(道之以政, 齊之以刑, 民免而無恥; 道之以德, 齊之以禮, 有恥且格)라고 말했을 때도 이를 지적한 것이다.

덕은 사람의 바탕이고 정치의 토대다

기원전 606년, 초나라 장왕(莊王)이 육혼(陸渾)에 사는 오랑캐 융(戎)을 치고 난 뒤에 그 위세를 몰아 낙수(雒水)로 가 주(周)나라 영토 안에서 군사 시위를 했다. 주나라 정왕(定王)은 대부 왕손만(王孫滿)을 보내 장왕을 위로하게 했다. 이때 장왕은 왕손만에게 구정(九鼎)의 크기와 무게를 물었다. 구정은 하(夏) 왕조를 세운 우왕(禹王)이 천하의 구주(九州)에서 모아들인 구리로 만든 솥으로, 천하를 다스릴 덕과 정통성을 상징하는 물건이다. 그러므로 장왕이 이 구정의 크기와 무게를 물었다는 것은 곧 천하를 차지하려는 야욕과 속셈이 있었음을 의미한다. 이에 대해 왕손만은 이렇게 대답했다.

> 천자가 되는 것은 덕에 있지, 솥의 크기나 무게에 있는 것이 아닙니다. 옛날 하(夏)나라가 덕을 갖추었을 때, 먼 곳의 나라들이 각각 그 나라의 산천과 물산을 그림으로 그려 올리고 구주의 수령들이 구

리를 바쳐 솥을 만들었습니다. 그 솥에 갖가지 모양을 새겨 넣어 온갖 것들의 형상을 다 갖춰 백성이 신물(神物)과 괴물(怪物)을 구분하도록 했습니다. 그러자 백성이 내와 못에 들어가고 산과 숲에 들어가더라도 요사한 것을 만나지 않게 되었고 또 도깨비나 요괴 따위를 만나지 않게 되었으므로 위와 아래가 화합하여 하늘의 복을 받을 수 있었습니다. 그런데 걸왕(桀王)이 혼덕(昏德, 어두운 덕)을 지니자 구정이 상(商)나라로 옮겨져 6백 년이 흘렀고, 다시 상나라의 주왕(紂王)이 포학하게 굴자 구정은 주(周)나라로 옮겨졌습니다. 덕이 아름답고 밝으면 비록 솥이 작더라도 무겁습니다. 그러나 간악하고 어리석으면 비록 솥이 크더라도 가볍습니다. 하늘의 복과 명덕(明德, 밝은 덕)에도 한도가 있습니다. 주나라 성왕(成王)이 겹욕(郟鄏, 지금의 낙양)에 구정을 안치하고 점을 치자 30대(代) 7백 년으로 나왔으니, 이는 하늘이 명한 것입니다. 주 왕조의 덕이 비록 약해졌다고는 하지만, 천명은 아직 바뀌지 않았습니다. 구정의 무게는 물을 것이 못 됩니다. -『좌전』「노선공 3년」

(在德不在鼎. 昔夏之方有德也, 遠方圖物, 貢金九牧, 鑄鼎象物, 百物而爲之備, 使民知神姦. 故民入川澤山林, 不逢不若. 螭魅罔兩, 莫能逢之. 用能協于上下, 以承天休. 桀有昏德, 鼎遷于商, 載祀六百. 商紂暴虐, 鼎遷于周. 德之休明, 雖小, 重也. 其姦回昏亂, 雖大, 輕也. 天祚明德, 有所厎止. 成王定鼎于郟鄏, 卜世三十, 卜年七百, 天所命也. 周德雖衰, 天命未改. 鼎之輕重, 未可問也. -『左傳』「魯宣公 3年」)

왕손만의 대답에 '혼덕(昏德)'과 '명덕(明德)' 두 용어가 나온다. 혼덕이란 자신의 마음이나 능력을 잘못 알고 그릇되게 쓰는 데서 비롯된 내면의 상태다. 이와 달리 본래의 덕을 그대로 드러내어 밝게 쓰는 것이 명덕이다.

왕손만은 비록 주 왕조의 덕이 쇠퇴했지만 여전히 그 덕의 잔향이 흐릿하게나마 천하에 흐르고 있으며, 장왕에게는 명덕은커녕 그 잔향을 이길 만큼의 덕조차 없음을 넌지시 그러나 따끔하게 지적했다. 아무리 군사력에서 우위에 있다 해도 덕이 결여되어서는 천명을 얻지 못한다는 뜻이기도 하다. 요컨대 "너 따위가 구정의 크기나 무게를 묻다니, 애초부터 번지수가 틀렸다!"고 타이른 것이다.

인간은 타고난 자질이 뛰어나고 빼어나다. 그러나 그 자질을 제대로 살리는 경우가 그리 흔하지 않다. 흔하지 않은 자질을 타고나지만 그 자질대로 사는 일이 참으로 쉽지 않다는 말이다. 태평한 시절이 드물고, 가끔 있더라도 그조차 오래가지 못한 까닭도 거기에 있다. 유가에서 덕을 그토록 중시한 것은 그게 타고난 바탕이기 때문이고, 덕치를 그토록 강조한 것은 사람이 제 본바탕을 그만큼 쉽게 소홀히 하거나 어그러뜨리기 때문이다. 그럼에도 사람에 대한 사랑과 믿음을 저버리지 않아야 하는 것이 또한 정치가의 길이요 유가 지식인의 길이다.

다음은 『좌전』「노선공(魯宣公) 15년」에 나오는 이야기다.

진(晉)나라의 위무자(魏武子)에게 애첩이 있었는데, 자식을 두지는 못했다. 위무자가 병이 들자, 아들 위과(魏顆)를 불러 이렇게 분부했다.

"내가 죽으면 반드시 이 여자를 개가시켜라!"

그런데 병세가 더 깊어지자 다시 분부했다.

"내가 죽으면 반드시 이 여자를 순장하라!"

마침내 위무자가 죽자, 위과는 여자를 개가시키면서 말했다.

"병세가 깊어지면 정신이 어지러워지는 법입니다. 나는 아버님이 정신을 잘 추스를 때 하신 말씀을 따랐습니다."

그 뒤에 위과가 보씨(輔氏) 땅에서 진(秦)나라 군사와 싸울 때, 한 노인이 풀을 묶어서 진(秦)나라의 역사(力士)인 두회(杜回)가 나아가지 못하게 막았다. 두회는 그 풀에 걸려 넘어졌고, 위과는 그를 손쉽게 사로잡았다. 그날 밤, 위과의 꿈에 그 노인이 나타나 말했다.

"나는 그대가 재가시킨 여자의 아비라오. 그대가 그대의 선친이 정신이 맑았을 때 내린 분부를 좇았기에 내가 이로써 보답한 것이오."

'결초보은(結草報恩)'이라는 성어(成語)로 널리 알려진 이야기다. 병든 위무자는 처음에는 밝은 덕으로 분부를 내렸고, 병세가 깊어지자 어두운 덕으로 분부를 내렸다. 이것이 사람이다. 사람이란 아무리 덕이 있어도 몸이 허약해지면 정신이 흐려지고, 정신이 흐려지면 그 덕까지 미약해진다. 이렇게 덕은 참으로 중요하고 고귀한 것이지만, 쉽사리 변질될 수 있다는 점에서 또한 참으로 인간적이다. 어떠한 상황에서도, 맑은 정신일 때든 흐린 정신일 때든 그 덕을 한결같이 쓸 수 있어야 하지만, 그게 쉽지 않다. 하물며 온 세상의 선비들이 입신(立身)과 양명(揚名)에 혈안이 되고 모든 나라의 군주들이 부국과 강병에 목매는 시대라면, 그 덕을 어찌 잘 간직하고 쓸 수 있겠는가?

유가에서 요와 순을 성군(聖君)으로 떠받들고, 하 왕조를 일으킨 우왕과 상 왕조를 일으킨 탕왕(湯王), 주 왕조를 연 문왕과 무왕을 그토록 높이는 까닭은 아이러니하게도 덕을 오롯이 체득하고 덕으로 다스리는 일이 결코 쉽지 않았다는 반증이다. 성군은 드물고 혼군(昏君)이 훨씬 많다는 데서도 입증된다. 『좌전』과 『전국책』은 성군의 길이 참으로 요원함을, 덕치가 매우 실현하기 어려운 정치임을 잘 보여준다. 그럼에도 포기할 수 없었던 이들이 유가 지식인들이다. 인간에 대한 깊은 믿음과 끝없는 사랑 때문이다.

전국시대 들어서 거의 모든 군주들과 귀족들은 이러한 믿음과 사랑을 마치 이 세상에는 겨자씨만큼도 없는 듯이 여겼다. 그래서 음모와 술수가 난무했고, 분란과 전쟁이 끊이지 않았다. 사람은 본디 "이끗을 좋아하고 밝히는 본성" 즉 호리지성(好利之性)을 타고났다고 주장하는 법가의 학설이 옳다는 것을 증명해주는 듯한 시대였다. 그러나 거울이 때가 끼어 흐릿하다고 해서 그 본성까지 흐린 것은 아니듯이 혼탁한 시대에 살아남기 위해 버둥질하면서 간사하고 포악한 짓을 일삼는다 할지라도 사람의 본성이 본래 흐린 것은 아니지 않은가. 이것이 유가 지식인들의 확신이었다. 그런 확신이 '명명덕'으로 표현되었던 것이니, 이 얼마나 처절한 외침인가!

백성과 가까워지는 일이 정치다

흔히 쓰는 양친(兩親), 친척(親戚), 친족(親族) 따위의 말들에서 알 수 있듯이 본래 '친(親)'은 혈연관계에 있는 사람, 곧 피붙이나 살붙이에 대해 쓰는 용어였다. 친은 가까이로는 어버이를, 멀리로는 겨레붙이를 두루 이른다. 어버이를 비롯한 겨레붙이는 당연히 '나'와 가까우니 내가 자연스럽게 아끼고 사랑하는 사람들이다. 이렇게 피붙이나 살붙이를 가까이하는 것, 이것이 친의 본래 뜻이다. 그렇다면 '친민(親民)'은 백성을 내 어버이처럼 또는 내 형제처럼, 내 겨레붙이처럼 여기고 아낀다는 뜻이리라.

그런데 왜 "백성을 가까이한다"는 친민을 말하는가? 백성의 마음을 얻어야 했기 때문이다. 민심이 곧 천심이라 한 것처럼 백성의 마음을 얻어야 천명을 얻기도 하지만, 또한 백성의 마음을 얻어야 실질적으로 부강해질 수도 있기 때문이다. 특히 전국시대에는 백성의 마음을 얻는 것이 곧 백성의 수를 늘이는 일이었다. 백성이 많아지면 생산에 종사하는 인구도 많아지고 아울러 전쟁에 나가 싸울 군사도 많아진다. 한마디로 백성이 많으냐 적으냐에 따라서 부국과 강병이 결정되었다고 해도 과언은 아니다. 따라서 백성을 가까이하는 일이 부국강병의 길로 나아가는 요체였고, 여전히 그러하다.

춘추시대에 제(齊)나라 환공(桓公)이 첫 패자(覇者)가 된 것도 관중(管仲, ?~기원전 645)이 백성을 가까이하는 일의 의미와 본질을 잘 알고 있었기 때문이다.

백성에게 어버이처럼 다가가면 백성도 그를 가까이 여기며 사랑한다. 온화하고 도탑게 이끌고 실속 있게 베푼다면, 비록 '나는 백성을 가까이하지 않는다'고 말하더라도 백성이 가까이할 것이다. 그러나 백성에게 원수처럼 다가가면 백성도 그를 멀리한다. 야박하게 이끌고 실속 없이 베푼다면, 비록 '나는 백성을 가까이한다'고 말하더라도 백성은 그를 가까이하지 않는다. 그러므로 '가까운 이를 가까이하는 것은 말로만 되는 일이 아니다'라고 한다.

현명한 군주는 멀리 있는 사람을 오게 하고, 가까이 있는 사람을 가깝게 대하는데, 이렇게 하는 것은 마음에 달렸다. 이른바 야행이란 마음으로 몰래 하는 것이다. 마음 깊이 덕을 실행할 수 있으면, 천하에 그와 겨룰 자는 없다. 그러므로 "오직 마음으로 몰래 덕을 실행하는 자라야 차지할 수 있도다!"라고 말한다. -『관자』「형세해」

(莅民如父母, 則民親愛之. 道之純厚, 遇之有實, 雖不言曰吾親民, 而民親矣. 莅民如仇讎, 則民疏之. 道之不厚, 遇之無實, 詐僞竝起, 雖言曰吾親民, 民不親也. 故曰: "親近者, 言無事焉."

明主之使遠者來而近者親也, 爲之在心. 所謂夜行者, 心行也. 能心行德, 則天下莫能與之爭矣. 故曰: "唯夜行者獨有之乎!" -『管子』「形勢解」)

관중은 오랜 벗인 포숙아의 추천으로 환공에게 발탁되었고, 30년 동안 재상으로 있으면서 제나라를 부강한 나라로 만들어 환공을 패자(覇者)로 군림하게 했다. 자신의 군주를 패자로 만드는 데서 그치고 왕자(王者)가 되게 하지 못했다는 사실 때문에 관중은 맹자로부터 혹독한 비난을 받았다. 그런 관중이지만, 위의 글에 나타나듯이 그의 정치는 '친민'을 바탕으로 이루어졌다. 백성의 마음을 얻지 못하면 결코 부강해질 수 없다는 사실을 명확하게 인식하고 있었기 때문이다.

여기서 주목해야 할 점은 어버이가 자식을 사랑하듯이 백성을 아끼고 사랑해야 한다는 것이며, 또 드러내놓고 과시하듯이 덕을 내보이는 것이 아니라 은근하게 덕을 실행해야 한다는 것이다. 이는 유가적 사유와 매우 통한다. 사실 덕을 과시하는 것은 일시적인 효과를 거둘 수 있을 뿐이고, 나중에 진심이 아닌 것으로 드러나면 도리어 백성이 등을 돌려버린다. 이는 결코 간과해서는 안 되는데도 대부분의 정치가들이 간과하는 점이다.

또 중요한 점은 과연 친민이 덕만으로도 되느냐는 것이다. 이 또한 『관자』에서 언급했다.

> 무릇 민중은 사랑해주면 가까워지고, 이롭게 해주면 찾아온다. 이런 까닭에 현명한 군주는 이익을 베풀어 백성을 모여들게 하고, 사랑을 밝혀서 백성을 가까이한다. 한갓 이익만 주고 사랑하지 않으면 민중은 찾아오더라도 가까워지지 않으며, 고작 사랑하기만 하고 이롭게 해주지 않으면 민중은 가깝게 여기면서도 찾아오지 않는다. 사랑과 이익을 아울러 베풀어야만 군주와 신하를 기쁘게 해주고 벗들을 기쁘게 해주며 형제들을 기쁘게 해주고 아비와 자식을 기쁘게 해준다. 사랑과 이익을 함께 베푼다면, 사방을 견고하게 해도 막을 수 없다. 그러므로 "백성을 기쁘게 하는 일은 사랑과 이익을 베푸는 데 있다"고 한다. – 『관자』「판법해」
>
> (凡衆者, 愛之則親, 利之則至. 是故明君設利以致之, 明愛以親之. 徒利而不愛, 則衆至而不親; 徒愛而不利, 則衆親而不至. 愛施俱行, 則說君臣, 說朋友, 說兄弟, 說父子; 愛施所設, 四固不能守. 故曰: "說在愛施." – 『管子』「版法解」)

흔히 유가 사상은 덕성과 예법을 중시할 뿐 법률이나 형벌은 경시한다고 생각하는 경향이 있다. 또 유가의 정치나 통치에서는 어짊과 올바름, 믿음 따위가 중요하지, 군사력이나 경제력은 그다지 중요하지 않다고 여기는 경향도 있다. 공자가 "소인은 이끗에 밝다"(小人喩於利)고 말하고 맹자가 양혜왕(梁惠王)에게 "하필 이익을 말씀하십니까?"(何必曰利)라고 말한 뒤로 이익에 대해서는 언급조차 하지 말아야 하는 것처럼 흔히 생각한다. 이 모두 오해다. 공자나 맹자, 순자 그 누구도 그렇게 말하지 않았다.

『논어』「안연(顔淵)」편에 다음의 대화가 나온다.

> 자공이 정치에 대해 여쭈니, 스승께서 말씀하셨다.
> "먹을거리가 넉넉하고 병력과 무기가 넉넉하고 백성이 믿는 것이다."
> "어쩔 수 없이 꼭 버려야 한다면, 세 가지 가운데 무엇을 먼저 버릴까요?"
> "병력과 무기를 버려라."
> "어쩔 수 없이 꼭 버려야 한다면, 두 가지 가운데 무엇을 먼저 버릴까요?"
> "먹을거리를 버려라. 예부터 모든 사람은 죽었다. 그러나 백성에게 믿음이 없으면 그 나라는 바로 서지 못한다."
> (子貢問政, 子曰: "足食, 足兵, 民信之矣." 子貢曰: "必不得已而去, 於斯三者何先?" 曰: "去兵." 子貢曰: "必不得已而去, 於斯二者何先?" 曰: "去食. 自古皆有死. 民無信不立.")

대개 이 이야기를 들면서 공자는 군사력이나 경제력을 도외시하고 오로지 믿음만 중시한 것처럼 여기는데, 이는 심각한 오독(誤讀)이요 오해(誤解)다. 자공이 정치에 대해 묻자, 공자는 분명히 경제와 군사 그리고 백성의 믿음 세 가지를 들었다. 이 셋 가운데 어느 하나라도 부족하면, 그 나라는 위태로워질 수 있다. 공자가 백성의 믿음을 가장 중요하다고 한 것은 거기에서 부국강병의 길이 열리고 또 마무리되기 때문이다.

백성의 믿음을 얻음으로써 가능해지는 일이 친민 곧 백성과 가까워지는 일이다. 그러나 백성을 굶주림에 허덕이게 한다면, 과연 백성과 가까워질까? 외적의 침입에 대응할 만한 군사력을 갖추지 않는다면, 과연 백성이 그 군주를 믿을까? 백성이 믿지 않거나 가까이하지 않는다면, 그것은 군주로서 덕을 실행하지 않았기 때문이다.

지극히 좋은 데에 머문다는 것

지선(至善)은 말 그대로 "지극히 좋다 또는 착하다"는 뜻이다. 선(善)에는 착하다, 좋다, 길하다, 잘하다, 옳게 하다 따위의 뜻이 있다. 이렇게 여러 가지 뜻이 있지만, 이 모두 하나로 통한다. 옳게 하는 것이 잘하는 것일 뿐 아니라 착하고 길하며 좋은 것이기도 하다는 뜻이다. 선(善)의 금문(金文)을 보면, 양(羊) 한 마리를 가운데 두고 말씀 언(言)이 양쪽에 놓여 있다. 양은 송사에서 판결에 쓰이는 신령한 짐승이고, 두 개의 언(言)은 원고와 피고를 가리킨다. 원고와 피고가 신령한 양 앞에서 맹세를 하고 판결을 받는 상황임을 알 수 있다. 이에 대해서는 『묵자(墨子)』「명귀 하(明鬼 下)」에 관련 내용이 나온다.

> 옛날 제(齊)나라 장공(莊公)의 신하로 왕리국(王里國)과 중리요(中里徼)가 있었다. 이 두 사람은 3년 동안이나 송사를 벌였는데 끝내 판결이 나지 않았다. 장공은 두 사람을 모두 죽이려 했으나 죄 없는 자를 죽일까 두려웠고, 모두 놓아주자니 죄 있는 자를 놓아줄까 걱정되었다. 이에 두 사람에게 양 한 마리를 끌어다 놓고 사당에 가서 맹세하게 했더니, 두 사람 모두 동의했다. 그리하여 구덩이를 파서 양을 죽여 피가 솟아나게 했다. 왕리국은 맹세문을 다 읽었으나, 중리요가 맹세문을 읽을 때는 채 절반도 읽지 않았음에도 양이 벌떡 일어나서 중리요를 들이받아 그의 다리를 꺾어버렸다. 사람들은 중

리요를 때려 맹세하던 그 자리에서 죽여버렸다. 그때 제나라 사람들 모두 이를 보았고, 멀리 있는 사람들도 다 들었다.

이 이야기에서 장공이 고민했듯이 누가 죄를 지었는지 알 수 없을 때는 함부로 처결할 수가 없다. 그렇다고 해서 양쪽에 똑같은 처분을 내려도 옳지 않다. 이때 양을 두고 그 앞에서 맹세를 하여 신령한 힘을 빌어서 판결을 했는데, 양이 보여준 결과가 바로 선(善)이었던 셈이다. 여기서 중요한 것은 이게 미신이냐 아니냐가 아니다. 잘잘못이 결정된 것 자체가 옳으며 좋은 일이라는 사실이다. 죄가 없는 사람은 죄가 없다는 것이 드러나고 죄가 있는 사람은 죄가 있는 것으로 드러났으니, 이것이 바로 선이다. 말하자면, 사람들의 사사로운 이익과 상관없이 누구에게나 옳고 좋은 것, 보편적으로 통용되는 것, 이것이 선이다.

지선은 이런 선을 더욱 강조한 것이며, 선에 내포된 뜻을 모두 아우른다고 할 수 있다. 문제는 그저 좋은 것이든 지극히 좋은 것이든 그 좋은 것이 딱히 정해져 있지 않다는 데 있다. 사람에 따라서, 상황에 따라서, 문제에 따라서 얼마든지 달라질 수 있기 때문이다. 바로 이러한 특성 때문에 지선에 대해 운운하는 것도 학파마다, 사상마다 다르다.

가장 좋은 것은 물과 같다. 물은 온갖 것을 이롭게 잘 해주면서 다투지 않으며, 뭇 사람이 싫어하는 곳에 기꺼이 산다. 그러므로 도에 가깝다. -『도덕경』8장

(上善若水. 水善利萬物而不爭, 處衆人之所惡. 故幾於道. -『道德經』8)

이런 까닭에 백 번 싸워 백 번 이기는 것이 가장 좋은 것이 아니며, 싸우지 않고 적의 군대를 굴복시키는 것이 가장 좋은 것이다. -『손자병법』「모공」

(是故百戰百勝, 非善之善者也; 不戰而屈人之兵, 善之善者也. -『孫子兵法』「謀攻」)

『도덕경』에서 말한 상선(上善)은 『대학』의 지선(至善)과 같은 말로 보아도 어긋남이 없다. 『도덕경』에서 말하는 상선은 물의 속성을 통해 그 의미가 좀 더 분명하게 드러난다. 물은 온갖 살아 있는 것들을 이롭게 해주면서도 다투는 법이 없다. 물이 흘러가는 모습을 잘 보라. 돌이나 바위가 나오면 에둘러 흐르고, 길이 곧거나 구부러져 있거나 간에 아무런 불평 없이 그에 따라 흐른다. 세속의 명리에 사로잡힌 사람들의 행태와는 사뭇 다르다. 더구나 물은 사람들이 싫어하는 것, 즉 낮은 곳에 기꺼이 산다. 낮은 곳에 살기 때문에 강이 되고 바다가 되는데, 사람들은 이러한 이치를 몰라서 또는 잊어서 높은 곳만 바라보며 애써 오르려 한다. 그런 인간의 어리석음을 일깨우려고 노자는 물을 끌어와 상선에 대해 말해주었다.

『손자병법』에서 끌어온 대목 또한 『도덕경』에서 말한 상선과 다르지 않다. 대체로 병법에서는 싸워서 적을 이기거나 굴복시키는 것을 최상으로 여기지만, 손자는 그렇게 보지 않았다. 싸우지 않고 이기는 것을 가장 좋다고 했다. 선지선자(善之善者)는 "좋은 것 가운데 좋은 것"을 뜻하니, 지선이고 상선이다. 손자가 병법의 대가로 일컬어지는 이유도 여기에서 찾을 수 있다. 상식 수준을 훌쩍 뛰어넘는 식견과 통찰력을 지녔기 때문이다.

> 전쟁이 잦으면 군사들이 지치고, 승리가 잦으면 군주가 교만해진다. 교만한 군주가 지친 백성을 부리면 나라는 위태로워진다. 가장 좋은 것은 싸우지 않고 이기는 것이고, 그 다음은 한 번 싸워서 이기는 것이다. 크나큰 승리란 여러 번 이긴 것을 모은 것이지만, 의롭지 않음이 없어야만 크나큰 승리라 할 수 있다. 크나큰 승리란 이기지 않음이 없는 것이다. -『관자』「유관」

(數戰則士疲, 數勝則君驕. 驕君使疲民, 則危國. 至善, 不戰; 其次, 一之. 大勝者, 積衆勝, 而無非義者焉, 可以爲大勝. 大勝, 無不勝也. - 『管子』「幼官」)

이 대목은 손자의 병법을 군주의 통치술로 풀어간 것이다. 여기서도 싸우지 않고 이기는 것을 지선이라 했다. 잦은 전쟁은 그 자체로 백성을 사지로 내모는 일이다. 비록 승리를 거두더라도 우리 군사들 가운데 죽거나 다치는 사람이 없을 수 없다. 전쟁의 규모가 크면 클수록 사상자는 더욱 많아진다. 백성이 없는 나라는 존재할 수가 없는데, 백성이 전쟁으로 죽어간다면 그 나라는 위태로워질 수밖에 없다. 게다가 그 막대한 경비를 어떻게 조달할 것인가? 그 경비 또한 고스란히 백성 몫이 아니던가. 그러므로 싸우지 않고 이기는 것이 가장 좋은 일일 수밖에 없다.

『관자』에서는 또 승리에 도취되었을 때의 위험도 거론하고 있다. 승리가 잦으면 군주가 교만해진다는 말이 그것이다. 이는 이미 예정된 것이기도 하다. 전쟁을 계속 일으킨다는 것은 영토 확장이라는 야욕이나 탐욕이 있어서다. 자신의 야욕이나 탐욕을 위해 백성을 사지로 내모는 군주라면 덕을 갖추었으리라 기대하기 어렵다. 그런 군주에게 승리를 자주 가져다주면, 더욱더 야욕과 탐욕을 부릴 것 아닌가. 이는 결국 이미 지친 백성을 더욱더 부리는 결과로 이어진다. "의롭지 않음이 없어야 크나큰 승리라 할 수 있다"는 말에는 백성을 아끼고 위하는 마음에서 부득이하게 치르는 전쟁이어야 한다는 뜻이 담겨 있다.

유가에서 말하는 좋은 것

이렇게 『도덕경』이나 『관자』에서도 지극히 좋은 것을 언급하고 있는데, 정치나 통치의 측면에서 보자면 내포하는 뜻이 거의 통한다. 이제

유가적 관점이 짙게 배어 있는 이야기를 한 번 보자.

> 초나라 장왕(莊王)이 대부 사미(士亹)에게 태자 잠(箴)을 가르치게 했다. 그러자 사미가 사양하며 말했다.
> "저는 재주가 없어 보탬이 될 수 없습니다."
> 장왕이 말했다.
> "그대의 좋은 점을 가지고 태자를 좋게 만드시오."
> 사미가 대답했다.
> "무릇 좋게 되는 일은 태자에게 달렸습니다. 태자가 좋게 되려고 하면, 좋은 사람들이 이를 것입니다. 태자가 좋게 되려 하지 않는다면, 아무리 좋게 하려고 해도 쓸모가 없습니다. 그래서 요임금에게는 단주가 있었고, 순임금에게는 상균이 있었으며, 계에게는 오관이 있었고, 탕왕에게는 태갑이 있었으며, 문왕에게는 관과 채가 있었습니다. 이 다섯 왕들은 모두 빼어난 덕을 지녔으나, 간악한 자식들이 있었습니다. 어찌 그들이 자식들을 좋게 만들려 하지 않았겠습니까? 그렇게 할 수 없었기 때문입니다." - 『국어』「초어 상」
> (莊王使士亹傅太子箴, 辭曰: "臣不才, 無能益焉." 王曰: "賴子之善善之也." 對曰: "夫善在太子. 太子欲善, 善人將至; 若不欲善, 善則不用. 故堯有丹朱, 舜有商均, 啓有五觀, 湯有太甲, 文王有管蔡. 是五王者, 皆有元德也, 而有姦子. 夫豈不欲其善? 不能故也." - 『國語』「楚語 上」)

이 이야기에서 선(善)은 내면의 미덕, 나아가 그런 미덕을 일깨워주는 것까지 가리키고 있다. 이는 매우 중요한 점을 암시한다. 이미 '지어지선(止於至善)'을 말하기 전에 먼저 '명명덕(明明德)'을 언급했다는 데서도 짐작할 수 있는 점인데, '지극히 좋은 것'은 그저 밖에 있는 어떤 사물이나 현상을 가리키는 것이 아니라 사람의 내면에 있는 '밝은 덕'을 먼저 가리킨다는 사실이다. 주체적이고 자발적이어야 이 덕을 비로소 밝힐 수 있다는 것은 두말 할 필요가 없으리라. 사미가 말하고자 한 것이 이것이다.

지어지선, 즉 지극히 좋은 데에 머문다는 것은 밝은 덕이 없어서는 가능하지 않다. 지극히 좋은 데를 늘 누군가가 알려주고 일깨워준다면 모르겠으나, 그런 일은 거의 없다. 있다 하더라도 매우 드물 뿐만 아니라, 스스로 밝은 덕을 밝히지 못하는 자라면 알려주거나 일깨워준들 듣는 척이나 하겠는가? 천만의 말씀이다. 바로 이 때문에 밝은 덕을 밝히는 일을 먼저 거론했다.

밝은 덕을 밝힌 자는 인자(仁者)요 지자(知者)다. 이런 인자나 지자라야 어떤 상황에서든 가장 좋은 것을 알아보고 가장 좋은 데를 찾아낼 수 있으며, 가장 좋은 것을 오래 지니고 가장 좋은 데서 오래 머물 수 있다. 『논어』「이인(里仁)」편에서 공자가 말한 "어질지 않은 자는 간소함에 오래 머물지 못하고 즐거움에 길이 머물지 못하지. 어진 자는 어짊을 편안하게 여기고, 아는 자는 어짊을 이롭게 여긴다네"(不仁者, 不可以久處約, 不可以長處樂. 仁者, 安仁; 知者, 利仁)도 같은 맥락에서 이해할 수 있다.

그러나 밝은 덕을 밝히기란 또 얼마나 어려운 일인가? 그토록 유자들이 떠받드는 성군을 아비로 두었음에도 그 자식들이 간악한 자가 된 데서 단적으로 드러나지 않는가. 결국, 지극히 좋은 것은 알기도 어렵고, 알더라도 오래 지니고 이어가기는 더욱 어렵다는 것을 알 수 있다. 그렇기 때문에 머뭇거리거나 뒷걸음질할 수도 없다. 그토록 어렵고 힘든 길이 바로 대학의 길이기 때문이다.

또한 새겨두어야 할 점은 앞서 『관자』에서 "크나큰 승리란 여러 번 이긴 것을 모은 것이다"라고 말했듯이 밝은 덕을 밝히는 일은 크나큰 승리를 거두는 일과 같다는 사실이다. 밝은 덕은 수많은 자잘한 덕이 모여서 이루어지며, 일상의 그 흔하고 하찮은 일을 하는 가운데서도 자신을 돌아보고 잡도리하며 차근차근 이치를 터득해 나가는 과정에서 차츰차츰 밝아지기 때문이다. 결코 단번에 해낼 수 있는 일이 아니고, 무슨 거창한 일을 해야만 가능한 것도 아니다. 달리 말하면, 작은 일에서, 한 걸음 내딛는 일에서 시작되고 이어지며 완성된다는 뜻이다. 맹자나 순자가 그 암울한 시대에도 포기하지 않았던 것은 이를 통찰하고 확신했기 때문이다.

그러면 『대학』에서 말하는 지선(至善), 곧 '가장 좋은 것 또는 가장 좋은 데'란 구체적으로 무엇인가? 앞서 선(善)의 어원에 대해 말한 바 있는데, 거기에 이미 함축되어 있다. 선은 송사에서 신령한 짐승을 가운데 두고 원고와 피고가 각각 맹세를 하고 판결을 받는 형태의 글자라고 말했다. 이는 곧 신의(神意)를 따라 결정한다는 뜻이다. 신의는 천의(天意)라고도 할 수 있으며 인간의 사사로움이 전혀 개입되지 않은 공평무사(公平無私)하고 공명정대(公明正大)한 뜻을 가리킨다.

『상서(尙書)』「홍범(洪範)」에 나온다.

> 치우치지 말고 쏠리지도 말아서 왕의 올바름을 따르고, 혼자 좋아하는 일을 하지 말아서 왕의 도를 따르고, 혼자 싫어하는 일을 내치지 말아서 왕의 길을 따르라. 치우침도 없고 편드는 일도 없으면 왕의 도는 아주 넓어지고, 편드는 일도 없고 치우침도 없으면 왕의 도는 매우 고르게 되고, 거꾸로 함도 없고 기울어짐도 없으면 왕의 도는 바르고 곧으리. 법칙을 지키는 이를 모으면, 법칙을 지키는 이들이 돌아오리라.
>
> (無偏無陂, 遵王之義; 無有作好, 遵王之道; 無有作惡, 遵王之路. 無偏無黨, 王道蕩蕩; 無黨無偏, 王道平平; 無反無側, 王道正直. 會其有極, 歸其有極.)

이는 왕의 길이 공평무사에 있음을 분명하게 드러낸 것이다. 『순자』「군도(君道)」에서도 군주는 "예의에 따라 나누고 베풀며, 두루 고르게 하되 치우치지 않아야 한다"(以禮分施, 均徧而不偏)고 말했다. 공평무사는 왕의 길이기만 한 것은 아니다. 무릇 실무를 담당하는 관리들, 곧 왕의 신하들도 마찬가지로 지켜야 할 법도요 법칙이다. 한마디로 '대학의 길'이라는 말이다.

> 저 신하된 자의 공정함이란 공무를 처리할 때는 사사로움을 위해 힘쓰지 않고, 공직에 있을 때는 재화와 이익을 말하지 않으며, 공법을 실행할 때는 친척에게 편들지 않고, 공공을 위해 현명한 이를 천거할 때는 원수라도 피하지 않는다. –『설원』「지공」
>
> (彼人臣之公, 治官事則不營私家, 在公門則不言貨利, 當公法則不阿親戚, 奉公擧賢則不避仇讎. –『說苑』「至公」)

권한이나 위세를 가진 자가 사사로운 마음을 갖는 순간, 공평무사해야 할 일이 치우침과 쏠림으로 얼룩진다. 이래서는 백성이 풍족하게 또 고르게 잘 살기 어렵다. 따라서 공평무사와 공명정대야말로 통치 또는 정치의 길에서 결코 벗어나서는 안 될 가장 좋은 길, 곧 지선(至善)이다. 맹자가 강조한 '여민락(與民樂)' 곧 군주가 백성과 함께 즐거워하는 정치를 이루는 것도 이 지선을 통해서다.

춘추시대 진(晉)나라의 중이(重耳)는 정치적 소용돌이에 휘말려 나라를 떠나 여러 나라를 떠돌아야 했다. 19년이나 떠돌다가 겨우 귀국하여 진나라를 부강하게 만들면서 패자의 위치에 올랐으나, 떠돌면서 크고 작은 간난신고를 두루 겪었다. 중이의 일행이 위(衛)나라에 이르렀을 때 일이다. 당시 위나라 문공(文公)은 형(邢)나라와 적인(狄人)의 침공을 걱정하여 중이 일행을 대접할 여유가 없었다. 그때 신하인 영장자(寧莊子)가 진언한 말에 이런 대목이 나온다. 1-1의 내용을 잘 집약한 것이기도 하다.

무릇 예란 나라의 벼리고, 친은 백성을 뭉치는 것이며, 선은 덕을 세우는 바탕입니다. 나라에 벼리가 없으면 잘 매조질 수 없고, 백성이 뭉치지 않으면 단단해지지 않으며, 덕이 서지 않으면 튼튼하게 설 수 없습니다. 이 세 가지는 군주가 삼가야 하는 일입니다. 이제 군주께서는 그것들을 버리시니, 어찌 옳지 않은 일이 아니겠습니까!

–『국어』「진어4」

(夫禮, 國之紀也; 親, 民之結也; 善, 德之建也. 國無紀, 不可以終; 民無結, 不可以固; 德無建, 不可以立. 此三者, 君之所愼也. 今君棄之, 無乃不可乎!" –『國語』「晉語四」)

1-2

知止而后有定, 定而后能靜, 靜而后能安, 安而后能慮, 慮而后能得.

멈출 줄 안 뒤에야 차분해지고, 차분해진 뒤에야 고요할 수 있고, 고요해진 뒤에야 편안할 수 있고, 편안해진 뒤에야 제대로 생각하고, 제대로 생각한 뒤에야 깨달을 수 있다.

注釋 후(后)는 후(後)와 같다. 정(定)은 정하다, 바로잡다, 머물다는 뜻으로, 가닥을 잡기 위해 마음을 가라앉히다, 차분해지다는 말맛을 담고 있다. 정(靜)은 고요하다, 조용하다는 뜻으로, 차분하고 잔잔해진 마음이 바깥의 사물에도 흔들림이 없이 이어진다는 말맛을 담고 있다. 안(安)은 편안하다는 뜻으로, 조마조마하거나 두근거릴 만한 사태가 전혀 없다는 말맛을 담고 있다. 려(慮)는 두루 생각하다, 깊이 꾀하다는 뜻이다. 득(得)은 마땅함을 얻다, 알맞음을 알다, 깨닫다는 뜻이다.

蛇足 1-1에서는 '대학의 도'에 대해 간략하게 말했다면, 여기서는 그 최초의 단계를 거론하고 있다. 밝은 덕을 밝히기 위해서 어떻게 해야 하느냐, 즉 명명덕의 구체적인 방법을 일상에서 쉽게 경험할 수 있는 일을 바탕으로 매우 상세하게 서술하고 있다. 얼핏 보아서는 이게 무슨 뜻인가 여겨질 수도 있겠으나, 그만큼 사람들이 쉽게 간과하는 것을 콕 집어서 끄집어냈다는 뜻이기도 하다.

이 구절의 해석에서 먼저 짚고 넘어갈 것이 있다. 그것은 '지지(知止)'의 '지(止)'를 앞서 나온 '지어지선(止於至善)'의 '지(止)'와 혼동할 수 있다는 점이다. 대개 이 구절이 앞 구절의 말미에서 이어지는 것으로 파악하는데, 전혀 그렇지 않다. 글자는 같으나, 함의는 매우 다르다. 그리고 이 구절은 '지지'에서 시작되고 '득(得)'에서 끝나기 때문에 '지지'의 해석이 어떠하냐에 따라서 이 구절 전체의 해석도 달라진다.

가령, 주희는 '지지'의 '지'에 대해 『대학집주』에서 "지는 마땅히 그쳐야 할 곳이니, 바로 가장 좋은 것이 있는 곳이다"(止者, 所當止之地, 卽至善之所在也)라고 말했다. '지어지선'의 '지'와 동일한 것으로 보고 해석한 셈이다. 이렇게 되면, 이어지는 정(定), 정(靜), 안(安), 려(慮), 득(得) 따위에 대한 해석에도 문제가 생긴다.

> 이를 안다면 뜻에 일정한 방향이 있을 것이다. 정은 마음이 함부로 흔들리지 않는 것을 이르고, 안은 머문 곳에서 편안해 하는 것이며, 려는 일을 처리하는 것이 정밀하고 상세함을 이르고, 득은 머물 곳을 얻음을 이른다. -『대학집주』
>
> (知之, 則志有定向. 靜, 謂心不妄動; 安, 謂所處而安; 慮, 謂處事精詳; 得, 謂得其所止. -『大學集註』)

"이를 안다"는 것은 '지선지소재(至善之所在)' 곧 '지극히 좋은 것이 있는 곳'을 안다는 뜻이다. 그렇다면 이미 지극히 좋은 데를 알고 머무는데, 또 무엇이 더 필요한가? 머물 곳을 알고서 머물고 있다면, 이미 그 뜻이 정해져 있는 것 아닌가? 어찌 다시 뜻에 일정한 방향이 있다고 말하는가? 지극히 좋은 데를 알고 머무는 사람의 마음이 과연 함부로 흔들릴까? 그곳이 편안하지 않을 수 있다는 말인가? 주희는 원문의 맥락을 제대로 짚어내지 못했다. 이는 '지어지선'의 '지'와 '지지'의 '지'를 혼동한 데서 말미암은 것이다.

제대로 해석하려면, 앞서 말했듯이 1-2를 명명덕을 위한 단계로 보아야 하며, 사람들이 일상에서 맞닥뜨리는 일과 관련해서 풀어가야 한다. 우리는 살아가면서 수많은 일들을 겪는데, 스스로 계획한 대로 또 예상한 대로 일이 풀리는 경우는 거의 없다. 심지어는 전혀 예기치 못한 사태에 맞닥뜨리기까지 한다. 그것이 바랄 만한 일이나 사태라면 좋겠으나, 대부분은 바라지 않는 상황이다. 이럴 때 어떻게 해야 하는가? 대체로 불안감이나 두려움을 먼저 느끼고, 이어 허둥대거나 걱정한다. 때로는 그저 정신이 나간 사람처럼 멍해진다. 그것은 그럴 때 어떻게 해야 한다는 것을 제대로 배운 적이 없기 때문이다.

이미 배우고 익힌 것으로도 감당할 수 있는 일들만 겪는다면, 참 좋으련만! 현실은 그렇지 못하다. 또 앞으로 일어날 일들, 다가올 사태들을 충분히 예상할 수 있으면 좋겠지만, 거의 그렇지 못하다. 특히, 내가 마주한 사람의 표정이나 언행이 돌변하는 경우, 한창 진행하고 있는 일이 느닷없이 변경되거나 예상하지 못한 변수가 생기는 경우, 늘 믿고 있었던 사람에게서 무언가 꺼림칙한 것이 느껴지고 불안해지는 경우, 그러한 경우에 우리는 어떻게 할 것인가? 그저 당황하고 말 것인가? 허둥대다가 아주 그르칠 것인가? 아니면, 사태의 핵심을 파악해서 헤치고 나갈 것인가? 1-2는 바로 그러한 때에 어떻게 해야 할지를 세분해서 말해주고 있다. 여기서 『대학』의 통찰력은 빛이 난다. 이는 『중용』의 다음 대목과 짝할 만하다.

널리 배우고 자세히 묻고 삼가 생각하고 환하게 가려내고 도탑게 행해야 한다.
(博學之, 審問之, 愼思之, 明辨之, 篤行之.)

나는 이를 『중용, 어울림의 길』(2013)에서 이렇게 해석했다. "널리 배우는 일에서 도탑게 행하는 일까지는 밖에서 안으로, 대상에서 내 몸으로 향하는 익힘의 과정을 말한 것이다. '널리 배우고 자세히 묻는 것'은 내 몸 밖에서 이루어지는 일이고, '삼가 생각하고 환하게 가려내는 것'은 내 안에서 이루어지는 일이다. 말하자면, 밖을 향해서 배우고 물은 뒤에 안으로 생각하고 가려내야 한다는 것이다. 그런 뒤에 그 모든 것을 몸에 갈무리해두어야 하는데, 그것은 도탑게 행함으로써 마무리된다."

이는 실천적인 공부의 길을 제시한 것이다. 한편, 1-2는 어떤 문제나 난관에 부닥쳤을 때, 해답이나 대응 방법을 찾기 위해서 어떻게 해야 할 것인지를 말해주고 있다. 『중용』의 구절이 평소의 공부법에 대해 말한 것이라면, 『대학』에서는 갑작스럽거나 돌연한 사태가 닥쳤을 때에 대응하는 방법을 제시한 것이다. 따라서 1-2의 본뜻을 꿰뚫고 알아서 실제 내 삶 속에서 운용하는 일이 더욱 어려울 수 있다.

병법에서 정(正)과 기(奇)

여기서 잠시 병법(兵法)에 대해 살펴보자. 흔히 병법이라 하면, 전투나 전쟁에서 이기는 방법이나 원칙을 잘 정리한 책쯤으로 여긴다. 사실 그렇다. 그러나 그게 병법의 전부는 아니다. 그것을 병법의 전부로 안다면, 실제 상황에서 거의 일을 그르쳐서 쓰디쓴 패배를 맛보기 십상이다. 수학을 공식이나 정리만 익힌다고 잘하는 것은 아니지 않은가. 병법 또한 그러하다. 병법에도 수학의 공식이나 정리에 해당하는 '정(正)'

이 있고, 이를 형세나 상황의 변화에 따라 적절하게 운용하는 '기(奇)'가 있다. 이 둘을 제대로 알고 적절하게 써야만 이길 수 있다.

> 무릇 전쟁이란 정(正)으로써 적과 싸우고 기(奇)로써 이긴다. 그러므로 기를 잘 쓰는 자는 천지의 변화처럼 끝이 없고 강과 바다처럼 마르지 않는다. 끝난 듯하면서 다시 시작되는 것이 해와 달이고, 죽은 듯하면서 다시 살아나는 것이 사계절이다. 소리의 기본은 궁(宮) · 상(商) · 각(角) · 치(徵) · 우(羽) 다섯 가지에 지나지 않지만 이 다섯 가지 소리의 변화는 이루 다 들을 수 없고, 색깔의 기본은 파랑 · 노랑 · 빨강 · 검정 · 하양 다섯 가지에 지나지 않지만 이 다섯 가지 색깔의 변화는 이루 다 볼 수 없으며, 맛의 기본은 단맛 · 쓴맛 · 신맛 · 짠맛 · 매운맛 다섯 가지에 지나지 않지만 이 다섯 가지 맛의 변화는 이루 다 맛볼 수 없고, 전쟁에서 세(勢)는 기와 정에 지나지 않지만 기와 정의 변화는 그 끝을 알 수 없다. 기와 정은 서로 북돋아주어 마치 둥근 고리처럼 끝이 없으니, 누가 이를 다할 수 있겠는가? -『손자병법』「세」
>
> (凡戰者, 以正合, 以奇勝. 故善出奇者, 無窮如天地, 不竭如江河. 終而復始, 日月是也; 死而復生, 四時是也. 聲不過五, 五聲之變, 不可勝聽也; 色不過五, 五色之變, 不可勝觀也; 味不過五, 五味之變, 不可勝嘗也; 戰勢不過奇正, 奇正之變, 不可勝窮也. 奇正相生, 如環之無端, 孰能窮之? -『孫子兵法』「勢」)

여기서 정(正)은 원칙이나 법칙으로서 정칙(定則)이라 할 수 있고, 기(奇)는 그 원칙이나 법칙을 상황에 따라 알맞게 활용하는 것으로서 적용(適用)이라 할 수 있다. 중요한 것은 적용인데, 이것이 쉽지 않다. 왜냐하면 적용은 끊임없이 바뀌고 달라지는 상황이나 형세에 따라 알맞게 쓰는 것이기 때문이다. 정해진 규칙을 오롯이 익힌 뒤에 그로부터 자유로워져야만 가능한 것이 적용이다. 흔히 말하는 '임기응변(臨機應變)'을 떠올리면 된다. 이것이 병법에서 말하는 적용으로서 기(奇)요, 기기묘묘한 계책 또는 기이한 계책으로서 기(奇)다. 이 기(奇)를 모르면서 병법을 안다고 하는 자는 고작 병법에 쓰인 정(正)만 고집하는 자로, 이른바 '지상병법(紙上兵法)'이나 '지상담병(紙上談兵)' 수준에서 머문 자다.

지상병법 수준임에도 스스로 병법의 고수라고 자처했다가 처참하게 패배를 겪은 대표적인 인물이 전국시대의 조괄(趙括)과 삼국시대의 마속(馬謖)이다. 조괄은 기원전 260년에 장평(長平)에서 진(秦)나라 장수 백기(白起)의 작전에 걸려들어 그 자신은 죽고 40만 조나라 군사들이 생매장을 당하는 비극을 연출했다. 마속은 유비가 죽고 난 뒤에 처음으로 감행한 제갈량의 위(魏)나라 공략에서 선봉에 섰다가 가정(街亭)의 전투에서 산 위에 진을 치는 패착을 두는 바람에 처참하게 패배를 겪었다. 마속은 그 전투에서 죽지는 않았으나, 나중에 제갈량이 군법에 따라 그의 목을 베었다. 고사성어인 '읍참마속(泣斬馬謖)'의 주인공이다.

이렇게 병법서만 보고서 병법을 안다고 여긴 조괄이나 마속과 달리, 병법의 원칙을 자유자재로 운용하여 명성을 떨친 인물이 있다. 바로 유방(劉邦)을 도와 한(漢)나라를 세우는 데 기여한 한신(韓信)이다. 그는 유명한 '배수진(背水陣)'의 주인공이기도 하다. 『사기』「회음후열전(淮陰侯列傳)」에 그 전말이 기록되어 있다.(회음후는 유방이 천하의 패권을 차지하고 한(漢)을 세운 뒤에 공신인 한신에게 준 작위다. 회음은 한신의 출신지로, 옛 초(楚)나라 땅이다.)

한신이 조(趙)나라를 치려고 했을 때다. 그런데 그가 거느린 병사들은 수만 명이었으나, 정예병이 아니라 거의 오합지졸(烏合之卒)이었다. 게다가 수레 두 대가 나란히 갈 수 없는 매우 좁은 정형(井陘)을 거쳐서 가야만 했다. 조나라 왕과 성안군(成安君)은 이 소식을 듣고 정형 어귀에 병사들을 모았는데, 무려 20만 명이었다. 이때 이좌거(李左車)가 성안군에게 병사 3만 명을 빌려주면 지름길로 가서 멀리서 싸우러 오는 적의 군량미 수송대를 쳐서 본대와 끊어놓겠다는 계책을 내놓았다. 그러나 성안군은 받아들이지 않았다.

성안군은 유자(儒者)로서 언제나 의로운 군대를 운운하며 속임수나 기이한 계책 따위는 쓰지 않는다고 자부한 인물이었다. 이번에도 "십즉위지, 오즉공지, 배즉분지"(十則圍之, 五則攻之, 倍則分之)라는 용병술을 내세우며 이좌거의 계책을 쓰지 않았다. 이는 『손자병법』「모공(謀攻)」편에 나오는 말로, "아군의 병력이 적의 열 배가 되면 포위하고, 다섯 배가 되면 공격하고, 두 배가 되면 병력을 나누어 상대한다"는 뜻이다. 성안군은 아군의 병력이 다섯 배가 된다고 여겨서 맞아 싸우려 한 듯하다.

사실 병법에 뛰어난 한신이었으므로 오합지졸을 이끌고 폭이 좁은 길을 통해서 적을 치러가는 일이 얼마나 무모한 줄 잘 알고 있었다. 만약 이러한 상황을 제대로 파악하고 적절하게 대처할 수 있는 지략가가 적진에 존재한다면, 아군은 고립무원의 처지에 놓이거나 대패하기 십상이다. 그래서 내심 불안해하면서 미리 첩자를 풀어 조나라의 동향을 파악하고 있었는데, 이좌거의 계책을 쓰지 않은 것이다. 이를 안 한신은 매우 기뻤다.

한신은 곧바로 병사들을 이끌고 과감하게 정형의 좁은 길을 내려와 정형 어귀에서 30리가 채 못 되는 곳에 머물러 야영했다. 그날 밤, 군령을 정하고 날랜 병사 2천 명을 뽑아 저마다 붉은 기를 하나씩 가지고 샛길로 해서 산속에 숨어 조나라 군사를 바라보게 시키고는 이렇게 명령했다.

"조나라 군사는 우리 군사가 달아나는 것을 보면 반드시 성을 비워놓고 우리 군사의 뒤를 쫓아올 것이다. 그러면 너희는 재빨리 조나라 성으로 들어가 조나라 기를 빼고 한나라의 붉은 기를 세워라!"

또 비장을 시켜 가벼운 식사를 전군에 나누어주도록 하고는 이렇게 말했다.

"오늘 조나라 군사를 무찌른 뒤에 모여서 실컷 먹자!"

장수들은 아무도 그 말을 믿지 않았으나 응하는 척하며 대답했다.

"예, 알겠습니다!"

한신은 군사 1만 명을 먼저 가도록 하고는 정형 어귀로 나가서 물을 등지고 진을 치게 했다. 이른바 '배수진(背水陣)'을 친 것이다. 조나라 군대는 이를 보고서 병법을 모른다고 한껏 비웃었다. 날이 샐 무렵, 한신은 대장의 깃발을 세우고 진을 치면서 정형 어귀로 나아갔다. 조나라 군대가 성을 열고 나오자 한참을 싸웠다. 이윽고 한신은 거짓으로 북과 기를 버린 채 강을 등지고 친 진으로 달아났다. 이에 조나라 군대는 정말로 성을 비워 놓고 한신의 군대를 뒤쫓아 와서 쳤다. 그러나 한신의 군대가 죽기를 각오하고 싸우므로 도저히 무찌를 수 없었다. 그때 한신이 미리 보낸 병사 2천 명이 얼른 조나라 성 안으로 들어가서 조나라 기를 모두 뽑고 한나라의 붉은 기를 꽂았다.

조나라 군대는 한신의 군대를 이기지 못하자 성으로 돌아가려고 했다. 그러나 조나라 성에는 온통 한나라의 붉은 기가 꽂혀 있었다. 매우 놀란 조나라 병사들은 이미 한나라 군대가 성을 차지한 것으로 여겨 어지럽게 달아났다. 조나라 장수들이 막으려 했으나, 소용이 없었다. 이에 한나라 군대는 조나라 군대를 크게 깨뜨리고 성안군을 목 베어 죽였으며, 조나라 왕도 사로잡았다.

이윽고 장수들이 적의 머리와 포로를 바치고 축하한 뒤, 한신에게 물었다.

"병법에는 '산과 언덕을 오른쪽으로 하여 등지고, 물과 못을 앞으로 하여 왼쪽에 두라'고 했는데, 오늘 장군께서는 저희에게 도리어 물을 등지고 진을 치게 하면서 '조나라를 무찌른 뒤에 모여서 실컷 먹자'고 하셨습니다. 우리는 마음속으로 받아들이지 않았으나 마침내 이겼습니다. 이건 무슨 전술입니까?"

한신이 대답했다.

"이 또한 병법에 있는데, 여러분이 알아차리지 못했을 뿐이오. 병법에 '죽을 곳에 빠뜨린 뒤라야 비로소 살릴 수 있고, 망할 곳에 둔 뒤라야 비로소 망하지 않을 수 있다'는 말이 있지 않소? 내 이번에 오합지졸들을 거느리고 싸우게 되었으니, 그 형세가 병사들을 죽을 땅에 두어야만 했소. 만약 저마다 자신을 위해 싸우게 하지 않고 살 수 있는 곳을 미리 준다면 모두 달아날 게 뻔한데, 어찌하겠소?"

장수들 모두 탄복했다.

장수들은 "산과 언덕을 오른쪽으로 하여 등지고, 물과 못을 앞으로 하여 왼쪽에 두라"는 병법의 원칙을 단순히 외고 있었던 인물들이다. 그러했으므로 상황에 따른 변용을 할 수가 없었다. 반면, 한신은 자유자재로 병법을 운용했다. 그가 언급한 "죽을 곳에 빠뜨린 뒤라야 비로소 살릴 수 있고, 망할 곳에 둔 뒤라야 비로소 망하지 않을 수 있다"는 말은 『손자병법』「구지(九地)」편의 "죽을 곳에 내던져진 뒤에야 존속하고, 죽을 곳에 빠져본 뒤에야 살아날 수 있다"(投之亡地然後存, 陷之死地然後生)는 대목에서 나왔다. 한신도 병법을 익힌 셈이다. 다만 기(奇)의 요체를 터득했느냐 하는 점에서 다른 장수들과 아주 달랐다.

이렇듯 배수진은 병법을 좀 익혔다고 해서 내놓을 수 있는 전술이 결코 아니다. 이는 수많은 요소들을 두루 파악한 뒤에야 내놓을 수 있는 전술이다. 한신은 먼저 적의 수와 군세, 적장의 능력과 성격, 지형과 지세, 적이 구사할 만한 전술 따위를 먼저 파악하고 심사숙고한 뒤에 자신의 군대 수준과 승리 가능성 따위를 냉철하게 판단했다. 가령 자신은 오합지졸을 거느리고 적의 주력 군대와 맞서야 한다는 것, 적은 수적으로 우세할 뿐만 아니라 성을 지키고 있다는 것, 게다가 적에게도 뛰어난 전략가(이좌거)가 있다는 것, 정형으로 가는 길은 매우 좁아서 수레 두 대가 나란히 갈 수 없다는 것, 군량미 수송대가 뒤에 있어서 자칫하면 본대와 끊어질 수도 있다는 것 따위를 두루 헤아리지 않으면 안 되었다. 형세는 언제 어떻게 변할지 모른다. 미리 전략을 짜고 전술을 마련했더라도 형세가 일변하면 과감하게 수정할 수도 있어야 한다. 병법의 정칙만 고집해서는 끝내 패배를 맛볼 뿐이다.

이좌거의 계책을 쓰지 않은 성안군은 조괄이나 마속과 같은 부류이며, 대부분의 유자들이 가진 고지식한 성격을 그대로 보여주는 인물이기도 하다. 물론 유자들을 정도만 고수하는 존재로 여기는 것은 편견이고 오해다. 유가에서 강조하는 예(禮)도 상대가 누구며 어떠한 상황이냐에 따라 알맞게 처신하는 것이지, 예서(禮書)에 적힌 대로 따르기만 하는 것이 아니다. 공자가 말한 '시중(時中)'이 바로 그런 뜻을 담고 있다. 상황에 알맞게 행동하는 것이 바로 시중이기 때문이다.

어쨌든 이렇게 전쟁에서는 기발하고 기묘한 계책을 자유자재로 쓸 수 있어야 이긴다. 마찬가지로 정치나 통치에서도 상황 변화를 잘 파악하고 그에 따라 정책을 수립하고 실행해야 한다. 그렇다고 정칙을 소홀히 해서는 안 된다. 기(奇)가 아무리 승리를 보장한다고 해도 결국 정(正) 위에서 이루어지기 때문이다. 앞서 인용한 『손자병법』의 "기와 정은 서로 북돋아주어 마치 둥근 고리처럼 끝이 없다"는 말에도 그런 뜻이 담겨 있다.

문제에 맞닥뜨리면 먼저 멈추어라

그런데 왜 이렇게 장황하게 기(奇)에 대해 이야기하는가? 우리가 살면서 늘 겪는 괴로움이나 두려움은 대부분 이렇게 '기'를 써야 할 때 '기'를 쓰지 못하는 데서 비롯되기 때문이다. 학교에서 시험을 칠 때는 문제의 범위나 성격이 대체로 정해져 있다. 그러나 살면서 겪는 문제는 범위가 한정되어 있지 않으며 어떤 성격의 문제일지도 거의 예측할 수 없다. 한마디로 우리 자신은 예측불능(豫測不能)이고, 문제는 예측불가

(豫測不可)다.

『설원(說苑)』「봉사(奉使)」에 나오는 이야기다.

제나라의 안자(晏子) 곧 안영(晏嬰)이 초나라에 사신으로 가게 되었는데, 초나라 왕이 그 소식을 듣고는 좌우 신하들에게 말했다.

"안자는 현자라고 하는데, 이제 이 나라에 온다니 그를 한번 골탕 먹이고 싶소. 어떻게 하면 되겠소?"

신하들이 대답했다.

"그가 오면 신들이 한 사람을 결박하여 왕의 앞을 지나가게 하겠습니다."

이리하여 초나라 왕과 안자가 서서 이야기를 나누고 있을 때, 한 사람이 결박된 채 왕의 앞을 지나가게 되었다. 왕이 물었다.

"어떤 사람인가?"

"제나라 사람입니다."

"무슨 죄를 지었는가?"

"도둑질했습니다."

"제나라 사람은 본디 도둑질을 잘하는 모양이지?"

안자가 돌아보며 이렇게 말했다.

"강남에 귤이 있다기에 제나라 임금이 사람을 시켜 구해서는 장강 북쪽에 심었더니 귤이 나지 않고 탱자만 열렸습니다. 어째서 그렇게 되었겠습니까? 땅이 그렇게 만든 것입니다. 이제 제나라 사람이 제나라에 살 때는 도둑질하지 않더니, 초나라에 와서는 도둑질을 하고 있으니, 땅이 그렇게 만든 것이 아니겠습니까?"

초나라 왕이 말했다.

"내가 그대를 골탕 먹이려다가 도리어 내가 당했소이다!"

여기서 나온 성어가 '南橘北枳(남귤북지)'다. 다른 나라의 사신을 일부러 골탕 먹이는 일은 외교적 관례에서 벗어나는 일이지만, 언제 어떤 상황에서도 예의를 잃지 않고 대응해야 하는 것이 또한 사신의 임무다.

이를 잘 알고 있던 안영은 "강남의 귤을 강북에 심으면 탱자가 된다"는 말로써 차분하게 맞받아쳤다. 흔히 "귤이 회수를 건너면 탱자가 된다"고 표현하기도 하는데, 사람은 그 환경에 따라 착하게 되기도 하고 나쁘게 되기도 한다는 뜻이다. 이렇게 작물이 환경에 따라 달라지는 특성을 비유로써 활용한 대답에 초나라 왕은 된통 혼이 났다.

대체로 예측하지 못한 문제에 봉착했을 때, 참으로 난감한 처지에 놓였을 때, 대부분의 사람들은 머뭇거리거나 허둥대다가 적절하게 대응하지 못한다. 그러고서는 또 일을 그르쳤다는 생각에 걱정과 두려움에 떤다. 상대가 전혀 엉뚱하게 행동하거나 반응하여 그 의중을 가늠하기 어려울 때도 어찌할 바를 몰라 쩔쩔맨다. 밑도 끝도 없이 해대는 욕설이나 비난을 들으면 곧바로 화가 치밀어 오르거나 억울해 한다. 오해받아서 일이 꼬였거나 다른 사람과 관계가 뒤틀렸을 때는 만사가 귀찮아지고 사람이 싫어지기까지 한다. 그런 때에는 그저 그렇게 일어나는 마음을 그대로 두어야 하는가? 그렇게 해도 편안하다면 그렇게 해도 되겠지만, 그럴 수 있는 사람은 거의 없다. 그렇다면 돌파구를 마련하고 해결책을 찾아내야 한다. 그때 먼저 해야 하는 것이 바로 '일단 멈춤'이다.

다시 '지지이후유정(知止而后有定)'을 보자. "멈출 줄 안 뒤에야 차분해진다"는 뜻이다. 여기서 '지(止)'는 "멈춘다"는 뜻으로, "머문다"는 뜻으로 쓰이는 '지어지선(止於至善)'의 '지'와는 다르다. 생각해 보라. 머물 곳인지, 머물 만한 곳인지를 모르는 상황인데, 어찌 머문다고 말할 수 있겠는가? '려이후능득(慮而后能得)' 곧 "제대로 생각한 뒤에야 깨달을 수 있다"로 끝나는 이 구절에서는 머물 곳, 머물기에 알맞은 곳이 어딘지를 찾아가는 과정을 말하고 있다. 이미 머물 곳을 안 뒤에 어떻게 머물러야 하는지를 말하고 있는 것이 아니다.

걱정이나 두려움, 당혹스러움, 억울함, 분노 따위가 일어나는 때, 그런 때에는 어떻게 해야 할 것인가? 멈추어라! 일단 멈추어라! 흔히 "심호흡 한번 해봐!"라고 하는 말이 이것이다. 평정심을 되찾기 위해서 멈추어야 한다. 그러나 그냥 멈추는 것이 아니다. 멈추어야 한다는 것을 알고 멈추어야 한다. 그래야 다음 단계로 나아갈 수 있다. 억지로 멈추기만 해서는 마음이 가라앉거나 차분해지지 않는다. 멈추어야 한다는 것을 알아야만 비로소 차분해질 수 있다. 그래서 '지지이후유정'이다.

"멈출 줄 안다"는 말은 맞닥뜨린 상황을 '있는 그대로' 인정한다는 뜻이다. 자신은 이 상황에 곧장 대응할 마음가짐도 되어 있지 않고 이 문제를 해결할 능력도 모자란다는 사실을 냉철하게 인정한다는 뜻이다. 문제나 상황을 제대로 인식하거나 인정하지 않고서 어떻게 해법을 찾고 돌파구를 마련할 수 있겠는가? 문제나 상황을 그대로 인정하면 자신의 무능력이나 나약함을 드러내는 것이라 생각해서 부정하거나 숨기려는 사람들이 많다. 그것은 부질없는 짓이다. 상황 자체가 이미 그런 자신을 고스란히 보여준 것 아닌가?

어떻게 해서 대인이나 현자, 성인이 되는가? 가슴이 쓰려도 인정하고 자신을 돌아보기 때문이다. 자신들이 무슨 일이든 다 할 수는 없다는 사실, 얼마든지 난처한 지경에 빠질 수도 있다는 사실을 잘 안다. 스스로 어려운 지경에 빠지지 않지만, 자신이 바라지 않던 지경에 이르더라도 피하지 않고 받아들일 줄 안다. 이것이 '멈출 줄 아는 것'이니, 멈추어야 할 때를 알고 멈추는 것은 지혜요 용기다.

멈출 줄 알고 멈추어야만 마음이 차분해질 수 있다. 억지스럽게 멈추기만 하면, 마음이 가라앉는 것도 잠시뿐이고 곧 다시 마음은 분탕질을 친다. 오히려 더욱더 어지러워지면서 답답함만 더해진다. 그러다 보면, 맞닥뜨린 상황을 회피하려 하거나 다른 누군가를 또는 세상을 탓하며 불평을 늘어놓게 된다. 그게 아니면, 자신을 도닥거려줄 누군가를 허위허위 찾거나. 어쨌든 마음은 들썩이고 생각은 갈피를 잡지 못하니, 고요해지기 어렵다. 따라서 멈출 줄 알고 멈추어야 차분해지고 이어 고요해진다. 이것이 '정이후능정(定而后能靜)'이다.

고요해진다는 것은 몸도 마음도 바깥 사물이나 현상에 영향을 받지 않음을 의미한다. 일단은 자신을 잡도리할 수 있게 되었다는 뜻이다. 자신을 잡도리하게 되니, 편안해지지 않겠는가? '정이후능안(靜而后能安)'에 담긴 뜻이 이것이다. 누구나 다 그렇지만, 마음이 편안해야 자신도 대상도 제대로 보고 사태를 한결 분명하게 인식할 여지가 생긴다. 그래서 '안이후능려(安而后能慮)' 곧 "편안해진 뒤에야 제대로 생각한다"고 말한 것이다.

제대로 생각하게 되면, 그제야 사물의 본말(本末)과 종시(終始), 즉 무엇이 뿌리고 무엇이 곁가지며 우듬지인지를 구분할 수 있고 또 이런 문제가 어떻게 해서 일어났는지를 오롯이 파악하게 된다. 이렇게 본말과 종시를 알게 되면, 무엇을 먼저 하고 무엇을 나중에 할 것인지를 깨닫는 일은 자연스럽게 뒤따른다. '려이후능득(慮而后能得)'이 그런 뜻이다. 이어지는 1-3에서 본말과 종시, 선후를 거론한 것도 이런 맥락에서 이해해야 한다.

덧붙이자면, 여기서 말하는 득(得)은 일차적으로는 깨달음을 뜻하지만, 동시에 덕(德)을 뜻하기도 한다는 사실이다. 득은 무엇이 마땅한지를 알고 깨닫는 것이기도 하므로 그렇게 알고 깨달은 것이 그대로 내면에 쌓여서 덕이 된다. 따라서 1-1에서 사람의 본바탕인 밝은 덕을 밝히는 일이 긴요하다고 한 말을 이어 받아서 구체적으로 어떻게 하는 것이 마땅한지를 1-2에서 보여준 셈이 된다. 그리고 다시 1-3에서는 득의 구체적인 내용인 본말과 종시, 선후에 대해 이야기하고 있다.

1-3

物有本末, 事有終始, 知所先後則近道矣

온갖 것에는 뿌리와 우듬지가 있고, 온갖 일에는 마침과 처음이 있으니, 앞서 할 것과 뒤에 할 것을 잘 알면 길에 가까워 진다.

注釋 물(物)은 존재하는 것들, 사람과 짐승 및 갖가지 물건들을 아울러 가리킨다. 흔히 만물(萬物)이라 하면, 사람을 포함한 온갖 것들을, 때로는 사람을 뺀 나머지 모든 것들을 두루 일컫는다. 사(事)는 사건, 사태, 생업 따위 사람의 행위로 말미암아 일어난 일들, 나아가 하늘과 땅 어디에서나 벌어지는 일들을 가리킨다.

蛇足 대개 덕을 갖추면 윤리적으로 어긋남이 없거나 도리를 따라 사는 것쯤으로 아는데, 그것은 좁은 소견이요 짧은 생각이다. 심지어는 규정된 예법에 따라 말하고 행동하는 것이 곧 덕인 것처럼 여기기도 하는데, 이쯤이면 심각한 곡해라 해도 과언은 아니다. 덕은 윤리적인 성품만이 아니라 다양한 상황 속에서 맞닥뜨리게 되는 문제들을 해결하는 실질적인 능력까지 포함한다. 만약 실질적인 능력이 배제된 덕이라면, 그 덕은 단순히 순진함을 뜻할 뿐이다. 순진함이 덕은 아니다.

덕과 득(得)이 통한다는 것은 사람이 살아가는 데 긴요하고 또 필요하다고 여겨서 얻은 여러 가지 품성이나 능력이 그대로 덕이라는 뜻이다. 바로 그 덕으로써 판단해야 하는 것이 뿌리와 우듬지고, 마침과 처음이며, 앞서 할 것과 뒤에 할 것을 아는 일이다.

뿌리와 우듬지

온갖 것에는 뿌리와 우듬지가 있다는 말은 그 둘을 잘 가려내는 것이 긴요하다는 뜻이다. 왜 이 둘을 가려내야 하는가?

우듬지는 뿌리를 강하게 만들 수 없고, 가지는 줄기보다 굵을 수 없으니, 위가 무겁고 아래가 가벼우면 반드시 쉽게 뒤집어진다. ― 『문자』「상덕」

(末不可以强于本, 枝不可以大于幹. 上重下輕, 其覆必易. ― 『文子』「上德」)

고대 중국인들은 식물, 특히 나무를 주요한 상징으로 썼음을 잘 엿볼 수 있다. 나무는 뿌리가 깊이 내리고 튼튼해야 한다. 나무가 높이 솟으려면 그 줄기가 굵어야 하는데, 그만큼 길고 굵게 깊이 뿌리가 내려야 한다. 줄기가 뿌리를 굵고 강하게 만드는 것이 아니라, 뿌리가 그 줄기를 더 굵고 높게 만든다. 하물며 그 줄기의 끝에 있는 우듬지가 어찌 뿌리를 강하게 만들겠는가? 뿌리가 우듬지보다 중요한 까닭은 여기에 있다. 마찬가지로 온갖 것들에는 이렇게 뿌리에 해당하는 것이 있고 우듬지에 해당하는 것이 있으니, 이를 가릴 줄 알아야 한다.

그러면 유가에서는 무엇을 뿌리라 하고 무엇을 우듬지라 하는가? 유가 학파를 연 공자의 사상을 논할 때면 반드시 '예악(禮樂)' 곧 예의와 음악을 말하는데, 그것은 치도(治道)의 주요한 수단이면서 치란(治亂)의 여부를 보여주는 표지다. 『예기』「악기(樂記)」에서는 "음악은 사람들을 같아지게 하고, 예의는 사람들을 다르게 한다"(樂者爲同, 禮者爲異)라고 했는데, 이는 음악이 사람들을 화합시켜주고 예의가 사람들의 나이와 신분, 지위에 따라 구별 짓는 구실을 한다는 뜻이다. 또 예의는 없고 음악만 있다면 음란과 방종으로 흐르고, 음악은 없이 예의만 강조한다면 딱딱해지고 각박해진다. 이는 제대로 다스려지지 않음을 의미한다. 그래서 『예기』「예기(禮器)」에서는 "그 예의와 음악을 잘 살피면 다스려지는지 어지러운지 알 수 있다"(觀其禮樂, 而治亂可知也)고 말했다.

이렇게 예의와 음악은 유가의 정치에서 매우 중요한데, 그렇다고 이것이 뿌리는 아니다. 이는 우듬지에 불과하다.

> 선왕이 예의를 세울 때, 뿌리를 두고 무늬를 갖추었다. 참됨과 미쁨은 예의의 뿌리고, 알맞은 행동의 결은 예의의 무늬다. 뿌리가 없으면 제대로 서지 못하고, 무늬가 없으면 제대로 실행되지 않는다. – 『예기』「예기」
>
> (先王之立禮也, 有本有文. 忠信, 禮之本也; 義理, 禮之文也. 無本不立, 無文不行. – 『禮記』「禮器」)

예의의 뿌리는 참됨과 미쁨이라 했다. 그러나 참됨과 미쁨만 예의의 뿌리가 아니다. 참됨과 미쁨은 모든 덕목을 대표하여 거론된 것일 뿐이다. 따라서 덕이 곧 예의의 뿌리라는 뜻이다. 그러니 인(仁), 의(義), 경(敬), 신(愼), 신(信) 따위가 모두 예의의 뿌리고 음악의 뿌리다. 그 모든 덕목을 싸잡아서 인(仁)이라 하기도 한다. 『논어』「팔일(八佾)」편에서 공자가 "사람이 되어서 어질지 못한데, 예의는 차려서 무엇 하겠는가? 사람이 되어서 어질지 못한데 음악을 갖춘들 무엇 하겠는가?"(人而不仁, 如禮何? 人而不仁, 如樂何?)라고 한 말에도 이런 뜻이 담겨 있다.

『좌전』「노소공(魯昭公) 5년」에 다음 이야기가 나온다.

노나라 소공이 진(晉)나라로 가게 되었는데, 그는 진나라 교외에서 위로를 받는 일부터 진나라 군주에게 예물을 바치는 일에 이르기까지 예의를 잃지 않았다. 이에 진나라 군주가 여숙제(女叔齊)에게 물었다.

"노나라 군주는 예의에 밝지 않소?"

"노나라 군주가 어찌 예의를 알겠습니까!"

"어째서 그렇소? 교외에서 위로를 받는 일부터 예물을 바치는 일에 이르기까지 어긋남이 없었는데, 어째서 그렇게 말하는지 모르겠구려."

"그것은 의식(儀式)이지 예의라고 할 수는 없습니다. 예의는 나라를 지키고 정령(政令)을 제대로 실행하며 그 백성을 잃지 않게 하는 근본입니다. 그런데 지금 노나라의 정령이 대부의 가문에서 나오는데도 되찾지 못하고 있고, 현명한 자가기(子家羈)가 있음에도 등용하지 못하고 있습니다. 또 대국과 맺은 맹약을 어기고 소국을 침범하며 괴롭히고, 다른 나라의 환난을 이롭게 여기면서 자기 나라의 환난은 모르고 있습니다. 제후의 군사가 넷으로 나누어져 맹손씨 · 숙손씨 · 계손씨 세 집안에서 장악했고, 백성이 그들에 기대 살고 있습니다. 누구도 군주를 생각하지 않아 그 끝이 어찌 될지 헤아릴 수 없습니다. 한 나라의 군주가 되어 환난이 자신에게 미치려 하는데도 이를 걱정조차 하지 않고 있습니다. 예의의 본말(本末)이 여기에 있는데도 자질구레한 의식을 익히는 데만 서두르고 있습니다. 그러니 예의를 잘 지킨다는 것과는 멀지 않겠습니까?"

여숙제야말로 예의의 본말이 무엇인지를 잘 알고 있었던 인물이다. 노나라는 주 왕조의 창업뿐만 아니라 수성(守成)에도 큰 공을 세우고 또 왕조의 기틀이 되는 문물과 제도를 정비한 주공(周公)에게 내려진 봉국(封國)으로, 대대로 주나라 왕실과 대등한 대우를 받았던 제후국이다. 그것은 노나라가 예악의 정수를 간직한 나라임을 의미한다. 그러나 노나라 소공에게서 볼 수 있듯이 군주가 정령과 군사를 모두 대부 집안에 빼앗기고 백성의 마음조차 잃어버린 상황에서는 아무리 예의를 차린들 허울뿐인 의식에 지나지 않는다.

예의가 한낱 의식으로 전락해버린 것은 공자가 말했듯이 어짊이나 올바름 같은 뿌리가 없어서다. 예의와 덕성 둘을 두고 말한다면, 덕성이 뿌리가 되고 예의는 줄기가 된다. 사실 덕성은 정치나 외교, 군사 문제에서 두루 뿌리 구실을 한다고 해도 과언이 아니다. 무력으로 천하를 통일한 진시황이 태산을 비롯한 여러 산에 세운 비석에도 어짊과 올바름, 지혜 따위 도리를 강조하는 내용이 새겨져 있다. 비석의 글들은 모두 승상인 이사(李斯)의 작품인데, 이사가 순자의 제자라는 점을 생각하면 기이한 일도 아니다.

이사가 손경자(순자)에게 물었다.

"진나라는 4대에 걸쳐 싸움에 이겨 군사력이 세상에서 가장 강하고 제후들 사이에서 위세를 떨치고 있는데, 어짊과 올바름으로 그렇게 한 것이 아니라 편의대로 일을 처리했을 따름입니다."

손경자가 대답했다.

"그건 네가 알 수 있는 게 아니다. 네가 말하는 편의란 참된 편의가 아닌 편의고, 내가 말한 어짊과 올바름이 크나큰 편의다. 저 어짊과 올바름은 정치를 잘 닦는 바탕이다. 정치가 잘 닦여지면 백성이 그 임금을 가까이하고 그 군주를 좋아하며 그를 위해 기꺼이 죽는다. 그래서 '모든 일은 군주에게 있고, 장수는 우듬지가 되는 일을 한다'고 말한다. 진나라가 4대 동안 싸움에 이기기는 했지만, 늘 천하 제후들이 하나가 되어 자기를 짓밟지 않을까 두려워하고 있다. 이는 이른바 말세의 군대여서 뿌리가 되는 가닥이 없기 때문이다. 옛날 탕왕이 폭군 걸을 내쫓은 것은 그를 쫓아서 명조까지 갔을 때가 아니고, 무왕이 폭군 주를 친 것은 갑자일 아침에 싸워서 이겼을 때가 아니다. 모두 그 전부터 평소에 잘 다스렸기 때문에 그렇게 된 것이니, 이것이 이른바 어짊과 올바름의 군대다. 이제 너는 뿌리를 구하지 않고 우듬지를 찾고 있으니, 이것이 세상이 어지러워지는 까닭이다." – 『순자』「의병」

(李斯問孫卿子曰: "秦四世有勝, 兵强海內, 威行諸侯, 非以仁義爲之也, 以便從事而已." 孫卿子曰: "非女所知也. 女所謂便者, 不便之便也; 吾所謂仁義者, 大便之便也. 彼仁義者, 所以脩政者也. 政脩則民親其上, 樂其君, 而輕爲之死. 故曰, '凡在於君, 將率末事也.' 秦四世有勝, 諰諰然常恐天下之一合而軋己也. 此所謂末世之兵, 未有本統也. 故湯之放桀也, 非其逐之鳴條之時也; 武王之誅紂也, 非以甲子之朝而後勝之也. 皆前行素脩也, 此所謂仁義之兵也. 今女不求之於本而索之於末, 此世之所以亂也." – 『荀子』「議兵」)

마침과 처음

『설원』「변물(辨物)」에 다음의 이야기가 나온다.

조간자(趙簡子)가 적(翟)나라에서 온 봉도(封荼)에게 물었다.

"적나라에서 사흘 동안 곡식이 비처럼 내렸다고 하던데, 사실이오?"

"사실입니다."

"또 사흘 동안 피가 비처럼 내렸다고 하던데, 사실이오?"

"사실입니다."

"또 말이 소를 낳고 소가 말을 낳았다고 하던데, 그것도 사실이오?"

"사실입니다."

그러자 조간자가 탄식했다.

"대단하구나, 요사(妖邪)한 일이 나라를 망하게 할 정도로구나!"

이에 봉도가 대답했다.

"곡식이 사흘 동안 비처럼 내린 것은 회오리바람에 날아올랐던 곡식이 내린 것이고, 피가 사흘 동안 비처럼 내린 것은 독수리가 잡아챈 짐승이 하늘에서 흘린 피고, 말이 소를 낳고 소가 말을 낳은 것은 뒤섞어서 기른 탓입니다. 이는 적나라의 요사한 일이 아닙니다."

조간자가 다시 물었다.

"그렇다면 적나라의 요사한 일은 무엇이오?"

봉도가 대답했다.

"나라가 자주 흐트러지고, 군주는 어리고 약하며, 여러 경(卿)들은 대부들과 재물로써 한통속이 되어 녹봉과 작위를 요구하고, 모든 관리들은 함부로 일을 처리해 놓고 알리지도 않으며, 정령은 끝까지 실행되지 않은 채 자주 바뀌고, 선비들은 간교하게 탐욕부리며 원망을 품고 있습니다. 이것이 적나라의 요사한 일입니다."

은허(殷墟)에서 발굴된 다량의 갑골문(甲骨文)을 통해 알 수 있듯이 상(商) 왕조는 국가의 중대사를 대부분 점을 쳐서 결정했다. 한마디로 점복(占卜)의 왕조로서, 종교적 성향이 아주 강했다. 반면에 주(周) 왕조는 문물과 제도를 새롭게 정비하면서 인문적 성격이 강했다. 말하자면, 좀 더 합리적이고 이성적으로 사유했다고 할 수 있다. 그럼에도 통치자나 귀족들이 모두 오롯이 이성적이고 합리적이었다고 말하기는 어렵다. 오히려 위의 이야기에 나오는 조간자처럼 사고하는 것이 일반적이었다.

사실 봉도처럼 어떤 사태나 사건, 특히 정치적인 문제를 냉철하게 논리적으로 분석하고 합리적으로 판단하는 인물은 예나 이제나 드물다. 그런 점에서 『대학』의 '사유종시(事有終始)'는 결코 단순하게 볼 수 없는 구절이다.

그런데 왜 시종(始終)이라 하지 않고 종시(終始)라 했을까? 아마도 시작보다 끝맺음을, 처음보다 마침을 중요하게 여겼기 때문이리라. "시작이 반이다"고 하는 말처럼 대체로 시작에 무게를 많이 둔다. 물론 시작조차 쉽지 않다는 것을, 그래서 시작에 의의를 크게 두었다는 것을 의미하는데, 바로 이 때문에 잘 끝맺고 마치는 일은 더욱 쉽지 않고 또 잘하지 못한다고 할 수 있다. 그래서 끝맺음이나 마침을 앞에 내세운 것이 아닐까?

또 사람의 일이란 끝맺었다고 해서 끝이 아니다. 그가 죽기 전에는 늘 새로운 일이 시작되기 마련이다. 죽음이야말로 몸이 썩어가는 것 말고는 더 이상 자신에게 어떠한 일도 일어나지 않게 하는 사태다. 살아 있는 한, 늘 무슨 일이 생기거나 또 무슨 일을 하게 마련이다. 게다가 다양한 사람들과 관계를 맺으면서 살아갈 수밖에 없으므로 그 자신이 시작하지 않았음에도 해야만 하는 일, 마무리를 지어야 하는 일이 있게 마련이다.

시작을 스스로 한 게 아니더라도 자신이 잘 추스르고 제대로 매조져야 하는 경우도 얼마든지 있다. 자신이 시작한 일이 아니라고 해서 내버려두었다가는 도리어 자신이 할 일, 하고 싶은 일을 시작하지 못할 수도 있다. 자신과 관련된 일이라면 어떤 방식으로든 자신에게 영향을 끼치게 마련이며, 심지어는 자신의 삶을 좌지우지할 수 있기 때문이다. 이러하므로 매조지거나 끝맺는 일, 곧 마침을 분명하게 하는 일이 무엇보다도 중요하다.

『관자』「정세(正世)」에서 "성인이란 다스림과 어지러움의 도에 밝고 일의 마침과 처음에 익달한 사람이다"(聖人者, 明於治亂之道, 習於人事之終始者也)라고 말했다. 이처럼 일의 마침과 처음을 잘 아는 것은 성인의 자격이 될 정도다. 살아 있는 한에는 일을 피할 수 없다는 것, 전혀 예기치 못한 일을 곧잘 맞닥뜨리게 된다는 것, 피해서 될 만한 상황은 거의 없다는 것을 생각하면, 마침과 처음의 이치를 터득하지 않고서는 삶이 고달파질 수밖에 없다. 더구나 정치에서는 수많은 일을 꾀하므로 잘 매조지는 것이 긴요하며, 앞선 사람이 벌인 일을 뒷사람이 처리하고 마무리해야 하는 경우도 비일비재하다. 군주의 정치에서든 민주주의 정치에서든 정치가 그 나라 모든 사람들의 삶에 결정적 영향을 끼친다는 점을 감안하면, 『대학』이 마침과 처음을 강조한 것은 탁월하다.

> 반드시 일에 앞서 깊이 헤아려야 하고, 지극한 마음으로 거듭 생각해야 한다. 처음처럼 삼가며 마쳐서 마침과 처음이 한결같아야 한다. 이것을 크나큰 길함이라 한다. – 『순자』「의병」
> (慮必先事而申之以敬. 愼終如始, 終始如一, 夫是之謂大吉. – 『荀子』「議兵」)

비록 군사에 관한 일로써 한 말이지만, 정치에서도 통용되는 원칙이다. 『관자』에서는 '일의 처음과 마침에 익달한 사람'을 성인이라 했고, 여기서는 '마침과 처음이 한결같음'을 크나큰 길함이라 했다. 둘은 서로 통하는데, 마침과 처음에 익달하여 한결같이 처신하는 일이 참으로 어렵다는 사실을 알려준다. 그러나 어렵기는 해도, 할 수 없는 일은 아니다. 순자가 말했듯이 "처음처럼 삼가면" 된다. 문제는 삼가는 마음을 자칫 놓치기 쉽다는 데 있다.

『관자』의 주인공인 관중은 중국 역사상 가장 탁월한 정치가로 일컬어진다. 그것은 그가 주 왕실이 흔들릴 때 제(齊)나라 환공(桓公)을 섬기며 부국강병을 이루고 환공을 춘추시대 최초의 패자(覇者)로 만들어 천하의 질서를 잠시나마 바로잡았기 때문이다. 그런 그가 펼친 정치와 행정, 군사와 법률 따위의 원칙과 방법론을 담고 있는 책이 『관자』다.

관중은 본래 제나라의 공자 규(糾)를 섬겼고, 그의 벗인 포숙아는 공자 소백(小白)을 섬겼다. 제나라에 변란이 일어나자 규와 소백은 각자 노(魯)나라와 거(莒)나라로 달아나 후일을 도모했다. 곧이어 제나라 군주가 대부의 손에 죽는 일이 벌어지면서 군주의 자리가 비게 되었다. 이때 공자 규와 소백은 서로 먼저 제나라 도성으로 들어가서 군주의 자리에 오르려 다투었다. 제나라에서 가까운 거나라에 있던 소백이 먼저 도착하여 보위에 올랐으니, 그가 바로 환공이다. 한발 늦은 공자 규는 제나라의 압력을 받은 노나라 군주에 의해서 죽임을 당했다. 이때 관중과 함께 공자 규를 섬기던 소홀(召忽)은 주군과 의리를 지키기 위해 자결했으나, 관중은 죽음을 선택하지 않았다. 해야 할 큰일이 있다고 여겼기 때문이다. 이윽고 관중은 포숙아의 계책으로 무사히 제나라로 돌아와서 환공을 알현하고 발탁되었다.

처음에 환공은 관중을 기용하는 일을 탐탁지 않게 여겼다. 당연한 일이다. 경쟁자였던 규를 섬기며 자신을 죽이려 했던 인물이기 때문이다. 그러나 포숙아의 적극적인 권유와 설득으로 환공은 생각을 바꾸었다. 『사기』「제태공세가(齊太公世家)」를 보면, 포숙아는 이렇게 말했다.

"저는 다행히도 군주를 섬기게 되었고, 군주께서 마침내 즉위하셨습니다. 군주께서는 이미 높게 되셨는데, 저로서는 더 높여드릴 수가 없습니다. 군주께서 앞으로 제나라를 다스리려 하신다면 고혜(高傒)와 저 포숙아로 충분할 것입니다. 그러나 패왕(覇王)이 되려 하신다면 관중이 없어서는 안 됩니다. 관중이 사는 나라는 반드시 그 위세가 커질 것이니, 그를 놓치면 안 됩니다.”

실제로 포숙아가 이렇게 말했는지는 확인할 수 없다. 『관자』「대광(大匡)」편을 보면, 환공은 패왕이 되는 목표를 가진 적이 없고 사직을 안정시키는 것에서 만족하려 했다고 한다. 환공 이전에는 패왕이 없었고 또 제나라가 오랫동안 혼란했다는 점을 감안하면, 『관자』의 내용이 더 타당해 보인다. 그러나 어느 쪽이 진실이든 간에 중요한 것은 환공이 관중을 기용해서 크게 썼다는 사실이며, 그뿐만 아니라 포숙아를 비롯해서 영척(寗戚), 습붕(隰朋), 빈서무(賓胥無) 등 현명한 신하들을 기용하고 또 널리 인재를 찾아서 적절한 자리에 앉혀 사직을 안정시키고 나아가 패자가 되어 천하를 호령했다는 사실이다.

그런데 환공의 주위에는 군주를 가까이에서 모시려고 스스로 거세한 수조(豎刁), 자식을 삶아서 군주에게 먹인 역아(易牙), 친족과 인연을 버리고 제나라로 온 개방(開方) 같은 소인배도 있었다. 그러나 관중을 비롯한 현명한 신하들이 정치를 맡아서 제나라를 이끌어간 동안에는 환공도 그들의 아첨에 휘둘리지 않았다. 소인배들이 있지도 않은 일을 들먹이며 관중을 헐뜯을 때도 관중을 믿고 두둔했을 정도다.

그렇지만 관중이 죽은 뒤, 환공의 판단은 급속히 흐려졌다. 저 소인배들을 처음에는 멀리했으나, 결국 가까이 두었다. 그러자 그들 각자는 여러 공자들을 서로 끼고 권력 다툼을 벌였으며, 그로 말미암아 환공 자신도 침실에 갇혀서 굶어죽는 지경에 이르렀다. 공자들이 서로 권력을 차지하느라 여념이 없는 동안에 환공의 주검은 두 달 동안 침상에 그대로 내버려진 채 썩어서 구더기가 나올 지경이었다고 한다. 중원을 호령하던 패왕의 최후치고는 참으로 처참했다. 그리고 관중이 건재하던 30여 년 동안 모든 제후국들 위에서 군림하던 제나라는 이내 내홍을 겪었다.

환공은 보위에 오른 뒤로 과감하게 인재를 발탁하여 일을 맡겼으며, 소인배들에게 휘둘리지도 않았다. 그만큼 사람을 보는 눈, 지인지감(知人之鑑)이 있었다. 그런데 어찌하여 관중이 죽은 뒤에는 그토록 허망하게 소인배들의 농간에 놀아나게 되었을까? 자신도 모르는 새에 그들의 아첨에 오래도록 젖어 있었기 때문일까? 환공이 죽을 때 나이가 일흔 셋이었다고 하는데, 노망이 들었던 것일까? 아니면, 환공이 진즉에 후사를 정해놓지 않았기 때문일까? 그 이유가 무엇이든 간에 처음처럼 끝을 삼가지 못하고 스스로 마무리를 제대로 하지 못한 것은 오롯이 환공 자신의 잘못이다.

한편, 환공이 우여곡절 끝에 보위에 올라 관중을 기용함으로써 생각지도 못한 패왕의 위치에 오르게 된 것 자체에 이미 언젠가 패왕의 자리에서 내려와야만 한다는 이치도 담겨 있었다고 보아야 한다. 돌고 도는 것이 자연의 법칙이듯이 인간사 또한 그 법칙에서 벗어나지 못한다. 마침이 있으면 당연히 처음이 있고, 처음이 있으면 마침이 있는 법! 순자가 처음처럼 삼가야 한다고 말한 까닭도 여기에 있으리라. 누구에게나 무슨 일에나 마칠 때, 끝날 때가 오기 마련인데, 어찌 삼가지 않을 수 있겠는가.

사람의 욕심으로야 언제나 승승장구하며 호황을 누리고 번성하기를 바라지만, 그런 욕심이 도리어 초심을 잊게 만들고 삼가는 마음을 가려버려서 탐욕에 빠지게 한다. 탐욕은 그릇된 길로 이끌어 그 말로를 비참하게 만들거나 쇠망을 앞당기는 구실을 한다. 이는 역사가 한결같이 일깨워주는 진실이다. 그러므로 하찮게 여겨지는 일상의 일에서 천하를 경영하는 일까지 간과해서는 안 되는 것, 그것은 마침과 처음이 끊임없이 이어져 있다는 이치다.

> 갖가지 것을 잘 견주어서 뒤섞여 있는 일을 처리하고, 하나로 꿰뚫어서 만 가지 일을 처리한다. 처음이 있으면 마침이 있고, 마침이 있

으면 처음이 있으니, 마치 옥고리처럼 끝이 없다. 이 이치를 버려두면 천하는 이울게 된다. 하늘과 땅은 태어남의 처음이고, 예의는 다스림의 처음이며, 군자는 예의의 처음이다. 예의를 만들고 이어가며 거듭 쌓아서 좋아하게 만드는 것은 군자가 시작한다. 그러므로 하늘과 땅은 군자를 낳고, 군자는 하늘과 땅의 이치대로 다스린다. 군자란 하늘과 땅의 일에 참여하고 온갖 것들을 거느리며 백성의 어버이 노릇을 하는 사람이다. 군자가 없다면, 하늘과 땅은 다스려지지 않고, 예의는 줄가리가 없어지며, 위로는 군주와 스승이 없고 아래로는 아비와 자식이 없게 된다. 이를 두고 지독한 어지러움이라 한다. 군주와 신하, 아비와 자식, 형님과 아우, 지아비와 지어미 모두 처음이 있으면 마침이 있고 마침이 있으면 처음이 있어, 하늘과 땅과 함께 다스리고 영원토록 함께 오래간다. 이를 크나큰 뿌리라 한다. – 『순자』「왕제」

(以類行雜, 以一行萬. 始則終, 終則始, 若環之無端也. 舍是而天下以衰矣. 天地者, 生之始也; 禮義者, 治之始也; 君子者, 禮義之始也. 爲之, 貫之, 積重之, 致好之者, 君子之始也. 故天地生君子, 君子理天地, 君子者, 天地之參也, 萬物之總也, 民之父母也. 無君子, 則天地不理, 禮義無統, 上無君師, 下無父子, 夫是之謂至亂. 君臣 · 父子 · 兄弟 · 夫婦, 始則終, 終則始, 與天地同理, 與萬世同久, 夫是之謂大本. – 『荀子』「王制」)

앞서 할 것과 뒤에 할 것

온갖 것에 뿌리와 우듬지가 있고 온갖 일에 마침과 처음이 있다는 것은 무엇을 앞세우고 무엇을 뒤로 돌리며 또 무엇을 먼저 하고 무엇을 나중에 할 것인지를 알아야 한다는 뜻이다. 간단하고 단순한 일이라면 모르겠거니와 만약 크고 중요하면서 이해관계가 복잡하게 얽힌 일이라면, 마구잡이로 처리할 수 없다. 자칫했다가는 하지 않느니만 못하게 되고, 심각한 지경에 이를 수도 있다. 그래서 "앞서 할 것과 뒤에 할 것을 잘 알면 길에 가까워진다"고 말한 것이다. 일의 무거움과 가벼움, 앞서 할 것과 뒤에 할 것을 안다는 것은 그 자체로 사리(事理), 곧 일의 결을 아는 것이니, 길에 가까워지는 것도 당연하다.

> 활은 먼저 조율한 뒤에 굳셈을 구하고, 말은 먼저 길들이고 난 뒤에 훌륭함을 구하며, 사람은 먼저 미쁘게 된 뒤에 유능함을 구한다. - 『문자』「상덕」
>
> (弓先調而後求勁, 馬先順而後求良, 人先信而後求能. - 『文子』「上德」)

무릇 일에는 순서가 있다. 앞서 할 것을 뒤에 하거나 나중에 할 것을 먼저 할 수 없다. 특히 두세 가지 이상을 동시에 처리할 수도 없다. 누군가가 "나는 한꺼번에 여러 일을 할 수 있다"고 말한다면, 그는 착각하고 있는 것이다. 『성서』의 첫머리에 하느님이 천지를 창조하는 과정이 나온다. 전지전능하신 하느님조차 하늘과 땅, 만물을 한꺼번에 창조하지 않았다. 낮과 밤, 땅과 바다, 풀과 나무, 새와 짐승 따위를 엿새에 걸쳐 차근차근 창조했다. 신조차 그러한데, 사람이 일을 하면서 어떻게 한꺼번에 여러 가지를 동시에 잘할 수 있겠는가. 그렇게 할 수 있다고 믿는다면, 그건 과신(過信)이다. 그렇게 하려고 한다면, 그건 과욕(過慾)이다.

『문자』에서 말하고 있듯이, 상대를 제압하기 위해서는 강하고 정확하게 화살을 쏘아야 하지만 반드시 먼저 활을 조율해 놓아야 한다. 천리마를 얻었더라도 먼저 길들이지 않으면 말의 훌륭한 자질을 꺼내 쓸 수가 없다. 마찬가지로 능력 있는 사람, 뛰어난 사람을 얻고 싶다면, 먼저 그가 나를 믿게 해야 한다. 나를 믿지 않는 사람이라면 그는 아무리 탁월한 능력을 가졌더라도 나를 위해 쓰지 않는다. 이처럼 무슨 일에서나 먼저 해야 할 것이 있다. 먼저 해야 할 것을 먼저 해야만 그에 따라 마땅한 결과, 좋은 결과가 뒤따른다.

가령, 부국강병을 이루고 태평성세를 구가하려면 어진 군주와 유능한 신하가 만나야만 한다. 그런데 중요한 것은 군주 자신이 먼저 어진 마음과 사람을 볼 줄 아는 감식안이 있어야 유능한 신하를 얻을 수 있다. 마찬가지로 선비도 그 자신이 먼저 남다른 능력과 빼어난 덕성을 갖추고 있어야 어진 군주에게 발탁될 수 있다.

『삼국지』「제갈량전(諸葛亮傳)」을 보면, 유비는 제갈량을 세 번이나 찾아가서야 비로소 만나는데, 만난 뒤에는 제갈량과 나날이 정이 깊어졌다. 관우와 장비가 이를 마뜩잖게 여겼다. 그러자 유비는 이렇게 해명했다.

"내가 공명을 만난 것은 물고기가 물을 만난 것과 같네. 그대들은 이에 대해 다시는 말하지 말게나!"(孤之有孔明, 猶魚之有水也. 願諸君勿復言!)

여기서 나온 고사성어가 바로 '수어지교(水魚之交)'다. 군주와 신하 사이가 마치 물고기와 물처럼 각별하고 친밀하다는 뜻이다. 전국시대에도 그런 만남이 있었으니, 바로 진(秦)나라 효공(孝公, 기원전 361~338 재위)과 공손앙(公孫鞅, ?~기원전 338)이 그 주인공이다.

공손앙의 출신에 대해서는 자세히 알 수 없다. 공손앙이라는 성명으로 그가 공족의 후손임을 짐작할 수 있을 뿐이다. 그가 처음 행적을 드러낸 곳은 전국시대 위(魏)나라다. 위나라에서 그는 상국(相國)이던 공숙좌(公叔座)의 가신으로 있었다. 스물이 채 안 된 나이에 공숙좌 집안의 일들을 총괄하는 직책을 맡았으니, 얼마나 뛰어난 능력을 지녔는지 짐작할 수 있다.

공숙좌가 병이 깊어 일어나기 힘들어졌을 때, 위혜왕(魏惠王)이 문병하러 와서는 물었다.

"그대가 다시 일어나지 못한다면, 누구에게 국사를 맡기는 것이 좋겠소?"

공숙좌는 이렇게 대답했다.

"저의 중서자로 있는 공손앙은 비록 어리지만 재능이 뛰어납니다. 그에게 나랏일을 맡기시고, 다스리는 이치를 들으십시오."

혜왕이 이 말을 들을 리 만무하다. 왜냐하면 전혀 존재를 알지 못했던 공손앙을 느닷없이 거론하며 그에게 국사를 맡기라는데, 과연 어떤 군주가 그 말을 듣겠는가? 게다가 스물 안팎의 새파란 젊은이가 아닌가! 이는 애당초 공숙좌의 잘못이다. 공손앙의 재능이 빼어나 국사를 맡길 만한 인물이라 확신했다면, 그 자신이 건재할 때 추천했어야 옳다. "새는 죽을 때 그 소리가 슬프고 사람은 죽을 때 그 말이 착하다"는 속담을 곧이곧대로 믿는다 해도, 갑작스레 사람을 추천하여 믿고 쓰라는 말은 아무리 현명한 군주라도 선뜻 수용하기 어렵다. 하물며 현명하다고 말하기에는 손색이 있는 혜왕임에랴!

혜왕이 공손앙을 쓰지 않을 것임을 눈치 챈 공숙좌는 공손앙을 기용하지 않겠다면 반드시 죽이라고 말했다. 기용하라는 말도 듣지 않는데, 죽이라는 말을 듣겠는가? 이윽고 공손앙은 위나라를 떠나 서쪽으로 진(秦)나라에 갔다. 당시 진나라는 효공이 천하에 구현령(求賢令)을 내려 널리 인재를 구하고 있었다. 겨우 21세에 즉위한 효공은 진나라가 서쪽에 치우쳐서 중원의 제후국들로부터 오랑캐 취급을 받고 있는 데 대해 매우 원통하게 여기고 있었다. 그는 즉위하자마자 고아와 과부를 구제하는 등 널리 은혜를 베풀고 전사를 모집해 논공행상을 분명하게 했으나, 이것으로는 부족함을 느꼈다. 이에 구현령을 내리며 이렇게 말했다.

"옛날 목공(穆公)께서는 덕을 닦고 무력을 길러 동쪽으로는 진(晉)의 내란을 평정하여 황하를 경계로 삼았으며, 서쪽으로는 융적을 제압하여 땅을 천 리나 넓혔다. 천자는 방백(方伯)의 칭호를 내렸고, 제후들도 모두 축하했다. 후세를 위해 이런 업적을 남겼으니, 매우 빛나고 아름다운 일이었다. 그러나 여공(厲公)과 조공(躁公), 간공(簡公), 출자(出

子) 때에는 조용한 날이 없이 나라 안이 우환에 시달려 나라 밖의 일을 돌볼 겨를이 없었다. 위(魏) · 조(趙) · 한(韓) 삼진(三晋)이 이 틈을 노려 하서(河西) 지역을 빼앗고, 제후들은 우리를 무시하니, 이보다 더한 치욕은 없었다. 헌공(獻公)께서 즉위하여 변경을 안정시키고 도읍을 역양(櫟陽)으로 옮겨 다스리면서 동쪽 정벌을 통하여 목공 때의 땅을 되찾고 그때의 정령을 실행하려 했다. 과인은 이런 선군의 뜻을 생각할 때마다 가슴이 아팠다. 빈객과 군신들 가운데 남다른 계책으로 우리 진나라를 부강하게 만들 수 있는 사람이라면 내가 높은 자리를 내리고 땅을 나누어줄 것이다!"

효공의 의지는 분명했다. 부국강병을 이룩하여 선대의 치욕을 씻고 중원으로 진출하려는 것이었다. 그러기 위해서는 유능하고 현명한 인재들을 얻어야 했다. 정치의 득실과 일의 성패는 사람에게 달려 있고, 군주 혼자서는 결코 성취할 수 없다. 효공 또한 이를 잘 알고 있었다.

공손앙은 효공에게 발탁되기를 바라서 진나라로 갔다. 그러나 효공이 아무나 만나주지는 않을 것이므로 먼저 효공이 아끼는 신하 경감(景監)을 찾아갔다. 이야기를 나누어보고 공손앙이 뛰어난 인재임을 알아챈 경감은 곧바로 효공에게 천거했다. 효공은 얼른 공손앙을 맞아들여 그에게 나라를 다스리는 방책에 대해 물었다. 절호의 기회를 얻은 공손앙은 정성을 다해 이야기했다. 그런데 효공은 꾸벅꾸벅 졸면서 제대로 듣지 않았다. 공손앙이 물러난 뒤에 효공은 경감에게 화를 냈다.

"그대의 빈객은 헛된 생각을 품은 망령된 사람이오! 어찌 쓸 수 있겠소?"

경감이 돌아와서 공손앙에게 왜 헛된 말을 했느냐고 물으니, 공손앙은 이렇게 대답했다.

"내가 군주에게 제도(帝道)에 대해 말했는데, 그 뜻을 이해하지 못한 것입니다."

제도란 요(堯)나 순(舜) 같은 전설상의 성군이 나라를 다스린 방도를 이른다. 흔히 도가(道家)에서 말하는 치도(治道)가 이것인데, 이는 태평한 시절에 알맞은 '무위지치(無爲之治)'를 가리킨다. 난세에는 적합하지 않은 방도였으므로 얼른 부국강병을 이루려 한 효공에게는 부질없는 논의로 들렸을 게 뻔하다.

닷새가 지난 뒤 효공은 다시 공손앙을 불렀고, 공손앙은 왕도(王道)를 이야기했다. 효공은 여전히 마음에 들지 않아 시큰둥했다. 제도만큼이나 비현실적인 방책으로 여겨졌던 것이다. 그리고 닷새 뒤, 효공을 다시 만난 공손앙은 이번에는 패도(覇道)를 이야기해주었다. 그러자 효공은 경감에게 이렇게 말했다.

"그대의 빈객은 썩 괜찮아서 함께 이야기를 나눌 만하오."

효공의 반응이 제도나 왕도를 들을 때보다는 한결 나아졌으나, 패도에도 마음은 크게 움직이지 않았다. 비로소 효공의 내심을 알아챈 공손앙은 경감에게 다시 효공을 만나게 해달라고 부탁했다. 이번에는 효공이 공손앙 쪽으로 바싹 다가앉으며 귀를 기울여 들었다. 공손앙과 며칠 동안 계속 이야기하면서 효공은 전혀 싫증내지 않았다. 공손앙이 '강국(强國)'이 되는 길을 이야기했기 때문이다. 그 요지는 "법령을 바꾸고 형벌을 정비하며, 안으로는 농사에 힘쓰고 밖으로는 전쟁에서 목숨을 걸고 싸우는 전사들에 대해 상벌을 분명하게 하는 것"이었다. 이른바 농전(農戰)과 상벌(賞罰)에 주안점을 둔 변법(變法)이었다.

뛰어난 인재를 얻으려 애썼던 효공, 자신을 절대적으로 신임하며 일을 맡길 군주를 찾던 공손앙. 두 사람은 만나 이야기를 나누면서 먼저 상대를 가늠하기 시작했다. 효공은 공손앙이 진나라를 부강하게 해줄 방책과 능력을 갖고 있는지를 살펴야 했고, 공손앙은 효공이 군주로서 어느 정도의 식견과 성품을 지녔는지 파악해야 했다. 몇 번의 대화를 나누면서 드디어 서로 뜻이 통할 수 있는 지점을 찾아냈다. 정확하게는 공손앙이 그 지점을 찾아간 것이다. 어쨌든 효공은 공손앙이 자신의 의중대로 정책을 펴나갈 것임을 확신하자 곧바로 발탁하여 좌서장(左庶

長)이라는 높은 직책을 주었고, 그 뒤로 흔들림 없이 그를 신뢰했다.

부강한 나라를 만들어 중원으로 진출하려는 야심을 가진 효공의 뜻에 부응하기 위해 공손앙은 변법이라는 강력한 정책을 실행했다. 그런데 이 변법은 기득권 세력인 귀족들의 권력을 제한하거나 축소하여 군주의 권력을 막강하게 하는 것이어서 귀족들이 거세게 반발할 것은 불을 보듯 뻔한 일이었다. 게다가 전혀 새로운 법령을 시행하는 것이어서 백성까지 반발할 수 있었다. 이를 예상한 공손앙은 변법을 실행하기 전에 새로운 법령을 백성이 믿도록 하는 것이 우선임을 알았다. 그리하여 그는 먼저 다음의 일을 했다.

세 길이나 되는 나무를 도성의 남문에 세우고 이렇게 포고했다.

"이 나무를 북문으로 옮기는 자에게는 황금 10금을 주겠다!"

그러나 백성은 이상하게 여길 뿐, 아무도 옮기지 않았다. 하찮은 일에 너무 많은 상금이 걸렸기 때문이다. 다시 이렇게 포고했다.

"이 나무를 옮기는 자에게는 황금 50금을 주겠다!"

어떤 백성이 별 뜻 없이 이것을 옮겨 놓았다. 즉시 그에게 황금 50금을 내려 백성을 속이지 않는다는 뜻을 분명히 했다. 그런 뒤에 새 법령을 널리 알렸다.

흔히 "남문으로 나무를 옮기다"는 뜻의 '남문사목(南門徙木)' 또는 "나무를 옮겨 믿음을 세우다"는 뜻의 '사목입신(徙木立信)'으로 알려진 이야기다. 공손앙이 나무를 옮긴 자에게 약속대로 황금을 주었지만, 그렇다고 해서 곧바로 백성이 그를 믿고 그의 법령을 따른 것은 아니다. 법령이 시행된 지 10여 년이 지나서야 비로소 진나라 백성은 만족하기 시작했다.

더 이상 새 법령에 대해 왈가왈부하는 자가 없어졌을 때, 공손앙은 군사를 이끌고 위나라를 쳐서 그 수도를 빼앗았다. 무엇을 먼저 하고 나중에 할 것인지를 잘 알았다고 할 만하다. 변법으로 진나라를 부강하게 만든 공손앙은 이윽고 자신을 쓰지 않은 위나라를 쳐서 그 도성을 함락시켰다. 위나라는 대량(大梁)으로 도성을 옮겨가야 했다. 그때부터 위혜왕은 양혜왕(梁惠王)으로 불렸다. 공손앙은 이때 세운 공으로 상(商) 땅을 봉읍으로 받고 '상군(商君)'에 봉해졌다. 그로부터 '상앙(商鞅)'으로 불렸다. 그가 저술한 책이 『상군서(商君書)』다.

> 옳은 말인데도 받아들이지 않고 그른 말인데도 내버리지 못하며, 공을 세워도 상을 주지 못하고 죄를 지어도 벌을 내리지 않으니, 이렇게 해서 백성을 다스릴 수 있었던 적은 아직 없었다. 옳으면 반드시 받아들이고 그르면 반드시 내버리며, 공을 세우면 반드시 상을 내리고 죄를 지으면 반드시 벌을 내리니, 이렇게 한다고 어찌 다스려지겠는가? 아직 아니다. 무엇 때문인가? 형세와 기물이 마련되지 않아서 아직 다스려지지 않는 것이다.
>
> 형세와 기물이 마련되고 앞의 네 가지가 갖추어져야 다스려진다. 백성을 다스리지 못하면서 그 군대가 강해질 수 있었던 적은 아직 없었다. 백성을 다스릴 수 있어도 군대를 쓰는 책략에 밝지 못하면 아직 안 된다. 군대를 강하게 하지 못하면서 반드시 적국을 이길 수 있었던 적은 아직 없었다. 군대를 강하게 할 수 있어도 적국을 이기는 방책에 밝지 못하면 아직 이기지 못한다. 군대가 적국을 반드시 이기지 못하는데도 천하를 바로잡을 수 있었던 적은 아직 없었다. 군대가 적국을 반드시 이길 수 있다고 해도 천하를 바로잡을 명분이 분명하지 않으면 아직 안 된다. 그래서 "백성을 다스리는 데에는 기물이 있어야 하고, 군대를 쓰는 데에는 책략이 있어야 하며, 적국을 이기는 데에는 방책이 있어야 하고, 천하를 바로잡는 데에는 명분이 있어야 한다"고 말하는 것이다. - 『관자』「칠법」
>
> (言是而不能立, 言非而不能廢, 有功而不能賞, 有罪而不能誅, 若是而能治民者, 未之有也. 是必立, 非必廢, 有功必賞, 有罪必誅, 若是安治矣? 未也. 是何也? 曰形勢器械未具, 猶之不治也.

形勢器械具, 四者備, 治矣. 不能治其民, 而能强其兵者, 未之有也. 能治其民矣, 而不明於爲兵之數, 猶之不可. 不能强其兵, 而能必勝敵國者, 未之有也. 能强其兵, 而不明於勝敵國之理, 猶之不勝也. 兵不必勝敵國, 而能正天下者, 未之有也. 兵必勝敵國矣, 而不明正天下之分, 猶之不可. 故曰: "治民有器, 爲兵有數, 勝敵國有理, 正天下有分."

— 『管子』「七法」)

상앙은 먼저 법령을 세웠다. 당연하다. 그는 법치(法治)를 내세운 법가사상가이기 때문이다. 그렇다면 유가에서는 무엇을 내세울까? 『순자』「의병(議兵)」편에 "예의는 나라를 다스리게 하는 용마루고, 강하고 굳건해지게 하는 뿌리이며, 위세를 펴게 하는 길이고, 공적과 명성을 올리는 요체다"(禮者, 治辨之極也, 强固之本也, 威行之道也, 功名之總也)라는 대목이 나온다. 이처럼 유가라면 당연히 예의를 세우는 것이 먼저라고 할 것이다. 그러나 나라를 다스리는 데에는 법령과 예의 두 가지가 수레의 양쪽 바퀴와 같은 구실을 한다. 둘 가운데 무엇을 먼저 할 것인가는 형세나 시세에 따라야 한다. 그리고 무엇보다도 정치에서 왜 법령이나 예의가 필요한지를 아는 것이 우선이다.

법령과 예의 모두 정치의 근간이다. 정치란 나라를 다스려 백성이 잘 살 수 있도록 해주는 일이다. 백성이 잘 살 수 있도록 군주가 내리는 것이 법령이고, 백성이 윤택한 삶을 누리도록 해주는 것이 예의다. 백성의 삶을 도외시한 채 논하는 법령이나 예의는 모두 헛소리요 선소리다. 『맹자』「양혜왕 상(梁惠王上)」에서 "산 사람을 먹여 살리고 죽은 사람을 장사지낼 때 섭섭함이 없는 것, 이것이 왕도의 시작이다"(養生喪死無憾, 王道之始也)라고 한 것도, 『관자』「정세(正世)」에서 "무릇 나라를 다스리는 길은 반드시 먼저 백성을 부유하게 하는 일이다. 백성이 부유하면 다스리기 쉽지만, 백성이 가난하면 다스리기 어렵다"(凡治國之道, 必先富民. 民富則易治也, 民貧則難治也)라고 한 것도 그 때문이다.

법령을 먼저 세울 것인가 예의를 먼저 마련할 것인가를 비롯해 무릇 주어진 상황을 정확하게 진단하여 정치에서 먼저 할 일과 나중에 할 일을 제대로 알고 실행한다면, 다스리는 길에 가까워진다. 바로 이것이 '근도(近道)'다.

2장

사물을 알고 천하를 다스려라

2-1

古之欲明明德於天下者, 先治其國; 欲治其國者, 先齊其家; 欲齊其家者, 先修其身; 欲修其身者, 先正其心; 欲正其心者, 先誠其意; 欲誠其意者, 先致其知, 致知在格物.

옛날에 밝은 덕을 천하에 밝히려 한 이는 먼저 그 나라를 다스렸고, 그 나라를 다스리려 한 이는 먼저 그 집안을 가지런히 했으며, 그 집안을 가지런히 하려 한 이는 먼저 그 몸을 닦았고, 그 몸을 닦으려 한 이는 먼저 그 마음을 바루었으며, 그 마음을 바루려 한 이는 먼저 그 뜻을 성스럽게 했고, 그 뜻을 성스럽게 하려 한 이는 먼저 그 앎을 지극하게 했으며, 앎을 지극하게 하는 일은 사물의 알속에 이르는 데에 있었다.

注釋 제(齊)는 가지런히 하다는 뜻으로, 다스리다는 뜻의 치(治)와 같다. 성(誠)은 참되게 하다, 오롯하다, 지극하다는 뜻으로, 성(聖)과 통하므로 성스럽다고 풀이했다. 치(致)는 지극한 데 이르다, 끝까지 다하다는 뜻이다. 격(格)은 이르다, 오다, 바로잡다는 뜻이다.

蛇足 여기서는 1-3에서 말한 '앞서 할 것과 뒤에 할 것'을 이어받아 유가의 정치철학이라 할 만한 것을 깔밋하게 내보이고 있다. '명명덕어천하(明明德於天下)'는 달리 말하면 '평천하(平天下)'다. 앞서 '대학지도(大學之道)'에서 가장 먼저 '명명덕'이 언급된 까닭에 여기서도 이 말을 앞세우며 풀어간 것이다. '평천하' 곧 "천하를 고르게 다스린다 또는 태평하게 한다"는 것은 군주가 자신이 스스로 밝힌 밝은 덕으로 천하를 다스린다는 뜻이니, 함의가 다르지 않다.

그런데 밝은 덕을 밝히는 일은 수신(修身)에 해당한다. 자신의 몸과 마음을 잡도리해서 내면에 갈무리한 것이 밝은 덕이기 때문이다. 이 수신에서 집안과 나라, 천하를 다스리는 데로 나아가는데, 동시에 이 수신을 위해서는 마음을 바루고 뜻을 성스럽게 지니고 앎이 지극해야 한다. 요컨대 이 구절에서는 '수신'이 핵심이다. 제가 · 치국 · 평천하와 정심 · 성의 · 치지 · 격물은 모두 이 수신에서 수렴된다.

수신(修身) ↔ 〈 제가(齊家) → 치국(治國) → 평천하(平天下)
정심(正心) ← 성의(誠意) ← 치지(致知) ← 격물(格物)

이를 '대학의 팔조목(八條目)'이라 한다. 그런데 이 여덟 가지를 순서대로 기술했다고 해서 반드시 이 순서대로 마음공부나 몸가짐, 행위 따위가 이루어진다고 여겨서는 곤란하다. 순서를 말한 것은 이해하는 데 도움이 되도록 한 것일 뿐, 이 순서가 절대적이라는 뜻은 아니다. 만약 순서대로 해야 한다면, 왕실에서 태어나 어려서 태자로 책봉되더라도 수신이 이루어지지 않으면 결코 왕위를 물려받을 수 없다는 뜻이 된다. 이래서는 왕위를 이을 자가 거의 없을 것이다. 또 학문을 해서 세상에 뜻을 펴려는 선비도 이 순서를 지켜야 한다면, 아마 대부분이 집 밖으로 나서지도 못할 것이다. 집 밖은 제쳐두고 글방에서조차 나오지 못할 사람도 수두룩할 것이다.

이 여덟 가지는 각각 따로 존재하는 것이 아니다. 평천하 안에 치국이 있고, 치국 안에 제가가 있으며, 제가 안에 수신이 있다. 마찬가지로 수신 안에 정심이 있고, 정심 안에 성의가 있으며, 성의 안에 치지가 있고, 치지 안에 격물이 있다. 이를테면, 가장 안쪽에 격물이라는 원이 있고, 그 원 밖에 치지라는 더 큰 원이 있으며, 이렇게 점점 큰 원이 형성되어 가장 바깥에 평천하라는 가장 큰 원이 있는, 일종의 동심원을 이루는 관계에 있다고 할 수 있다. 그러면서 끊임없이 서로 영향을 주고받는다.

한번 생각해보자. 격물이 제대로 되었는지, 치지가 되었는지, 성의가 되었는지 또는 정심이 되었는지를 그 자체로 알 수 있는가? 그의 말과 행동을 살펴보고 제가를 하거나 치국을 하거나 평천하를 어떻게 하는지를 보아야 비로소 알 수 있다. 그리고 삶 속에서 갖가지 일들을 맡아 하는 경험을 통하지 않고서는 격물도, 치지도, 성의도, 정심도 오롯해지지 않는다. 그런 경험을 도외시하는 것은 머릿속으로 덕을 쌓는 것이나 다름이 없다. 이는 자칫 제가와 치국, 평천하를 그르치거나 위태롭게 한다. 따라서 격물, 치지, 성의, 정심 따위는 제가와 치국, 평천하와 분리되어 따로 존재하는 것이 아니다.

그리고 간과해서는 안 되는 점은 후대에 '수신제가치국평천하'를 늘 언급하듯이 『대학』의 이 구절도 초점이 여기에 맞추어져 있다는 사실이다. 후대 성리학자들의 사유와 인식은 줄곧 수양을 강조하는 데 있었으므로 정작 '치국평천하'가 유가의 핵심이라는 사실을 놓쳐버렸다. 성리학에서 『대학』을 중시했다는 사실로 보자면, 수양이라는 관점에서 『대학』을 이해하는 것도 무리는 아니다. 그러나 『대학』은 정치의 요체를 담은 책이므로 이런 편협한 시각 또는 그릇된 관점을 바로잡아야 한다.

총애와 편애가 부른 내분

기원전 8세기에서 기원전 5세기에 걸친 춘추시대에 주 왕실이 유명무실해지자 제후들은 각자 패권을 차지하여 천하를 호령하려고 서로 치열하게 경쟁했다. 그러나 패권을 차지한 제후는 손에 꼽을 정도에 불과했다. 『순자』에 따르면, 제나라 환공, 진나라 문공, 초나라 장왕, 오나라 합려, 월나라 구천 등이 고작이다. 아무리 패권을 차지하고 싶어도 실제로 이루기는 매우 어려웠음을 뜻한다. 또 패자가 되었더라도 당사자들이 죽은 뒤에는 곧바로 패권을 잃는 경우가 많았고, 심지어는 나라가 혼란에 휩싸이거나 쇠망의 길로 접어들기도 했다. 평천하는 제쳐두고라도 치국조차 결코 쉽지 않았다는 말이다. 그 까닭은 평천하나 치국에만 마음을 두고, 평천하나 치국에 앞서 해야 할 것을 몰랐거나 간과했기 때문이다. 하물며 평천하나 치국보다 사욕이나 야욕을 채우기에 급급했다면 어떠하겠는가?

기원전 672년, 진(晉)나라 헌공(獻公, 기원전 676~651 재위)은 여융(驪戎)을 쳐서 승리하여 여융의 군주를 죽이고는 그 두 딸을 얻어 돌아왔다. 적국의 군주를 죽이고 그 딸을 얻는 일은 불길한 일이었으므로 신하들이 극구 말렸다. 그러나 헌공은 귓등으로도 듣지 않고, 오히려 여희(驪姬, 여융 출신의 여인이라는 뜻)와 그 여동생을 총애했다. 이윽고 여희는 해제(奚齊)를 낳았고, 여희의 여동생도 탁자(卓子)를 낳았다. 헌공에게는 이미 여덟 명의 아들이 있었고, 그 가운데서 태자 신생(申生)과 공자 중이(重耳), 공자 이오(夷吾)는 현명하고 선량하여 헌공이 아꼈었다. 그런데 해제가 태어나자 헌공은 태자를 폐할 생각을 가졌다. 그래서 이렇게 말했다.

"곡옥(曲沃)은 우리 선조의 묘소가 있는 곳이고, 포읍(蒲邑)은 진(秦)나라와 가깝고, 굴읍(屈邑)은 북방 오랑캐인 적(翟)과 가깝다. 만약 아들들을 보내 그곳을 지키게 하지 않는다면, 난이 일어날 수도 있다."

그리하여 신생은 곡옥에, 중이는 포읍에, 이오는 굴읍에 각각 보내 머물게 했다. 헌공은 여희의 아들 해제는 도성에 머물게 하여 자신 가까이에 두었다. 이쯤 되자 여희는 태자 신생을 내쫓고 해제를 태자로 세우고 싶어졌다. 당연하다. 젊고 아름다운 것으로 총애를 받고 있으니, 나이가 들고 미색이 사그라지면 버림받을 게 뻔하다. 그러나 자식이 태자가 되고 왕위를 잇는다면, 그런 걱정이나 두려움은 없어진다. 무엇보다도 여희로서는 부친의 원수를 갚아야 하는 처지에 있다. 해제가 왕위에 오른다면 진나라를 얻게 될 터이니, 이야말로 절묘한 복수가 아니겠는가. 이러한 여희의 속셈과 화란의 조짐을 진나라 대신들이 몰랐을 리 없다. 그러나 이미 헌공의 마음이 여희에게 있었으므로 무슨 말을 해도 귀담아 듣지 않았다.

헌공 17년(기원전 660년)에 헌공은 태자 신생에게 군대를 주어 동산(東山)을 정벌하게 했다. 그러자 대신 이극(里克)이 간언했다.

"군주께서 출행하시면 태자는 머물러서 나라를 살핍니다. 군주께서 출행하실 때 태자가 따라가는 것은 군주를 도와 군사들을 위무하기 위해섭니다. 지금 군주께서 머물러 계시고 태자가 출행하도록 하니, 이런 예는 일찍이 없었습니다."

헌공은 아주 불쾌하게 여기며 말했다.

"이는 그대가 알 바 아니오! 과인이 들으니, 태자를 세우는 데에는 세 가지 조건이 있다고 하오. 덕이 같으면 나이가 많은 이를, 나이가 같으면 사랑받는 이를, 사랑받는 게 같으면 점을 쳐서 가린다고 했소. 그대는 아비와 자식 사이에 끼어들어 이간질하지 마시오! 내 태자를 출병시켜 살펴볼 것이오!"

헌공은 이극에게 아비와 자식 사이에서 이간질하지 말라고 했지만, 태자인 자식을 멀찌감치 내쳐 거리를 두려고 한 이는 그 자신이었다. 그럼에도 여희와 해제를 총애하는 마음에 가려 충언과 이간질을 구분하지 못했을 뿐 아니라, 그 자신이 분란의 빌미가 되고 있다는 사실조차 전혀 깨닫지 못하고 있었다. 이극은 헌공의 대답에서 이미 태자를 폐위하려는 뜻이 정해져 있음을 알아챘다. 그러나 그로서는 어찌 할 도리가 없었다.

태자 신생은 마침내 동산을 정벌하고 돌아왔는데, 태자를 헐뜯는 말만 더욱 많아졌다. 헌공이 내심으로 태자를 꺼린다는 사실을 간파한 소인배들이 농간을 부린 것임은 두말 할 나위가 없다. 그럼에도 태자는 자식으로서 도리를 다하고자 애썼다. 한편, 사태가 자신에게 유리하게 흘러가고 있음을 확신한 여희는 드디어 일을 꾸몄다. 태자가 동산을 정벌한 지 5년이 지났을 때다. 여희가 헌공에게 이렇게 헐뜯었다.

"제가 들으니, 신생이 군주를 해치려는 계략을 더 치밀하게 꾸미고 있다 합니다. 지난날에 저는 신생이 민심을 얻었다고 군주께 이미 말씀드렸습니다. 이제 신생은 민심을 얻어 이를 믿고 강한 세력을 이루었으며 또 찬탈의 계획을 민중들에게 흘리고 있다 합니다. 이렇게 되면, 태자가 물러서려 해도 백성이 따질 것이 분명합니다. 내뱉은 말은 주워 담을 수 없고, 백성의 마음도 누를 길이 없으니, 이 때문에 더 치밀하게 계략을 꾸미고 있습니다. 군주께서 먼저 일을 꾀하지 않으신다면, 환란이 닥칠 것입니다."

헌공이 대답했다.

"나도 잊지 않고 있소. 다만 벌을 내릴 만한 꼬투리를 아직 잡지 못했소."

헌공의 대답을 들은 여희는 본격적으로 일을 꾸몄다. 여희는 신생에게 이렇게 알렸다.

"오늘 군주께서 돌아가신 그대의 생모 제강(齊姜, 제나라 환공의 딸이다)을 보았다 하셨소. 그대는 얼른 제사를 지내시오. 그리고 제사에 올린 술과 고기를 군주께 보내도록 하시오."

신생은 곡옥으로 가서 제사를 지내고, 제사 고기를 헌공에게 보냈다. 이때 헌공은 밖으로 사냥을 나가고 없었다. 여희는 술과 고기를 받아서 그 속에 독을 넣었다. 헌공이 돌아오자, 신생을 불러 술과 고기를 바치게 했다. 헌공이 술로 땅에 고수레를 하자 땅이 갑자기 부풀어 올랐다. 신생은 황공하여 궁을 빠져나갔다. 헌공이 고기를 먹으려 하자, 여희가 말리며 고기를 개에게 던졌다. 개가 먹고 죽었다. 이어 술을 어린 환관에게 먹이니, 그 역시 죽었다. 헌공은 좌우에 명을 내려 신생의 사부인 두원관(杜原款)을 죽이게 했다. 이 소식을 듣고 신생은 곡옥으로 도망쳤다.

어떤 사람이 태자에게 말했다.

"이는 태자의 죄가 아닙니다. 그런데 왜 진나라를 떠나지 않습니까?"

신생이 대답했다.

"안 되오. 내가 떠나 죄를 해명한다면 반드시 그 죄가 군주에게 돌아갈 것이니, 이는 군주를 미워하는 짓이오. 아비의 잘못을 드러내면 제후들에게 비웃음을 살 텐데, 내가 어느 나라로 갈 수 있겠소?"

이윽고 신생은 곡옥의 종묘에서 목을 매 자살했다. 이제 여희는 헌공에게 중이와 이오도 무함했다.

"중이와 이오 두 공자도 신생이 군주를 해치려 한 일을 알고 있었습니다."

헌공은 이 말을 믿고 사람을 시켜 중이와 이오를 죽이라 했다. 중이는 북쪽 적(翟)나라로 도망갔고, 이오도 양(梁)나라로 달아났다. 여희는 다른 공자들도 모두 없애게 하고 해제를 태자로 세우게 했다.

헌공 26년 9월, 헌공이 세상을 떠났다. 해제는 어렸고, 신생과 중이, 이오를 추종하는 무리들이 해제를 죽이려 했다. 그 틈을 타서 대부 이극이 비정(丕鄭)과 함께 해제와 탁자, 여희를 살해했다. 이렇게 하여 헌공의 총애는 여희와 그 자식의 비참한 죽음과 나라의 혼란으로 결말을 맺었다. 이 이야기는 『국어』「진어(晉語)」와 『사기』「진세가(晉世家)」에 나온다.

한낱 평민의 집안에서도 자식을 편애하면 분란이 일어나는데, 하물며 나라와 백성을 책임져야 하는 군주가 편애하면서 신하의 간언조차 듣지 않음에랴! 태자는 자살하고 현명한 공자들은 다른 나라로 달아나야 하는 지경이 되었으니, 어찌 나라가 온전할 수 있겠는가? 대부 이극과 비정이 저지른 짓도 지탄받아 마땅하지만, 어찌 그들만의 죄라 하겠는가? 헌공이 그 빌미를 제공했다.

헌공이 여희를 총애하고 해제를 편애하면서 태자를 죽음으로 내몰고 여러 공자들을 달아나게 만드는 동안, 동쪽 제나라에서는 환공이 관중을 기용해 부국강병을 이루고 제후들의 회맹(會盟)을 주도하면서 패자로 우뚝 섰다. 헌공이라고 해서 그런 패자가 되고 싶지 않았던 것은 아니다. 그 자신이 군대를 통솔하여 위(魏)나라, 경(耿)나라를 멸망시켰고, 태자 신생을 보내 동산을 정벌하기도 했다. 또 괵(虢)나라를 치기 위해 우(虞)나라에 명마와 진기한 옥을 주고서 길을 빌린 뒤에 괵나라를 멸망시키고 이어 우나라까지 멸망시킨, 그 유명한 '가도멸괵(假道滅虢)'의 주인공도 헌공이다. 그럼에도 패자가 되지 못한 것은 편애와 총애 때문이다. 『관자』「패언(覇言)」에서는 "천하를 다투는 사람은 반드시 먼저 사람을 얻으려 다툰다"(夫爭天下者, 必先爭人)고 했다. 자신의 마음을 다스리지 못한 헌공은 사람을 잃으려고 애쓴 군주나 진배없었으므로 패자는커녕 강자(强者)조차 되지 못했고, 오히려 비극과 분란의 싹만 키웠다.

통치에서 군주의 덕이 뿌리임을 알지 못하고 사사로운 마음에 치우친다면, 간악한 짓을 일삼는 자가 반드시 생긴다. 그렇게 되면 어진 태자가 있고 현명한 신하들이 있어도 간악한 자들로 말미암아 다툼이 일어나고 분란이 생기기 마련이다.

> 도가 있는 군주는 법을 분명하게 세워서 사사로운 마음으로 막지 않는다. 그러나 도가 없는 군주는 이미 법을 세웠음에도 법을 버려두고 사사로이 행동한다. 군주가 되어서 법을 내버리고 사사로이 행동하면 신하된 자들도 사사로움을 끌어들여서 공적인 일로 삼는다. 공적인 도를 어기지 않으면 사적인 도 또한 어기지 않는다. 공적인 도를 실행하면서 사사로움에 기댄 지 오래되어도 알지 못한다면, 간사한 마음이 쌓이지 않을 수 있겠는가? 간사한 마음이 쌓이면, 크게는 군주를 핍박하여 죽이는 재앙이 있고, 작게는 무리를 지어 안으로 다투는 환란이 생긴다. 이렇게 되는 까닭은 군주의 덕이 서지 않고 나라에 떳떳한 법이 없기 때문이다. 군주의 덕이 서지 않으면 아녀자가 사사로운 뜻을 키우고, 나라에 떳떳한 법이 없으면 대신들이 함부로 그 권세를 침범한다. 대신이 총애 받는 여인의 힘

을 빌려 군주의 정황을 엿보고, 총애 받는 여인이 대신의 꾀를 빌려 바깥의 권력을 끌어들인다. 이리하여 바깥사람을 끌어들여서 태자를 위태롭게 하고, 안에서 병란이 일어나 밖의 도적을 불러들이게 되니, 이것이 군주를 위태롭게 하는 낌새다. – 『관자』「군신 상」

(有道之君者, 善明設法而不以私防者也. 而無道之君, 旣已設法, 則舍法而行私者也. 爲人上者釋法而行私, 則爲人臣者援私以爲公. 公道不違, 則是私道不違者也. 行公道而託其私焉, 寢久而不知, 姦心得無積乎? 姦心之積也, 其大者有侵偪殺上之禍, 其小者有比周內爭之亂. 此其所以然者, 由主德不立, 而國無常法也. 主德不立, 則婦人能食其意; 國無常法, 則大臣敢侵其勢. 大臣假於女之能, 以規主情; 婦人嬖寵, 假於男之知, 以援外權, 於是乎外夫人而危太子, 兵亂內作, 以召外寇, 此危君之徵也. – 『管子』「君臣 上」)

2-2

物格而后知至, 知至而后意誠, 意誠而后心正, 心正而后身修, 身修而后家齊, 家齊而后國治, 國治而后天下平.

사물의 알속이 이른 뒤에 앎이 지극해지고, 앎이 지극해진 뒤에 뜻이 성스러워지며, 뜻이 성스러워진 뒤에 마음이 바르게 되고, 마음이 바르게 된 뒤에 몸이 닦여지며, 몸이 닦여진 뒤에 집안이 가지런해지고, 집안이 가지런해진 뒤에 나라가 다스려지며, 나라가 다스려진 뒤에 천하가 태평해진다.

蛇足 여기서 당연히 중요한 것은 물격(物格) 또는 격물(格物)이다. 사물의 알속이 나에게 이르거나 내가 사물의 알속에 이르거나 어느 쪽이든 이것이 수신의 처음이고 수신의 맺음이면서 동시에 치국평천하의

처음이고 치국평천하의 맺음이다. 어째서 그런가?

물(物)은 나 또는 우리를 에워싼 모든 사물(事物)이다. 사물은 사건(事件)과 물건(物件)을 아울러 일컫는 말이다. 끊임없이 일어나는 일들이 사건이며, 이는 시간 속에서 펼쳐지는 온갖 변화와 현상을 이른다. 세상에 존재하는 모든 것들이 물건인데, 여기서는 생명이 있는 유정물(有情物)과 생명이 없는 무정물(無情物)을 아울러 가리키므로 이른바 만물(萬物)이라 할 수 있다. 격물, 성의, 정심을 거쳐 이루어지는 수신은 결코 진공 상태에서 이루어지는 것이 아니다. 그저 머릿속에서 궁리하고 마음속으로만 헤아려서는 관념으로 흐를 뿐이니, 그렇게 해서는 온갖 것들이 끊임없이 변화하며 새롭게 펼쳐지는 사태들 속에서 적절하게 대처할 수 없다.

공자, 격물의 중요성을 말하다

수신이나 제가에서 더 나아가 치국평천하에서 이 격물이 처음이 되고 긴요하다는 말은 인간의 사유에서 매우 특별한 의미를 갖는다. 구체적인 사물의 세계가 인간의 삶과 문명에서 얼마나 중요한지에 대해서는 근대 과학과 기술의 발달을 통해 잘 알려져 있으나, 근대 이전에는 그렇지 못했다. 더구나 만물이나 모든 현상에는 영적인 어떤 존재가 깃들어 있다고 여겼던, 초월적인 존재가 있어 인간사를 주재한다고 여겼던 고대에는 사물 자체를 이해하고 탐구해야 한다는 인식을 좀처럼 갖기가 어려웠다. 바로 그러한 때에 '격물'을 운운했으니, 그 의미는 결코 심상하지 않다.

고대부터 중세까지 동아시아인들은 대체로 하늘과 땅에서 일어나는 갖가지 현상들이 인간사와 밀접한 관계에 있다고 여겼다. 이른바 '천인감응(天人感應)'이 그런 뜻을 담은 용어다. 중세 내내 역사서들에서 일식이나 월식, 지진 따위를 중요하게 기술한 까닭도 그러한 현상이 인간사와 상호 영향 관계에 있다고 보았기 때문이다. 또 하늘과 땅의 신령들이나 조상신에게 제사를 지내는 일을 중요하게 여기고 나라에 중요한 일이 있을 때 점을 쳐서 답을 구한 일도 모두 사물의 세계 너머에 사물을 움직이는 어떤 존재가 있으리라는 인식에 따른 것이었다. 천체의 현상이나 땅의 변화를 관찰하여 음양과 오행을 논한 것이나 시초(蓍草) 또는 소뼈나 거북 등껍질로 점을 친 일도 그 때문이었다.

기원전 780년, 주(周)나라 유왕(幽王) 때 일이다. 도읍인 호경(鎬京) 근처의 경수(涇水)·위수(渭水)·낙수(洛水) 세 강 어름에서 지진이 발생했다. 이 세 강은 모두 주 왕조의 본향인 기산(岐山)에서 발원한다. 그 지진을 두고 대부 백양보(伯陽父)가 이렇게 말했다.

"주나라가 망할 것이다. 무릇 천지의 기운은 질서를 잃지 않는 법이다. 만약 질서를 어긴다면, 백성이 혼란을 겪는다. 양기가 밑에 깔려 나올 수 없고 음기가 양기를 눌러서 솟아나지 못하게 하면 지진이 발생한다. 이제 세 강에서 지진이 발생한 것은 양기가 제자리를 잃고 음기에 눌려 있기 때문이다. 양기가 제자리를 잃고 음기가 그 자리에 있게 되면 강물의 근원은 반드시 막히고, 근원이 막히면 그 나라는 반드시 망한다."

그리고 10년이 지난 기원전 771년, 서쪽 견융(犬戎)의 침입을 받아 유왕은 죽고 도읍을 동쪽 낙읍(雒邑)으로 옮겨야 하는 변고가 생겼다. 마치 땅의 기운이 제자리를 잡지 못해서 벌어진 일처럼 보였고, 또 그렇게 인식했으므로 『사기』나 『국어』에 기록되었던 것이리라. 그러나 유왕의 죽음과 천도(遷都)는 순전히 군주 자신의 부덕(不德)과 그릇된 정치에서 비롯된 일이었고, 지진과는 아무런 상관이 없었다.

유왕은 포사(褒似)라는 여인을 총애했고, 포사가 아들 백복(伯服)을 낳자 이미 세운 태자를 폐위하고 태자의 모친까지 내쫓는 무도한 짓을 일삼았다.(앞서 거론한 진나라 헌공이 저지른 일과 비슷한 짓을 먼저 한 셈이다.) 게다가 간사하고 아부를 잘하는 괵석보(虢石父)에게 국사를 맡겨 백성의 원성을 샀다. 또한 제후들의 신뢰를 잃는 짓을 거듭하여 견융의 침입 때 아무도 구원하러 오지 않았다. 이것이 유왕이 죽고 주 왕조가 도읍을 옮기면서 춘추시대가 시작된 이유였다.

이렇게 만물이나 현상이 그 자체의 법칙에 따라 움직이고 변화한다는 인식을 거의 하지 못한 때가 고대였고, 춘추시대와 전국시대에 들어서도 크게 달라지지 않았다. 그런데 춘추시대에 들어서면서 자연 현상과 인간사를 떼어놓고 이해하는 이들이 나타나기 시작했다. 가령, 『춘추』의 희공(僖公) 16년(기원전 644년)에 "여섯 마리의 익조(鷁鳥)가 뒤로 날아서 송나라의 도성을 지나갔다"(六鷁退飛, 過宋都)는 기록이 나온다. 새가 거꾸로 나는 것은 분명히 기이한 일이다. 『춘추』에 이를 기록한 까닭은 그 기이한 일이 곧 인간사의 길흉과 관련이 있다고 여겼기 때문이다. 그러나 실제로는 강한 바람 때문이었다. 주나라의 내사(內史) 숙흥(叔興)도 "이는 단순한 음양 현상이지 길흉과는 관계가 없다. 길흉은 본래 사람의 행위로 말미암은 것이다"(是陰陽之事, 非吉凶所生也. 吉凶由人)라고 말했다.

또 『좌전』을 보면, 소공(昭公) 18년(기원전 524년) 5월 14일에 송나라와 위나라, 진나라, 정나라에서 동시에 화재가 발생했다. 이를 당시 사람들이 불길한 조짐으로 여겼으리라는 것은 충분히 짐작할 수 있다. 당연히 호들갑을 떨었을 것이다. 심지어 정나라에서는 이 화재는 꼬투리일 뿐이고 앞으로 더 큰 불이 나서 나라가 망하게 될지도 모른다는 인식이 확산되었다. 이에 정나라 자산(子産)은 이렇게 대답했다. "천도는 멀고 인도는 가까우므로 서로 영향을 끼칠 수 없다. 어찌 천도로 인도를 알 수 있겠는가?"(天道遠, 人道邇, 非所及也. 何以知之?)

숙흥과 자산은 당시의 통념과 사뭇 다른 인식을 보여주었다. 이들은 인간세상에서 일어나는 일은 오로지 인간의 행위에 따른 것이며, 천지자연의 이변과 인간사의 길흉이 결코 결부되어 있지 않다고 판단했다. 정치적 행위와 자연적 현상을 구분해서 볼 줄 알았던 것이다. 이런 점은 공자도 마찬가지다.

『논어』「옹야(雍也)」편을 보면, 제자인 번지(樊遲)가 앎에 대해 물었을 때, 공자는 "백성이 올발라지도록 힘쓰고, 귀신을 삼가 받들면서 멀리한다면, 안다고 할 수 있다"(務民之義, 敬鬼神而遠之, 可謂知矣)고 대답했다. 신령이나 조상신이 당연히 있다고 믿으며 그들에게 지내는 제사를 무엇보다 중요하게 여겼던 때에 공자는 "삼가 받들면서 멀리하라"고 말했다. 또한 공자는 천도에 대해서도 전혀 말하지 않았다고 전한다. 말로 표현할 수 없기 때문이기도 했지만, 정나라 자산의 말처럼 천도는 인간과 멀리 떨어져 저대로 작동하고 있음을 알았기 때문이다.

이렇게 공자는 천도와 인도를 결부시키지 않았으므로 그가 인도나 사물에 대해 이해하는 방식도 당연히 달랐다.

> 너희는 어찌 저 시를 배우지 않느냐? 시는 마음을 일으키게 하고, 사물을 살필 수 있게 하며, 사람들과 어우러질 수 있게 하고, 응등그러진 마음을 알게 한다. 가까이로는 어버이를 섬기고 멀리로는 임금을 섬길 수 있으며, 날짐승과 길짐승, 풀과 나무들의 이름을 많이 알 수 있다. – 『논어』「양화」
>
> (小子何莫學夫詩? 詩, 可以興, 可以觀, 可以群, 可以怨. 邇之事父, 遠之事君, 多識於鳥獸草木之名. – 『論語』「陽貨」)

시를 감정의 표현으로 여긴 점에서는 새삼스러울 게 없다. 그러나 시를 통해 어버이를 섬기고 임금을 섬길 수 있다고 한 것은 시에 인도를 이해하는 중요한 정보가 담겨 있다는 뜻으로 한 말이다. 게다가 짐승들과 초목들의 이름도 알 수 있다고 했으므로 천도와 아무런 상관없이 사물 자체를 이해할 필요성에 대해 역설한 셈이다. 이는 시를 통해서 '격물'을 한다는 뜻이다. 공자의 이런 인식은 전국시대 말의 순자에게서 훨씬 깊어졌다.

하늘의 운행에는 일정한 법칙이 있으니, 요임금 때문에 존재하는 것도 아니고 폭군인 걸 때문에 없어지는 것도 아니다. 인간이 다스림으로 응하면 길하고, 어지러움으로 응하면 흉하다. 근본(농사)에 힘쓰고 절도 있게 쓰면 하늘도 가난하게 만들 수 없고, 몸을 잘 기르고 때맞게 움직이면 하늘도 병들게 할 수 없으며, 도를 닦아 어긋나지 않으면 하늘도 재앙을 내릴 수 없다. 그러므로 장마와 가뭄도 사람을 굶주리거나 목마르게 할 수 없고, 더위와 추위도 사람을 병들게 할 수 없으며, 요상하고 괴이한 일도 사람을 불행하게 할 수 없다. … 별이 떨어지고 나무가 울면 사람들은 모두 두려워한다. 이 무슨 까닭인가? 아무것도 아니다. 이는 천지의 변화요 음양의 조화로, 드물게 생기는 일이다. 괴이하게 여기는 것은 괜찮지만, 두려워하는 것은 잘못이다. 무릇 일식이나 월식이 생기고 비바람이 때맞지 않게 일고 요상한 별이 가끔 나타나는 것은 어느 시대에나 늘 있었던 일이다. 군주가 밝아서 정치가 공평하면 그런 일이 세상에 잇달아 일어나도 해로울 게 없으나, 군주가 어둡고 정치가 비뚤어지면 그런 일이 한 번도 일어나지 않아도 아무 보탬이 없다. 무릇 별이 떨어지고 나무가 우는 것은 천지의 변화요 음양의 조화로, 드물게 생기는 일이다. 괴이하게 여기는 것은 괜찮지만, 두려워하는 것은 잘못이다. – 『순자』「천론」

(天行有常, 不爲堯存, 不爲桀亡. 應之以治則吉, 應之以亂則凶. 彊本而節用, 則天不能貧; 養備而動時, 則不能病; 脩道而不貳, 則天不能禍. 故水旱不能使之飢渴, 寒暑不能使之疾, 祆怪不能使之凶. … 星隊 · 木鳴, 國人皆恐. 曰, 是何也? 曰, 無何也. 是天地之變, 陰陽之化, 物之罕至者也. 怪之, 可也; 而畏之, 非也. 夫日月之有蝕, 風雨之不時, 怪星之黨見, 是無世而不常有之. 上明而政平, 則是雖竝世起, 無傷也; 上闇而政險, 則是雖無一至者, 無益也. 夫星之隊, 木之鳴, 是天地之變, 陰陽之化, 物之罕至者也. 怪之, 可也, 而畏之, 非也. －『荀子』「天論」)

격물이 왜 치국평천하에 중요한가

격물이 왜 치국평천하에 중요한가? 그 답은 의외로 간단하다. 우선 격물은 수신의 처음이기 때문이다. 수신은 덕을 쌓는 일이고, 덕에는 두 가지가 있다. 하나는 어짊(仁)이고, 또 하나는 앎(知)이다. 『논어』「옹야(雍也)」편에서 공자는 "아는 자는 물을 즐기고, 어진 자는 산을 즐긴다. 아는 자는 움직이고, 어진 자는 고요하다. 아는 자는 즐겁고, 어진 자는 오래 산다"(知者樂水, 仁者樂山. 知者動, 仁者靜. 知者樂, 仁者壽)고 했고, 또 「이인(里仁)」편에서는 "어진 자는 어짊을 편안하게 여기고, 아는 자는 어짊을 이롭게 여긴다네"(仁者, 安仁; 知者, 利仁)라고 말했다. 어짊과 앎을 아울러 말했다. 이는 어짊과 앎이 하나이기 때문이다.

어짊을 공자는 애인(愛人) 곧 사람을 사랑하는 것이라 했다. 그런데 사람을 사랑하는 방법은 그리 단순하지도 간단하지도 않다. 상대에 따라, 처지나 상황에 따라 사랑하는 방법은 다르기 마련이고 또 달라야 한다. 그런데 상대를 잘 알지 못하거나 상황 판단이 제대로 되지 않는다면, 아무리 사랑하는 마음이 있다고 해도 그 사랑을 오롯하게 전하기 어렵다. 방법이 적절하지 않으면 도리어 오해를 부르거나 파탄에 이를 수도 있다. 따라서 상대를 잘 알고 상황도 잘 파악해야 하는데, 이것이 바로 앎의 영역이다. 앎이 갖추어져야 어짊도 오롯해진다.

수신의 핵심은 덕을 갖추는 일이지만, 그 덕을 집안이나 나라, 천하에 펴려면 앎 또한 갖추어야 한다. 그 앎은 크게 사람을 아는 것과 사물을 아는 것으로 이루어진다. 제자인 번지가 앎에 대해 물었을 때, 공자는 "사람을 아는 것"(知人)이라고 대답했다. 그렇다고 이것을 전부로 여겨서는 곤란하다. 사람을 아는 것이 앎의 뿌리고 처음이며 실마리이기 때문에 그렇게 말했을 따름이다.

사람만 알고서 어찌 집안을 가지런히 하고 나라를 다스리며 천하를 태평하게 할 수 있겠는가? 집안을 가지런히 하기 위해서는 집안사람들이 먼저 먹고 입으며 살 수 있도록 살림을 장만해야 한다. 나라를 다스리고 천하를 태평하게 하는 일에서도 마찬가지다. 백성이 잘 먹고 살도록 농사를 지을 수 있게 하고 또 농사지을 때를 빼앗지 말아야 하며, 다투거나 어지럽히지 않도록 교화를 펴고 법규도 세워야 한다. 이 모든 일은 만물을 잘 이용하고 변화에 적절히 대처해야 가능하다. 사물의 알속과 법칙을 알아야 하는 이유도 여기에 있다.

> 사물의 법칙에 밝지 못하면서 명령을 내리는 것은 돌아가는 바퀴 위에 서서 장대를 메고 그 끝을 바로잡으려는 것과 같다. 사물의 형상에 밝지 못하면서 그 재질을 논하고 쓰임새를 따지는 것은 긴 것을 잘라 짧게 만들어 놓고서는 짧은 것을 이어 길게 만들려는 것과 같다. 법령에 밝지 못하면서 백성을 다스리고 민중을 하나로 아우르려 하는 것은 왼손으로 글씨를 쓰다가 힘들면 오른손을 쉬게 하는 것과 같다. 교화에 밝지 못하면서 풍속을 바꾸고 교육을 고치려 하는 것은 아침에 나무를 구부려 바퀴를 만들어서는 저녁에 그 바퀴로 수레를 끌려고 하는 것과 같다. 결정하는 일에 밝지 못하면서 민중을 몰아서 나아가게 하려는 것은 강물을 거꾸로 흐르게 하려는 것과 같다. 마음의 작용에 밝지 못하면서 사람들에게 법령을 시행하려는 것은 과녁을 등지고 활을 당기는 것과 같다. 계산에 밝지 못하면서 큰일을 하려는 것은 배에 삿대도 없이 물살이 험한 곳을 건너려는 것과 같다. 그러므로 예법을 두고 제도를 마련하는 일은 법칙을 알지 못하면 할 수 없고, 재질을 논하고 쓰임새를 따지는 일은 형상을 알지 못하면 할 수 없으며, 민중을 하나로 어우러지게 하는 일은 법을 알지 못하면 할 수 없고, 풍속을 바꾸고 교육을 고치는 일은 교화를 알지 못하면 할 수 없으며, 민중을 몰아서 나아가

게 하는 일은 결정하는 법을 알지 못하면 할 수 없고, 반포한 법령이 반드시 시행되도록 하는 일은 마음의 작용을 알지 못하면 할 수 없으며, 시작한 일을 반드시 이루는 것은 계산에 밝지 못하면 할 수 없다고 말한다. – 『관자』「칠법」

(不明於則, 而欲出號令, 猶立朝夕於運均之上, 檐竿而欲定其末. 不明於象, 而欲論材審用, 猶絶長以爲短, 續短以爲長. 不明於法, 而欲治民一衆, 猶左書而右息之. 不明於化, 而欲變俗易教, 猶朝揉輪而夕欲乘車. 不明於決塞, 而欲敺衆移民, 猶使水逆流. 不明於心術, 而欲行令於人, 猶倍招而必拘之. 不明於計數, 而欲擧大事, 猶無舟檝而欲經於水險也. 故曰: 錯儀畫制, 不知則不可; 論材審用, 不知象不可; 和民一衆, 不知法不可; 變俗易教, 不知化不可; 敺衆移民, 不知決塞不可; 布令必行, 不知心術不可; 擧事必成, 不知計數不可. – 『管子』「七法」)

사물의 알속과 법칙을 알아야 하는 이유는 사람이 사물의 세계 속에서 살기 때문이다. 사물과 아무런 관련을 맺지 않고 살 수 있는 길은 없다. 관련을 맺으면서 살 수밖에 없으므로 사물의 알속과 법칙을 알아야 한다. 흔히 "세상물정(世上物情)을 알아야지!"라고들 말하는데, 바로 이를 두고 한 말이다. 물정이란 온갖 것들이 얽혀 있는 실정이나 얽혀 돌아가는 형편을 뜻한다. 이 물정을 알아야만 허튼 짓을 하지 않고 곤란을 겪지 않을 수 있으며, 곤란한 지경에 처하더라도 무난하게 헤쳐 나올 수 있다. 한낱 개인도 그러한데, 통치나 정치를 맡은 이라면 어떻겠는가. 당연히 사물의 법칙과 시세의 추이를 꿰뚫어보아야 한다.

만약 사물의 알속과 법칙에 밝지 못하다면, 아무리 심사숙고해서 법령이나 정책을 마련해도 별 소용이 없다. 도리어 백성을 옭아매는 족쇄만 양산할 수도 있다. 마땅한 예법이 아니고 시대에 맞는 법령이 아니라면, 또 시세에 알맞은 정책이 아니라면, 백성을 아무리 아끼고 사랑한다 해도 그 마음과 달리 백성을 도리어 가시밭으로 몰아갈 뿐이다.

『관자』에서 언급했듯이 사물의 법칙을 알지 못하면 중요한 순간에 판단을 하고 결정을 내리는 일도 쉽지 않다. 결정을 내려도 어긋나기 십상이다. 계산에 밝지 못하면 아무리 애를 써도 일은 이루어지지 않는데, 계산에 밝지 못한 것은 재질의 수준이나 쓰임새, 사람들의 마음 씀씀이 따위를 알지 못하기 때문이다. 군자라는 평판이 있더라도 사물의 세계를 모른다면, 사이비(似而非) 군자에 지나지 않는다. 그런 사람은 잘 차려입은 허수아비나 진배없다.

사이비에 불과하면서 스스로 어질고 현명하다며 행세하던 유자들이 전국시대에는 무척 많았다. 그런 유자들을 두고 사마천은 『사기』「화식열전(貨殖列傳)」에서 이렇게 비판했다.

"집안이 가난하고 어버이는 늙고 처자는 연약하며, 철이 되고 때가 되어도 제사를 지내지 못하고, 먹고 마시는 것이나 의복이 부족하여 남들과 어울리지도 못하면서 이를 부끄러워할 줄 모른다면, 견줄 데 없을 정도로 못난 사람이다."

비루하게도 남의 집 잔치나 제사에 기웃거리며 얻어먹는 주제에 군자는 어떠해야 하느니, 백성을 어떻게 다스려야 하느니 따위 말을 늘어놓는다면, 누가 귀를 기울여 들을 것이며 또 누가 그를 기용할 것인가? 한무제(漢武帝) 이후로 유학이 국가의 이데올로기가 되면서 유가의 통치술은 도리어 편협해지고 고루해졌다. 경쟁할 학파가 없어진 탓이다. 그로 말미암아 불교나 도교에 밀려 송대(宋代, 960~1279)에 이르기까지 한낱 공허한 학술로 전락하고 허울뿐인 통치 이념으로만 남게 되었다고 볼 수 있다.

시세를 파악하지 못하고 또 시대의 병통을 치유할 계책도 능력도 갖추지 못한 채 관리 노릇을 하거나 관리가 되겠다고 하는 유자들 또는 지식인들을 날카롭게 풍자하기 위해서 원말명초(元末明初)의 유기(劉基, 1311~1375)는 『욱리자(郁離子)』라는 책을 썼다. 이른바 우언(寓言)으로 된 산문집이다. 거기에 〈유치(喩治)〉라는 글이 있는데, 통치를 치료에 비유한 내용이다.

"천하를 통치하는 이는 의사와도 같다. 의사는 맥을 짚어 증세를 알아 잘 살펴서 처방을 내린다. 증세에는 음양과 허실이 있고, 맥에는 부침(浮沈)과 강약이 있으며, 처방에는 땀내기 · 보양 · 침구 · 탕제 따위의 방법이 있고, 인삼 · 복령 · 생강 · 계피 · 마황(麻黃) · 망초(芒硝) 따위 약이 있다. 맞으면 살아나고 맞지 않으면 죽는다. 따라서 증세를 알고 맥을 알아 잘 처방하지 못한다면 의사가 아니다. 비록 편작(扁鵲)과 같은 견식을 지녔어도 떠들어대기만 하고 치료하지 않으면, 또는 증세도 모르고 맥도 모르면서 남의 허튼소리를 따라 처방을 내리고는 사람들에게 '나는 유능한 의사다'라고 말한다면, 그는 천하를 해치는 존재다. 이처럼 치란(治亂)은 증세고, 기강은 맥이며, 도덕과 정치 · 형벌은 처방과 조제법이고, 인재는 약이다."

2-3

自天子以至於庶人, 壹是皆以修身爲本. 其本亂而末治者否矣. 其所厚者薄而其所薄者厚, 未之有也. 此謂知本, 此謂知之至也.

천자로부터 서인에 이르기까지 하나같이 모두 몸을 닦는 일을 뿌리로 삼는다. 그 뿌리가 어지러운데도 그 우듬지가 다스려지는 일은 없다. 두터워야 할 데를 얄팍하게 하고 얄팍하게 할 데를 두텁게 하는 일은 아직 없었다. 이를 두고 '뿌리를 안다'고 하며, 이를 두고 '앎이 지극하다'고 한다.

注釋 서인(庶人)은 도성에 사는 사람들로, 대체로 귀족층에서 가장 낮은 자리를 차지하는 사인(士人)들을 가리킨다. 일(壹)은 오로지, 한결

같이라는 뜻이다. 박(薄)은 엷다, 얇게 하다는 뜻이다.

蛇足 천자로부터 서인에 이르기까지 나랏일을 맡아서 하는 계층이 먼저 해야 할 것으로 몸을 닦는 수신을 말하고 있는데, 이는 뿌리이기는 하나 몸통은 결코 아니다. 뿌리가 없어서는 몸통도 없지만, 뿌리만 깊게 내리고 몸통이 없다면 이 또한 온전한 나무가 아니다. 따라서 몸을 닦는 일은 나라를 다스리고 천하를 태평하게 만들기 위한 뿌리지 몸통은 아니라는 뜻이다. "그 뿌리가 어지러운데도 그 우듬지가 다스려지는 일은 없다"는 말에 그런 뜻이 담겨 있다. 그럼에도 몸을 닦는 일이 사대부가 할 일의 전부인 것처럼 여긴다면, 이는 『대학』의 본뜻을 심각하게 곡해하는 것이어서 통치술로 활용할 수 없다.

여기에서 구태여 몸을 닦는 일을 뿌리로 삼는다는 것과 그 뿌리를 아는 것이 곧 '앎의 지극함'이라 말한 데에는 그만한 까닭이 있다. 고대에 천자나 제후, 귀족들은 태어나면서부터 백성을 지배하는 신분이었기 때문에 어떻게 통치해야 하는지에 대해 깊이 헤아리거나 고민할 필요를 그다지 느끼지 않았다. 몇몇 뛰어난 인물은 백성을 위한 정치를 펴야 한다는 의지를 지니기는 했지만, 철저하게 사유하여 깨달아서 지녔다고 보기는 어렵다. 거의 8백여 년을 이어간 주 왕조에서 성군(聖君)은커녕 명군(明君)조차 드물었다는 사실, 춘추전국시대 수많은 제후들 가운데서 패자로 불리거나 현명하다고 일컬어진 군주가 겨우 손에 꼽을 정도였다는 사실에서 확인된다.

타고난 신분이 통치 계층에 속한다고 해서 그 신분에 따른 책무를 저절로 해낼 수 있는 게 아니다. 신분 질서 자체가 인위적인 것이니, 그 질서를 유지해나가는 일 또한 인위적인 노력을 더해야 가능하다. 수신을 통치와 정치의 뿌리라 말한 이유가 여기에 있다. 그럼에도 신분이 곧 능력인 줄 알고 권력을 휘두르면 정치가 절로 이루어지리라 착각하는 군주나 귀족들이 대부분이었다. 그러한 착각이 얼마나 어리석고 위태로울 수 있는지를 여실하게 경험한 때가 춘추시대였다. 그러한 때에 그 착각을 바로잡고 자각하도록 이끈 대표적인 정치가이자 사상가가 관중이다.

『관자』「패형(覇形)」에 다음 이야기가 나온다.

어느 날, 환공이 멀리 기러기 두 마리가 날아가는 것을 보고는 홀로 탄식했다. 기러기는 날개가 있어 사방 어디라도 가고 싶은 곳으로 가는데, 자신은 뜻이 있어도 천하에 펼칠 수 없다는 생각이 들었기 때문이다. 곁에 있던 관중이 아무런 대답도 하지 않자, 환공이 다그쳤다.

"어째서 대답이 없으시오?"

관중이 대답했다.

"왕께서는 패왕의 대업을 이루고 싶은 마음을 가지고 계시나, 저는 패왕의 신하가 아니어서 감히 대답하지 못한 것입니다."

이는 마음만 있다고 해서 패업을 이룰 수 있는 게 아니라 왕이 그런 일을 이룰 만한 자격을 먼저 갖추어야 한다는, 환공은 패왕이 될 만한 수준에 있지 않다는 뜻을 넌지시 내비친 것이다. 달리 말하면, 관중은 군주라면 통치나 정치의 본질이 무엇인지, 패업을 이루기 위해 가장 먼저 해야 할 일이 무엇인지 따위를 깊이 자각하고 있어야 함을 강조하고 있는 것이다. 환공도 어렴풋이나마 그런 뜻을 알아차렸는지 이렇게 말했다.

"중보(仲父, 관중을 높여 일컫는 말)는 어찌 그런 말을 하시오? 어찌 합당한 말로써 과인에게 나아가야 할 방향을 제시해주지 않는 것이오? 과인에게 중보가 있는 것은 마치 기러기에게 날개가 있는 것과 같고, 너른 강을 건너는 데 배가 있는 것과 같소. 중보가 한마디 말로써 과인을 일깨워주지 않는다면, 과인에게 귀가 있다고 한들 어떻게 다스리는 도를 듣고 깨달을 수 있겠소?"

관중이 대답했다.

"왕께서 만일 패왕이 되어 대업을 이루려 하신다면, 반드시 뿌리가 되는 일부터 해야 합니다."

환공은 자세를 바꾸고 자리를 옮긴 뒤, 공손하게 물었다.

"감히 묻겠소. 무엇이 그 뿌리요?"

관중의 대답은 이러했다.

"제나라의 백성이 군주의 뿌리입니다. 그런데 백성이 굶주림에 허덕이는데도 세금을 무겁게 거두고, 백성이 죽음을 두려워하는데도 형벌이 혹독하며, 백성이 지쳐 힘들어 하는데도 위에서는 수시로 큰일을 일으켜 부역에 동원합니다. 군주께서 세금을 적게 거두면 백성이 굶주릴까 걱정하지 않고, 형벌을 느슨하게 하면 백성이 죽음을 두려워하지 않으며, 때맞게 일을 일으켜 동원하면 백성이 지치거나 힘들어하지 않습니다."

관중은 백성이 군주의 뿌리이니 백성을 위한 정치를 해야 한다는 이치를 명확하게 말해주었다. 군주 없는 백성은 있을 수 있어도 백성 없는 군주는 있을 수 없다. 그러나 당시에 대부분의 군주들은 이를 간과하거나 무시했다. 환공은 무시하지는 않았으나, 그 이치를 알지 못했다. 관중의 말을 듣고서야 비로소 깨닫게 되었다. 환공은 관중의 말을 깊이 새겨서 뿌리인 백성을 위해 정치를 했고, 그 결과 춘추시대 최초의 패왕이 되었다.

> 남을 이기는 사람은 힘이 세다고 할 수 있으나, 자신을 이기는 사람이라야 참으로 강하다고 할 수 있다. 참으로 강해지려면 반드시 남의 힘을 써야 하고, 남의 힘을 쓰려면 반드시 남의 마음을 얻어야 하며, 남의 마음을 얻으려면 반드시 자신의 마음을 얻어야 한다. 자신의 마음을 얻고서 남을 잃은 사람은 아직 없었고, 자신의 마음을 잃고서 남을 얻은 사람도 아직 없었다. 그러므로 다스림의 뿌리는 사람들을 편안하게 해주는 데 있고, 사람들을 편안하게 해주는 뿌리는 쓸 재물을 넉넉하게 하는 데 있으며, 쓸 재물을 넉넉하게 해

주는 뿌리는 농사지을 때를 빼앗지 않는 데 있고, 농사지을 때를 빼앗지 않는 뿌리는 일을 줄이는 데 있으며, 일을 줄이는 뿌리는 절도 있게 쓰는 데 있고, 절도 있게 쓰는 뿌리는 교만함을 없애는 데 있으며, 교만함을 없애는 뿌리는 마음을 비우는 데 있다. -『문자』「하덕」

(勝人者有力, 自勝者强. 能强者, 必用人力者也; 能用人力者, 必得人心者也; 能得人心者, 必自得者也. 未有得己而失人者也, 未有失己而得人者也. 故爲治之本, 務在安人; 安人之本, 在于足用; 足用之本, 在于不奪時; 不奪時之本, 在于省事; 省事之本, 在于節用; 節用之本, 在于去驕; 去驕之本, 在于虛無. -『文子』「下德」)

군주가 지극하게 알지 못한다는 것은 통치에 대해 무지하다는 뜻이나 마찬가지다. 무지하기 때문에 백성을 군주의 소유로 여겨 교만하게 굴며, 오로지 자신을 위해서 과욕을 부려 시도 때도 없이 일을 일으키고 백성을 부역에 동원한다. 이러고서도 백성의 마음을 얻을 수 있을까? 그러고도 나라를 부강하게 하고 자신은 패왕이 될 수 있을까? 하물며 진정한 왕자(王者)가 될 수 있을까? 어림도 없다.

두텁게 할 것과 얇게 할 것

2-3에서는 뿌리와 우듬지에 대해 말한 뒤에 "두터워야 할 데를 얄팍하게 하고, 얄팍하게 할 데를 두텁게 하는 일은 아직 없었다"고 말했다. 무엇이 두터워야 할 데고 무엇이 얄팍하게 할 데인가? 주희는 "두터워야 할 데는 집안을 이른다"고 해석했다. 몸을 닦는 수신을 뿌리로 삼는다는 구절이 앞서 나오므로 이렇게 해석한 듯하다. 과연 그럴까?

'집안'이 두텁게 해야 할 대상이라면, '몸'은 얄팍하게 해도 되는가? 또 나라나 천하는 어떤 대상인가? 두텁게 대해야 할 대상인가, 얄팍하게 대해야 할 대상인가? 의문이 거듭된다. 주희는 두텁게 하거나 얄팍하게 하거나 할 대상이 고정된 것처럼 여겼다. 물론 2-3에서는 '집안'으로 볼 여지가 없지 않으나, 꼭 그렇다고 단정할 만한 근거가 분명한 것도 아니다. 오히려 이어지는 "이를 두고 '뿌리를 안다'고 하고, 이를 두고 '앎이 지극하다'고 한다"라는 구절을 감안한다면, 주희의 해석은 타당성이 떨어진다고 할 수 있다. 그래서인지 주희가 새롭게 편집한 『대학장구』에서는 이 구절이 아예 빠져 있다. 아무튼 주희의 해석은 통치나 정치보다는 수신의 윤리학에 치우쳐 있었음을 의미한다.

거듭 말했듯이 『대학』은 통치술 또는 정치학을 다루고 있다. 군주가 통치를 하고 관리들이 정치를 하려고 한다면 먼저 뿌리가 되고 바탕이 되는 수신부터 하라는 것은 분명하다. 그러나 결코 여기에서 그치지 않는다는 점도 놓치지 말아야 한다. 그렇다면, 두터워야 할 것과 얄팍하게 해도 될 것은 각각 무엇을 이르는가? 이는 주체에 따라, 대상에 따라, 상황이나 추세에 따라 얼마든지 달라질 수 있어서 특정(特定)할 수 없다.

『논어』「위령공(衛靈公)」편에서 공자는 "제 몸을 스스로 두터이 하고 남을 엷게 꾸짖는다면, 남들의 응등그러진 마음이 멀어진다"(躬自厚, 而薄責於人, 則遠怨矣)고 말한 바 있다. 이는 많은 사람들이 쉽게 놓치지만 배움의 길에 있는 사람이나 덕을 쌓으려는 사람이 반드시 새겨두어야 하는 게 무엇인지를 일깨워준다. 덕을 쌓으려면 자신을 바로잡아야 하는데, 그게 결코 쉽지 않다. 남의 눈에 든 티끌은 잘 보면서 제 눈에 든 들보는 좀체 보지 못하기 때문이다. 그래서 자신을 냉철하게 돌아보고 엄격하게 다잡는 공부를 소홀히 하지 말고 두터이 하라고, 반면에 남의 허물은 너그럽게 보아주고 꾸짖을 일은 엷게 해도 된다고 한 것이다. 이것이 공자가 말한 두터이 할 일과 얄팍하게 할 일이다.

그만두어서는 안 되는데도 그만두는 자는 하다가 그만두지 않는 일이 없다. 두터이 해야 하는데도 얄팍하게 하는 자는 무엇에든 얄팍하게 하지 않는 일이 없다. 서둘러 나아가는 자는 물러나는 것도 빠르다. – 『맹자』「진심 상」

(於不可已而已者, 無所不已. 於所厚者薄, 無所不薄也. 其進銳者, 其退速. – 『孟子』「盡心 上」)

'그만두어서는 안 되는데도 그만두는 자'는 어리석거나 모자란 자다. '두터이 해야 하는데도 얇게 하는 자'는 잔재주를 피우거나 게으름을 부리는 자다. '서둘러 나아가는 자'는 욕심이 많거나 결과에 집착하는 자다. 이 세 부류는 결국 다르지 않다. 그만두어서는 안 되는데도 그만두거나 두터이 해야 하는데도 얇게 하는 것, 그것은 모두 결과를 빨리 얻으려는 성급함에서 저지르는 허물이다. 성급하게 굴면 물러나는 것도 빠르지만, 아무리 기다려봐야 바라는 결과가 나올 일도 없다.

힘든 일은 힘들게 하고 쉬운 일은 쉽게 해야 한다. 두텁게 할 일은 두텁게 하고 얄팍하게 할 일은 얄팍하게 해야 한다. 오래도록 해야 할 일은 오래도록 해야 하고, 금방 해치워야 하는 일은 금방 해치워야 한다. 이를 위해서는 힘든 일인지 쉬운 일인지, 두텁게 할 일인지 아닌지, 오래 걸리는 일인지 금방 해낼 일인지를 먼저 알아야 한다. 결국 일의 성격이나 상황을 잘 파악해야만 분명하게 판단하고 선택해서 적절하게 처리할 수 있다. 이것이 '지본(知本)' 곧 '뿌리를 아는 것'이고 '지지지(知之至)' 곧 '앎이 지극한 것'이다.

이렇게 보면, 맹자는 곧 두터움과 얄팍함에 대해서 공자보다는 더 포괄적으로 말했고 『대학』에서 말한 것보다는 좀 더 자세하게 말했다고 할 만하지만, 여전히 일반론에 가깝다. 특히 통치나 정치에서 어떤 의미를 가지는지 말하지 않았다. 이를 위해서는 『순자』를 볼 필요가 있다.

무릇 천자처럼 귀해지고 온 천하를 가질 만큼 부유해지는 것은 사람이라면 누구나 똑같이 바란다. 그런데 사람들의 욕심을 들어준다면 형세가 이를 다 받아줄 수 없고 물건도 넉넉하지 못할 것이다. 그래서 옛 왕들은 생각 끝에 이를 위해 예의와 의리를 갖추어 알맞게 나누었으니, 귀함과 천함의 등급, 어른과 아이의 구별, 지혜로운 이와 어리석은 자, 능력 있는 자와 능력 없는 자의 구분이 있게 하여 사람들이 모두 알맞은 일을 맡아서 각자 그 마땅함을 얻게 했다. 그런 뒤에 녹봉으로 받는 곡식을 많거나 적게, 두텁거나 얄팍하게 하여 균형을 잡았다. 이것이 뭇 사람이 어우러져 살면서 하나가 되는 길이다.

그러므로 어진 이가 위에 있으면, 농사꾼은 힘을 다해 밭을 갈고 장사꾼은 잘 살펴 재물을 늘리고 공인들은 재주를 다해 기구를 만들며, 사대부로부터 제후들까지는 모두 어짊과 도타운 덕, 지혜와 능력으로 제 직분을 다하니, 이것을 '지극한 공평함'이라 한다. 따라서 어떤 이는 온 천하를 녹봉으로 받아도 스스로 많다고 여기지 않고, 어떤 이는 문지기나 객사지기, 관문지기, 야경꾼이 되어도 스스로 녹봉이 적다고 여기지 않는다. 그래서 "베어서 가지런히 하고 굽혀서 서로 좇게 하니, 같지 않으면서도 하나가 된다"고 했는데, 이것을 '세상살이의 도리'라 한다. -『순자』「영욕」

(夫貴爲天子, 富有天下, 是人情之所同欲也. 然則從人之欲, 則埶不能容, 物不能贍也. 故先王案爲之制禮義以分之, 使有貴賤之等, 長幼之差, 知愚能不能之分, 皆使人載其事而各得其宜. 然後使愨祿多少厚薄之稱. 是夫羣居和一之道也.

故仁人在上, 則農以力盡田, 賈以察盡財, 百工以巧盡械器, 士大夫以上至於公侯, 莫不以仁厚知能盡官職, 夫是之爲至平. 故或祿天下而不自以爲多, 或監門 · 御旅 · 抱關 · 擊柝, 而不自以爲寡. 故曰: "斬而齊, 枉而順, 不同而一," 夫是之謂人倫. -『荀子』「榮辱」)

순자가 말한 두터움과 얄팍함은 직접적으로는 녹봉에 관한 것이다. 그러나 문맥을 찬찬히 짚어보면, 예의와 의리를 분명히 하고 갖가지 제도를 마련하는 일에까지 이미 두터움과 얄팍함이 중요한 전제가 되어 있음을 알아챌 수 있다. 신분의 등급에서 비롯된 존귀(尊貴), 어른과 아이의 구별인 장유(長幼), 지혜와 어리석음이나 유능과 무능에 따른 지위의 고하(高下) 따위는 모두 두터움과 얄팍함을 특수하게 또는 구체적으로 표현한 것들이다. 이런 존귀나 장유, 고하 따위로 말미암아 맡아서 하는 일에 구별이 생기는 것 또는 생기도록 하는 것, 나아가 맡은 일에 따라 녹봉에 차이가 나는 것까지가 곧 예의고 의리다. 여기에 '부동이일(不同而一)' 곧 '같지 않으면서도 하나가 되는' 길이 있다.

결국 다양성과 통일성, 차이와 조화 따위에 대한 합리적이고 균형 잡힌 감각을 통치자나 정치가에게 요구하는 셈인데, 바로 이것이 순자 정치론에 숨겨진 주요한 부분이다. 물론 오늘날에 순자의 정치론을 문자 그대로 수용할 수는 없고 또 그래서도 안 된다. 그러나 다양한 방식으로 자신의 능력을 극대화할 수 있는 기회가 많아졌고 또 직업의 선택도 자유로운 시대라는 점을 인정한다면, 순자가 말한 녹봉의 다소(多少)나 후박(厚薄)에 담긴 의미와 가치는 여전히 중요하다. 다양성이 마땅하다면 또 다양성을 중시한다면, 그에 따른 차이 또한 마땅하다는 것도 인정해야 한다는 말로 요약할 수 있기 때문이다.

오늘날 한국 사회에서는 능력이나 실력을 공정하게 평가하는 제도가 부실하여 평가 결과에 대해 인정하거나 승복하는 이가 대체로 적으며, 능력이나 실력에 걸맞은 대우나 보상 따위가 제대로 이루어지지 않는다고 말들 한다. 이런 제도적 부실과 그릇된 풍토로 말미암아 청년들의 기상과 패기는 위축되기만 하고, 능력 있고 실력을 갖춘 인재들은 창조적 역량을 발휘할 기회를 얻지 못하고 있다. 이 사이를 비집고 나온 것이 바로 '금수저'니 '흙수저'니 하는 말들이다. 참으로 참담하기

그지없다.

이렇게 제도나 풍토에서 합리적이지 못한 면들이 적지 않은 까닭은 근본적으로 인식의 전환이 이루어지지 않고 있기 때문이다. 이 모두 두텁게 할 일과 얇게 해도 될 일의 중요성을 간과한 데서 비롯되었음을 인식하지 못하고 있다. 결국 두텁게 해야 할 일과 얇게 해도 되는 일을 소홀히 해서는 '지평(至平)' 곧 '지극한 공평함'이 실현되기 어렵다. 우리 사회에서 강조하는 '실력이 인정받는 사회, 능력에 걸맞은 대우를 받는 사회'가 되도록 하려면 두터움과 얄팍함에 대한 이해와 인식이 먼저 깊어야 하고 또 널리 퍼져야 한다. 그런 뒤에야 정치와 행정, 제도 따위에서 올바로 구현된다.

구별을 하지 않고 차이를 없애는 것이 곧 평등을 지향하는 일은 아니다. 그것은 획일(劃一)을 꾀하는 것으로, 전제(專制)를 강화할 따름이다. 참된 평등은 서로 다르다는 것, 그 다름의 가치를 서로 인정하는 데서 시작된다. 백성이라 해서 다 같기만 하지 않고, 만물이라 해서 하나로 묶이지 않는다. 같지 않으면서도 하나가 되는 것, 이것이 어울림이고 순자가 말한 '세상살이의 도리'다. 결국 두터움과 얄팍함은 사람과 사물의 관계가 획일적이지 않다는 것, 단순하게 보아 넘길 수 없다는 것, 대상이나 상황에 따라 알맞게 실현되어야 한다는 것, 이것이 유가 정치론의 한 줄기임을 알 수 있다.

한나라 문제(文帝)의 느슨한 정책들

유방은 열세를 극복하고 간신히 항우를 제압해서 한(漢) 왕조를 일으켰다. 그러나 왕조를 안정시키지 못하고 죽었다. 그를 이어 혜제(惠帝)가 즉위했으나, 혜제는 심약한 탓에 모친인 여태후의 위세에 억눌려 있다가 재위 7년 만에 세상을 떠났다. 그러자 여태후가 권력을 장악하여 유씨 황족들을 배제하고 여씨들을 중심으로 세력을 재편하려 했다.

여태후가 권력을 쥐고 실질적인 황제 노릇을 한 지 8년 만에 세상을 떠나자 그 동안 억눌려 지내던 유씨 황족들과 개국공신들이 다시 들고 일어나 여씨 일족을 축출했다. 이어 유방의 넷째 아들인 유항(劉恒, 기원전 180~157년 재위)을 황제로 추대했다. 그가 중국 역사상 명군의 한 사람으로 꼽히는 문제(文帝)다.

문제는 사마천도 매우 높이 평가했는데, 그것은 개국 초의 위태로운 상황 속에서도 각종 정책들을 적실하게 펼쳐 황실뿐만 아니라 제국도 안정시켰기 때문이다. 특히 문제는 각종 악법을 폐지하여 백성의 삶을 한층 윤택하게 했는데, 연좌제(緣坐制) 폐지는 대표적인 조치였다.

문제는 즉위하던 해 12월에 이런 조서를 내렸다.

"법이란 다스림의 원칙으로, 포악함을 막고 사람들을 착한 쪽으로 이끄는 것이다. 법을 어겨 죗값을 치렀는데도 죄 없는 부모와 처자를 함께 연좌시켜 관노로 삼으니, 짐은 결코 받아들일 수 없다. 이에 대하여 논의하라."

이에 담당 관리들이 하나같이 말했다.

"백성은 자신과 집안을 스스로 다스릴 수 없기 때문에 법으로 금하는 것입니다. 연좌시켜 구류하거나 잡아들이는 것은 마음에 기억하게 하여 감히 법을 어기지 못하게 하기 위한 것으로, 그 연원이 오래되었습니다. 그대로 두는 것이 좋을 듯합니다."

문제가 말했다.

"짐이 듣기에 법이 바르면 백성이 성실해지고, 죗값이 정당하면 백성이 따른다고 했다. 목민관이라면 그들을 착한 쪽으로 이끌어야 하거늘 이끌지도 못하고 바르지 못한 법으로 죄를 다스리니, 이는 오히려 백성에게 해를 끼치는 포악한 짓이다. 그래서야 어찌 범죄를 막을 수 있겠는가? 짐은 연좌의 좋은 점을 보지 못했으니, 그에 대해 좀 더 따져보라."

담당 관리들은 모두 이렇게 아뢰었다.

“폐하께서 베푸시는 크신 은혜와 깊은 덕을 신들이 어찌 따라갈 수 있겠습니까? 조서를 받들어 연좌와 관련된 율령들을 폐지하겠습니다.”

연좌제는 범죄를 저지른 사람뿐만 아니라 그와 특정한 관계에 있는 이들까지 모두 그 죄에 대한 책임을 지게 하는 것으로, 그 부모와 처자, 형제, 심지어는 사촌과 팔촌에 이르기까지 적용했다. 실제로 모반이나 반란 따위 대역죄를 지으면 삼족(三族)에서 구족(九族)까지 멸한 일들을 역사서 곳곳에서 볼 수 있다. 진 제국의 승상이었던 이사(李斯)도 모반을 꾸몄다는 명목으로 그 자신과 아들들뿐만 아니라 삼족이 한꺼번에 죽임을 당했다. 하물며 백성은 어떠했겠는가?

사실 문제는 여씨 일족들을 축출한 개국공신들이 가장 만만하게 여겨서 추대한 황제라 할 수 있다. 따라서 갑작스레 즉위한 문제로서는 조정 내에 지지 기반이 거의 없었다고 해도 과언은 아니다. 그런 상황에서는 널리 관리들과 백성의 신망을 얻는 것이 긴요한 일이었다. 연좌제 폐지에는 그러한 정치적 의도도 깔려 있었다고 보아야 한다. 그렇지만 그 정책의 의의와 가치는 결코 폄하될 수 없다.

문제의 연좌제 폐지는 결코 형벌의 위중함을 간과한 것이 아니다. 형벌은 분명히 엄중해야 하지만, 그렇다고 해서 공명정대함을 잃어서도 안 된다. 게다가 법령이나 형벌은 국가의 안위와 백성의 삶을 위해서 존재하는 것이지, 권력자가 통치를 편하게 하기 위해서 존재하는 것이 결코 아니다. 문제는 이런 인식에서 백성의 삶을 도탑게 하려고 형법을 가볍게 했다고 할 수 있다.

또 문제는 대(代) 땅의 왕으로 있다가 갑자기 황제가 되었다. 황제가 되리라는 생각을 해본 적이 없었기 때문에 제국을 통치할 지략이 부족했다. 이 부족함을 메우려면 당연히 조정에서 오래도록 정치를 보좌해 온 신하들의 도움을 받아야 했다. 게다가 건국 초였으므로 백성의 생각과 바람을 알고 그에 따라 정책을 펴야 했다. 요컨대 신하들의 다양한 의견과 민심을 들어야 했다. 그런데 그게 쉽지 않았다. 바로 비방죄

(誹謗罪)와 요언죄(妖言罪)에 관한 법률이 있었기 때문이다. 요언죄는 민심을 어지럽히려고 유언비어(流言蜚語)를 퍼뜨리는 죄를 이른다.

문제는 재위 2년째 되던 기원전 178년에 다음의 조서를 내렸다.

"옛날에 천하를 다스릴 때는 조정에 좋은 말과 비방을 올리기 위한 깃발과 나무가 있었는데, 이는 소통을 위한 통치의 방법으로 누구든 와서 바른말을 할 수 있도록 하기 위함이었다. 그러나 지금 법에 비방죄와 요언죄가 있어 여러 신하들로 하여금 그 마음을 다 드러내지 못하게 하고 황제는 자신의 잘못을 들을 기회가 없으니, 어찌 먼 곳에 있는 어질고 선량한 자들을 오게 하겠는가? 그 법령을 없애라. 백성이 혹 황제를 저주하고 말하지 않기로 서로 약속했는데, 나중에 누군가 고발하면 관리는 대역(大逆)이라 하고 다시 다른 말을 하면 관리는 또 비방이라 한다. 이는 어리석고 무지한 백성을 죽음으로 모는 것이니, 짐은 받아들일 수 없다. 이제부터 이 죄를 범하더라도 다스리지 않도록 하라."

과연 통치나 정치에서는 무엇이 무겁고 무엇이 가벼울까? 군주의 권력이나 체면이 무겁고, 신하의 견해나 백성의 생명은 가벼운가? 군주가 절대 권력을 쥐고 통치하던 왕정 시대에도 그게 당연했을까? 아니다. 그렇게 생각했던 군주들이 제대로 통치한 적이 거의 없고, 있더라도 늘 위태로웠다. 그렇게 보면, 문제는 무엇이 무겁고 무엇이 가벼운지, 두텁게 할 것과 가볍게 할 것은 각각 무엇인지를 참으로 잘 알고 있었던, 말하자면 통치의 뿌리를 알고 정치의 원리를 잘 파악하고 있었던 군주임이 분명하다. 그러했기에 백성을 교화할 수 있었고 제국을 부유하게 만들 수 있었으며 흉노의 지속적인 위협에도 제국을 안정시킬 수 있었으리라. 이런 문제의 통치술 내지는 정치학은 다음 『관자』의 글에 아주 잘 정리되어 있다.

이른바 옛날의 현명한 군주는 한 가지가 아니었다. 상을 마련해서는 엷게 주기도 하고 두텁게 주기도 하며, 금령을 세워서는 가볍게 하기도 하고 무겁게 하기도 하니, 실행한 일이 반드시 같지는 않았다. 다만 서로 반대되지 않았고, 모두 때에 따라 다르게 했으며 풍속을 좇아서 움직였을 뿐이다.

무릇 백성이 조급하고 치우쳐 행동하면 상을 두터이 하지 않을 수 없고 금령을 무겁게 하지 않을 수 없었다. 그래서 성인이 두터운 상을 마련한 것은 사치가 아니고, 무거운 금령을 세운 것은 포악이 아니다. 상이 엷으면 백성이 이롭게 여기지 않고, 금령이 가벼우면 사악한 자가 두려워하지 않는다. 사람들이 이롭게 여기지 않는 것으로써 부리려 하면 백성은 있는 힘을 다하지 않고, 사람들이 두려워하지 않는 것으로써 금지하려 하면 사악한 자는 그치지 않는다. 이 때문에 법률을 세우고 명령을 내려도 백성이 따르지 않는다. 따라서 상으로써 힘쓰게 하지 못하면 사인들과 백성을 부릴 수 없고, 형벌로써 두렵게 하지 못하면 포악한 자가 금령을 가볍게 어긴다.

백성은 위엄에 굴복한 뒤에야 따르고, 이익을 본 뒤에야 힘쓰며, 다스림을 받은 뒤에야 바르게 되고, 편안한 곳을 얻은 뒤에야 차분해진다. 저 도적을 누르지 못하고, 사악한 짓이 그치지 않으며, 강자가 약자를 위협하고, 다수가 소수를 사납게 대하는 것, 이것이 천하의 걱정거리고 온 백성의 근심거리다. 걱정거리와 근심거리를 없애지 않으면 백성은 편안히 살지 못하고, 백성이 편안히 살지 못하면 백성은 군주에게 희망을 갖지 않는다. – 『관자』 「정세」

(故古之所謂明君者, 非一君也. 其設賞, 有薄有厚; 其立禁, 有輕有重, 迹行不必同. 非故相反也, 皆隨時而變, 因俗而動.

夫民躁而行僻, 則賞不可以不厚, 禁不可以不重. 故聖人設厚賞, 非侈也; 立重禁, 非戾也. 賞薄則民不利, 禁輕則邪人不畏. 設人之所不利, 欲以使, 則民不盡力; 立人之所不畏, 欲以禁, 則邪人不止. 是故陳法出令而民不從. 故賞不足勸, 則士民不爲用; 刑罰不足畏, 則暴人輕犯禁.

民者, 服于威殺然后從, 見利然后用, 被治然后正, 得所安然后靜者也. 夫盜賊不勝, 邪亂不止, 强劫弱, 衆暴寡, 此天下之所憂, 萬民之所患也. 憂患不除, 則民不安其居; 民不安其居, 則民望絶于上矣. - 『管子』「正世」)

'정세(正世)'는 세상을 바르게 한다는 뜻이다. 이를 위해서는 시세나 추세에 따라 알맞게 해야 한다. 이것이 "때에 따라 다르게 했다"는 '수시이변(隨時而變)'이다. 또 온갖 사사로운 마음이 일어나 서로 다투므로 세상이 어지럽다. 이를 바로 잡는 것이 곧 "풍속을 좇아서 움직인다"는 '인속이동(因俗而動)'이다. 이렇게 시세나 풍속을 잘 살펴서 때맞게 변화를 주어 알맞게 하는 것이 정치에서 말하는 '앎의 지극함'이다.

3장

뜻을 성스럽게 하라

3-1

所謂誠其意者, 毋自欺也, 如惡惡臭, 如好好色, 此之謂自謙. 故君子必愼其獨也.

이른바 그 뜻을 성스럽게 한다는 것은 스스로 속이는 일이 없음이니, 나쁜 냄새를 싫어하는 것과 같고 예쁜 얼굴을 좋아하는 것과 같다. 이를 스스로 낮춤이라 한다. 그러므로 군자는 반드시 홀로 있을 때 삼간다.

注釋 무(毋)는 하지 말라, 없다는 뜻이다. 기(欺)는 속이다는 뜻이다. 오악취(惡惡臭)에서 오(惡)는 싫어하다, 미워하다는 뜻이고, 악(惡)은 나쁘다, 고약하다는 뜻이다. 취(臭)는 냄새를 뜻한다. 호색(好色)은 예쁜 얼굴, 아름다운 여인을 뜻한다. 겸(謙)은 삼가서 자신을 낮추다는 뜻이다. 신(愼)은 삼가다는 뜻이다.

蛇足 이 3장에서는 '성의(誠意)'를 다루고 있는데, 여기서 성은 그 의미가 각별하다. 요즘 흔히 쓰는 "성실히, 성실하다"라는 말보다 의미가 훨씬 깊고 크다. 성(誠)은 오롯하다, 지극하다, 한결같다는 뜻으로, 성(聖)과 통한다. 『중용』에서 "성스러움은 하늘의 길이고, 성스러워지려는 것은 사람의 길이다"(誠者, 天之道也; 誠之者, 人之道也)라고 했을 때의 그 '성'과 같다.

격물(格物)을 함으로써 지극한 앎을 갖추더라도 그 뜻이 지극하지 않으면, 힘들여 터득한 앎을 올바로 쓰지 못한다. 그릇된 뜻을 지니면, 그 앎을 삿되게 쓰다가 망신(亡身)에 이를 수 있다. 그릇되지 않더라도 뜻이 야무지지 않으면, 의도치 않게 실수를 하거나 허물을 짓는 일이 곧잘 생긴다.

그런데 성의는 반드시 격물과 치지를 한 뒤에 하는 것이 아니다. "지극하다 또는 성스럽다"고 풀이되는 것처럼 수신을 하기로 했다면 늘 염두에 두어야 할 일이다. 또한 얻는 것은 지극히 어려우면서 잃기는 참으로 쉽기 때문에 잠시도 소홀히 할 수 없는 일이다. 게다가 워낙 마음 깊은 데서 내밀하게 이루어지는 까닭에 어설프게 뜻을 지니고서 지극하다고 착각하기도 쉽다. 그래서 '신독(愼獨)'을 이야기했다.

신독은 "홀로 있을 때 삼간다"는 뜻이다. 이를 강조하는 것은 덕을 갖추는 일에서 자칫 소홀히 할 수 있는 점을 일깨우기 위해서다. 신독은 『중용(中庸)』에서도 언급된다.

> 길이란 잠시도 벗어날 수 없다. 벗어날 수 있다면 그것은 길이 아니다. 이런 까닭에 군자는 보이지 않는 데서 조심하고 삼가며, 들리지 않는 데서도 무서워하고 두려워한다. 숨기려는 것보다 더 잘 드러나는 것이 없고, 희미한 것보다 더 잘 나타나는 것이 없다. 그러므로 군자는 홀로 있을 때 삼간다. - 『중용』
> (道也者, 不可須臾離也. 可離, 非道也. 是故君子戒愼乎其所不睹, 恐懼乎其所不聞. 莫見乎隱, 莫顯乎微. 故君子愼其獨也. - 『中庸』)

군자는 보이지 않거나 들리지 않는 데서도 삼간다고 했다. 보이지 않고 들리지 않는 데는 어디를 가리키는가? 첫째는 다른 사람이 없는 곳이고, 둘째는 제 마음속이다. 다른 사람이 없는 곳에서는 말과 행동을 삼가야 하고, 다른 사람들이 있든 없든 마음을 잘 잡도리해야 한다. 특히 다른 사람이 없고 혼자 있을 때는 몸가짐을 흐트러뜨리기 쉬운데, 이로 말미암아 마음조차 느슨해지거나 흐트러진다. 그러므로 이러한 때에 특히 삼가야 한다. 물론 몸가짐과 마음을 이치나 도리에 맞게 지녀야 한다는 말이다. 이것이 "홀로 있을 때 삼간다"에 담긴 뜻이다.

왜 홀로 있을 때 삼가야 하는가? 다른 사람이 없는 데서 하는 말과 행동은 그 사람의 내심이나 본심을 그대로 드러낸 것이다. 홀로 있을 때도 말과 행동이 이치에 벗어나지 않고 도리에 어긋나지 않는다면 언제 어디서든 문제가 없을 테지만, 만약 그렇지 못하다면 다른 사람들 앞에서는 조심하고 숨기려 애쓸 것이다. 별다른 일이 아니라면, 애쓰는 만큼 숨길 수도 있다. 그러나 예기치 못한 일이나 상황에 맞닥뜨리게 되면, 숨기려 했던 말과 행동이 절로 튀어나온다. 마찬가지로 간사함이나 교만함, 제 잇속만 차리는 속셈 따위가 있으면서 없는 듯이 굴어도 결정적인 순간이 되면 고스란히 드러난다. 이를 두고 "숨기려는 것보다 더 잘 드러나는 것이 없고, 희미한 것보다 더 잘 나타나는 것이 없다"고 한 것이다.

아무리 간사하고 음흉한 자라도 언제 어디서나 누구를 대하든 무슨 일이 닥치든 떳떳해지려 애쓰며, 자신의 말과 행동이 이치에 어긋나지 않는 것처럼 또는 도리를 저버리지 않는 것처럼 보이도록 애쓴다. 제 본모습이나 본심을 숨기고 감추어야 이롭기 때문이다. 그러나 평소에 마음을 올곧게 지니지 않았으므로 숨기거나 감추는 일이 결코 쉽지 않다. 당장에 드러나지 않아도 결국 드러나게 마련이고, 그 자신도 그런 이치를 모르지 않으므로 초조와 불안이 가시지 않고 더욱더 애써 꾸미며 교활하게 군다.

설령 간사함과 음흉함, 거짓과 위선을 들키지 않았다 해도 결코 잘 속인 게 아니다. 남을 속이기 전에 이미 제 자신을 속였다. 자신을 잘 속여야 남을 잘 속이는 법이다. 그래서 군자를 가까이 하려고 자신은 바르고 곧으며 착한 사람이라고 아무리 꾸며도 결국 그가 가까이하는 사람은 간신배나 소인배다. 설령 잘 속여서 군자를 가까이하더라도 그 군자가 곧 그를 멀리할 것이니, 어찌 가까이하는 자들 가운데 군자가 있겠는가?

> 일어나는 사물들에는 반드시 처음이 있다. 찾아온 영예나 치욕은 반드시 그 덕의 드러남이다. 고기가 썩으면 벌레가 생기고, 물고기

가 마르면 좀이 생긴다. 게으르고 건방져서 제 몸을 잊으면, 재앙과 불행이 닥친다. 굳세면 스스로 버팀목이 되고, 부드러우면 저절로 띠가 된다. 삿됨과 더러움이 몸에 있으면 응등그러진 마음이 맺힌다. 땔나무를 일자로 고르게 벌여놓으면 불은 마른 데로 나아가고, 땅을 일자로 고르게 하면 물은 축축한 데로 나아간다. 풀들과 나무들은 무리를 지어 생겨나고, 날짐승과 길짐승은 떼를 지어 사는데, 사물은 각각 저와 같은 것들을 따른다. 이런 까닭에 과녁을 펼치면 활의 화살이 이르고, 숲이 우거지면 큰 도끼들과 작은 도끼들이 이르며, 나무가 그늘을 이루면 뭇 새가 쉬고, 쉰내가 나면 파리가 떼로 몰려든다. 그래서 말에는 불행을 부르는 것이 있고, 행동에는 치욕을 부르는 것이 있으니, 군자는 서 있는 데서 삼가야 하리라! – 『순자』「권학」

(物類之起, 必有所始. 榮辱之來, 必象其德. 肉腐生蟲, 魚枯生蠹. 怠慢忘身, 禍災乃作. 强自取柱, 柔自取束. 邪穢在身, 怨之所構. 施薪若一, 火就燥也, 平地若一, 水就濕也. 草木疇生, 禽獸羣焉, 物各從其類也. 是故質的張而弓矢至焉, 林木茂而斧斤至焉, 樹成蔭而衆鳥息焉, 醯酸而蜹聚焉. 故言有召禍也, 行有招辱也, 君子愼其所立乎! – 『荀子』「勸學」)

뜻을 한결같이 지닌 장수, 전단(田單)

기원전 284년, 연(燕)나라가 제(齊)나라를 공격해서 순식간에 제나라 도성 임치(臨淄)와 70여 성을 함락시켰다. 제나라 민왕(閔王, 또는 湣王)은 거(莒) 땅으로 달아났으나, 구원하러 온 초나라의 장수 요치(淖齒)가 민왕을 죽여버렸다. 이때 제나라의 전씨(田氏) 일족 가운데 한 사람인 전단(田單)은 수도에서 시장을 감독하는 관리로 있다가 집안사람들을 데리고 탈출하여 즉묵(卽墨)으로 달아났다. 전단은 즉묵에서 패잔병들을 이끌고 연나라 군대와 싸웠다. 마침내 기묘한 책략을 써서 연나라 장수 기겁(騎劫)을 죽이고 연나라 군대를 격파했다. 그 승세를 타서 차츰차츰 70여 개 성을 모두 되찾았다.

처음에 요치가 민왕을 죽이자 거 땅 사람들은 신분을 감추고 민간에 숨어 있던 태자 법장(法章)을 찾아내서 거 땅으로 맞아들였다. 전단이 제나라 땅을 회복하자 제나라 사람들은 전단이 자립해서 왕위에 오르지 않을까 의심했다. 그러나 전단은 태자를 맞이하여 왕위에 오르게 했다. 그가 양왕(襄王)이다. 양왕은 전단을 상국으로 삼았다.

어느 날, 전단이 치수(淄水)를 지나면서 한 노인이 물을 건너고는 추위에 벌벌 떨면서 걷지 못하고 모래밭에 앉아 있는 것을 보았다. 전단은 그 모습을 보고는 수레에서 옷을 꺼내 주려고 했으나, 줄 것이 없어서 자신의 갖옷을 벗어 입혀주었다. 이를 전해들은 양왕이 전단을 시샘하며 말했다.

"전단이 인심을 베푸는 것은 과인의 나라를 차지하려는 것이리라. 얼른 일을 꾀하지 않으면 선수를 빼앗길지도 모르겠다!"

이렇게 말한 양왕은 얼른 주위를 둘러보았다. 가까이에는 아무도 없었으나, 저만치서 구슬을 꿰는 자가 있었다. 양왕이 그를 불러서 물었다.

"그대는 과인의 말을 들었는가?"

"들었습니다."

"어떻게 생각하는가?"

"왕께서 그의 선행을 자기 것으로 만드는 것이 낫습니다."

"어떻게 하면 되겠는가?"

"왕께서 전단의 선행을 칭찬하면서 '과인이 백성이 굶주릴까 걱정하니 전단이 그들을 거두어 먹여주었고, 과인이 백성이 추위에 떨까 걱정하니 전단이 갖옷을 벗어 입혀주었다. 과인이 백성의 노고를 걱정하면 전단 또한 걱정하니, 과인의 뜻과 잘 맞도다'라는 명령을 내리십시오. 전단이 선행을 하면 왕께서는 그것을 칭찬하십시오. 전단의 선행을 칭찬하면 그것은 왕의 선행이 되는 셈입니다."

"좋은 말이오."

양왕은 곧 전단을 위해 소를 잡고 술을 내려 그의 선행을 칭찬했다. 며칠 뒤, 구슬 꿰는 자가 다시 양왕을 뵙고 말했다.

"조회하는 날이 되면 왕께서는 전단을 불러 뜰에서 읍하고 그의 노고를 치하하십시오."

양왕은 굶주림과 추위로 고생하는 백성을 찾는다는 명령을 내려서는 그들을 거두어 돌본 뒤에 마을마다 사람을 풀어 소문을 듣게 했다. 사대부들이 서로 모여서 하나같이 이렇게 말했다.

"전단이 백성을 아끼는데, 아 그게 왕께서 가르친 덕분이라오!"

기원전 279년, 초발(貂勃)이라는 사람이 늘 전단을 미워하며 "안평군(安平君, 전단)은 소인배다!"라고 말했다. 안평군 전단이 이 말을 듣고 특별히 술상을 차려서 초발을 초청해 물었다.

"제가 선생께 무슨 죄를 지었기에 조정에서 늘 그대의 칭찬을 듣는지요?"

초발이 말했다.

"도척(盜跖)이 기르는 개가 요임금을 보고 짖는 것은 도척을 귀하게 여기고 요임금을 천하게 여겨서가 아닙니다. 개는 참으로 제 주인이 아니면 짖습니다. 이제 여기 있는 공손자(公孫子)는 어질고 서자(徐子)는 못났다고 합시다. 두 사람이 싸우면 서자의 개는 때를 보아 공손자의 장딴지를 물어뜯을 것입니다. 만일 개가 못난 주인을 버리고 어진 사람을 위할 줄 안다면, 어찌 공손자의 장딴지를 물어뜯겠습니까?"

"잘 들었습니다."

이튿날 전단은 왕에게 천거하여 그가 관직을 맡게 했다. 그때 왕에게는 총애 받는 신하 아홉 명이 있었다. 그들은 전단을 깎아내리려고 이렇게 말했다.

"연나라가 우리 제나라에 쳐들어왔을 때 초나라 왕은 장군 요치를 시켜 군사 1만 명을 이끌고 제나라를 돕게 했습니다. 지금 나라가 안정되고 사직도 편안한데, 어찌하여 사자를 초나라 왕에게 보내 사례하지 않으십니까?"

"누가 가는 게 좋겠소?"

"초발이 좋습니다."

이에 초발이 초나라에 사자로 가게 되었다. 초나라 왕은 그 사례를 받아들이고 사자를 위해 술잔치를 벌였다. 초발이 여러 날이 지나도 돌아오지 않자, 아홉 명의 신하들은 서로 양왕에게 이렇게 말했다.

"한 개인인 초발이 전차 만승의 군주로부터 환대를 받아 머물고 있으니, 어찌 안평군의 위세를 믿는 것이 아니겠습니까. 또 안평군은 군신 사이의 예의를 지키지 않고 상하의 분별이 없는 자입니다. 그는 좋지 못한 일을 꾸미려 하고 있습니다. 안으로 백성의 마음을 어루만지며 빈궁한 자들을 구휼하는 은덕을 베풀고, 밖으로는 오랑캐와 천하의 현명한 선비들을 품으며 제후들 가운데 영웅호걸과 은밀히 친교를 맺고 있습니다. 그 뜻이 찬탈하려는 데 있는 것이니, 왕께서는 잘 살피시기 바랍니다."

어느 날, 양왕이 말했다.

"상국 단을 불러 오라!"

갑작스런 부름에 전단은 갓도 쓰지 못한 채 맨발에 옷도 갖춰 입지 못하고 달려왔으며, 물러나면서 죽을죄를 자청했다. 이렇게 닷새 동안 계속한 뒤에 양왕이 말했다.

"그대는 과인에게 아무 죄가 없소. 그대는 신하의 예의를 다하면 되고, 나 또한 왕의 예의를 다하면 될 뿐이오."

초발이 초나라에서 돌아오자 양왕은 그를 위해 술잔치를 마련했다. 주흥이 무르익었을 때, 양왕이 이렇게 소리쳤다.

"상국 단을 불러오라!"

그러자 초발이 자리를 피한 뒤에 머리를 땅에 대면서 말했다.

“왕께서는 어찌 나라를 망칠 말을 하십니까! 왕께서는 저 옛날 주나라 문왕과 견주면 어떻습니까?”

“내가 못하오!”

“그렇습니다. 신도 본래 그런 줄 알고 있습니다. 아래로 제나라 환공과 견주면 어떻습니까?”

“내가 못하오!”

초발이 말했다.

“그렇습니다. 신도 본래 그런 줄 알고 있습니다. 그럼에도 문왕은 여상(呂尙, 강태공)을 얻어서 태공으로 삼았고, 환공은 관중을 얻어서 중보로 삼았습니다. 그런데 이제 왕께서는 안평군을 얻었음에도 유독 그를 ‘단’이라 부르십니다. 천지가 개벽하고 백성을 다스린 이래로 신하들 가운데 안평군보다 더 큰 공을 세운 자가 누가 있습니까? 그런데도 왕께서는 그를 이름으로 부르시니, 이게 어찌 나라를 망칠 말이 아니겠습니까! 왕은 선왕의 사직을 지켜내지 못하고 연나라가 군사를 일으켜 제나라 도성을 습격하자 달아나 성양(城陽)의 산속으로 도망쳤습니다. 안평군이 애를 태우며 즉묵으로 가서 3리의 내성과 5리의 외곽을 근거지로 삼아 패잔병 7천을 모은 뒤에 연나라 장수 기겁을 사로잡고 1천리 제나라를 되찾았으니, 순전히 안평군의 공입니다. 바로 그때 안평군이 성양에 머물고 있던 왕을 가둬 두고 스스로 왕이 되려고 했다면, 천하의 그 누구도 막을 수 없었습니다. 그러나 그는 도리에 맞게 계책을 세우고 올바름으로 돌아가 그런 일은 옳지 않다고 여겼습니다. 그래서 잔도(棧道)와 목각(木閣)을 놓아 길을 열어서 성양으로 들어가 왕과 왕후를 맞이했습니다. 이리하여 왕은 돌아와 백성에게 군림할 수 있었습니다. 이제 나라가 안정되고 백성도 평안해지자 왕께서는 그를 ‘단’이라 부르십니다. 어린애라도 이렇게 하지 않습니다. 왕께서는 얼른 저 아홉 명의 신하를 죽이고 안평군에게 사죄하십시오! 그렇지 않으면 나라가 위태로워질 것입니다.”

양왕은 곧바로 총애 하던 신하 아홉 명을 죽이고 그 일족들을 내쫓았으며, 안평군에게 액읍(夜邑) 1만 호를 봉지로 더해주었다.

전단은 보잘것없는 하급 관리로 있다가 망하기 직전의 제나라를 되살리고 새로 왕을 세웠으며 정치를 안정시키는 데 더없이 큰 공을 세웠다. 그는 자신의 공을 자랑하지 않고 자신을 낮추었다. 심지어 자신을 '소인배'라고 한 초발을 만나서 그의 이야기에 귀를 기울였으며, 그의 말뜻을 알아채고는 왕에게 천거했다. 초발이 초나라에 가서 환대를 받은 것은 그만큼 외교적 수완이 뛰어났음을 의미한다. 또 돌아와서는 양왕의 무례함을 꾸짖고 일깨워서 간사한 신하들을 죽여 나라가 위태로워지지 않도록 한 데서도 그의 뛰어난 역량을 엿볼 수 있다. 결국 음해를 입을 수 있었던 전단이 오히려 초발의 지혜와 능력으로 말미암아 입지를 더욱 굳게 다질 수 있었다. 전단이 자신의 이로움을 위해서 초발을 천거했던 것이 아님은 물론이다.

> 옛 왕들은 성스러움과 미쁨을 귀하게 여겼다. 성스러움과 미쁨은 천하를 하나로 묶는 고리다. 현명한 대부는 종친에 기대지 않고, 지극한 선비는 밖의 권세에 기대지 않는다. 백성을 두루 이롭게 하고서도 자신의 공으로 여기지 않고, 백성을 위해 마련해 둔 재물을 자기를 위해 쓰지 않았다. 그러므로 나라를 존속시키고 사직을 안정시키는 일은 잠깐 사이의 생각에 달렸을 뿐이다. – 『관자』「추언」
> (先王貴誠信, 誠信者, 天下之結也. 賢大夫不恃宗, 至士不恃外權. 坦坦之利不以功, 坦坦之備不爲用, 故存國家, 定社稷, 在卒謀之間耳. – 『管子』「樞言」)

대개의 경우, 전단처럼 큰 공을 세우면 교만하고 방자해지기 쉽다. 그런데 위의 이야기에서는 양왕이 아무런 공을 세우지 못했음에도 도리어 교만하고 방자해졌다. 애초에 나라가 위태로워졌을 때 군사를 이끌고 나서서 전란을 평정했어야 할 태자였음에도 제 일신의 안정을 꾀하여 안전한 곳으로 달아나 신분을 숨기고 살았다. 거 땅 사람들이 찾아서 왕으로 내세웠으나, 쇠망을 눈앞에 둔 나라였으니 허울뿐인 왕이었다. 이윽고 전단이 연나라를 몰아낸 뒤에 그를 맞아 왕으로 올렸음에도 자신을 돌아볼 줄 모르고 오히려 간신을 총애하면서 충신인 전단을 함부로 대했으니, 이는 재앙을 부르는 빌미가 되고도 남는 짓이었다. 다행하게도 전단이 천거한 초발이 있어 위태로운 지경에 이르지 않을 수 있었다. 한낱 장수나 대신이 교만하고 방자해도 나라가 위태로울 수 있거늘 군주가 교만하고 방자해서 충신을 업신여긴다면, 그와 그 나라는 어찌되겠는가!

3-2

小人閒居爲不善, 無所不至, 見君子而后厭然揜其不善而著其善. 人之視己, 如見其肺肝然, 則何益矣? 此謂誠於中, 形於外, 故君子必愼其獨也.

> 소인은 하잔할 때면 착하지 않은 짓을 하고 못하는 짓이 없다가 군자를 만난 뒤에는 그런 짓을 싫어하는 척하며 자신의 착하지 않은 짓은 덮어 가리고 착한 짓을 드러낸다. 그러나 사람들이 자신을 마치 폐와 간을 들여다보듯이 보는데, 그게 무슨 보탬이 되겠는가? 이를 두고 '마음속이 성스러우면 그것이 밖으로 드러난다'고 하니, 그래서 군자는 반드시 홀로 있을 때 삼간다.

注釋 한(閒)은 한(閑)과 같으며, 틈, 한갓지다, 하잔하다는 뜻이다. 염(厭)은 싫어하다, 물리다는 뜻이다. 엄(揜)은 엄(掩)과 같으며, 가리다,

덮다는 뜻이다. 저(著)는 나타나다, 나타내다는 뜻이다. 폐간(肺肝)은 허파와 간이다. 형(形)은 꼴, 형세, 드러내다, 드러나다는 뜻이다.

蛇足 홀로 있을 때 몸가짐이 흐트러지며 마음이 느슨해지는 것은 아무도 보지 않기 때문이지만, 무엇보다도 나중에 남들이 알아채지 못하리라 여기기 때문이다. 사람들과 섞여 있으면서 속으로 딴 생각을 하거나 꿍꿍이속으로 거짓되게 행동하는 것도 남들이 결코 자신의 속내를 알아채지 못하리라 여기기 때문이다. 과연 그런 생각이나 바람처럼 남들이 알아채지 못할까?

말을 번드레하게 하고 낯빛도 꾸미고 제법 그럴싸하게 몸짓까지 더한다면, 당장에는 상대나 다른 사람을 속여서 제 속내를 숨길 수 있다. 그러나 그런 억지스런 짓으로 계속 눈속임을 하려면 잠시도 한눈팔아서는 안 된다. 자칫하면 숨기려던 속셈이 드러나버리기 때문이다. 설령 속셈이 고스란히 드러나지 않더라도 그 언행은 껄끄러울 수밖에 없어서 상대나 다른 사람이 꺼림하게 느끼기 마련이다.

육상 선수가 늘 100미터나 200미터 단거리를 중심으로 달리는 훈련을 했다면, 경기에서도 단거리에 나서는 게 맞다. 단거리나 장거리나 달리기는 마찬가지라며 욕심을 내서 5천 미터나 1만 미터 장거리 경주에 나선다면, 망신을 당하기 십상이다. 그것은 단거리와 장거리의 달리기 방식이 다르고 평소에 훈련하는 법도 다르기 때문이다. 단거리 선수는 평소에 단거리에 적합한 훈련법을 몸에 익혔다. 아무리 의욕이 앞서고 자신만만해도 갑자기 장거리 선수처럼 달릴 수는 없다. 마찬가지로 홀로 있을 때 생각하고 말하고 행동하는 것이 소인이던 사람이 갑자기 군자처럼 행세하려고 한들, 과연 군자처럼 보이겠는가?

'근묵자흑(近墨者黑)'이라고 해서 "먹을 가까이하면 저절로 검어진다"는 말이 있다. 더러워지고 싶지 않으면 더러운 것을 가까이하지 말라는 뜻인데, 이를 달리 풀이하면 이렇게도 된다. 검어지려는 것은 먹을 가까이한다고. 실제로 소인은 소인을 만나 가까이할 때 가장 자연스럽다. 군자를 사귀고 싶어 하는 소인도 있지만, 결코 군자가 그를 가까이하지 않는다. 그 언행이 다랍고 지저분하기 때문이다. 군자가 잠깐이나마 가까이할 기회를 줘도 전혀 어우러지지 못해서 스스로 어색하게 느끼며 떠나버린다. 온몸에 검댕을 바르고서 어찌 하얀 옷을 입은 이들을 편안히 가까이할 수 있겠는가?

군자든 소인이든 다 사람인데 무슨 대단한 차이가 있겠는가 하고 반문할 수도 있겠다. 참으로 그렇게 생각한다면, 어리석거나 소인이거나 둘 가운데 하나다. 군자와 소인은 전혀 다르다. 평소에는 그 차이가 잘 드러나지 않겠지만, 유심히 살펴보면 그 차이는 아주 분명하다. 갑작스레 별다른 일이 생기거나 이익과 손해가 걸린 일이 생기면, 둘의 차이는 확연해진다.

> 군자는 능력이 있어도 좋고 능력이 없어도 좋으나, 소인은 능력이 있어도 추하고 능력이 없어도 추하다. 군자는 능력이 있으면 너그러움과 곧음으로써 사람들을 열어주고 이끌며, 능력이 없으면 깍듯하게 삼가며 자신을 굽혀 두려운 마음으로 사람들을 섬긴다. 그러나 소인은 능력이 있으면 거들먹거리고 그릇된 짓을 일삼으면서 사람들에게 교만하게 굴고, 능력이 없으면 시기하고 원망하며 함부로 비방하여 사람들을 망치려 한다. 그러므로 "군자에게 능력이 있으면 사람들은 기꺼이 그에게 배우고, 능력이 없으면 사람들은 즐거이 그에게 일러준다. 그러나 소인에게 능력이 있으면 사람들은 그가 배운 것을 천하게 여기고, 능력이 없으면 그에게 일러주는 것을 부끄럽게 여긴다"라고 말한다. 이것이 군자와 소인의 차이다. – 『순자』「불구」
>
> (君子能亦好, 不能亦好; 小人能亦醜, 不能亦醜. 君子能則寬容易直以開道人, 不能則恭敬縛絀以畏事人; 小人能則倨傲僻違以驕溢人, 不能則妬

嫉怨誹以傾覆人. 故曰: "君子能則人榮學焉, 不能則人樂告之; 小人能則人賤學焉, 不能則人羞告之." 是君子小人之分也. －『荀子』「不苟」)

3-3

曾子曰: "十目所視, 十手所指, 其嚴乎!" 富潤屋, 德潤身, 心廣體胖. 故君子必誠其意.

증자는 "열 개의 눈이 보고 열 개의 손이 가리키니, 참으로 무섭구나!"라고 말했다. 가멸은 집을 반지르르하게 하고, 덕은 몸을 함치르르하게 하며, 마음이 넓어지면 몸이 확 펴진다. 그러므로 군자는 반드시 제 뜻을 성스럽게 한다.

注釋 증자(曾子)는 이름이 삼(參)이며, 자는 자여(子輿)다. 공자가 말년에 받아들인 제자로, 공자보다 46세 어리다. 엄(嚴)은 위엄이 있어 두렵다는 뜻이다. 부(富)는 재물이 많고 넉넉하다, 가멸다는 뜻이다. 윤(潤)은 물기를 머금다, 젖다, 반지르르하다, 함치르르하다는 뜻이다. 광(廣)은 넓다, 넓어지다는 뜻이다. 반(胖)은 크다, 살지다는 뜻이다.

蛇足 군주든 신하든 백성을 다스리는 위치에 있다는 것은 곧 뭇 사람들의 이목이 집중되는 자리에 있다는 뜻이다. 공적인 일을 맡아서 하므로 모든 사람들은 아니더라도 많은 사람들이 그들의 말을 듣고 그들의 행위를 보게 된다. 그들의 참뜻이 어디에 있든, 그 속내가 어떠하든 간에 다른 사람들의 눈과 귀에 포착될 수밖에 없으므로 반드시 누군가는 보고 들은 것을 말하거나 전하고, 칭찬도 하겠지만 손가락질도 한다.

그런데 권세와 지위를 얻었으니 마음대로 해도 숨길 수 있다거나 남몰래 사사로운 이익을 붙좇아도 들키지 않을 것이라 여기는 자들이 숱하게 많다. 갖가지 부정과 부패가 끊이지 않는 것도 그 때문이다. 그러나 죽을 때까지 잘 숨긴 자, 들키지 않은 자 얼마나 되던가. 아무리 숨기고 감추려 한들 결코 숨길 수 없고 감추어지지 않는다는 사실을 깊이 인식하고 있다면, 함부로 권세와 지위를 남용하지 않으리라.

『목민심서(牧民心書)』「율기(律己)」에 다음 이야기가 나온다. 다산(茶山)이 직접 경험한 일이라 한다.

> 참판 유의(柳誼)가 홍주(洪州) 목사로 있을 때, 나는 금정역(金井驛)의 찰방(察訪, 각 도의 역참 일을 맡아 보던 종6품의 문관 벼슬)으로 있었다. 편지를 보내 공사(公事)를 의논했으나, 답이 없었다. 나중에 홍주에 가서 만나 "왜 답서를 주지 않았소?" 하고 물으니, 유공이 대답했다.
> "나는 벼슬살이할 때, 본래 편지를 뜯어보지 않소."
> 그러고는 시동을 불러 편지 상자를 쏟아 내리게 하니, 상자 안에 가득 편지가 하나도 뜯기지 않은 채 있었다. 대부분 조정의 귀인들이 보낸 편지였다. 내가 말했다.
> "그건 참으로 옳은 일이지만, 나는 공사를 말한 것이었는데 어찌 펴보지 않았소?"
> "만일 공사에 속하는 것이라면 왜 공문으로 보내지 않았소?"
> "마침 그것이 비밀스런 일이었소."
> "만일 비밀이었다면 왜 비밀히 공문으로 보내지 않았소?"
> 그가 이렇게 말하니, 나는 대답할 말이 없었다. 그가 사사로운 청탁을 끊어버리는 것이 이와 같았다.

유의가 아예 편지를 뜯어보지 않은 것은 "벽에도 귀가 있다"는 말처럼 누군가는 보고 알아채리라는 사실을 잘 알고 있었기 때문이다. 사실

"뭐, 뜯어보는 것쯤이야 어때! 청탁이면 들어주지 않으면 되지!"라며 자신을 과신하거나 대수롭지 않게 여기며 뜯어보는 일이 흔하다. 그러나 과연 편지 내용을 보고도 마음이 흔들리지 않고 공사를 명확하게 구분해서 처리할 수 있는 사람이 몇이나 될까?

유의의 조심스러움을 지나치다고 말해서는 안 된다. 바늘 끝만치의 틈이라도 있으면 파고드는 것이 이익을 붙좇는 간사하고 교활한 마음이다. 그런 간교한 마음이 파고들지 않도록 원천적으로 봉쇄하는 것이 현명한 처사다.

예나 이제나 관리라면 지방보다 중앙을 선호해 왔다. 중앙의 고관들은 중앙으로 진출하고 싶어 하는 지방관의 심리를 이용해서 진기한 물품이나 재물을 요구하는 일이 비일비재했고, 이런저런 경로를 통해 청탁할 기회를 엿보던 지방관이라면 얼씨구나 좋다 하고 그 요구에 응했을 것이다. 아무도 모르게 일을 처리하면 되리라 여기겠지만, 백성 모두 알아챈다. 그 밑의 아전이 입방아를 찧어서도 그렇고, 요구에 응하느라 백성을 닦달하며 마구 세금을 거두어 갈 터이므로 또한 그렇다.

역시 『목민심서』「율기(律己)」에 나온다.

> 아전들은 매우 경박하여 방에 들어와서는 이렇게 말한다.
> "이 일은 비밀이라 아무도 모릅니다. 퍼뜨리면 제게 해로울 뿐인데, 누가 감히 퍼뜨리겠습니까?"
> 수령은 그 말을 깊이 믿어 뇌물을 기쁘게 받지만, 문 밖에 나서자마자 말을 떠벌려서는 꺼리는 마음이 없이 자기 경쟁자를 억누르고자 한다. 그러하니 소문은 삽시간에 사방으로 퍼진다. 그럼에도 수령은 깊이 들어앉아 홀로 아득히 듣지 못하고 있으니, 참으로 슬픈 일이다. 양진(楊震)이 말한 "넷이 알고 있다"는 것 외에 남이 안다는 것도 막아낼 수 없다.
> 양진이 형주자사(荊州刺史)가 되었을 때, 무재(茂才) 출신인 왕밀

(王密)이 창읍(昌邑) 수령에 제수되고서 밤에 금 열 근을 품고 양진을 찾아왔다. 그는 금을 꺼내 놓으면서 "어두운 밤이라 아무도 모릅니다"라고 했다. 양진은 "하늘이 알고 신이 알고 내가 알고 그대가 아는데, 어찌 아무도 모른다고 하는가!"라고 말했다. 이에 왕밀이 부끄럽게 여기며 물러갔다.

"열 길 물속은 알아도 한 길 사람 속은 모른다"고 했다. 제 이익을 위해서 부정을 마다하지 않는 사람이 하는 말을 곧이곧대로 믿을 수 있겠는가. 오로지 제 잇속만 챙기려는 자라면, 당장에는 나와 손을 잡아도 곧 수가 틀리면 내 등에 칼을 꽂을 게 뻔한 이치다. 그럼에도 내가 스스로 뜻과 마음을 성스럽게 지니지 않는다면, 그 뻔한 이치를 간과하고 스스로 무덤을 파는 짓을 한다.

양진은 아무리 은밀하게 한 짓이라도 "하늘이 알고 신이 알고 내가 알고 그대가 안다"고 넷을 들었다. 다산은 여기에 하나를 더해, 다른 사람들도 안다고 했다. 증삼이 "열 개의 눈이 보고 열 개의 손이 가리키니, 참으로 무섭구나!"라고 말한 까닭도 여기에 있다.

그런데 무엇보다도 유의나 양진은 제 뜻을 성스럽게 지님으로써 하늘과 땅, 신과 사람들 앞에서 참으로 떳떳하고 느긋할 수 있었다. 대체 무엇을 걱정하고 누구를 두려워하겠는가! 오히려 그 몸에서 함치르르하게 윤기가 나지 않겠는가? 조금도 몸을 옹송그리는 일 없이 활짝 펴고 다니지 않겠는가? 그를 보거나 마주하는 이들도 마음이 환해지지 않겠는가? 순자도 "군자가 마음을 기르는 데 성스러움보다 좋은 것은 없다. 지극히 성스러우면 다른 문제가 없다"고 말하면서 이렇게 덧붙였다.

도를 잘 따른다고 하더라도 성스럽지 않으면 홀로 서지 못하고, 홀로 서지 못하면 도드라지지 않고, 도드라지지 않으면 아무리 마음을 먹고 낯빛으로 드러내고 말로 표현하더라도 백성은 여전히 그를 좇지 않을 것이며, 비록 좇더라도 속으로는 반드시 의심할 것이다. 하늘과 땅이 아무리 위대하다 해도 성스럽지 않으면 온갖 것들을 교화하지 못하고, 성인이 아무리 지혜롭다 해도 성스럽지 않으면 온 백성을 교화하지 못한다. 아비와 자식이 아무리 가깝다 해도 성스럽지 못하면 버성기고, 군주가 아무리 존귀한 존재라 해도 성스럽지 못하면 비천해진다. 무릇 성스러움은 군자가 지켜야 할 덕이며, 정치의 뿌리다. – 『순자』「불구」

(善之爲道者, 不誠則不獨, 不獨則不形, 不形則雖作於心, 見於色, 出於言, 民猶若未從也, 雖從必疑.

天地爲大矣, 不誠則不能化萬物; 聖人爲知矣, 不誠則不能化萬民, 父子爲親矣, 不誠則疏; 君上爲尊矣, 不誠則卑. 夫誠者, 君子之所守也, 而政事之本也. – 『荀子』「不苟」)

4장

백성이 그리워할 정치를 하라

4-1

詩云, "瞻彼淇澳, 菉竹猗猗. 有斐君子, 如切如磋, 如琢如磨. 瑟兮僩兮, 赫兮喧兮! 有斐君子, 終不可諠兮." '如切如磋者,' 道學也; '如琢如磨者,' 自修也; '瑟兮僩兮者,' 恂慄也; '赫兮喧兮者,' 威儀也; '有斐君子, 終不可諠兮者,' 道盛德至善, 民之不能忘也.

시에서 "저 기수 물굽이를 보니, 왕골과 마디풀 하늘거리네. 훌륭하신 우리 님이여, 자른 듯하고 간 듯하며, 쫀 듯하고 문지른 듯하네. 드레지고 너그러우며, 훤하고도 의젓하구나! 훌륭하신 우리 님이여, 끝내 잊을 수 없겠네!"라고 노래했다. '자른 듯하고 간 듯하며'는 배움을 말한 것이고, '쫀 듯하고 문지른 듯하네'는 스스로 닦음을 말한 것이며, '드레지고 너그러우며'는 두려운 듯 삼가는 것이고, '훤하고도 의젓하구나'는 위엄 있는 몸씨며, '훌륭하신 우리 님이여, 끝내 잊을 수 없겠네!'는 그 대단한 덕과 지극한 선을 백성이 잊을 수 없으리라는 점을 말한 것이다.

注釋 시는 『시경』「위풍(衛風)」의 〈기욱(淇澳)〉에 나오는 구절이다. 첨(瞻)은 보다, 굽어보다는 뜻이다. 기(淇)는 지금의 하남성(河南省)에 있는 강 이름으로, 황하의 지류다. 욱(澳)은 오(奧)로도 되어 있으며, 물굽이, 후미를 뜻한다. 녹(菉)은 조개풀, 왕골을 뜻하는데, 녹(綠)과도 통하므로 푸르다는 뜻으로 풀이하는 경우도 있다. 의의(猗猗)는 흔히 무성한 모양을 뜻한다고 하는데, 여기서는 바람에 흔들거리는 모양을 가리키는 것으로 보았다. 비(斐)는 문채가 나다는 뜻으로, 모습이 훌륭해 보인다는 뜻으로 풀었다. 절(切)은 뼈를 자르는 것이고, 차(磋)는 뿔 따위를 가는 것이며, 탁(琢)은 옥을 쪼는 것이고, 마(磨)는 돌을 가는 것이

다. 슬(瑟)은 엄숙하다, 장엄하다, 드레지다는 뜻이다. 한(僩)은 굳세다, 너그럽다는 뜻이다. 혁(赫)은 훤해 보이거나 빛나는 모양이다. 훤(喧)은 의젓하다는 뜻이다. 종(終)은 끝내, 아무래도를 뜻한다. 훤(諠)은 잊다는 뜻이다. 순(恂)은 두려워하다, 엄하다는 뜻이다. 율(慄)은 두려워하다, 떨다는 뜻이다.

蛇足 군주가 아니라도 누구나 바라는 일은 살아서는 칭송을 받고 죽어서는 사람들이 그리워하는 존재가 되는 것이리라. 그렇게 되려면 '성덕지선(盛德至善)' 즉 대단한 덕을 갖추어 지극한 선을 이루어야 한다. 대단한 덕은 자신의 내면에 갖춘 힘이고, 지극한 선은 그 힘을 발휘하여 세상 사람들을 이롭게 하는 과정과 결과다. 그저 덕만 갖추어서는 아무도 칭송하지 않고 그리워하지 않는다. 그 덕을 사람들에게 베풀어야 하고, 베풀어서 그들이 좋아지게 해주어야 한다. 그게 지극한 선이다.

덕이 있음에도 그 덕을 쓰지 않는다면, 그 덕은 무용지물(無用之物)이다. 아무 데도 쓰이지 않는 덕은 한낱 허울이고 겉치레에 지나지 않는다. 그런 허울이나 겉치레는 남은커녕 자신에게도 아무런 보탬이 되지 않는다. 사실 누구에게도 보탬이 되지 않는 덕은 덕이 아니다. 그런 덕은 착실하게 배우고 익혀서 얻은 것이 아니라 그저 보고 들은 것을 바탕으로 저 홀로 생각만 거듭해서 얻은 관념적인 덕에 지나지 않으며, 위선이라 해도 과언은 아니다. 학문을 한다면서 그런 수준에서 그치는 이들이 숱하게 많다. 4-1에서 시를 인용하며 풀이한 까닭이 거기에 있다.

대단한 덕과 지극한 선은 안과 밖의 관계에 있다. 덕은 내면에 쌓은 것이고, 선은 밖으로 베푼 것이다. 배움과 스스로 닦음이 덕을 쌓는 과정이다. 배우면 갈무리해야 하는데, 갈무리는 암송이 아니라 실천을 통해야만 제대로 된다. 머리가 아닌 몸에 갈무리해야 하기 때문이다. 몸에 갈무리하는 일이 곧 닦음이다.

닦는 일에서 반드시 지니게 되는 마음이 두려운 듯 삼가는 마음이다. 사람들을 대하거나 일을 할 때에 비로소 닦은 것이 드러나므로 자칫 모자라고 서툰 데도 나선 것이 아닐까 두려워서 삼가지 않을 수 없다. 그렇다고 마냥 머뭇거리며 사람들을 꺼리고 일을 피할 수도 없다. 그래서는 오롯하게 닦은 덕을 쓸 수도 없을 뿐더러 무엇이 얼마나 미흡한지 알 길도 없어서 나아질 수도 없기 때문이다. 두렵더라도 하면서 배우는 마음이 곧 삼가는 마음이다.

스스로 두려워하며 삼가면서 한결같이 배우고 닦으면 저절로 갖추어지는 것이 위엄이다. 위엄은 권위와 다르다. 권위는 높은 지위나 명성 따위 '자신 밖'에 있는 것으로부터 주어지는 위세다. 반면에 위엄은 그 사람의 '안'에 갈무리되어 있는 덕에서 뿜어져 나오는 위세다. 권위는 갖기 쉬우나 쉽게 사그라질 수 있고, 위엄은 드러내기 어려우나 쉽게 사그라지지 않는다. 그런 위엄이라야 참으로 환하게 느껴져서 사람들이 기꺼이 따르거나 가까이한다. 그리고 그가 떠나면 그를 그리워한다. 맹자가 말한 천작(天爵) 곧 하늘이 준 벼슬이 위엄이다.

> 하늘이 주는 벼슬이 있고, 사람이 주는 벼슬이 있다. 어짊과 올바름, 참됨과 미쁨을 즐기며 잘 행하고 게으름 피우지 않는다면, 이것이 바로 하늘이 주는 벼슬이다. 공과 경, 대부 이런 것들은 사람이 주는 벼슬이다. 옛사람은 하늘이 주는 벼슬을 먼저 닦았으므로 사람이 주는 벼슬이 뒤따라왔다. 지금 사람들은 하늘이 주는 벼슬을 닦아 사람이 주는 벼슬을 구하다가 사람이 주는 벼슬을 얻은 뒤에는 하늘이 주는 벼슬을 버리니, 그 미혹됨이 참으로 심하다. 이래서는 끝내 사람이 주는 벼슬까지 반드시 잃고 만다. －『맹자』「고자 상」
>
> (有天爵者, 有人爵者. 仁義忠信, 樂善不倦, 此天爵也. 公卿大夫, 此人爵也. 古之人脩其天爵, 而人爵從之. 今之人脩其天爵, 以要人爵; 旣得人

爵, 而棄其天爵, 則惑之甚者也, 終亦必亡而已矣. -『孟子』「告子 上」)

위엄은 말과 행동이 엄중하고 엄숙해야만 생긴다고 여기는 이들이 적지 않다. 그러나 그것은 오해다. 위엄은 부드러움을 본질로 한다. 드레지면서 딱딱하지 않고, 너그럽되 흐트러지지 않는 데서 나오는 힘이 위엄이기 때문이다. 당연히 배우고 익히는 과정에서 자신에게는 냉정하리만치 엄정하게 굴어야 하지만, 그렇게 해서 차츰차츰 덕이 몸에 배이게 되면 유연해진다. 유연하지 못하다면, 그것은 덕이 아직 설익은 것이다.

권위에 사로잡혀 무게를 잡으려 하고 아랫사람에게 군림하려는 사람, 심지어 인격 모독을 서슴지 않는 사람은 그 자신이 덕이 없기 때문에 그렇게 하며, 또 그러한 사실을 들키고 싶지 않아서 그렇게 굴기도 한다. 그래야 업신여김을 당하지 않고 비웃음을 받지 않으리라 여기기 때문이다. 중국 역사상 '민족 영웅'으로 또 '평민 황제'로 일컬어지는 주원장(朱元璋, 1328~98)이 그런 소인의 전형을 보여주는 군주다.

주원장은 비천한 집안에 태어나 궁색함을 이기지 못해 밥을 얻어먹으려고 거지 노릇도 하고 중노릇도 하며 떠돌다가 끝내 군대에 몸을 맡겼다. 1351년 무렵 원나라의 압제에 항거하여 농민들이 반란을 일으키면서 중원 곳곳에서 반란이 일어났다. 이때 주원장은 안휘성에서 봉기한 곽자흥(郭子興)의 수하로 들어갔고, 그 밑에서 충성을 다하여 용감하게 싸우며 신임을 얻었으며 이윽고 곽자흥의 의붓딸인 마씨(馬氏)를 아내로 얻기에 이르렀다. 곽자흥이 죽자 주원장이 그의 군대를 물려받았다. 그런데 주원장은 원나라 군대와 싸우지 않았다. 오히려 다른 봉기군들이 원나라 군대와 싸우는 틈을 노려 자신의 세력을 넓히는 데 힘쓰다가 드디어 강남을 평정했다. 그런 뒤에 북쪽으로 나아가 약화된 원나라 군대를 북방으로 내쫓았다. 1368년의 일이었다.

명(明)을 건국한 뒤에 주원장은 정부 조직과 법령을 싹 바꾸었다. 특히 승상 제도를 폐지하고 육부(六部)를 황제에 직속시켰으며, 군사 행정의 핵심인 대도독부를 다섯으로 나눈 다음 역시 황제에 직속시켜서 모든 통치권을 자신의 손아귀에 넣었다. 그런데 미천하고 가난한 집안에서 태어나 걸식하며 떠돌았던 주원장은 남들이 자신을 우습게 볼까봐 매우 걱정했고, 특히 신하들이 자신을 업신여길까 두려워했다. 그래서 검교(檢校)라는 관리들을 두어 신하들을 감시하게 했다. 황제가 되었음에도 심한 열등감에 사로잡혀 있었던 것이다. 그 열등감에서 나온 형벌이 '정장(廷杖)'인데, 이는 조정에서 백관들이 보는 앞에서 대신의 볼기를 치는 것이었다.

> 고급 관리들에게 정장을 집행할 때는 반드시 환관이 중앙에 앉아 형벌 집행을 감시했으며, 나머지 관리들은 양옆으로 줄지어 함께 앉아 지켜보았다. 왼쪽 가장자리에는 어린 환관 서른 명이 서 있고, 오른쪽 가장자리에는 금의위(錦衣衛, 황제 직속의 보안 기관) 서른 명이 서서 지켜보았다. 그리고 뜰아래에는 형을 집행하는 옥리 백여 명이 모두 짧은 바지를 입고 손에는 몽둥이를 든 채 서 있었다.
> 환관이 '범죄자'인 대신을 향해 황제의 조서를 읽고 나면 '범죄자'는 옥리에게로 끌려 나가 바닥에 엎드리게 된다. 옥리들은 마포로 양 어깨 아래쪽을 묶어 몸을 움직이지 못하게 한다. 그런 뒤에 다시 두 발을 오랏줄로 묶고 장정 네 명이 사방에서 줄을 잡아당긴다. 이렇게 해서 대신은 볼기와 넓적다리만 드러낸 채 매질을 당한다. 정장이 시작되면 죄인은 참을 수 없는 고통에 비명을 지르며 머리와 얼굴을 땅에 찧는다. 흙이 입안으로 사정없이 들어가고 수염은 전부 문드러진다.

참으로 큰 죄를 지은 것도 아니고, 설령 죄를 지었다 해도 이런 식으로 형벌을 내려 대신을 다루는 것은 끔찍한 인격 모독이다. 중국 역사에서 대신을 이렇게 다룬 황제는 전무후무하다. 이 모두 열등감에서 저지른 짓이다. 심지어 문인들이 지은 시나 문장을 트집 잡아서 처형하기도 했다. 이른바 '문자옥(文子獄)'이다.

열등감만 있었던 게 아니었다. 신하들이 옥좌를 넘볼까 두려운 마음에 공신(功臣)들도 잔인하게 죽였다. 승상 호유용(胡惟庸)의 세력이 커지자 그가 모반을 일으키려 했다는 죄목을 씌우고 관련된 사람들까지 무려 3만여 명을 죽였다. 또 몽골에 원정하여 대승을 거두고 돌아온 남옥(藍玉)을 모반 혐의로 몰아서 그와 관련된 사람들 모두 1만 5천여 명을 죽였다. 이런 식으로 주원장은 공신들을 죽여 없앴으니, 이는 정권 유지와는 상관없이 그의 열등감과 잔인함에서 비롯된 것으로 보인다. 이런 주원장의 잔혹함을 보다 못한 태자 주표(朱標)가 "폐하, 천하가 살육으로 넘치니 화가 미칠까 걱정입니다"라고 간언하자, 그 자리에서 아무 말이 없었던 주원장은 다음 날 아들을 불러서 가시가 박힌 몽둥이를 땅에 던지고는 집어 들게 했다. 태자가 머뭇거리자 주원장은 이렇게 말했다.

"네가 들지 못하니, 내가 잘 다듬고 갈아서 너에게 주마. 지금 내가 죽인 자들은 모두 천하에 난을 일으킬 자들로 손을 찌르는 가시와 같은 자들이다! 너를 위해 이것들을 없애주는데 이보다 더 큰 복이 어디 있겠느냐!"

한낱 거지나 땡추에 지나지 않던 자가 황제가 되었다고 이런 잔혹한 짓을 저지른 게 아니다. 자신을 갈고 닦은 적이 없었기 때문이다. 그것이 열등감을 갖게 만들어 대신이든 공신이든 이른바 지식인이라면 가리지 않고 살육했던 것이다. 아무리 어용 문인들이 주원장을 칭송하는 말을 늘어놓더라도, 또 조금도 닮지 않은 후덕한 모습의 초상화를 그려서 남기더라도 그가 저지른 잔혹한 짓들은 가려지지도 덮여지지도 않았다.(주원장의 초상화로는 두 가지가 남아 전하는데, 전혀 다른 모습이다.)

주원장은 『맹자』「이루 하(離婁 下)」에서 "군주가 신하를 흙이나 티끌처럼 여기면 신하는 군주를 원수처럼 여긴다"(君之視臣如土芥, 則臣視君如寇讐)고 한 대목이나 「진심 하(盡心 下)」에서 "백성이 귀하고, 사직은 그 다음이며, 군주는 가볍다"(民爲貴, 社稷次之, 君爲輕)고 한 대목을 읽고는 공자묘에서 그의 위패를 철거했을 뿐만 아니라, 『맹자』에서 불온하다고 여긴 80여 개의 구절을 대거 삭제하고 새롭게 『맹자절문(孟子節文)』을 편찬하여 이를 과거시험 교재로 쓰게 했다. 그러나 불과 20여 년 만에 그의 아들 영락제(永樂帝)가 본래의 『맹자』를 과거 교재로 쓰자 『맹자절문』은 잊혀졌다. 참 허망하지 않은가?

권력을 휘두르거나 권위를 내세우기 좋아하는 자는 다른 사람을 너그럽게 감싸는 일을 그저 무르고 나약한 자나 하는 짓으로 여길지 모른다. 그렇지만 누가 마음으로 그를 따르겠는가? 설령 따르는 자가 있다 해도 그것은 형세로 말미암아 어쩔 수 없이 받들고 따르는 척할 뿐이다. 만약 그에게 권위가 없다면, 이내 마음을 고쳐먹고 등을 돌린다. 하물며 잊지 않고 그리워하겠는가?

4-2

詩云: "於戲, 前王不忘!" 君子賢其賢而親其親, 小人樂其樂而利其利, 此以沒世不忘也.

> 시에서 "아아, 옛 왕들을 잊지 못하겠네!"라고 노래했다. 군자는 현명한 이를 현명하게 여기고 가까운 이를 가까이하며, 소인은 함께 즐거워해주면 즐거워하고 자신을 이롭게 해주면 이롭게 여기니, 이런 까닭에 세상을 떠난 뒤에도 잊히지 않는다.

注釋 시는 『시경』「주송(周頌)」의 〈열문(烈文)〉에 나오는 구절이다.

오호(於戲)는 감탄이나 탄식하는 말이다. 현(賢)은 현명하다, 현명하게 여기다는 뜻이다. 친(親)은 가깝다, 가까이하다는 뜻이다. 군자는 정치를 맡아 백성을 다스리는 지배층 사람을, 소인은 백성이나 민중을 가리킨다. 몰세(沒世)는 세상을 떠나다는 뜻이다.

蛇足 유가에서는 걸핏 하면 요와 순, 우왕과 탕왕, 문왕과 무왕 등을 언급한다. 백성이 편안하게 잘 살 수 있도록 하는 일이 정치의 요체임을 알고 실천한 군주였다고 보기 때문이다. 백성이 귀한 줄 모르고 자신들의 탐욕만 채우려 애쓰는 어리석고 그릇된 군주들이 세상을 어지럽히니, 저 옛날의 성군(聖君)들을 끌어오지 않을 수 없었다. 이는 유자들뿐만 아니라 백성의 심정이기도 하다. "아아, 옛 왕들을 잊지 못하겠네!"라는 노랫말에는 그런 심정이 담겨 있다.

그런데 저 성군들에게는 뛰어난 신하들이 있었다. 그들 홀로 천하를 다스린 것이 아니다. 사실 요와 순, 우왕과 탕왕은 역사적으로 존재했는지 확인할 길이 없다. 비록 『상서』에서 거론하고 있기는 하지만 말이다. 문왕과 무왕은 역사적으로 엄연히 존재했던 주 왕조의 창업주들이니, 사실 확인이 가능하다. 어쨌든 이들 군주들의 공통점은 현명한 신하를 알아보고 기꺼이 기용했다는 것이다.

현명한 신하를 한 명이라도 기용하여 그를 전적으로 믿고 쓴다면, 그 신하가 다시 군자를 알아보고 군자를 천거하게 될 것은 자명한 일이다. 그렇게 해서 군자들로 이루어진 신하들이 정치를 도맡아 하게 되므로 천하가 안정되고 백성은 편안한 삶을 누리게 된다. 태평한 시절은 이렇게 현자를 알아보고 군자를 가까이 할 줄 아는 신하들이 있을 때 도래한다. 제나라 환공이 패자로 우뚝 설 수 있었던 것은 포숙과 관중, 습붕 등 현명한 신하들을 믿고 썼기 때문이고, 그가 굶어서 비참하게 죽은 것은 역아, 개방, 수조 따위 소인을 믿고 곁에 두었기 때문이다.

사람을 알아보고 쓸 줄 알았던 안영(晏嬰)

관중이 환공에게 기용될 수 있었던 데에는 환공을 모시던 포숙(鮑叔)의 적극적인 추천이 있었다. 관중은 그 스스로도 "나를 낳아준 이는 부모지만, 나를 알아준 이는 포숙이다"라고 말했다. 그래서 세상 사람들은 관중의 현명함을 칭송하기도 하지만, 사람을 알아볼 줄 안 포숙을 더 찬미했다. 사람을 알아볼 줄 아는 능력, 이를 '지인지감(知人之鑑)'이라 한다. 『논어』「학이(學而)」편에서 공자도 "남이 나를 알아주지 않는 걸 걱정하지 말고, 내가 남을 알지 못하는 걸 걱정하라"(不患人之不己知, 患不知人也)고 말했다.

무릇 나라를 위하고 백성을 살리는 정치를 하려면 현명하고 유능한 사람을 얻어야 한다. 군주가 그런 인물을 두루 만나서 알아보고 얻기는 어렵다. 아니, 거의 불가능하다. 아무리 한 나라의 통치권을 가졌다고 해도 그가 머물고 있는 곳은 구중궁궐(九重宮闕) 안이다. 즉위하기 전에 태자로서 또는 왕자로서 천하를 두루 다니는 경험을 했다 한들, 역시 현자를 만날 공산이 커지는 않다. 현자 스스로 자신을 잘 드러내지 않기 때문이고, 그를 알아보고 천거할 만한 인물도 드물기 때문이다. 그래서 단 한 사람이라도 현자나 군자를 얻는 일이 긴요하다. 그 한 사람을 통해 또 다른 현자와 군자를 얻을 수 있기 때문이다. 4-2에서 말했듯이 군자는 현명한 이를 현명하게 여기고 가까운 이를 가까이하므로.

제나라를 부강하게 하여 환공을 패왕(霸王)으로 만든 관중이 죽은 뒤, 백여 년이 지나서 안영(晏嬰)이 나타났다. 안영은 영공(靈公)·장공(莊公)·경공(景公) 세 군주를 섬겼는데, 이들 군주들은 그다지 뛰어나지 않았다. 심지어 장공은 신하인 최저(崔杼)의 아내와 사통하다가 최저에게 죽임을 당한 군주다. 영공에서 경공까지 제나라는 내란과 하극상으로 혼란을 거듭했다. 그럼에도 쇠망하지 않았던 것은 안영이 정치를 맡고 있었기 때문이라 해도 과언은 아니다. 그렇다면 어떻게 안영을 통해 제나라가 위기를 넘길 수 있었을까?

사마천은 열전에서 두 번째로 관중과 안영을 나란히 실었다. 「관안열전(管晏列傳)」이 그것이다. 거기에 안영에 관한 흥미로운 기사가 둘 나온다.

월석보(越石父)는 현명한 사람인데, 어쩌다가 죄인의 몸이 되었다. 안영이 밖에 나갔다가 길에서 그를 보고는 마차의 왼쪽 말을 풀어서 속전(贖錢)으로 바치고 월석보를 마차에 태워 집으로 돌아왔다. 안영은 아무런 인사도 없이 내실로 들어갔다. 한참이 지나서 월석보가 절교하겠다고 알렸다. 깜짝 놀란 안영이 의관을 정제하고 나와 용서를 빌며 말했다.

"제가 비록 어질지 못하지만, 그대를 결박에서 구해 드렸습니다. 어찌 이리도 빨리 인연을 끊으십니까?"

월석보가 대답했다.

"그렇지 않습니다. 군자는 자기를 알아주지 않는 사람에게는 뜻을 숨기지만, 자기를 알아주는 사람에게는 뜻을 드러낸다고 들었습니다. 내가 죄인의 몸이 되었을 때, 저 옥리들은 나를 알지 못했습니다. 그러나 당신은 느낀 바가 있어서 나를 구해주었으니, 이는 나를 알아준 것입니다. 나를 알아주면서 예의가 없다면, 차라리 죄인의 몸으로 있는 게 낫습니다."

그러자 안영은 월석보를 안으로 맞아들여 상객(上客)으로 모셨다.

안영이 제나라의 재상이 된 뒤 외출하려고 마차를 준비하게 했다. 마부의 아내가 문틈으로 자기 남편을 엿보았다. 그 남편은 재상의 마부가 되어 커다란 햇빛가리개를 받쳐 들고 네 필의 말에 채찍질하면서 의기양양하여 자못 거들먹거렸다. 나중에 마부가 돌아왔을 때, 그 아내는 떠나겠다고 말했다. 마부가 그 까닭을 물으니, 아내가 말했다.

"안자는 키가 채 여섯 자가 되지 않는데도 그 몸은 제나라의 재상으로 명성을 제후들 사이에 떨치고 있습니다. 오늘 내가 그분이 외출하는 모습을 보니, 뜻과 생각이 깊고 늘 자신을 낮추는 태도였습니다. 그런데 당신은 키가 여덟 자나 되면서 고작 남의 마부 노릇을 하는데도 마치 뜻을 이룬 듯이 거들먹거리니, 이 때문에 제가 떠나려는 것입니다."

그 뒤로 남편은 스스로 자신을 누르고 낮추었다. 안영이 이상하게 여겨서 물었더니, 마부가 자초지종을 이야기해주었다. 안영은 그를 추천하여 대부로 삼았다.

안영이 죄인의 몸이 된 사람을 보고서 기꺼이 속전을 내고 풀려나게 한 일이나, 대부분의 남자가 허투루 듣고 넘어가거나 때로 듣고서 기분 나쁘게 여기는 아내의 말을 깊이 새겨듣고 마음가짐과 몸가짐을 바꾼 마부를 대부로 삼은 일 모두 그 자신이 군자이거나 현자이기 때문에 할 수 있었다. 자신이 소인배였다면, 결코 죄인의 몸으로 있는 사람에게서 현자의 기운을 느낄 수 없었을 것이고, 하찮은 마부를 대부로 삼지 않았을 것이다. 그런데 왜 안영은 마부를 대부로 삼았을까?

마부는 남의 말을 들을 줄 아는 사내였다. 남의 말을 들을 줄 안다는 것은 그 말에 담긴 의미를 잘 알아듣고 또 상대의 의중을 읽을 줄 안다는 뜻이며, 동시에 자신을 돌아볼 줄 안다는 뜻이기도 하다. 무엇보다도 자신을 돌아볼 줄 알기 때문에 아내의 말에 따라 자신을 잡도리할 수 있었다. 무릇 공부를 하거나 송사를 처리하거나 정책을 결정하는 일 모두 들을 줄 아는 데서 시작된다. 들을 줄 안다는 것은 옳은지 그른지, 타당한지 부당한지, 유익한지 무익한지 따위를 제대로 판단할 줄 안다는 뜻이며, 아울러 제대로 실행할 수 있다는 뜻이기도 하다.

안영은 편견이나 선입견이 없이, 상대의 신분이나 처지가 어떠하든 그 사람을 불편부당(不偏不黨)하게 보고 제대로 알아볼 수 있었다. 사람을 볼 줄 아는 식견을 갖추었다고 할 만하다. 이런 사람이 어찌 현자가 아니겠는가! 그러했으므로 내란과 내분으로 혼란한 시기에 음란하거나 모자란 군주 세 명을 모시면서도 그 자신이 건재할 수 있었을 뿐 아니라, 제나라가 기울어지지 않도록 떠받칠 수 있었다. 사마천은 안영의 전기를 쓰고 난 뒤에 이렇게 말했다.

"안자는 제나라 장공이 최저에게 죽임을 당하고 아무도 나서지 못하고 있을 때 그 주검에 나아가 엎드려 곡을 했고, 신하의 예의를 다한 뒤에 떠났다. 이를 어찌 정의를 보고도 실천하지 않는 '용기 없는 행동'이라 말할 수 있겠는가? 간언을 해야 할 때는 군주의 낯빛을 거스르면서도 흔들림이 없었으니, 이것이 이른바 '나아가면 충성을 다할 것을 생각하고, 물러나면 허물을 고칠 것을 생각한다'고 말하는 것이리라. 오늘날 안자가 살아 있다면, 나는 그를 위해 기꺼이 채찍을 잡을 만큼 깊이 흠모한다."

한무제(漢武帝)에게 직언을 하다가 노여움을 사서 간신히 죽음을 면하고 궁형(宮刑)을 받은 이가 사마천이다. 돈만 있었더라면, 재력을 갖춘 누군가가 도와주었더라면, 궁형을 피할 수 있었다. 그러나 누구도 자신에게 도움의 손길을 뻗지 않았다. 선친의 유언인 역사서 저술을 위해서 선비로서 더없이 치욕스런 궁형을 받고도 죽지 않고 살아야만 했던 사마천이다. 그가 안영을 그토록 흠모한 것은 그라면 자신을 알아주고 도와주었을 것이라 믿었기 때문이리라.

백성은 살게 해주어야 따른다

현자는 현자를 알아보고 군자는 군자를 가까이한다. 그렇다면 백성은 어떠한가? 『논어』「태백(泰伯)」편에서 공자는 "백성에게 그 길을 따라가게 할 수는 있으나 알게 할 수는 없도다"(民可使由之, 不可使知之)라고 말했다. 이는 백성을 무시해서 한 말이 아니다. 백성의 처지가 실제로 그러했기 때문이다.

알게 한다는 것은 곧 가르쳐서 배우도록 해야 가능한데, 백성은 생산에 종사해야 하므로 배울 여력도 여유도 없었다. 온갖 부역과 세금으로 하루하루 살아가는 것조차 버거웠던 이들이다. 공자가 “따라가게 할 수 있다”고 한 말은 훌륭한 군주와 현명한 신하들이 백성을 위해 백성의 삶을 윤택하게 해줄 정치를 편다면 백성 또한 그러한 정치를 자연스럽게 따르게 된다는 뜻이다.

> 계강자가 공자에게 정치에 대해 물었다.
> “꺼덕친 자를 죽여서 도리로 나아가게 한다면, 어떠합니까?”
> 공자가 대답했다.
> “그대는 정치를 한다면서, 어찌 죽이려 하오? 그대가 착해지려고 하면, 백성도 착해지오. 군자의 덕은 바람이요 소인의 덕은 풀이오. 풀 위에 바람이 불면, 풀은 반드시 눕소.” – 『논어』「안연」
> (季康子問政於孔子曰: “如殺無道, 以就有道, 何如?” 孔子對曰: “子爲政, 焉用殺? 子欲善, 而民善矣. 君子之德風, 小人之德草. 草上之風, 必偃.” – 『論語』「顔淵」)

질서를 유지한다는 명분으로 형벌을 가혹하게 집행하는 것이 당연하다고 말한다면, 과연 타당할까? 과연 누구를 위한 질서 유지인지, 누가 혼란을 조장하는지를 깊이 생각하고서 그렇게 말하는 것일까? 지존(至尊)인 군주를 위해서인가? 군주가 훌륭하고 관리들이 올바른데도, 올바른 정책이 시행되고 경제가 잘 돌아가는데도, 백성이 불평하거나 분란을 일으키는 것인가? 아니다. 예나 이제나 백성이 불평하며 소란을 피우는 것은 군주가 폭정을 일삼거나 관리들이 횡포를 저지르기 때문이다.

공자가 말한 대로 백성은 풀과 같은 존재다. 바람이 불면 눕는 풀. 군자의 덕과 같은 부드러운 바람이 불면 백성이라는 풀은 눕는다. 그러나 폭압이라는 바람이 불면 쓰러졌다가 다시 일어난다. 일어나고 또 일어난다. 그러다 물과 같은 존재가 되어 포악한 군주와 탐오한 신하들을 내쫓는다. 『순자』「왕제(王制)」에서 "군주는 배요, 백성은 물이다. 물은 배를 싣기도 하지만, 물은 배를 뒤엎기도 한다"(君者, 舟也; 庶人者, 水也. 水則載舟, 水則覆舟)고 말한 것처럼. 이러한 이치를 잘 알고 있었던 관중은 이렇게 말했다.

> 무릇 영지를 가지고 백성을 다스리는 자는 네 계절의 순환을 살펴서 곡식 창고가 넉넉해지도록 해야 한다. 나라에 재물이 많으면 멀리 있는 사람이 찾아오고, 땅이 개간되어 넓어지면 백성이 머물러 살며, 곡식 창고가 가득 차면 예절을 알게 되고, 의복과 식량이 넉넉해지면 영예와 치욕을 알게 되며, 위에서 법도를 잘 지키면 육친(六親)의 사이가 도타와지고, 예의염치(禮義廉恥)를 널리 펴면 군주의 명령이 잘 실행된다. 그러므로 형벌을 줄이는 요체는 사치스럽게 꾸미는 것을 금지하는 일이고, 나라를 지키는 법도는 예의염치를 닦는 데 있으며, 백성을 따르게 하는 벼리는 귀신을 잘 살피고 산천의 신을 받들며 종묘의 신을 공경하고 조상의 뜻을 공손하게 받드는 것이다. – 『관자』「목민」
>
> (凡有地牧民者, 務在四時, 守在倉廩. 國多財則遠者來, 地辟擧則民留處, 倉廩實則知禮節, 衣食足則知榮辱, 上服度則六親固, 四維張則君令行. 故省刑之要, 在禁文巧; 守國之度, 在飾四維; 順民之經, 在明鬼神, 祗山川, 敬宗廟, 恭祖舊. – 『管子』「牧民」)

아무리 도덕과 윤리를 강조하고 법령을 엄혹하게 해도 먹고사는 일이 해결되어야 비로소 귀를 기울이고 잘 지킨다. 굶주림에 허덕이고 추위에 벌벌 떠는 백성에게 예의와 염치를 차리라는 말은 그대로 폭언이고 폭정이다. 가혹한 형벌을 내린다고 해서 등을 돌린 민심이 돌아서는 일은 없다. 그 점을 간과했다가 반란에 직면했던 왕조가 어디 한둘이던가?

흔히 진시황의 통일 제국이 오로지 가혹한 형벌만으로 백성을 다스리다가 무너졌다고 생각하는데, 이는 오산이고 왜곡이다. 진(秦) 제국이 엄정한 법률과 상벌을 시행한 것은 사실이지만, 무자비하게 집행한 것은 아니다. 이미 역사학계에서 검증된 사실이다. 전국시대에 들어서 진나라는 상앙의 변법에 따라 황무지를 개간하는 백성은 10년간 징세하지 않고 다른 나라에서 온 백성에게는 3대까지 부세와 요역을 면제해주는 등 적극적인 증산 정책을 시행했고, 상벌을 공평하게 집행하며 백성이 법령을 준수하도록 관리들을 엄격하게 잡도리했으며, 늘 전쟁을 염두에 두고 미리 계획하고 준비하는 등 부국강병을 위한 제반 정책을 착실하게 실시했다. 이런 정책을 진시황에 이르기까지 백여 년 동안 지속한 결과, 10여 년 만에 천하를 통일할 수 있었다. 진시황의 천하 통일은 전례가 없던 대업이었다. 그런 대업이 어찌 형벌을 가혹하게 집행하는 것으로만 이루어졌겠는가. 어불성설이다.

『사기』의 열전 마지막은 「화식열전(貨殖列傳)」이다. '화식'은 재산을 불린다는 뜻이므로 농업을 비롯한 경제 활동을 통해 거대한 재부를 쌓은 인물들에 대한 전기다. 이런 열전을 두었다는 데서 사마천의 놀라운 식견을 엿볼 수 있다는 평가가 많은데, 경제적으로 급속한 발전이 이루어지고 신분에 관계없이 누구나 자신의 능력을 발휘해 거부가 될 수 있었던 춘추전국이라는 시대적 상황을 반영한 설정이기도 했다.

> 파촉(巴蜀)에 사는 과부 청(淸)의 집안은 조상 때부터 단사(丹沙, 수은)가 나는 동굴을 발견해 몇 대에 걸쳐 그 이익을 독점해 왔으므로 재산이 헤아릴 수 없을 정도로 많았다. 청은 과부이기는 했지만 가업을 잘 지켰고, 재물을 잘 써서 자신을 지키며 도적으로부터 침범을 당하지 않았다. 시황제는 청을 정숙한 부인으로 여겨 도성으로 불러서 손님으로 대접하고 그녀를 위해 여회청대(女懷淸臺)를 지어 주었다.

진시황이 직접 불러서 대접하고 누대까지 지어주었다는 것은 백성 개개인이 재산을 불려 부자가 되는 일을 널리 장려했음을 의미한다. 상앙의 변법 이후로 오로지 농업을 중시하고 상업은 천시하는 정책을 써왔다는 사실을 감안하면 놀라운 일이다. 이는 상앙이 활동하던 때와 달리 상업이나 공업의 중요성이 점점 커져 황제조차 부유해진 백성을 인정하지 않을 수 없는 시절이 되었다는 뜻이리라. 어쨌든 전제군주가 통치하던 시절에 부유한 백성을 대접하고 높이 평가한 데에는 백성의 생업을 일정 부분 보장해주었다는 뜻이 담겨 있다. 그래야 백성이 군주를 믿고 따를 것이기 때문이다.

> 민심을 얻는 방법으로는 백성을 이롭게 하는 것보다 나은 게 없고, 이롭게 하는 방법으로는 정치로써 가르치는 것보다 나은 게 없다. 그러므로 정치를 잘하는 사람은 밭을 개간하여 나라를 알차게 하고, 조정을 안정시켜 관청을 다스리며, 공정하게 법을 실행하여 사사로움과 교활함을 그치게 하고, 곳간을 가득 채우고 감옥은 텅 비게 하며, 현명한 사람을 등용하여 간사한 사람은 물러나게 한다. 군자는 중정을 숭상하고 아첨을 낮잡아보며, 사민은 무용을 중시하고 이익을 탐내는 것을 천시하며, 백성은 농사를 좋아하고 음식 치레를 싫어한다. 이에 쓸 재물이 풍족해지고 음식과 땔나무, 채소 따위가 넉넉해진다. 이러하므로 윗사람은 반드시 관대하고 온유하여 풀어주고 놓아주는 마음이 생기고, 아랫사람은 반드시 귀 기울여 듣고 따르면서 미워하거나 원망하지 않는다. 위와 아래가 어우러져서 예의와 올바름이 있게 되므로 편안하게 살고 위엄 있게 행동하며 전쟁을 하면 이기고 수비는 견고하다. 이런 까닭에 한 번 전쟁을 하고서 제후들을 바로잡는다. – 『관자』「오보」
>
> (曰: 然則得人之道, 莫如利之; 利之之道, 莫如教之以政. 故善爲政者, 田

疇墾而國邑實, 朝廷閒而官府治, 公法行而私曲止, 倉廩實而囹圄空, 賢人進而姦民退. 其君子, 上中正而下諂諛; 其士民, 貴武勇而賤得利; 其庶人, 好耕農而惡飲食. 於是財用足而飲食薪菜饒. 是故上必寬裕而有解舍, 下必聽從而不疾怨. 上下和同而有禮義, 故處安而動威, 戰勝而守固; 是以一戰而正諸侯. -『管子』「五輔」)

5장

밝은 덕을 스스로 밝혀라

5-1

康誥曰: "克明德."

「강고」에서는 "덕을 잘 밝히고"라고 했다.

5-2

太甲曰: "顧諟天之明命."

「태갑」에서는 "이 하늘의 밝은 명을 돌아보시고"라고 했다.

5-3

帝典曰: "克明峻德."

「제전」에서는 "크나큰 덕을 잘 밝히시어"라고 했다.

5-4

皆自明也.

이 모두 스스로 밝은 것이다.

注釋 강고는 『상서(尙書)』의 편명이다. 극(克)은 잘하다는 뜻이다.

태갑은 『상서』의 편명이다. 고(顧)는 돌아보다, 마음에 새기다는 뜻이다. 시(諟)는 시(是)와 같다.

제전은 『상서』에 '요전(堯典)'으로 되어 있다. 준(峻)은 높다, 크다는 뜻이다.

蛇足 「강고」에서 말한 '덕(德)'이나 「제전」에서 말한 '준덕(峻德)'은

다르지 않다. 준덕은 강조해서 말한 것이다. 그런데 「태갑」에서 말한 '천지명명(天之明命)'은 이 둘과 얼핏 달라 보이지만 근본은 통한다. 사람의 덕이 아니라 하늘의 명을 말했다는 점에서 다른 것처럼 보여도 사람의 덕은 본래 하늘이 부여한 타고난 바탕에 이미 갈무리되어 있었다는 점에서 다르지 않다.

『중용』 첫머리에서 "하늘이 내려준 것을 본바탕이라 한다"(天命之謂性)고 했는데, 그 본바탕을 잘 갈고 닦아서 빛을 낸 것이 곧 덕이다. 따라서 본래 하늘의 밝은 명을 받아서 태어나는 존재가 사람이므로 사람은 마땅히 덕을 갖추어야 한다. 군주나 군자는 그런 하늘의 명을 잘 알아서 스스로 덕을 닦아 밝혀야 하는 존재다. 스스로 밝힌 덕으로 천하를 다스리고 백성을 이끌어야 한다.

덕을 잘 밝히려면 어떻게 해야 하는가? 이에 대해서는 『중용』에서 말한 바 있다.

> 성스러움으로 말미암아 밝아지는 것을 본바탕이라 하고, 밝음으로 말미암아 성스러워지는 것을 가르침이라 한다. 성스러우면 밝고, 밝으면 성스러워진다.
>
> (自誠明謂之性, 自明誠謂之教. 誠則明矣, 明則誠矣.)

앞의 3장에서 "뜻을 성스럽게 한다"는 성의(誠意)를 미리 말한 것도 밝은 덕을 밝히기 위해서는 성스러워야 하기 때문이다. 성스럽다는 것은 지극함이니, 이 지극함은 이치나 도리를 실천하는 고갱이다. 역시 『중용』에서 "성스러움은 하늘의 길이요, 성스러워지려는 것은 사람의 길이다"(誠者, 天之道也; 誠之者, 人之道也)라고 말한 데에도 그런 의미가 담겨 있다. 이렇게 보면 '하늘의 밝은 명'은 그대로 도(道)라고도 말할 수 있다.

도란 참으로 사람의 본성이니, 그릇되는 것은 사람 탓이다. 거룩한 왕과 현명한 군주는 이를 잘 알아서 도를 실행하는 사람이다. 이런 까닭에 백성을 다스리는 데에는 한결같은 도가 있고, 재물을 생산하는 데에는 한결같은 법칙이 있다. 도란 온갖 것의 고갱이다. 군주된 자가 그 고갱이를 잡고서 기다린다면, 아래에 간악하고 거짓된 마음을 지닌 자가 있더라도 감히 군주를 죽이려 들지 못한다.

무릇 도는 텅 빈 것이어서 알맞은 사람이 있으면 통하고 알맞은 사람이 없으면 막힌다. 이것이 없으면 사람을 다스릴 수 없고, 이것이 없으면 재물을 생산할 수 없다. 백성이 다스려지고 재물이 불어나는 그런 복은 군주에게 돌아가니, 이것으로 군주가 도와 법칙을 중시하고 나라를 가벼이 여긴다는 사실을 알 수 있다. 그러므로 한 나라의 군주 노릇하는 사람은 도로써 군주 노릇을 하고, 천하의 왕 노릇하는 사람은 도로써 왕 노릇을 한다. 크게는 천하의 왕이 되고 작게는 한 나라의 군주가 되는 것은 도로써 임했기 때문이다. 이런 까닭에 바라는 것을 백성에게 줄 수 있고, 싫어하는 것을 백성에게서 없애줄 수 있다. 바라는 것을 백성에게 줄 수 있으므로 현명하고 재능 있는 사람이 뜻을 이루고, 싫어하는 것을 백성에게서 없애줄 수 있으므로 간사하고 거짓된 자들이 적어진다. 이는 마치 대장장이가 쇠를 다루고 옹기장이가 진흙을 다룰 때, 기술로써 마름질하는 것과 같다. – 『관자』「군신 상」

(道者, 誠人之姓也, 非在人也. 而聖王明君, 善知而道之者也. 是故治民有常道, 而生財有常法. 道也者, 萬物之要也. 爲人君者, 執要而待之, 則下雖有姦僞之心, 不敢殺也.

夫道者虛設, 其人在則通, 其人亡則塞者也. 非茲是無以理人, 非茲是無以生財. 民治財育, 其福歸于上, 是以知明君之重道法而輕其國也. 故君一國者, 其道君之也; 王天下者, 其道王之也. 大王天下, 小君一國, 其道臨之也. 是以其所欲者, 能得諸民; 其所惡者, 能除諸民. 所欲者能得諸民, 故賢材遂; 所惡者能除諸民, 故姦僞省. 如冶之于金, 陶之于埴, 制在工也. - 『管子』「君臣 上」)

덕이 없어 나라를 망친 우공(虞公)

쇠를 다루는 기술이 없이 대장장이 노릇을 하려는 자는 없다. 마찬가지로 진흙을 다룰 줄 모르면서 옹기장이가 되려는 자도 없다. 그런데 다스리는 이치를 알지 못하면서도 군주가 되는 자는 매우 많았다. 왜냐하면 군주는 대부분 그 지고한 자리를 거저 얻거나 빼앗아서 차지하기 때문이다. 거저 얻는다는 말은 왕실에 태어나 태자가 됨으로써 자연스럽게 즉위할 기회를 얻기 때문이다. 자신의 노력과는 상관없이 오를 수 있는 자리인 셈이다. 따라서 군주의 지위란 막중한 책무가 주어지는 자리지만, 반드시 그에 걸맞은 덕을 갖춘 인물이 즉위하는 일은 드물다. 역사적으로 태평한 시절보다 내분과 혼란의 시절이 훨씬 많았던 이유도 거기에 있다.

어느 군주에게나 현명한 신하나 유능한 관리가 있었다. 어리석은 군주라도 신명을 다해 섬기며 올바른 길로 이끌려고 애쓴 신하들이 적지 않았다. 심지어는 목숨이 위태로워지는 줄 알면서도 직언이나 간언을 서슴지 않기도 했다. 그럼에도 덕이 모자란 군주가 제 어리석은 판단과 그릇된 선택을 밀어붙인 일들이 한둘이 아니었다.

『좌전』「노희공(魯僖公) 5년」에 이런 이야기가 나온다.

진(晉)나라 헌공(獻公)이 다시 우(虞)나라에 길을 빌려 괵(虢)나라를 치려고 했다. 그때 궁지기(宮之奇)가 우공(虞公)에게 이렇게 간언했다.

"괵나라는 우리 우나라의 겉옷입니다. 괵나라가 망하면 우나라도 반드시 그 뒤를 따르게 될 것입니다. 진나라에 길을 열어주어서는 안 되고, 도적을 만만하게 보아서도 안 됩니다. 이미 한 번 길을 빌려준 것도 지나친 일이었는데, 두 번씩이나 빌려줄 수 있겠습니까? 속담에 '수레의 덧방나무와 바퀴는 서로 기대고, 입술이 없으면 이가 시리다'고 했으니, 바로 우나라와 괵나라를 두고 한 말입니다."

우공이 말했다.

"진나라는 우리와 같은 종족인데, 어찌 우리를 해치겠소?"

궁지기가 대답했다.

"태백(太伯)과 우중(虞仲)은 모두 태왕(太王, 주 왕조의 선조)의 아들이었습니다. 태백은 부왕의 뜻을 따르지 않고 막내 왕계(王季)에게 물려주며 뒤를 잇지 않았습니다. 괵중(虢仲)과 괵숙(虢叔)은 모두 왕계의 아들이었습니다. 이들 모두 문왕의 경사(卿士)가 되어 왕실에 공훈을 세웠는데, 그 문서가 맹부(盟府)에 보관되어 있습니다. 진나라가 그들과 가까운 괵나라를 멸망시키려 하는데, 하물며 우리 우나라를 아끼겠습니까? 또 헌공이 우나라를 가까이한들 환숙(桓叔, 헌공의 증조부)과 장백(莊伯, 헌공의 조부)의 자손보다 더 가까이하겠습니까? 환숙과 장백의 자손에게 무슨 죄가 있어서 그들을 살육했겠습니까? 그들의 세력이 커져 헌공을 핍박해서 그런 것이 아니겠습니까? 친족이어서 사랑할 만한데도, 핍박받자 오히려 해쳤습니다. 하물며 나라의 이익이 걸린 문제에서는 어떠하겠습니까?"

우공이 말했다.

"내가 올리는 제물은 풍성하고 깨끗하니, 신이 틀림없이 나를 지켜 줄 것이오."

궁지기가 대답했다.

"제가 듣기에 '귀신은 사람을 가까이하는 것이 아니라 오로지 덕을 따른다'고 했습니다. 『상서』「주서(周書)」에서는 '하늘은 따로 가까이하는 사람이 없으니, 오로지 덕 있는 자를 돕는다'고 했고 또 '서직(黍稷, 신에게 올리는 곡식)이 향기로운 것이 아니라 밝은 덕이 향기롭다'고 했으며, 또 '백성의 제물은 다르지 않으나, 오로지 덕 있는 사람의 제물만 흠향한다'고 했습니다. 이로써 보면, 덕이 없으면 백성은 화합하지 않고 신은 흠향하지 않습니다. 신을 믿고 기댈 수 있느냐는 덕에 달렸습니다. 만약 진나라가 우나라를 차지한 뒤에 덕을 밝혀서 향기로운 제물을 바친다면, 신이 그것을 토해내겠습니까?"

그러나 우공은 그 말을 듣지 않고 진나라 사자에게 길을 빌려주겠다고 허락했다. 궁지기는 자기 일족을 이끌고 나라를 떠나면서 말했다.

"우나라는 올해 납제(臘祭, 세밑에 지내는 제사)를 지내지 못할 것이다. 진나라는 괵나라를 친 뒤에 곧바로 우나라를 칠 것이니, 다시 거병할 필요가 없을 것이다."

그 해 8월에 진나라는 괵나라를 공격했고, 12월에 괵나라를 멸망시켰다. 그리고 회군하는 길에 우나라를 공격해 우나라까지 멸망시켰다.

우공은 덕이 없어 궁지기의 말을 받아들이지 못했다. 덕이란 단순히 도덕적인 성품만 이르는 말이 아니다. 실제적인 능력까지 포함한다. 나라를 다스리려면 온갖 것들을 잘 알아야 하고 또 형세나 추세를 잘 파악하여 미리 대비하고 적절하게 대처할 수 있어야 한다. 천하의 판도를 읽지도 못하고 적국의 속셈을 간파하지도 못한다면, 어떻게 나라를 지키고 백성을 살릴 수 있겠는가?

그런데 진나라는 우나라보다 강성했기 때문에 쉽사리 속여서 멸망시킬 수 있었다. 진나라가 덕이 있어서가 아니었다. 서로 덕이 없다면, 무력이 우세한 자가 이기는 법이다. 만약 진나라 군주에게도 덕이 없다면, 그 또한 비슷한 처지에 떨어질 수 있다. 실제로 진나라 헌공은 덕은 모자라고 탐욕이 컸던 군주였다. 그래서 여융(驪戎)을 멸망시키고 얻은 여희(驪姬)를 총애해 마침내 여희의 계략에 넘어가 태자 신생을 죽음으로 내몰았고, 그 때문에 진나라는 오랫동안 내분에 휩싸였다. 비록 헌공은 살아서 내분을 보지 못하는 행운을 누렸으나, 신하들과 백성은 오래도록 고통을 받아야 했다. 멸망하지 않은 것이 다행이었다.

덕이 없어 자신을 망친 춘신군(春申君)

스스로 밝지 못하면, 군자의 말인지 소인의 말인지 구분하지 못한다. 대개는 군자의 말은 내치고 소인의 말에 귀를 기울인다. 소인의 말에 미혹되면 틀림없이 판단을 그르쳐서 어리석은 선택을 한다. 전국시대에 제나라의 맹상군(孟嘗君), 조나라의 평원군(平原君), 위나라의 신릉군(信陵君)과 함께 '사군(四君)'으로 불렸던 초나라의 춘신군(春申君) 황헐(黃歇)은 덕의 부족 또는 결여로 스스로 재앙을 초래한 인물이다.

춘신군은 초나라의 공자로서, 변설에 매우 뛰어났다. 그는 국력이 쇠약해져갈 때, 진(秦)나라에 맞서 초나라의 국력을 회복하는 데 크게 기여했다. 맹상군을 비롯한 다른 공자들처럼 그도 많은 인재를 모으려 애썼다. 그가 초나라 재상이 된 뒤에 북쪽으로 노나라를 친 일이 있었는데, 그때 순경(荀卿) 곧 순자를 얻어 난릉(蘭陵)의 현령으로 삼았다.

춘신군이 순자를 고작 난릉의 현령으로 썼다는 것은 제대로 알아보지 못했다는 뜻이다. 가까이 두고 그의 학문과 경륜을 적극적으로 활용할 생각을 하지 못한 것은 큰 어리석음이고 패착이다. 순자를 알아보지 못했으니, 안영 같은 군자로 보기는 어렵다. 사실상 춘신군은 무슨 대단한 덕이나 능력이 있어서라기보다 초나라의 공자로 태어났기 때문에 그런 권세와 재력을 얻었다고 보는 것이 타당하다. 그러했으니, 순자를 알아볼 리 만무하다. 아마도 순자에 대해서도 소문으로 얻어 들었으리라 여겨진다. 『전국책』에 흥미로운 이야기가 나온다.

기원전 255년, 어떤 유세객이 춘신군에게 이렇게 말했다.

"은나라의 탕왕은 박(亳)을, 주나라의 무왕은 호(鄗)를 도읍으로 삼아 나라를 다스렸습니다. 두 나라 모두 사방 1백 리도 안 되는 작은 나라였으나, 마침내 천하를 차지했습니다. 이제 손경은 천하의 현인으로, 큰일을 도모할 만한 인물입니다. 만일 그대가 그에게 1백 리의 땅을 내려 밑천으로 삼게 한다면 그것은 그대에게 불리하게 작용할 것이라 나는 생각하는데, 어떻게 생각하십니까?"

춘신군은 "옳은 말이오!"라고 대답하고는 곧바로 사람을 보내 손경에게 절교한다고 알렸다. 손경은 난릉을 떠나 조나라로 갔고, 조나라에서는 그를 맞아 상경(上卿)으로 삼았다. 그러자 다른 유세객이 또 춘신군에게 말했다.

"옛날 이윤(伊尹)이 하(夏)나라를 떠나 은(殷)나라로 들어가자 은나라가 천하를 차지하고 하나라는 망했습니다. 관중이 노나라를 떠나 제나라로 들어가자 노나라는 약해지고 제나라는 강해졌습니다. 무릇 현자가 있는 곳에서는 그 군주가 높아지지 않은 적이 없고 그 나라가 번영하지 않은 적이 없습니다. 저 손경은 천하의 현인인데, 그대는 어찌하여 떠나보냈습니까?"

춘신군은 다시 "옳은 말이오!"라고 대답하고는 사람을 보내 조나라에서 손경을 맞이하려 했다. 손경은 편지를 써서 거절하며 말했다.

"문둥병자가 왕을 불쌍히 여긴다는 말이 있는데, 이는 공손하지 못한 말입니다. 비록 그렇지만 그 말속을 살피지 않을 수 없습니다. 그것은 신하의 협박을 받고 시해당하고 나라를 망친 군주에게 한 말입니다. 무릇 군주가 어리면서 자기 재주만 믿고 간신을 가려낼 법술이 없으면 대신들이 독단하며 사사로운 이익을 꾀하고 권력을 각자에게 집중시키려 합니다. 그래서 현명하고 어른스런 군주를 죽이고 어리고 약한 군주를 세우거나, 적장자를 내몰고 의롭지 않은 자를 세웁니다. 『춘추』에서도 이런 일을 경계하여 '초나라 왕자 위(圍)는 정나라를 방문하러 떠났다가 국경을 채 넘지 않았을 때 왕이 위독하다는 소식을 듣고 돌아와서 문안했는데, 마침내 갓끈으로 왕의 목을 졸라 죽이고는 스스로 즉위했다. 최저(崔杼)는 아름다운 아내를 두었는데, 제나라 장공(莊公)이 그의 아내와 사통했다. 최저는 무리를 이끌고 가서 장공을 공격했다. 다급해진 장공이 나라의 반을 나눠주겠다며 빌었으나, 최저는 받아주지 않았다. 장공이 사당에서 스스로 목을 베어 죽겠다고 했으나, 최저는 이것도 받아주지 않았다. 장공이 달아나 바깥 담장을 넘자 활을 쏘아 그 허벅지를 맞추어 죽이고는 그 아우 경공(景公)을 세웠다'고 적었습니다. 근래의 일을 보더라도 조나라의 권신(權臣)인 이태(李兌)는 사구(沙丘)에서 무령왕(武靈王)을 굶겨 1백일 만에 죽게 만들었고, 초나라의 요치(淖齒)는 제나라에 도움을 주러 갔다가 민왕(閔王)의 힘줄을 뽑은 뒤 사당의 대들보에 매달아 하룻밤 사이에 죽게 만들었습니다. 무릇 문둥병자는 온갖 종양으로 괴로워하지만 위로 이전 시대와 견주면 갓끈에 목이 졸려 죽거나 허벅지에 화살을 맞아 죽는 것보다 나으며, 아래로 요즘 시대와 견주면 힘줄을 뽑히거나 굶어 죽는 것보다 낫습니다. 신하에게 협박을 받고 시해당하는 군주가 겪는 심리적 고뇌와 육체적 고통은 틀림없이 저 문둥병자보다 더 심할 것입니다. 이로써 보건대, 문둥병자가 왕을 불쌍히 여길 만합니다."

그러고는 이런 시를 덧붙였다고 한다.

> 진귀한 보배 수주(隋珠)가 있어도 찰 줄 모르네!
> 베옷과 비단옷을 구별할 줄도 모르네!
> 미녀 여주(閭姝)와 미남 자사(子奢)가 있어도 중매할 줄 모르네!
> 추녀 모모(嫫母)와 추남 역보(力父)를 더욱 좋아하네!
> 장님을 눈밝다 하고, 귀머거리를 귀밝다 하며,
> 옳음을 그르다 하고, 길한 데도 흉하다 하네.
> 아아, 하늘이 어찌 인간과 같으리오!
> 寶珍隋珠, 不知佩兮!
> 褘布與絲, 不知異兮!
> 閭姝子奢, 莫知媒兮!
> 嫫母求之, 又甚喜之兮!
> 以瞽爲明, 以聾爲聰,
> 以是爲非, 以吉爲凶.

嗚呼上天, 曷惟其同!

춘신군은 유세객의 말을 믿고 순자를 내쫓았다가 또 다른 유세객의 말을 듣고 순자를 불러들이려 했다. 스스로 순자를 알아볼 만한 식견이 없었다는 말이다. 이는 곧 밝은 덕을 스스로 밝히지 못했다는 뜻이다. 그러했으므로 소인배가 가까이 다가가기도 쉬웠으리라 여겨지는데, 실제로 그러했다.

조나라 사람으로 이원(李園)이란 자가 있었다. 자기 누이를 아들이 없던 초나라 고열왕(考烈王)에게 바치려 했다. 그러나 왕이 아들을 낳을 수 없다는 말을 듣고 춘신군을 섬기는 것이 낫다고 판단하여 스스로 춘신군의 사인(舍人)이 되었다. 어느 날, 고향에 갔다가 일부러 날짜를 어기고 뒤늦게 돌아왔다. 춘신군이 늦어진 까닭을 묻자, 이원은 이렇게 대답했다.

"제나라 왕이 사신을 보내 제 누이를 데려가려고 했습니다. 그 사신과 술자리를 같이하다가 늦었습니다."

"폐백은 받았소?"

"아직 받지 않았습니다."

"내가 그대의 누이를 만나볼 수 있겠소?"

"좋습니다."

이에 이원은 누이를 춘신군에게 바쳤고, 춘신군은 그녀를 총애했다. 누이가 임신한 것을 알게 된 이원은 누이와 일을 꾸몄다. 이원의 누이가 틈을 엿보아 춘신군에게 말했다.

"초왕께서는 당신을 귀하게 여기고 아끼는 것이 친형제보다 더합니다. 이제 당신은 20년 동안이나 재상으로 있습니다. 왕께 후사가 없으니, 왕이 돌아가시면 다른 형제가 즉위할 것입니다. 그러면 새 왕은 자신과 가까웠던 사람을 귀하게 여길 것이니, 당신이 어찌 오래도록 사랑받을 수 있겠습니까? 또 당신이 집정한 지 오래되었으니, 왕의 형제들에게 실례한 일도 많을 것입니다. 그 형제가 왕위에 오르면 당신에게 화가 미칠 텐데, 재상의 인끈과 봉읍을 보전할 수 있겠습니까? 이제 소첩이 임신한 사실은 아무도 모르고 있고, 제가 당신의 총애를 받은 지도 오래되지 않았습니다. 당신이 초왕께 저를 바친다면, 왕께서 저를 총애하실 것입니다. 하늘이 도와 제가 아들을 낳게 되면, 당신의 자식이 왕이 되어 초나라 땅은 모두 당신 손에 들어가게 됩니다. 당신이 뜻하지 않은 재앙을 당하는 것과 견주면, 어느 쪽이 낫겠습니까?"

춘신군은 그 말을 옳게 여겨 이원의 누이를 다른 곳으로 옮긴 뒤 초왕에게 그녀를 추천했다. 왕은 그녀를 불러들여 총애했고, 마침내 사내아이를 낳게 되었다. 곧 아이를 태자로 봉하고, 이원의 누이를 왕후로 삼았다. 초왕은 이원도 소중하게 여겨 그에게 정사를 맡겼다. 그렇게 되자, 이원은 춘신군이 비밀을 누설하거나 오만하게 굴까 두려워서 남몰래 병사들을 길러 춘신군을 죽이려 했다. 그러나 이미 많은 사람들이 그 비밀을 알고 있었다.

춘신군이 재상이 된 지 25년째 되던 해, 왕이 병에 걸렸다. 이때 춘신군의 문객으로 있던 주영(朱英)이 말했다.

"세상에는 생각지도 않던 복이 찾아올 수도 있고 생각지도 않던 재앙이 올 수도 있습니다. 이제 당신은 그런 세상에 살면서 그런 군주를 섬기고 있습니다. 그런데 어찌 뜻밖의 인물을 구해 두지 않습니까?"

"생각지도 않은 복이란 무엇이오?"

"당신은 재상이 된 지 20년이 넘었고, 명목은 재상이지만 실제로는 왕이나 다름이 없습니다. 이제 왕이 병에 걸려 머지않아 돌아가시면, 어린 군주가 즉위할 것입니다. 그러면 당신은 옛날 이윤이나 주공(周公)처럼 섭정을 하다가 왕이 자라면 돌려주거나, 아니면 스스로 초나라를 차지할 수도 있습니다. 이것이 생각지도 못한 복입니다."

"생각지도 못한 재앙은 무엇이오?"

"이원은 당신이 있으면 권력을 잡을 수 없기 때문에 오래전부터 병사들을 기르고 있습니다. 왕이 죽으면 이원은 반드시 먼저 궁궐로 들어가 권력을 잡고 당신을 죽여서 입을 막으려 할 것입니다. 이것이 생각지도 않은 재앙입니다."

"뜻밖의 인물이란 누구요?"

"당신이 저를 낭중(郎中, 궁궐 내 무관)으로 천거하여 임명해 주십시오. 왕이 세상을 떠나면 이원은 틀림없이 먼저 궁궐로 들어올 것이니, 제가 당신을 위해 그를 죽이겠습니다. 이것이 뜻밖의 인물입니다."

그러자 춘신군이 말했다.

"그대는 그만두시오. 이원은 나약한 사람이고, 나와는 매우 가까운 사이오. 어찌 그런 일이 일어날 수 있겠소?"

주영은 자신의 말이 받아들여지지 않자 곧바로 달아나버렸다. 그로부터 17일 뒤에 왕이 죽었다. 과연 이원은 먼저 궁궐로 들어가 병사들을 극문(棘門) 안쪽에 숨겨 두었다. 춘신군이 뒤늦게 극문으로 들어서자 병사들이 뛰쳐나와 춘신군을 에워싸고 죽인 뒤에 그 머리를 극문 밖으로 내던졌다. 곧이어 관원들을 보내 춘신군의 일족을 모조리 죽였다.

이원의 누이가 낳은 아들이 마침내 왕위에 올랐으니, 초나라 유왕(幽王)이다.

사마천은 이 일을 두고 이렇게 말했다. "처음에 춘신군이 진(秦)나라 소왕(昭王)을 설득하고 몸을 던져 초나라 태자(나중에 고열왕)를 돌아오게 할 때는 얼마나 지혜로웠던가? 그런데 끝에 이원에게 당한 것은 늙어서 사리 판단이 어두워진 탓이리라."

과연 처음에 지혜로웠다가 나중에 어두워진 것일까? 그럴 수도 있으나 아닐 공산이 더 크다. 처음에는 높은 지위에 있지 않았고, 그저 맡은 일을 성심을 다해 했을 뿐이다. 다행히 주영이 말한 '생각지도 못한 복'이 있어서 진나라에서 태자를 구해 올 수 있었고, 태자가 왕위에 오르면서 재상이 될 수 있었다. 문제는 재상이 된 것이 그 자신의 덕보다 복이 더 크게 작용했다는 데에 있다. 영웅호걸은 호색이라고 하지만,

춘신군은 영웅호걸이 아니라 운 좋은 재상이었다. 이원의 누이에게 미혹되어 총애한 것이나, 오래도록 권력을 누리기 위해 총애하던 여인을 바친 일이나 모두 덕이 없는 행위였다. 그러했으므로 소인배의 말은 들으면서 충성스런 주영의 말은 하찮게 여겼던 것이다.

춘신군은 밝혀야 할 덕은 밝히지 않고 권력을 밝혔기 때문에 비참한 최후를 맞았다. 진(晉)나라의 보배를 탐내어 괵나라로 가는 길을 빌려주었다가 나라를 망친 우공 또한 덕을 밝히지 않고 재물을 밝히다가 망국의 군주가 되었다. 『대학』에서 밝은 덕을 스스로 밝히라고 한 까닭도 군주의 덕이 어두우면 분란이 일어나거나 멸망이 찾아오기 때문이다.

6장

자신을 먼저 새롭게 하라

6-1

湯之盤銘曰: "苟日新, 日日新, 又日新."

탕왕은 대야에 "참으로 어느 날 새로워지면, 날마다 더욱 새롭게 하고, 또 날로 새롭게 하라"라고 새겨 두었다.

6-2

康誥曰: "作新民."

「강고」에서는 "백성을 새롭게 만들라"라고 했다.

6-3

詩云: "周雖舊邦, 其命惟新."

시에서는 "주나라가 비록 오래된 나라지만, 그 명은 참으로 새롭구나"라고 했다.

6-4

是故君子無所不用其極.

이런 까닭에 군자는 그 지극함을 쓰지 않는 일이 없다

注釋 탕(湯)은 상(商) 왕조를 연 왕이다. 반(盤)은 세수하는 대야를 뜻한다. 명(銘)은 새기다는 뜻이다. 구(苟)는 진실로, 참으로를 뜻한다. 신(新)은 새롭다, 새롭게 하다는 뜻이다.

강고는 『상서』의 편명이다.

시는 『시경』「대아(大雅)」의 〈문왕(文王)〉에 나오는 구절이다. 구방

(舊邦)은 오래된 나라를 뜻하는데, 주(周)나라가 상 왕조를 멸망시키기 전에 이미 오랫동안 나라로서 명맥을 이어왔음을 의미한다. 명(命)은 천명을 이른다. 유신(惟新)은 문왕에 이르러 주나라가 한층 새로워졌음을 가리키는데, 이는 결국 주나라가 상 왕조를 멸망시킨 일과 관련된다. 유(惟)는 오로지, 참으로를 뜻한다.

극(極)은 용마루를 가리키는데, 그 이상 없는 것, 지극한 것을 이른다.

蛇足 밝은 덕은 스스로 밝혀야 하는데, 이를 위해 하는 것이 대학(大學) 곧 크나큰 배움이다. 크나큰 배움은 그저 배우고 묻는 학문을 가리키지 않는다. 배움을 바탕으로 수신(修身)을 하고 아울러 치국평천하(治國平天下)할 수 있는 지혜와 능력을 갖추는 데까지 나아가야 한다. 고작 수신에서 그친다면, 굳이 크나큰 배움이라 말할 이유가 없다.

6-1은 밝은 덕을 밝히는 과정, 곧 학문하고 수신하는 과정에서 일어나는 사태에 대해 말하고 있다. 6-2는 6-1의 말미에서 말한 "또 날로 새롭게 하라"가 곧 "백성을 새롭게 하는 일"임을 분명하게 드러낸 것이다. 이른바 치국과 평천하로 나아가는 일신(日新)이다. 6-3은 주(周)나라가 천명을 새롭게 함으로써 상(商) 왕조를 무너뜨리고 그 폭정에 시달리던 백성을 구제한 역사적 사실을 끌어온 것이다.

먼저 자신을 새롭게 하라

탕왕이 대야에 쓴 글은 새로워짐의 세 단계를 담고 있다. 첫 번째의 '구일신(苟日新)' 곧 "참으로 어느 날 새로워진다"는 공부의 효과가 처음 나타났을 때를 가리킨다. 『논어』 「학이(學而)」편의 "배우고 그것을 때맞게 익히면, 이야말로 기쁘지 아니하냐!"(學而時習之, 不亦說乎!)라는 말에도 이런 뜻이 담겨 있다. 배운다는 것은 새로운 것을 듣거나 보았다는 뜻이지, 그것이 옳은지 그른지를 다 안다는 뜻은 아니다. 설령 안다고 하더라도 그것만으로 제 것이 되는 것은 아니다.

제대로 알고 제 것이 되도록 하려면, 일상에서 배운 것을 실천해야 한다. 실천함으로써 비로소 배운 것의 참뜻을 알게 되고 또한 깊이 느끼게 된다. 그것을 두고 "이야말로 기쁘지 아니하냐!"라고 말한 것이다. 그 기쁨을 느낄 때, 그 느낌이 바로 '새로워짐'이다. 배운 것을 몰랐을 때와는 다른, 이전보다 더 새로워진 자신을 느낀 것이다. 그러나 그 새로움은 한 차례 광풍처럼 찾아올 뿐, 저절로 더 이어지지는 않는다.

한 번 느낀 새로움을 다시 느끼거나 이어가려면, 배우고 실천하는 일을 쉬지 않고 해야 한다. 한 차례 새로움을 느꼈다고 해서 대단한 성취를 한 것이라 여겨서는 안 된다. 고작 맛을 보았을 뿐이다. 그럼에도 그 전에 이런 경험이 없었을 경우에는 이를 무슨 대단한 도약이라도 한 듯이 여길 수도 있다. 그렇게 여긴다면, 그것은 심각한 착각이다. 그런 착각에 빠지지 않고 성큼 도약을 하고 싶다면, 다시금 마음을 다잡고 공부를 거듭해야 한다. 그래서 두 번째로 '일일신(日日新)' 곧 "날마다 더욱 새롭게 하라"고 말한 것이다. 이렇게 날마다 새롭게 하려고 애쓰는 일이 바로 수신하는 공부다.

날마다 자신을 새롭게 하는 공부라야 온전한 덕을 갖출 수 있다. 덕은 공부한 보람이고 효과다. 그 덕이 곧 제가·치국·평천하의 밑천이고 방편이다. 덕이 없이 제가나 치국, 평천하를 하려 들면, 도리어 집안이나 나라, 천하를 어지럽히게 된다.

> 몸이 바르지 않으면 덕이 찾아오지 않고, 마음속이 정성스럽지 않으면 마음이 다스려지지 않는다. 몸을 바르게 하고 덕을 닦아야 온갖 것들과 잘 맞는다. 새가 날개를 펴서 스스로 날아오는 것처럼 그 신묘함의 끝은 알 수 없다. 천하를 환히 안다면, 사방의 끝에도 통달한다. 이런 까닭에 "사물로 감각기관을 어지럽히지 말고, 감각기

관으로 마음을 어지럽히지 말라"고 말하니, 이것이 '안에 쌓인 덕'이다. 그러므로 뜻과 기운이 안정된 뒤에야 행동이 올바름으로 돌아간다. 기운이란 몸에 가득한 것이고, 행동이란 올바름이 드러난 것이다. 몸을 채운 것이 아름답지 않으면 마음이 사물과 맞지 않고, 행동이 올바르지 않으면 백성이 복종하지 않는다. 이러하므로 성인은 하늘처럼 되어서 사사로이 덮는 일이 없고, 땅처럼 되어서 사사로이 싣는 일이 없다. 사사로움은 천하를 어지럽히는 것이다. -『관자』「심술 하」

(形不正者, 德不來; 中不精者, 心不治. 正形飾德, 萬物畢得. 翼然自來, 神莫知其極. 昭知天下, 通于四極. 是故曰: "無以物亂官, 毋以官亂心," 此之謂內德. 是故意氣定, 然後反正. 氣者身之充也, 行者正之義也. 充不美則心不得, 行不正則民不服. 是故聖人若天然, 無私覆也; 若地然, 無私載也. 私者, 亂天下者也. -『管子』「心術 下」)

수신의 요체는 마음을 어지럽히지 않는 것이라고도 할 수 있다. 마음이 어지러워지는 것은 우선 자신의 감각기관을 잡도리하지 못하고 도리어 감각기관에 휘둘리기 때문에 빚어지는 일이다. 진나라에 길을 빌려주었다가 나라를 망하게 한 우공이나 여인에게 빠지고 권력에 눈이 멀어서 자신뿐만 아니라 일족까지 죽임을 당하도록 만든 춘신군이나 모두 감각기관이 바깥 사물에 휘둘렸던 것이다.

흔히 사람들은 남이 당하는 그런 비참한 일들을 보고는 "나는 그런 일을 당하지 않는다!"고 장담한다. 우공이나 춘신군도 분명 그렇게 장담했다! 그럼에도 처참하게 당했다. 아무리 호언장담을 해도 덕이 없거나 모자라면, 외물에 휘둘려 마음이 어지러워져도 알아채기 어렵다. 알아챘을 때는 이미 늦었고.

스승을 찾아 묻고 배워라

날마다 새롭게 한다는 것은 스스로 마음을 다스려서 어지러워지지 않도록 한다는 말이다. 이것은 수신의 목표이면서 치국평천하의 발판이다. 자신이 외물에 휘둘리면서 대체 누구를 이끌고 다스리겠다고 하는가? 자신이 새로워지지 않으면서 누구를 새롭게 할 수 있겠는가? '우일신(又日新)' 곧 "또 날로 새롭게 하라"는 말에는 그런 뜻이 담겨 있다.

유가의 정치는 법가와 달리 백성을 법령과 형벌로 제재하는 것보다 교화로써 바른 길로 이끄는 것을 중시한다. 교화는 백성이 군주나 관리를 본보기로 삼아 마음으로 따르며 스스로 바르게 되는 일이다. 그러므로 군주나 관리가 자신을 잡도리하지 못하면 교화는 이루어질 수 없다. 교화가 이루어지지 못하면 당연히 유가의 정치는 성립되지 않는다.

탕왕이 폭군 걸(桀)을 내쫓고 상 왕조를 열 때, 그를 보좌한 인물로 중훼(仲虺)가 있었다. 아직까지 탕왕이 실존 인물이었는지 여부를 확인하지 못하고 있으므로 그를 보좌한 중훼 역시 실존 인물이었는지는 알 수 없다. 설령, 탕왕이나 중훼가 허구적 인물이라 해도 그들이 주장했다고 하는 말은 후대의 정치에서 오래도록 중시되었으므로 살펴볼 필요가 있다.

> 덕이 날로 새로워지면 온 나라가 따를 것이고, 마음이 자만해지면 구족이 떠날 것입니다. 왕께서 힘써 큰 덕을 밝히셔서 백성에게 중용의 도를 세우십시오. 올바름으로 일을 바로잡고, 예의로써 마음을 잡도리하시어 후세에 넉넉한 삶을 남겨주십시오. 제가 들으니, '스스로 스승을 얻는 자는 왕 노릇하고, 남은 자기만 못하다고 여기는 자는 망한다. 묻기를 좋아하면 넉넉해지고, 자기 뜻대로만 하면 작아진다'고 했습니다. - 『상서』「중훼지고」
>
> (德日新, 萬邦惟懷; 志自滿, 九族乃離. 王懋昭大德, 建中于民. 以義制事,

以禮制心, 垂裕後昆. 予聞曰, 能自得師者王, 謂人莫己若者亡. 好問則裕, 自用則小. –『尙書』「仲虺之誥」)

군주나 관리는 백성이 우러러보는 자리에 있으므로 그들의 말과 행동은 알려질 수밖에 없다. 그들에게 덕이 있는지 없는지 또한 쉽사리 알려진다. 그 덕에서 정치가 나오기 때문이다. 여기서 중훼는 덕을 새롭게 하는 데에 긴요한 방법 두 가지를 언급했다. 하나는 스승을 얻는 것이고, 다른 하나는 묻기를 좋아하는 것이다. 이는 공자도 강조하고 중시했던 것이다.

세 사람이 길을 걸으면, 반드시 그 안에 내 스승이 있다. 좋은 것은 가려내서 따르고, 좋지 못한 것은 고칠 일이다. –『논어』「술이」
(三人行, 必有我師焉. 擇其善者而從之, 其不善者而改之. –『論語』「述而」)

자공이 여쭈었다.
"공문자는 어찌하여 '문(文)'이라 일컬어졌습니까?"
공자가 말씀하셨다.
"재바르면서도 배우기를 좋아했고, 아랫사람에게 묻는 것을 부끄러워하지 않았다. 그래서 '문'이라 일컬어졌다." –『논어』「공야장」
(子貢問曰: "孔文子, 何以謂之文也?" 子曰: "敏而好學, 不恥下問. 是以謂之文也." –『論語』「公冶長」)

뛰어난 스승을 구하는 일도 중요하다. 그러나 스스로 새로워지려는 사람에게 있어서는 정해진 스승이 없어야 마땅하다. 어디에서나 만나는 사람들이 모두 자신의 스승이 될 수 있다는 이치를 깊이 이해하고 있어야 한다. 모든 것을 다 아는 스승이 없듯이, 어느 것도 알지 못하는 사람도 없다. 내가 모르는 무언가를 아는 사람은 어디에나 있다. 그것이 좋은 것이든 나쁜 것이든 간에.

누구나 좋은 점과 나쁜 점을 갖고 있다. 나 또한 마찬가지다. 좋은 점은 더 갖추려 하고 나쁜 점은 고치려 하는 것이 학인의 자세다. 따라서 나에게 좋은 점을 가르쳐주는 이도 스승이요, 나에게 나쁜 점을 일깨워주는 이도 스승이다. 그러니 누구나 내 스승이 될 수 있다. 이를 잊지 않고, 늘 만나는 사람들에게서 배우는 일이 곧 '호학(好學)'이다. 공자가 자부했던 일이다.

참으로 배우기를 좋아한다면, 어찌 상대를 가리겠는가? 신분이 낮거나 나이가 어린 것이 무슨 상관이겠는가? 만약 신분이나 나이, 성별 따위를 따진다면, 그는 이미 배움과는 거리가 먼 사람이다. 배움에서 멀찌감치 떨어져서야 어찌 자신을 새롭게 할 수 있겠는가.

배우지 않아도 나빠지지 않으면 되지 않느냐고 반문할 수도 있다. 나빠지지 않는 것만으로는 군주 노릇도 관리 노릇도 할 수 없다. 한낱 백성이라 해도 나빠지지 않는 것만으로 과연 만족할까? 나아지기를 바라지 않을까? 나아지기를 바라는 것은 자연스런 욕구다. 그러나 배우지 않고서 그런 욕구를 채울 수 있을까? 배우지 않은 사람이, 배우려 하지 않는 사람이 나아지지 않는 삶을 받아들이며 만족할까?

무엇보다도 배우지 않으면 나아지지 않기만 하는 것이 아니다. 나아지지 않기만 한다면야 그나마 다행이다. 배우지 않아서 잘못하는 경우가 얼마나 많은가? 스스로 잘못하지 않아도 그릇된 사람을 가까이해서 잘못되는 경우는 또 얼마나 많은가? 배우지 않으면 나를 모르고 사람을 모르는데, 어찌 사람들과 어긋나는 일 없이, 잘못되는 일 없이, 웅등그러지는 일 없이 살 수 있겠는가? 『순자』의 첫 편이 「권학(勸學)」이고 "배움은 그만둘 수 없는 것이다"(學不可以已)라는 말이 첫 구절인 것도 그 때문이다.

제 몸을 닦거나 집안을 가지런히 하기 위해서도 반드시 묻고 배워야 하는데, 하물며 나라를 다스리고 천하를 경영하려는 이라면 어떻겠는가? 『관자』에는 환공이 관중에게 정치적으로 중요한 일마다 묻는 대목들이 꽤 많이 나온다. 환공이 제나라를 부강하게 만들고 그 자신은 패자가 될 수 있었던 것은 관중이라는 현명한 재상에게 묻고 그 의견을 경청했기 때문이다. 그런데 그 환공이 즉위 초기에는 관중의 의견을 자주 묵살했었다.

환공이 즉위한 지 2년에 혼란이 더 심해지자 관중에게 물었다.

"군대를 정비해야 되겠소."

관중이 말했다.

"안 됩니다!"

환공은 그 말을 듣지 않고 군대를 정비하기 시작했다. 환공이 송부인(宋夫人)과 뱃놀이를 하며 술을 마셨는데, 송부인이 뱃전을 흔들며 환공을 놀렸다. 환공이 무서워서 그만두라고 했으나, 그만두지 않고 더욱 흔들었다. 환공이 아주 화가 나서 송부인을 내쫓아 송나라로 보내자, 송나라에서는 송부인을 채(蔡)나라 제후에게 개가시켰다. 이듬해에 환공이 성내며 관중에게 물었다.

"송나라를 정벌하고자 하오."

"안 됩니다. 내정이 가다듬어지지 않은데 바깥일을 일으키면 성공하지 못한다고 들었습니다."

환공은 듣지 않고 송나라를 정벌했다. 제후들이 군사들을 일으켜 송나라를 도왔으므로 제나라는 크게 패했다.

환공은 더욱 군사력을 길렀다. 3년이 지난 뒤, 환공이 노나라를 칠 준비를 하면서 말했다.

"노나라와 과인의 나라는 가까이 있고, 송나라를 구원하는 군대가 빨리 출동하니, 과인은 노나라를 치려고 하오."

관중이 말했다.

"안 됩니다. 신이 듣기에, 땅을 가진 군주가 군사력에 힘쓰지 않고 쓴

소리를 꺼리지 않으며 잘못을 거들지 않으면 사직이 안정되고, 군사력에만 힘쓰고 쓴소리를 꺼리며 잘못을 거들면 사직이 위태롭다고 했습니다."

환공은 듣지 않고 군사를 일으켜 노나라를 치려고 장작(長勺)에 이르렀다. 노나라 장공(莊公)이 제나라 군사와 맞서 싸워 제나라를 크게 깨뜨렸다. 환공이 말했다.

"우리 군사가 너무 적었구나! 우리가 세 배 많았다면 노나라 군대를 포위했을 것이니, 그러면 그들이 어찌 우리를 막을 수 있었겠는가?"

환공은 덕이 모자란 데다 성질까지 급한 인물이었음이 분명하다. 패배의 원인을 제대로 분석할 줄도 몰랐다. 그저 군사력을 기르기만 하면 적국을 쳐서 이길 수 있다는 생각은 참으로 순진한 것이다. 더구나 관중이 간언했음에도 듣지 않았으니, 어찌 이길 수 있었겠는가? 그 뒤에도 환공은 관중의 말을 계속 듣지 않았다가 거듭 곤란한 지경에 처했다. 결국, 포숙이 환공에게 관중의 말을 듣고 따라야 한다고 계속 설득해서야 비로소 관중의 말에 귀를 기울일 수 있었다.

환공이 포숙의 의견을 듣고 관중의 말을 경청하지 않았다면, 패자는 커녕 나라를 존속시키는 일조차 어려웠을 것이다. 나라를 쇠망의 지경으로 내모는 것은 적국이 아니다. 군주 자신의 부덕과 무능이 근본적인 원인이다. 그래서 배워야 한다. 큰일을 하려면 더욱 깊고 넓게 배워야 한다.

백성의 삶은 군주의 덕에 달렸다

그런데 배우면서 조심해야 할 것이 있다. 그것은 배움 자체로 이미 앎에 이르렀다고 여기는 일이다. 배움은 배움이지 앎이 아니다. 그럼에도 많은 이들이 배운 것으로 충분히 알았다고 여긴다. 대체로 공부를 해봐야 실제적으로는 별 쓸모가 없다고 여기는 것은 제대로 알지 못하면서 배운 것을 써먹으려다가 일이 틀어지는 경험을 자주 했기 때문이다. 잘못 배웠다기보다는 배운 것을 체득하지 못했고, 체득하지 못했으므로 안다고 할 수 없다.

그렇다면, 자신의 마음을 다스리려 애쓴 군주나 군자는 제대로 체득했는지, 스스로 새로워졌는지를 어떻게 확인할 수 있는가? 당연히 집안사람들을 잘 이끌며 집안을 가지런히 하고 있는지, 나라가 잘 다스려져 백성이 편안해 하는지, 천하가 태평한지 따위를 통해 확인할 수 있고 확신할 수 있다. 싸잡아 말하면, 가까이 있는 사람들이나 백성을 살피면 된다.

> 그러므로 한 사람의 치란은 그 마음에 달렸고, 한 나라의 존망은 그 군주에게 달렸다. 천하의 득실이 한 사람에게서 나온다. 군주가 농업을 좋아하면 백성도 황무지를 개간하기 좋아하고, 군주가 재화를 좋아하면 사람들이 저자에서 상업을 즐겨 하고, 군주가 궁실 짓기를 좋아하면 공인들과 장인들의 기술이 정교해지고, 군주가 아름다운 무늬를 좋아하면 여공들이 화려함을 좇는다. 무릇 초나라 왕이 가는 허리를 좋아하니 미인들이 먹는 것을 줄였고, 오나라 왕이 검술을 좋아하니 온 나라의 전사들이 죽음을 가벼이 여겼다. 죽거나 굶는 일은 천하 사람들이 다 싫어하는 것이다. 그럼에도 그렇게 하는 까닭은 무엇인가? 군주가 좋아하는 것을 따르기 위해서다. 하물며 군주가 유쾌한 음악을 즐기는데 백성이 교화되겠는가? – 『관자』「칠신칠주」
>
> (故一人之治亂在其心, 一國之存亡在其主. 天下得失, 道一人出. 主好本則民好墾草萊, 主好貨則人賈市, 主好宮室則工匠巧, 主好文采則女工靡. 夫楚王好小腰而美人省食, 吳王好劍而國士輕死. 死與不食者, 天下之所共惡也. 然而爲之者, 何也? 從主之所欲也. 而況愉樂音聲之化乎? – 『管子』「七臣七主」)

왕정(王政)에서는 왕이 통치의 중심에 있으므로 대소신료들이나 백성의 이목은 왕에게 쏠리기 마련이다. 군자나 현자라면 왕의 언행에 구애받지 않고 스스로 옳고 그름을 분명하게 판단하여 도리를 따르겠지만, 백성이나 소인은 왕의 사사로운 감정이나 취향을 따라서 행동할 것이다. 위에서도 그 점을 지적하고 있다.

위의 글에서 말한 초나라 왕은 영왕(靈王)으로, 기원전 535년에 장화궁(章華宮)을 짓고 그곳에 허리가 가는 여자들을 모아 놓았다. 그러자 도성 안의 여자들이 허리를 가늘게 하기 위해서 먹지 않고 굶는 일들이 벌어졌다. 그래서 그 궁을 '세요궁(細腰宮)'으로 불렀다고도 한다. 영왕은 어린 조카를 죽이고 왕위를 찬탈한 인물인데, 환공처럼 패자가 되고 싶어서 중원의 제후국들과 거듭 전쟁을 벌였다. 그러나 그가 군사들을 이끌고 정벌에 나섰을 때, 그의 탄압을 받았던 대부와 공자 들이 도성에서 반란을 일으켰다. 급히 군사를 돌려 도성으로 갔으나, 새 왕이 들어섰다는 소식을 듣고 달아났다. 결국 홀로 돌아다니다 굶어 죽기 직전에 스스로 목숨을 끊었다.

위에서 말한 오나라 왕은 정확하게는 월(越)나라 왕인 구천(句踐)을 가리킨다. 오나라 왕 합려(闔廬)가 군사를 이끌고 월나라를 쳤다. 그러나 군대는 패배하고 자신은 상처를 입었다. 죽을 때 아들인 부차(夫差)를 불러 복수를 당부했다. 부차는 밤낮으로 군사를 훈련하여 복수의 기회를 노렸다. 이를 안 구천이 먼저 선수를 쳐서 토벌하려 했다. 그러나 현명한 신하 범려(范蠡)가 아무런 이득이 없다면서 말렸다. 구천은 이미 자신이 결정한 일이라면서 군사를 이끌고 오나라를 쳤는데, 도리어 부차가 이끄는 군사들에게 패배하고 겨우 남은 병사들을 이끌고 회계산(會稽山)으로 달아났다.(환공이 관중의 말을 듣지 않고 군사를 일으켰다가 당한 일과 흡사하다.) 회계산에서 포위를 당한 구천은 결국 범려의 계책에 따라 오나라 왕에게 항복하여 간신히 살 수 있었다. 살아 돌아온 뒤에는 치욕을 잊지 않으려고 쓸개를 핥으면서 복수를 다짐했다. 부차가 부친의 복수를 위해 장작더미 위에서 잠을 잤던 일과 하나로 묶어서 흔히 '와신상담(臥薪嘗膽)'이라 한다.

회계산에서 무릎을 꿇은 구천은 곧 오나라 왕의 곁에서 종노릇을 했고, 3년이 지나서야 월나라로 돌아올 수 있었다. 돌아온 구천은 군대와 백성을 훈련시키며 오나라에 복수할 기회를 노렸다. 검술을 비롯해 갖가지 무예에 뛰어난 인재들을 널리 찾아서 쓰며 병사들을 훈련시켰다. 10여 년이 지나 오나라를 칠 때가 되었는데, 구천은 병사들이 아직 마음으로 복종하지 않고 또 싸움에서 죽을힘을 다하지 않을까 걱정했다. 그때 마침, 길에서 한 마리 개구리가 배를 내밀고는 화를 내며 싸울 기세를 하는 것이 보였다. 이를 본 구천은 수레 앞의 가로나무를 잡은 채 몸을 굽히며 개구리에게 경의를 표했다. 그러자 병사들 가운데 한 명이 물었다.

"왕께서는 어째서 개구리와 같이 하찮은 짐승에게 몸을 굽히며 경의를 표하십니까?"

월왕이 대답했다.

"나는 병사들이 분발하기를 오랫동안 기다렸지만, 아직 내 뜻에 부합하는 병사를 본 적이 없다. 이제 이 개구리는 지혜가 없는 짐승임에도 적을 보고는 분노하는 기색을 보였다. 그래서 몸을 굽혀 경의를 표한 것이다."

이 이야기를 전해들은 병사들 가운데 죽기로 싸울 마음을 내지 않은 자가 없었다. 모든 병사들이 기꺼이 목숨을 걸고 싸우려 했으니, 이것이 죽음을 가벼이 여겼다는 말이다. 결국 구천은 자만한 오나라 왕 부차를 고소산(姑蘇山)으로 몰아 스스로 죽게 만들었다. 오나라는 군주인 부차가 오만하자 망했고, 월나라는 군주가 복수심에 불타자 백성이 검술을 익혀 전쟁에 나섰다. 이렇게 군주가 절대권을 쥐고 있던 시대에는 백성의 삶이 대체로 그 군주의 덕성 그리고 그 판단과 선택에 따라 결정되었다.

백성의 마음을 얻어 살길을 찾은 맹상군(孟嘗君)

그렇다고 해서 백성이 늘 군주의 취향이나 선택을 맹목적으로 따른다고 여겨서는 곤란하다. 백성의 삶이 보장될 때라면 따르지만, 나라가 불안정해지거나 위태로워진다고 여겨지면 군주로부터 등을 돌린다. 민심이 이반한다는 말이다. 결국 백성은 군주를 비롯해서 통치를 맡은 이들이 자신들을 어떻게 대하느냐에 따라 행동한다고 말할 수 있다. 맹자가 한 다음의 말은 신하들뿐만 아니라 백성에게도 해당된다.

> 맹자가 제나라 선왕에게 말했다.
> "임금이 신하를 제 손과 발처럼 여기면 신하는 군주를 제 배와 가슴처럼 여기고, 군주가 신하를 개나 말처럼 여기면 신하는 군주를 길에서 만난 사람처럼 여기고, 군주가 신하를 흙이나 티끌처럼 여기면 신하는 군주를 원수처럼 여깁니다." - 『맹자』「이루 하」
> (孟子告齊宣王曰: "君之視臣如手足, 則臣視君如腹心; 君之視臣如犬馬, 則臣視君如國人; 君之視臣如土芥, 則臣視君如寇讐." - 『孟子』「離婁 下」)

전국시대에 자신의 문객들을 마치 제 손과 발처럼 여긴 인물이 있었으니, 맹상군(孟嘗君)이다. 그에 대해서는 『사기』「맹상군열전」과 『전국책』에 두루 나온다. 그는 성이 전(田)이고 이름은 문(文)이다. 그의 부친은 설공(薛公)으로 불린 전영(田嬰)이다. 전영은 제나라의 재상이었으며, 수많은 처첩을 거느려 아들만 40여 명이었다. 전문은 비천한 첩이 낳은 자식이었다.

처음에 전영은 전문의 어미에게 아이를 버리라고 했는데, 어미는 몰래 거두어 키웠다. 전문이 자라서 매우 총명함을 보이자 전영은 그에게 집안일을 돌보게 하고 빈객들을 접대하는 일을 맡겼다. 그러자 빈객이 날로 불어나고 전문의 이름도 제후들 사이에 알려졌다. 제후들이 사자를 보내 전영에게 전문을 후계자로 삼도록 청하자 전영이 이를 허락했다. 전영이 죽자 전문이 그 뒤를 이어 설(薛) 땅의 영주가 되어 '맹상군'으로 불렸다.

맹상군은 문객들을 정성껏 대우했으므로 문객이 수천 명이나 되었다고 한다. 그 가운데 풍훤(馮諼)이라는 사람이 있었다. 맹상군이 선친을 이어 제나라의 재상이 되어 도성에 머물고 있을 때다. 어느 날 장부를 내놓으며 문객들에게 물었다.

"누가 회계를 잘하시오? 누가 나를 위해 설 땅에 가서 빚을 받아 오겠소?"

그러자 풍훤이 나섰다. 맹상군은 그에게 일을 맡겼다. 풍훤은 곧 수레를 준비하고 행장을 꾸려 빚 문서를 싣고 떠날 준비를 마치고는 맹상군에게 물었다.

"빚을 다 받으면 무엇을 사가지고 오면 좋겠습니까?"

"우리 집에 부족해 보이는 것으로 하시오."

풍훤은 수레를 몰아 설 땅으로 갔다. 도착하자 곧바로 관원을 시켜 백성 가운데 빚이 있는 자들을 모두 불러놓고 빚의 내용이 맞는지 확인하게 했다. 확인을 마치자 풍훤은 맹상군의 명이라고 하면서 빚을 모두 탕감하고는 빚 문서를 전부 불살랐다. 이에 백성은 모두 만세를 불렀다.

풍훤은 수레를 몰아 제나라로 돌아오자마자 새벽임에도 뵙기를 청했다. 맹상군은 그가 너무 빨리 돌아온 것을 의아하게 여기면서도 의관을 정제하고 그를 만났다.

"빚은 모두 받았소? 어찌 이리도 빨리 돌아왔소?"

"모두 받아 왔습니다."

"그래 무얼 사가지고 왔소?"

그러자 풍훤은 이렇게 대답했다.

"주군께서는, '우리 집에 부족해 보이는 것으로 사 오라'고 했습니다. 그래서 제가 생각해보니, 주군의 집에는 진귀한 보배가 가득하고 개와 말도 넘치도록 있으며 미인은 복도에 가득 차 있는데 부족한 것은 오로지 의리(義理)뿐이었습니다. 그래서 주군을 위해 의리를 사 왔습니다."

"의리를 사 오다니, 그게 무슨 말이오?"

"지금 주군은 하찮은 영지인 설 땅에서 그곳 백성을 자식처럼 아껴주지 않으면서 도리어 장사꾼처럼 돈을 꾸어주고 이자를 받았습니다. 그래서 제가 주군의 명이라 하며 그 빚을 모두 탕감하고 빚 문서들도 다 불살라버렸습니다. 그랬더니 모두 기뻐하며 만세를 불렀습니다. 이것이 바로 제가 주군을 위해 사 온 의리입니다."

맹상군은 언짢은 표정을 하더니 이렇게 말했다.

"좋소. 선생은 가서 쉬시오."

그로부터 1년쯤 지났을 때다. 제나라 민왕(閔王)은 맹상군의 명성이 자신보다 높아서 제나라 정권을 마음대로 휘두른다고 생각해 이렇게 말했다.

"과인은 선왕의 신하를 과인의 신하로 삼고 싶지 않소."

관직을 내놓고 떠나라는 뜻을 넌지시 드러낸 말이다. 달리 수가 없던 맹상군은 자신의 영지인 설 땅으로 돌아가게 되었다. 맹상군이 아직 설 땅에 이르지도 않았는데, 영지에서 1백 리나 떨어진 곳까지 설 땅 백성이 나와서 길을 메운 채로 맹상군을 맞이했다. 맹상군이 풍훤을 돌아보며 말했다.

"선생이 나를 위해 사 온 의리가 무엇인지 오늘에야 알게 되었소!"

맹상군은 설 땅에 머물면서 풍훤이 세운 계책 덕분에 다시 재상이 될 기회를 얻었다. 수십 년 동안 재상으로 있으면서도 전혀 화를 당하지 않았는데, 모두 풍훤 덕분이었다. 풍훤은 백성에게 마음을 얻는 일이 얼마나 중요한지를 잘 알고 있었다. 백성의 마음을 얻기 위해서는 그들에게 덕을 베풀어야 한다. 빚 문서를 불사른 것이 바로 덕을 베푼 일이다. 맹상군이 계속해서 백성을 상대로 이자놀음을 했다면, 과연 돌아갈 곳이 있었을까? 재기할 수 있었을까?

6-4에서 "군자는 그 지극함을 쓰지 않는 일이 없다"고 했는데, 풍훤이야말로 그런 군자라 할 수 있다. 맹상군은 그런 군자를 썼기 때문에 예측하지 못한 곤경에서 벗어날 수 있었고, 다시 재기할 수 있었다. 물론 맹상군 자신도 풍훤 같은 군자를 지극하게 대했다. 그랬으므로 춘신군과 달리 아무런 재앙을 입지 않을 수 있었다.

신민(新民)이 곧 친민(親民)이다

6-2는 『상서』「강고」에 나오는 구절을 인용한 것이다. 핵심은 '신민(新民)' 즉 백성을 새롭게 하라는 것인데, 이는 『대학』 첫머리의 '친민(親民)'과 얼핏 달라 보여서 논란거리가 될 수 있다. 실제로 『대학집주』에서 주희는 1-1의 친민을 두고 "친(親)은 신(新)이 되어야 한다"는 정자(程子)의 말을 끌어와 주석을 달았다. 6-2를 근거로 해석한 듯하다. 그러나 과연 그렇게 다른 의미를 가질까? 다르다고 보면 얼마든지 다르게 해석할 수 있으나, 『대학』에서만큼은 다르지 않다고 봐도 된다. 근본적으로는 신민이 곧 친민이기 때문이다.

「강고」는 성왕(成王)이 멸망한 은(殷)의 유민들을 모두 거두어 그곳에 강숙(康叔)을 봉하면서 한 말을 기록했다. 성왕은 무왕의 아들이고, 강숙은 주공처럼 무왕의 동생이며 이름은 봉(封)이다. 처음에 성왕이 어린 나이에 즉위했을 때 주공이 섭정했다. 그러자 주공의 동생들로서 은의 유민들을 감시하는 일을 맡았던 관숙(管叔)과 채숙(蔡叔) 등이 이를 트집 잡아서 은의 유민들을 이끌고 반란을 일으켰다. 주공은 관숙과 채숙의 무리를 정벌해 관숙을 죽이고 채숙은 멀리 내쫓아버렸다. 그런 뒤에 강숙을 위(衛)에 봉했다. 그때 성왕이 「강고」의 말을 강숙에게 해주었다.

> 아아, 작은 사람 봉(封)아! 그대는 몸이 아프고 병이 든 것처럼 잡도리하라. 하늘은 참된 자를 돕나니, 백성의 마음을 통해 잘 알 수 있다. 백성은 보살피기 어려우니, 그대는 가서 마음을 다하라. 편안히 일하지 않으면서 놀기를 좋아하지 말 것이니, 그러면 백성은 잘 다스려지리라. 내 들으니, '원한은 큰 데에만 있지 않고 작은 데에만 있지도 않다. 따르지 않는 이는 따르게 하고, 힘쓰지 않는 이는 힘쓰게 하라'고 했다. 그러니 너 작은 사람아! 맡은 일에 힘써 왕의 뜻을 널리 펴고, 은나라 백성을 잘 품고 지켜라. 또 왕을 도와서 하늘의 명에 머물며 백성을 새롭게 만들어라.
> (嗚呼, 小子封! 恫瘝乃身, 敬哉. 天畏棐忱, 民情大可見. 小人難保, 往盡乃心. 無康好逸豫, 乃其乂民. 我聞曰, '怨不在大, 亦不在小, 惠不惠, 懋不懋.' 已汝惟小子! 乃服惟弘王, 應保殷民. 亦惟助王, 宅天命, 作新民.)

자신의 몸이 아프고 병이 든 것처럼 잡도리하라는 말은 곧 신독(愼獨)하라는 것이다. 하늘의 뜻은 그 자체로 알 수 없으나, 백성의 마음으로 알 수 있다고 했다. 이는 민심이 곧 천심이라는 말이다. 백성을 잘 다스려서 그들의 마음을 얻는다면, 하늘도 그에 따라 돕는다는 것이다. 그러기 위해서는 군주로서 할 일을 해야 한다고 했다.

강숙은 특히 은나라 유민들을 관리해야 하는데, 이는 매우 중요한 일이다. 현명한 주공이 성왕을 잘 보좌했음에도 동생들이 반란을 일으켰다. 그만큼 주나라가 불안정한 시기였다는 뜻이다. "창업보다 수성이 어렵다"는 말의 뜻을 짐작하게 하는 상황이었다. 더구나 은나라도 수백 년을 존속했던 왕조였으니, 그 유민들을 관리하는 일이 어찌 쉽겠는가? 그러므로 지극한 마음으로 그들을 품어서, 따르지 않는 이는 따르게 하고 힘쓰지 않는 이는 힘쓰게 하도록 해야만 했다. 이것이 바로 작신민(作新民), 곧 백성을 새롭게 만드는 일이었다.

이전 왕조의 유민들을 새롭게 만든다는 것은 곧 새로운 왕조의 백성이 되게 한다는 뜻이다. 그렇게 된다면 이미 있던 다른 나라의 백성도 덩달아 주나라를 가깝게 여기며 마음을 줄 것이다. 하물며 주나라 백성이야 더욱더 가까워지지 않겠는가? 그저 가까워지기만 하겠는가? 주 왕조가 새롭게 일어섰으니, 백성 또한 새로워지지 않겠는가? 이것이 "주나라가 비록 오래된 나라지만, 그 명은 참으로 새롭구나"라는 시구에 담긴 뜻이다.

기원전 662년, 주나라 혜왕(惠王) 15년에 신령이 괵(虢)나라의 신(莘) 땅에 내려왔다. 그러자 혜왕은 태재(太宰)로 있던 기보(忌父)를 시켜 신 땅으로 가서 제사를 지내도록 했다. 내사(內史) 과(過)는 태재 일행을 따라 괵나라로 갔다. 이때 괵나라의 제후도 태축(太祝)과 태사(太史)를 보내 신령에게 제사를 지냈는데, 제사지내면서 자신에게 땅을 내려줄 것을 빌게 했다. 이를 본 내사 과가 돌아와서 혜왕에게 이렇게 보고했다.

> 괵나라는 반드시 망할 것입니다! 신령에게 정성을 다해 제사지내지 않고 복만 빌었으니 신령이 반드시 재앙을 내릴 것이고, 백성을 가까이하지 않고 부리기만 하니 백성이 반드시 그를 배반할 것입니다. 정성스런 뜻으로 제사지내는 것을 인(禋)이라 하고, 백성을 자애로운 마음으로 지켜주는 것을 친(親)이라 합니다. 이제 괵나라 제후는 걸핏하면 백성을 힘들게 해 그 삿된 마음을 드러내고, 백성을 멀어지게 하고 신을 노하게 하면서 이익을 구하고 있으니, 어찌 망하지 않겠습니까? —『국어』「주어」
>
> (虢必亡矣! 不禋于神而求福焉, 神必禍之; 不親于民而求用焉, 人必違之. 精意以享, 禋也; 慈保庶也, 親也. 今虢公動匱百姓以逞其違, 離民怒

神而求利焉, 不亦難乎! —『國語』「周語」)

신령에게 정성스런 뜻으로 제사지내는 것은 「강고」에서 말한 "하늘의 명에 머문다"는 뜻이다. 백성을 자애로운 마음으로 지켜주는 것은 곧 친민인데, 이 또한 「강고」에서 말한 "백성을 새롭게 만든다"는 것과 다르지 않다. 괵나라가 반드시 망한다는 것은 곧 이 친민 또는 신민을 하지 않고 제후가 사사로이 제 이익만 챙기면서 백성이 배반하게 만들고 있기 때문이다. 결국 혜왕 19년(기원전 658)에 괵나라는 진(晉)나라의 공격을 받아 멸망했다.

백성이 나라를 새롭게 만든다

주나라의 시조는 후직(后稷)이다. 신화 속의 인물이고, 실존 여부는 알 수 없다. 다만 주나라가 그만큼 오래된 나라임을 말해준다. 모든 제후국들 위에 군림하고 있던 은나라 곧 상(商) 왕조를 무너뜨리기 위해 갑작스레 일으킨 나라가 아니다. 무왕(武王)이 즉위하여 9년 만에 폭군 주왕(紂王)을 죽이고 상 왕조를 멸망시켰으나, 그 과업은 이미 문왕(文王) 때부터 진행되고 있었다. 문왕은 50여 년 동안 재위하면서 제후들에게 믿음을 얻고 백성의 마음을 얻는 정치를 해 중원의 서쪽에서 우두머리 노릇을 했다. 그리하여 '서백(西伯)'으로 일컬어졌다.

그러나 문왕이 비록 서백으로 일컬어지기는 했어도 그 위세가 천하의 주인을 바꿀 만큼은 되지 못했다. 그 아들 무왕이 은인자중하면서 제후들의 신뢰를 얻어 마침내 군사를 일으켰을 때, 그 무리는 고작 4만 5천 명이었다고 한다. 반면에 폭군 주왕의 군사는 70만이나 되었다. 중과부적(衆寡不敵)이라는 말도 무색할 만큼 큰 차이가 났다. 이는 상 왕조의 기반이 그만큼 탄탄했다는 뜻이다. 그럼에도 주나라가 승리한 것은 주왕의 포악한 정치로 이미 민심이 떠나 있었기 때문이다. 『사기』

「주본기」에서는 "주왕의 군대는 수가 많았지만 하나같이 싸울 마음이 없었다. 무왕이 빨리 공격해 오기를 바라고 있던 터라 주왕의 군사들은 무기를 거꾸로 돌리고 무왕에게 길을 터주었다"고 적고 있다. 물론 이것이 역사적 사실이라고 단언하기는 어렵다. 다만, 민심이 얼마나 떠나 있었는지를 이렇게 묘사했다고 말할 수 있다.

주나라가 상 왕조를 대신하여 새로운 왕조를 열 수 있었던 것은 문왕과 무왕이 제후들과 백성의 마음을 얻었기 때문이다. 특히 백성의 마음을 얻은 것이 주효했다. 백성의 마음에 하늘의 뜻이 담겨 있기 때문이다. 사실 무왕은 즉위 2년째에도 군사를 일으켰다. 그때, 그를 따르던 제후가 800이나 되었다고 한다. 그런데 갑자기 무왕은 정벌을 멈추었다. 제후들이 모두 "주왕을 정벌할 수 있습니다"라고 했음에도 무왕은 "그대들은 천명을 모른다!"고 하면서 군사를 되돌렸다.

무왕이 군사를 되돌린 것은 천명이 아직 주왕에게 있고 자신에게 있지 않다고 여겼기 때문이다. 말하자면 민심이 아직 주왕과 상 왕조를 완전히 떠나지 않았음을 깨달았던 것이다. 사실 폭군이 폭정을 편다고 해서 곧바로 민심이 돌아서지는 않으며 그때마다 나라가 망하지도 않는다. 폭군이 나올 때마다 나라가 망한다면, 우리가 아는 왕조 수보다 훨씬 많은 왕조가 흥하고 망했을 것이다.

무왕도 천명을 운운했으나, 그가 주시한 것은 결국 민심의 향방이었다. 앞서 인용한 「강고」의 "하늘은 참된 자를 돕나니, 백성의 마음을 통해 잘 알 수 있다"는 말에도 그런 뜻이 담겨 있다. 이렇게 보면, 백성이 새로워지는 것이 아니라 통치하는 왕조가 새로워지는 것에 지나지 않는다고 말해야 옳다. 백성은 여전히 그 백성이다. 다만, 그들은 자신들을 아껴주고 위해주며 살뜰하게 보살펴주는 군주, 그런 군주를 바라고 그런 군주가 다스리는 나라에 살고 싶을 따름이다.

6-3의 "주나라가 비록 오래된 나라지만, 그 명은 참으로 새롭구나"라는 표현도 결국 주 왕조의 창업자나 계승자들의 입장에서 나온 것일

뿐이다. 백성 입장에서는 통치자와 그 왕조가 새로워진 것이다. 이는 백성이 새로운 군주를 찾아내서 그에게 통치의 기회를 주었다는 뜻이다. 그럼에도 많은 군주들은 이를 간과하고, 마치 자신이 하늘의 뜻을 받아서 군주가 되고 왕조를 열었다고 여긴다. 그로 말미암아 백성을 위한 정치는 잊히기 시작한다.

백성을 위한 정치가 아니라면 이미 그것은 정치가 아니다. 정치가 아닌 정치를 하면서 스스로 통치자요 정치가라 하는 것은 어불성설 아니겠는가! 그런 어불성설이 얼마나 통하며, 얼마나 오래 가겠는가!

> 정치가 흥하는 것은 백성의 마음을 따르는 데 있고, 정치가 무너지는 것은 백성의 마음을 거스르는 데 있다. 백성은 걱정과 힘듦을 싫어하므로 군주는 그들을 편안하고 즐겁게 해주어야 하고, 백성은 가난과 미천함을 싫어하므로 군주는 그들을 가멸고 귀하게 해주어야 하며, 백성은 위험에 빠지는 것을 싫어하므로 군주는 그들을 잘 지켜 안전하게 해주어야 하고, 백성은 후사가 끊기는 것을 싫어하므로 군주는 그들을 잘 살도록 해주어야 한다. 군주가 백성을 편안하고 즐겁게 해주면 백성도 군주를 위해 걱정과 힘듦을 마다하지 않고, 군주가 백성을 가멸고 귀하게 해주면 백성도 군주를 위해 가난과 미천함을 마다하지 않으며, 군주가 백성을 잘 지켜 안전하게 해주면 백성도 군주를 위해 위험에 빠지는 것도 마다하지 않고, 군주가 백성을 잘 살도록 해주면 백성도 군주를 위해 후사가 끊기는 것을 마다하지 않는다. 그러므로 형벌로 백성의 마음을 두렵게 할 수 없고, 죽이는 것으로 그 마음을 복종시킬 수 없다. 형벌이 번다한데도 두려워하지 않는다면 법령은 실행되지 않고, 많은 사람을 죽이는데도 복종하지 않는다면 윗사람의 자리는 위태로워진다. 따라서 백성이 바라는 네 가지 욕구를 채워주면 멀었던 사람도 저절로 가까워지고, 네 가지 싫어하는 것을 한다면 가까웠던 사람도 배

반한다. 그러므로 백성에게 주는 것이 곧 받는 것임을 아는 것, 이것이 정치의 보배다. –『관자』「목민」

(政之所興, 在順民心; 政之所廢, 在逆民心. 民惡憂勞, 我佚樂之; 民惡貧賤, 我富貴之; 民惡危墜, 我存安之; 民惡滅絶, 我生育之. 能佚樂之, 則民爲之憂勞; 能富貴之, 則民爲之貧賤; 能存安之, 則民爲之危墜; 能生育之, 則民爲之滅絶. 故刑罰不足以畏其意, 殺戮不足以服其心. 故刑罰繁而意不恐, 則令不行矣; 殺戮衆而心不服, 則上位危矣. 故從其四欲, 則遠者自親; 行其四惡, 則近者叛之. 故知予之爲取者, 政之寶也. –『管子』「牧民」)

관중은 환공에게 발탁되어 제나라 정치를 맡아 하면서 백성의 삶을 위해 자신의 몸과 마음을 다했다. 그것은 백성에게 주는 것이 곧 받는 것임을, 그게 정치의 보배임을 깊이 깨달아 알고 있었기 때문이다. 6-4의 "지극함을 쓰지 않는 일이 없는 것"은 그렇게 해야 하는 이치를 알기 때문이다. 알고 그렇게 하는 자, 그가 곧 군자다.

7장

머물 곳을 알고 머물러라

7-1

詩云: "邦畿千里, 惟民所止." 詩云: "緡蠻黃鳥, 止于丘隅." 子曰: "於止, 知其所止, 可以人而不如鳥乎?"

시에서 "사방 천 리의 경기 지역, 백성이 살 곳이로다"라고 노래했다. 또 시에서 "꾀꼴꾀꼴 꾀꼬리, 언덕 모퉁이에 사네"라고 노래했다. 공자는 "머물러야 할 때 머물 곳을 아니, 사람이 새만도 못해서야 되겠는가?"라고 말했다.

注釋 첫째 시는 『시경』「상송(商頌)」의 〈현조(玄鳥)〉에 나오는 구절이다. 방기(邦畿)는 왕기(王畿) 또는 경기(京畿)와 같으며, 천자나 왕의 직할지로 대체로 서울을 중심으로 사방 500리 이내 지역을 가리킨다. 지(止)는 그치다, 머물다, 살다는 뜻이다. 둘째 시는 『시경』「소아(小雅)」의 〈면만(緡蠻)〉에 나오는 구절이다. 면만(緡蠻)은 새 우는 소리 또는 자그마한 새를 뜻한다. 황조(黃鳥)는 꾀꼬리인데, 박샛과의 곤줄매기로 보는 견해도 있다. 자왈(子曰)은 공자의 말을 가리킨다. 불여(不如)는 ~와 같지 못하다, ~보다 못하다는 뜻이다.

蛇足 두 시구는 사람이 살 곳과 짐승이 살 곳은 엄연히 다르니, 사람은 사람이 살 곳을 알고 그곳에서 살아야 한다는 뜻을 담고 있다. 그러면, 사람들이 사람이 살 곳에서 살지 않는다는 말인가? 만약 그러하다면, 왜 사람은 짐승과 달리 살 곳에서 살지 않는가? 도대체 사람이 살 곳은 어디란 말인가?

첫째 시구는 백성이 살 곳으로 천자나 왕이 사는 경기 지역이 사람이 살 곳이라 했다. 무슨 뜻인가? 경기 지역은 천자의 통치가 직접적으로 미치는 곳이다. 간단히 말하면, 예악을 포함한 문물제도가 정비되어 있으며 문화가 융성한 곳이다. 여기에는 한족과 오랑캐를 문화로써 나누는 화이관(華夷觀)이 그 바탕에 깔려 있다.

『상서』의 「우공(禹貢)」편을 보면, 우공이 산천을 다스리고 천하를 구주(九州)로 나눈 일이 서술되어 있다. 중국 전역에 걸친 지리적 정보를 보건대 이 글은 거의 한대(漢代)에 쓰인 것으로 보인다. 어쨌든 이 글 안에는 우공이 천자의 도성을 중심으로 사방 5백 리마다 구획을 지은 것이 나온다.

> 도성으로부터 사방 5백 리의 땅은 전복(甸服)이다. 1백 리 안은 세금으로 볏단을 바치고, 2백 리 안은 이삭을 바치며, 3백 리 안은 짚과 수염을 딴 낟알을 바치고, 4백 리 안은 낟알만 바치며, 5백 리 안은 찧은 쌀을 바친다.
> 또 그 밖으로 5백 리의 땅은 후복(侯服)이다. 첫 백 리 안은 경대부(卿大夫)의 식읍이고, 둘째 백 리 안은 남작의 봉읍이며, 나머지 3백 리는 제후들의 땅이다.
> 또 그 밖으로 5백 리의 땅은 수복(綏服)이다. 첫 3백 리 안은 문화를 가르쳐 교화하는 것을 원칙으로 하고, 나머지 2백 리는 무력을 떨쳐 나라를 지킨다.
> 또 그 밖으로 5백 리의 땅은 요복(要服)이다. 첫 3백 리 안은 이족(夷族)이 살고, 나머지 2백 리는 가벼운 죄를 지은 자를 보내는 곳이다.
> 또 그 밖으로 5백 리의 땅은 황복(荒服)이다. 첫 3백 리 안은 만족(蠻族)이 살고, 나머지 2백 리는 중죄인을 보내는 곳이다.

위의 글에서는 사방 1천 5백 리 안을 문화로써 교화가 가능한 곳으로, 그 너머는 이족이든 만족이든 오랑캐들이 사는 곳, 즉 문화와는 거리가 먼 곳으로 보고 있다. 죄수들을 그곳으로 보내는 것도 그 때문이다. 물론 이것은 관념적인 지리 인식일 뿐이고, 실제로 그러했던 것은 아니다. 그러나 관념적이기 때문에 더욱 중요하고 그 영향력도 크다고 할 수 있다. 위의 시구에서는 '사방 천 리의 경기 지역'이라 한 것이 「우공」에서는 '전복'이라 하여 사방 5백 리로 되어 있는데, 이런 차이는 실제가 아닌 관념으로 그려냈기 때문에 생긴 것이다.

흥미로운 것은 두 번째 시구에서 말한 내용이다. 꾀꼬리는 언덕 모퉁이에서 산다고 노래했는데, 언덕 모퉁이란 「우공」의 요복이나 황복에 해당되는 것이다. 새 우는 소리를 형용한 '면만(緡蠻)'이라는 글자를 보라. 거기에 중원에서 남쪽 오랑캐를 가리켜서 부르는 '만족'의 '만'자가 쓰였다. 중원에 사는 한족들은 남쪽 오랑캐들이 하는 말을 마치 새가 지저귀는 것으로 들었음을 알 수 있다. 이 글자만으로도 「우공」에서 말한 요복과 황복이 어떤 곳인지 충분히 짐작할 수 있다.

오랑캐가 머무는 곳에는 문화가 없다. 그런 곳은 사람이 살 곳이 아니라는 말이다. "머물러야 할 때 머물 곳을 아니, 사람이 새만도 못해서야 되겠는가?"라는 공자의 말은 그런 의미를 분명하게 드러내준다. 실제로 공자는 예악을 강조했고 주나라의 문물제도를 확립한 주공을 높이 떠받들었으니, 문화를 숭상한 유자의 전형이다. 공자는 관중을 두고 한편으로는 그릇이 작고 예의를 모른다고 하면서도 한편으로는 어진 면도 지녔다고 평가했다. 아래의 문답을 보면, 공자가 어떤 점을 높이 샀는지 잘 알 수 있다.

> 자공이 말했다.
> "관중은 어진 자가 아니겠지요? 환공이 공자 규를 죽였을 때, 그는 죽지 못하고 오히려 환공을 도왔으니 말입니다."
> 스승께서 말씀하셨다.
> "관중은 환공을 도와서 제후들의 패자가 되어 천하를 오롯이 바로잡았는데, 백성은 이제까지 그 은택을 받고 있다. 관중이 아니었다면, 우리는 머리를 풀어 헤치고 옷섶을 왼쪽으로 여몄을 것이다. 어

찌 평범한 사람들처럼 작은 의리를 헤아리다가 스스로 도랑에 뛰어들어 죽어서 남들이 알지도 못하게 할 것인가?" – 『논어』「헌문」

(子貢曰: "管仲非仁者與? 桓公殺公子糾, 不能死, 又相之." 子曰: "管仲相桓公, 霸諸侯, 一匡天下, 民到于今受其賜. 微管仲, 吾其被髮左衽矣. 豈若匹夫匹婦之爲諒也, 自經於溝瀆而莫之知也?" – 『論語』「憲問」)

머리를 풀어 헤치고 옷섶을 왼쪽으로 여미는 것은 오랑캐의 풍습이다. 관중이 환공을 섬기며 패자로 만든 뒤에 한 일은 한마디로 '존왕양이(尊王攘夷)'의 실현이었다. 유명무실한 주 왕실의 권위를 존중하면서 오랑캐들이 중원을 넘보지 못하게 한 것이다. 중원은 문화의 땅인데, 오랑캐의 침략을 막아내지 못한다면 문화는 죽고 오랑캐 풍습이 유행할 것은 불을 보듯 뻔한 일이다. 실제로 남북조와 수당을 거쳐 원대, 청대에 이민족의 정권이 들어서면서 이민족들의 풍습이 얼마나 많이 퍼졌던가!

오로지 중원의 문화를 최고의 가치로 여겼던 공자다. 춘추시대 말기에 들어서면서 중원이 혼란에 빠지자 오랑캐들이 중원을 호시탐탐 노렸다. 그리고 황하 이북 지역이 오늘날과 달리 상당 부분은 흉노를 비롯한 오랑캐들의 영역이었다. 북방 오랑캐가 사는 곳은 중원에서 그리 멀지 않았다. 기원전 770년에 주 왕조가 도성을 동쪽으로 옮긴 것도 서쪽 견융의 침입을 받았기 때문이다. 공자가 어찌 우려하지 않았겠는가? 그러했으므로 관중의 역할을 높이 평가했던 것이다.

오랑캐에게는 문화가 없다고 여겼으므로 당연히 정치도 없다고 여겼을 것이다. 문화가 바탕이 되어야 가능한 것이 정치라고 생각했기 때문이다. 문화의 고갱이가 바로 예의와 음악이고, 이 예의와 음악은 그대로 정치의 표현이었다. 『논어』「팔일(八佾)」편에서 공자가 "오랑캐에게 임금이 있어도 임금이 없는 중국보다 못하다"(夷狄之有君, 不如諸夏之亡也)고 말한 것도 그런 맥락에서 이해해야 한다. 임금이 있다고 해서 정치가 이루어지는 것이 아니라 문화가 살아 있어야 정치가 이루어지기 때문이다.

임금이 덕을 갖추었다면 당연히 문화도 살아 있어 정치가 이루어진다. 그러나 오랑캐의 우두머리처럼 덕을 갖추지 못한 임금이라면 정치를 이루지 못한다. 물론 이는 당시 한족들이 갖고 있던 관념이다. 그만큼 자신들의 문화에 자부심을 가지고 있었다는 말이다. 그러나 춘추시대는 그런 자부심에 생채기가 나면서 시작되었다. 공자가 예악을 부르짖은 것도 그 때문이다.

문화는 곧 정치의 표현이다

문화가 있다는 것은 곧 교육과 교화가 이루어진다는 뜻이다. 유가에서도 법과 형벌을 간과한 것은 아니지만, 그것만으로는 참된 정치가 이루어지지 못한다고 보았다. 『논어』「위정(爲政)」편에서 공자가 말했듯이 "정령으로써 이끌고 형벌로써 잡도리하려고 하면, 백성은 벗어나려고만 하고 부끄러워할 줄 모른다. 그러나 덕으로써 이끌고 예의로써 잡도리하면, 부끄러워하면서 바루려 한다."(道之以政, 齊之以刑, 民免而無恥; 道之以德, 齊之以禮, 有恥且格)

비록 엄격한 신분제 사회여서 백성이 귀족이 될 기회는 거의 없었지만, 그렇다고 해서 강압적이고 타율적인 삶을 사는 것이 당연할 수는 없다. 시대와 제도의 제약이 있더라도 사람이 타고난 능력과 지혜를 쓸 기회는 얼마든지 있다. 다만, 군주나 관리들이 그러한 기회를 제공하도록 힘써야 한다. 그래서 문화적 토양이나 환경을 마련해주는 것이 긴요하다.

만약 문화적 토양이나 환경을 적절하게 마련해주지 않고 오로지 법률과 형벌로써만 다스리려 한다면, 아무리 공명정대하게 법률을 집행하고 엄정하게 상벌을 실행한다고 해도 백성을 다스리는 일은 갈수록 어려워진다. 백성이 강압적이고 타율적인 통치에 익숙해지기 때문이다. 자율적일수록 관청의 개입은 줄어들지만, 타율적일수록 개입과 관여, 간섭 따위는 점점 늘어나기 마련이다.

교육이나 교화가 긴요하다고 해도 이 역시 강조하고 강요한다고 되는 것이 아니다. 교육이나 교화의 진정한 효과는 군주를 비롯해서 관리들이 본보기가 되어야 나타난다. 부모가 아이들의 본보기가 될 때 제대로 양육되고, 교사가 학생들의 본보기가 될 때 제대로 교육되는 것과 같다. 양육이나 교육이 적절하게 이루어질 때, 회초리도 효과가 있다. 유가에서 법률과 형벌을 교화보다 뒤에 두는 이유가 거기에 있다.

> 군주가 삼가야 할 것은 네 가지다. 첫째, 덕을 외치기만 하고 어질게 행동하지 않는 사람에게 나라의 권력을 주어서는 안 된다. 둘째, 현명한 사람을 보고도 사양하지 않는 사람에게 높은 자리를 주어서는 안 된다. 셋째, 형벌을 집행하면서 군주의 친인척을 피하는 사람이 병권을 맡게 해서는 안 된다. 넷째, 근본이 되는 농사를 좋아하지 않고 땅의 이로움을 개발하지 않으면서 세금을 함부로 거두는 사람에게 도성을 맡겨서는 안 된다. 이 네 가지에 힘쓰는 것이 위태로움을 안정시키는 근본이다. 그래서 재상이 민중의 마음을 얻지 못하면 나라가 위태로워지고, 대신들이 어우러지지 못하면 나라가 위태로워지며, 병권을 쥔 자가 사졸들에게 두려움을 주지 못하면 나라가 위태로워지고, 백성이 생산하는 일에 마음을 두지 않으면 나라가 위태로워진다고 한다. 그러므로 덕을 외치면서 어질게 행동하면 나라를 잘 다스려 민중의 마음을 얻고, 현명한 이를 보고 사양하면 대신들이 어우러지며, 형벌을 집행하면서 군주의 친인척을 피하지 않으면 그 위엄이 이웃 적국에도 통하고, 근본인 농사를 좋아하고 땅의 이로움을 개발하며 세금을 신중하게 거두면 백성이 생산하는 일에 마음을 둔다. - 『관자』「입정」

(君之所愼者四: 一曰大德不至仁, 不可以授國柄; 二曰見賢不能讓, 不可與尊位; 三曰罰避親貴, 不可使主兵; 四曰不好本事, 不務地利而輕賦斂, 不可與都邑. 此四務者, 安危之本也. 故曰卿相不得衆, 國之危也; 大臣不和同, 國之危也; 兵主不足畏, 國之危也; 民不懷其産, 國之危也. 故大德至仁, 則操國得衆; 見賢能讓, 則大臣和同; 罰不避親貴, 則威行于鄰敵; 好本事, 務地利, 重賦斂, 則民懷其産. －『管子』「立政」)

7-2

詩云: "穆穆文王, 於緝熙敬止." 爲人君, 止於仁; 爲人臣, 止於敬; 爲人子, 止於孝; 爲人父, 止於慈; 與國人交, 止於信.

시에서 "아름답도다 문왕이여, 오 끊임없이 지극하게 살도다" 라고 노래했다. 군주가 된 이는 어짊에 머물고, 신하가 된 이는 지극함에 머물며, 자식이 된 이는 효성에 머물고, 아비가 된 이는 자애로움에 머물며, 나라사람들과 사귈 때는 미쁨에 머문다.

注釋 시는 『시경』「대아」의 〈문왕(文王)〉에 나오는 구절이다. 목(穆)은 아름답다, 공경하다, 도탑다는 뜻이며, 목목(穆穆)은 아름답고 풍성한 모양이나 삼가고 공경하는 모양이다. 오(於)는 감탄사다. 집(緝)은 실을 잣다, 잇다는 뜻이다. 희(熙)는 빛나다, 넓다는 뜻이다. 경(敬)은 신에게 비는 마음으로, 삼가다, 공경하다, 지극하다는 뜻이다. 지(止)는 본래 시에서는 어조사인데, 여기서는 머물다, 살다는 뜻으로 쓰였다. 국인(國人)은 성안에서 사는 사람을 가리키며, 성 밖에서 사는 사람인 야인(野人)과 대비된다.

蛇足 문왕은 아들 무왕이 상 왕조를 멸망시키고 주 왕조를 열면서 얻은 시호다. 본래 그는 서백(西伯)으로 불렸다. 『사기』「주본기」에 따르면, 서백은 선왕들로부터 내려온 법도를 본받아 어진 정치에 힘쓰고 노인을 공경하며 젊은이를 아꼈다고 한다. 또 어진 사람에게는 자신을 낮추어 예의로써 대하고, 밥 먹을 겨를도 없이 선비들을 접대했다고도 한다. 백이와 숙제, 강태공 등도 그를 흠모하여 찾아올 정도였다. 그 밖에도 현명한 사람들이 숱하게 그를 찾아왔으니, 그것은 그가 지극한 마음으로 살았기 때문이다.

> 서백이 조용히 선행을 실천하자 제후들은 모두 그에게 와서 공정한 판결을 청했다. 이때 우(虞)나라와 예(芮)나라 사람들 사이에 해결할 수 없는 송사가 발생하여 주나라에 찾아왔다. 주나라 경계에 들어서니 밭을 가는 사람들은 모두 밭의 경계를 서로 양보하고, 백성은 나이 많은 사람에게 양보하는 풍속이 있었다. 우나라와 예나라 사람들은 서백을 만나기도 전에 모두들 부끄러워했다.
> "주나라 사람들은 우리처럼 싸우는 것을 수치스럽게 여긴다. 가서 무얼 하겠는가? 창피만 당할 것이다."
> 그들은 되돌아가서 서로 양보했다. 이 소문을 들은 제후들은 말했다.
> "서백은 아마 천명을 받은 군주일 것이다."

『사기』「주본기」에 나오는 이 이야기가 과연 역사적 사실이었는지는 확인할 수 없다. 다만, 유가에서 말하는 군주의 정치가 무엇인지는 분명하게 보여주고 있다. 즉, 군주가 어떤 사람이며 어떻게 행동하느냐에 따라 그 신하들과 백성의 마음과 행동거지도 달라진다는 것이다. 앞서 인용한 『관자』「입정」의 '군주가 삼가야 할 네 가지'도 이와 통한다.

사실 서백처럼 어진 정치를 베풀고 현명한 선비들을 아끼는 군주는 매우 드물다. 그렇기 때문에 서백이 상 왕조를 멸망시킬 수 있는 토대를 닦을 수 있었고 또 오래도록 추앙받을 수 있었다. 또한 서백이 토대를 잘 다져 놓았기 때문에 그 아들 무왕이 즉위한 지 11년 만에 상 왕조를 정벌하는 일도 가능했다.

물론 무왕이 무력으로 주왕(紂王)의 군사를 친 것은 분명하다. 그리고 유자들이 말하는 것과 달리 치열한 전투 끝에 간신히 승리를 거둔 것 또한 역사적 사실이라고 여겨진다. 그럼에도 수백 년 동안 이어져 왔고 또 여전히 막강한 군사력을 갖추고 제후들을 이끌고 있던 상 왕조를 무너뜨릴 수 있었던 것은 서백부터 계속된 어진 정치를 통해 천하의 제후들과 민중의 신뢰를 얻었기 때문이다. 적어도 유자들은 그렇게 보았고 확신했다.

> 제나라 민왕이 연(燕) · 조(趙) · 초(楚) · 위(魏) · 진(秦) 다섯 나라에 패하고 환공이 노나라 장공(莊公)에게 겁박당한 것은 다른 까닭이 아니라 올바르지 않은 방법으로 왕자가 되려고 생각했기 때문이다. 저 왕자는 그렇게 하지 않으니, 어짊이 천하에 두루 미치고 올바름이 천하에 두루 미치며 위엄이 천하에 두루 미친다. 어짊이 천하에 두루 미치기 때문에 천하의 누구나 그를 가까이하려 하고, 올바름이 천하에 두루 미치기 때문에 천하의 누구나 그를 귀하게 여기며, 위엄이 천하에 두루 미치기 때문에 천하의 누구도 감히 맞서지 못한다. 누구도 맞서지 못하는 위엄으로써 사람을 복종하게 하는 도리를 떠받치기 때문에 싸우지 않고도 이기고 공격하지 않고도 얻으며 군사들을 힘들게 하지 않고도 천하를 복종시키니, 이것이 왕도를 아는 것이다. 이 세 가지를 잘 알고 갖춘 사람은 왕자가 되고 싶으면 왕자가 되고, 패자가 되고 싶으면 패자가 되며, 강자가 되고 싶으면 강자가 된다. – 『순자』「왕제」
>
> (閔王毁於五國, 桓公劫於魯莊, 無它故焉, 非其道而慮之以王也. 彼王者不然, 仁眇天下, 義眇天下, 威眇天下. 仁眇天下, 故天下莫不親也; 義眇

天下, 故天下莫不貴也; 威眇天下, 故天下莫敢敵也. 以不敵之威, 輔服人之道, 故不戰而勝, 不攻而得, 甲兵不勞而天下服, 是知王道者也. 知此三具者, 欲王而王, 欲霸而霸, 欲彊而彊矣. -『荀子』「王制」

머물 데를 알고 통치한 진혜문왕(秦惠文王)

진시황은 막강한 군사력과 절묘한 외교력으로 천하를 통일하여 최초의 황제가 되었다. 그런데 그런 위업은 그 선조인 진효공(秦孝公)이 상앙을 기용하여 전적으로 신뢰한 데서 비롯되었다. 상앙은 변법을 시행했는데, 그것은 기존의 관습과는 전혀 다른 법이었으며 기득권을 제한하거나 박탈하는 법이었다. 당연히 처음에는 잘 지켜지지 않았다. 더구나 대대로 특권을 누리던 귀족들의 반발이 이만저만 아니었다. 귀족이라도 공을 세우지 않으면 여지없이 작위와 봉토를 깎을 뿐만 아니라 죄를 지으면 가차 없이 형벌을 집행했기 때문이다.

워낙 법령을 엄격하게 집행하자 귀족들부터 백성에 이르기까지 원망하는 소리가 대단했다. 그러던 어느 날, 태자가 법을 어기는 일이 생겼다. 상앙이 말했다.

"법이 잘 시행되지 않는 것은 위에서부터 지키지 않기 때문입니다. 군주께서 법을 반드시 시행하고자 하신다면, 태자부터 먼저 지키게 하십시오. 태자에게 벌을 내릴 수는 없으니, 그 사부가 대신 받게 하십시오."

그래서 태자의 태부(太傅)로 있던 공자 건(虔)의 목을 베고 태사(太師)인 공손고(公孫賈)의 이마에 글자를 새기는 형벌을 내렸다. 이렇게 하자 진나라 사람들도 차츰차츰 법을 지켰다.

기원전 338년, 효공이 죽자 태자가 즉위했다. 그가 혜문왕(惠文王)이다. 혜문왕이 즉위하자 상앙에게 원한을 품고 있던 귀족들이 상앙을 모함했다. 궁지에 몰린 상앙은 도망쳤다가 결국 잡혀서 반역죄로 거열형

(車裂刑, 사지와 머리를 다섯 대의 수레에 묶어 찢어 죽이는 형벌)을 받았다.

혜문왕도 상앙이 반역죄를 저지를 인물이 아님을 알고 있었다. 그러나 그도 사람인지라 자신의 허물로 말미암아 스승들이 형벌을 받은 일 때문에 오래도록 상앙에게 원한을 품고 있었을 것이다. 귀족들도 그 점을 잘 알고 모함을 했으리라 여겨진다. 그런데 혜문왕은 상앙을 죽였음에도 그가 시행한 변법은 그대로 두었다. 공과 사를 분명하게 구분했던 것이다. 상앙에게 품은 원한은 사사로운 것이고, 진나라를 부강하게 만든 변법은 공적으로 시행된 것이다. 그러나 혜문왕처럼 공과 사를 구분하기는 쉽지 않다.

> 노나라 관리가 장부에 손을 대려 하자, 민자건이 말했다.
> "옛것을 그대로 둔들 어떠하겠소? 어찌 꼭 고치려 하시오?"
> 공자께서 말씀하셨다.
> "그 사람은 쉽사리 말하지 않으나, 말을 하면 반드시 맞다." – 『논어』「선진」
>
> (魯人爲長府, 閔子騫曰: "仍舊貫, 如之何? 何必改作?" 子曰: "夫人不言, 言必有中." – 『論語』「先進」)

오늘날 한국을 보면, 정권이 바뀔 때마다 혁신이니 개혁이니 하는 명분으로 이전 정부에서 했던 일을 지워버리는 짓을 한다. 갖가지 사업을 잘 하고 있던 부서를 단번에 없애버리거나, 이미 있던 부서와 겹친다는 것을 번연히 알면서도 새 부서를 만들어 제 측근들로 채우거나 하는 일이 비일비재하다. 삼면이 바다인 나라에서 해양수산부를 없애는, 전혀 국익에 도움이 되지 않을 뿐만 아니라 도리어 해로운 짓을 버젓이 저지르거나, 또 온 국민들이 반대하는 4대강 사업을 마구잡이로 밀어붙여서는 온 나라 곳곳에 깊은 생채기를 내거나, 창조경제라는 정체불명의 용어를 내세워 허울뿐인 정책을 남발하면서 국고를 탕진하거나 하는 것들 모두 행정이나 통치의 기본을 망각한 짓들이다.

위의 대화에서 민자건은 "어찌 꼭 고치려 하시오?"라고 말하며 함부로 고치려는 관리의 짓거리를 막았다. 무릇 행정이나 정치는 백성을 위한 것이어야 한다. 권한을 가졌다고 해서 관리가 함부로 없애거나 제멋대로 만들어서는 안 된다. 문제가 있다고 여겨진다면, 꼼꼼하게 살펴서 참으로 바꾸어야 하는지, 바꾼다면 무엇을 바꿀 것인지 또 어떻게 바꿀 것인지를 깊이 헤아려서 결정해야 한다. 왜냐하면 그것은 백성의 삶과 직결되어 있기 때문이다.

혜문왕은 태자였을 때부터 상앙의 변법이 어떤 것인지를 봐 왔다. 변법이 진나라를 어떻게 바꾸었는지 그 효용도 잘 알고 있었다. 그러했으므로 사사로운 감정과 달리 상앙의 변법을 폐기처분할 수 없었다. 어떻게 보면, 진나라는 자신의 나라 아닌가! 어찌 자신의 나라에 해로운 선택을 할 것인가. 그럼에도 많은 군주들이 사사로운 감정에 빠져 나라와 백성에게 해로운 선택을 한다. 그런 점에서 혜문왕을 자신이 머물러야 할 데를 제대로 알고 머문 군주로 보아도 지나치지 않다.

혜문왕은 진나라 최초로 '왕'으로 일컬어진 군주다. 황하의 서쪽 저 멀리 치우쳐 있어서 중원의 제후국들로부터 멸시를 받았던 진나라의 군주가 드디어 왕이 된 것이다. 이는 혜문왕이 상앙의 변법을 이어가면서 진나라를 더욱 부강하게 하며 영토를 확장했기에 가능했던 일이다. 혜문왕이 변법을 이어가지 않고 폐기했다면, 과연 백여 년 뒤에 진시황이 천하를 통일하는 대업을 불과 10여 년 만에 이룰 수 있었을까?

머물지 못할 곳임을 알고 떠난 궁지기(宮之奇)

머물러야 할 곳에 머물기 위해서는 먼저 때를 잘 알아야 한다. 때와 상관없이 머물기 좋은 곳은 없다. 아무리 좋은 곳이라도 때가 아니면 머물지 않아야 하고, 아무리 나쁜 곳이라도 때가 되면 머물러도 좋다.

이런 때를 아는 것, 이것은 지혜의 몫이다. 그리고 지혜는 욕심을 버리고 마음을 비울 때 비로소 갖추어진다.

기원전 655년, 진(晉)나라가 괵(虢)나라를 칠 때 우(虞)나라에 길을 빌려달라고 요청했다. 그때 궁지기(宮之奇)는 우공(虞公)에게 길을 빌려주지 말라고 간언했다. 그러나 우공은 듣지 않았다. 이에 궁지기가 집으로 돌아와서 자식들에게 말했다.

"우나라는 곧 망할 것이다. 참되고 미쁜 사람만이 외국의 군대가 머물고 있어도 해를 당하지 않을 수 있다. 어리석음을 버리고 외적에 대응할 수 있는 것을 참됨이라 한다. 자신을 안정시켜 일을 처리하는 것을 미쁨이라 한다. 이제 군주는 자신이 싫어하는 일을 남에게 하려고 하는데, 이는 어리석음을 버리지 못한 것이다. 진나라의 뇌물에 눈이 멀어 가까운 이웃나라를 멸망시키려 하는데, 이는 자신을 불안정하게 하는 짓이다. 무릇 나라는 참되지 않으면 바로 서지 못하고, 미쁘지 않으면 굳건하지 못하다. 이미 참되지도 미쁘지도 않은데 외국 군대를 머물게 하면, 외국 군대는 빈틈을 알아채고 (괵나라를 멸망시킨 뒤) 철군하면서 일을 꾀할 것이다. 스스로 나라의 근본을 저버렸으니, 어찌 오래 이어갈 수 있겠느냐. 이 나라를 떠나지 않았다가 재앙을 당할까 두렵구나."

궁지기는 처자식을 데리고 서쪽으로 떠났다. 얼마 뒤 우나라는 진나라에 멸망당했다.

궁지기는 괵나라와 우나라의 형세를 잘 알았고 진나라의 속셈도 간파했으니, 현명한 사람이었다. 군주가 어리석게도 뇌물에 눈이 멀어서 어리석은 선택을 하려 하자 강력하게 간언했으니, 참되고 미쁜 신하였다. 군주가 간언을 받아들이지 않아 멸망의 때가 가까웠음을 알고는 처자식을 거느리고 훌쩍 떠났으니, 참되고 미쁜 아비였다. 머물 때에 머물렀다가 머물 때가 아닌 줄 알고서 미련 없이 떠난 것은 군주와 달리 욕심은 없고 지혜가 있었음을 뜻한다.

못난 자와 큰일을 일으키면 일을 그르치고, 그가 할 수 없는 일을 시키면 명령이 못쓰게 되고, 경솔하고 의심 많은 사람에게 일러주면 제 몸이 해를 입는다. 그러므로 "함께할 수 없는 사람과 함께 하거나 능력이 안 되는 사람에게 억지로 시키거나 알지 못하는 사람에게 일러주면, 고생만 하고 아무런 보람이 없다"고 말한다. – 『관자』「형세해」

(與不肖者擧事, 則事敗; 使于人之所不能爲, 則令廢; 告狂惑之人, 則身害. 故曰: "與不可, 强不能, 告不知, 謂之勞而無功." – 『管子』「形勢解」)

그러나 때를 알기란 참으로 어렵다. 때는 고정된 것이 아니기 때문이다. 때라고 해서 시간만 가리키는 것도 아니다. 때라는 말은 일이 그렇게 되어 가는 형세를 포함하며, 그런 형세를 이루는 온갖 사물들을 또한 아우른다. 그러니 때를 알고 그 때에 맞게 처신하기가 얼마나 어렵겠는가!

한결같이 머물 곳은 덕이다

7-2에서는 군주와 신하, 자식과 아비 등이 머물 곳으로 어짊, 지극함, 효성, 자애로움 따위를 말했다. 또 널리 사람들과 사귈 때에는 미쁨에 머물러야 한다고 했다. 이는 곧 사람이면 누구나 머물 곳이 덕이어야 함을 의미한다.

역사서를 들여다보면, 군자가 소인배들의 참소를 입어 위태로워지거나 죽임을 당하는 경우가 꽤 많이 나온다. 소인배는 자신의 이익을 위해서 수단과 방법을 가리지 않을 뿐만 아니라 군자라면 결코 상상하지도 못할 갖가지 기이한 꾀를 다 고안해낸다. 반면에 도리에서 벗어나지 않으려는 군자의 말과 행동은 누구나 뻔히 알 수 있으므로 옭아매기 쉽다. 이러하므로 소인배가 작심하고 덤벼들면 대부분의 군자는 당하기 마련이다.

그런데 여기서 한 번 생각해보자. 군자라서 소인배의 농간에 놀아나거나 그 올가미에 걸려드는 것이 과연 당연한 일일까? 참된 군자라면 결코 소인배의 술수에 걸려들지 말아야 하는 것은 아닐까? 도대체 군자란 어떤 존재여야 하는가? 군자가 갖추는 덕이란 어떤 것이며 무슨 효용이 있는가?

『전국책』「제책(齊策)」에 다음 이야기가 나온다.

어느 날, 순우곤(淳于髡)이 일곱 명의 선비를 선왕(宣王)에게 추천했다. 그러자 선왕이 말했다.

"이리 오시오! 과인이 듣건대, '1천 리에 한 명의 선비만 있어도 어깨가 부딪칠 만큼 선비가 많아지고, 1백 세대에 한 명의 성인만 나와도 발꿈치가 서로 닿을 만큼 성인이 많아질 것이다'라고 했소. 그런데 그대는 하루아침에 일곱 명의 선비를 추천하니, 너무 많은 것이 아니오?"

순우곤이 대답했다.

"그렇지 않습니다. 날짐승은 모두 날개가 있어 함께 날고, 길짐승은 모두 발이 있어 함께 달립니다. 이제 도라지를 늪지에서 얻으려고 하면 여러 세대 동안 하나도 얻지 못하겠지만, 고서산이나 양보산의 북쪽으로 가면 수레를 가득 채울 만큼 많이 캘 수 있습니다. 무릇 물건은 같은 무리끼리 모입니다. 이제 저 곤은 현자에 속합니다. 왕께서 저를 통해 선비를 구하는 것은 비유하자면 강에서 물을 긷고 부싯돌로 불을 얻는 것과 같습니다. 저는 앞으로 더 많은 사람을 추천할 생각입니다. 어찌 일곱 명에서 그치겠습니까?"

순우곤은 스스로 현자라 했다. 오만방자하다고 여길 만한 말이다. 그러나 그렇지 않다. 그만한 덕을 갖추었다면, 자신감이지 오만방자함이 아니다. 순우곤의 말처럼 어찌 참된 선비가 1천 리에 한둘 정도에 그치겠는가? 참된 선비라면 스스로 나서지 않고 알아주는 군주를 기다릴 것이니, 어찌 쉽사리 눈에 띄겠는가? 그러나 선비는 선비를 알아보는 법이다. 현자의 눈이라면 더욱더 선비를 잘 찾아낼 수 있다. 순우곤이 장담한 까닭이 여기에 있다.

그런데 순우곤은 출신이 미천하다. 미천함에도 현명해서 위왕(威王)과 선왕을 나란히 섬겼고, 중요한 때마다 적절한 계책을 내어 제나라를 위기에서 구하곤 했다. 위왕 8년의 일이다.

초나라가 군사를 크게 일으켜 제나라로 쳐들어왔다. 다급해진 위왕은 순우곤에게 황금 1백 근, 사두마차 열 대를 예물로 가지고 조나라로 가서 구원병을 요청하게 했다. 그러자 순우곤이 고개를 쳐들고는 갓끈이 끊어질 정도로 크게 웃었다. 위왕이 물었다.

"선생은 이것이 적다고 생각하시오?"

"어찌 그렇게 생각하겠습니까!"

"그렇다면 왜 웃는 것이오?"

"오늘 신이 동쪽에서 오는 길에 길가에서 풍작을 비는 사람을 보았습니다. 돼지 족발 하나와 술 한 잔을 손에 들고 이렇게 빌었습니다. '높은 밭에서는 광주리가 넘치도록, 낮은 밭에서는 수레에 가득하도록, 오곡이 풍성하게 익어 우리 집에 넘치도록 해주십시오.' 신은 그가 손에 들고 있는 것은 그처럼 적으면서 바라는 것이 그토록 큰 것을 보았기에 마침 그걸 생각하고 웃었습니다."

위왕은 황금 1천 일(鎰), 백벽(白璧) 열 쌍, 사두마차 백 대로 예물을 늘려서 보냈다. 순우곤은 작별인사를 하고 조나라에 갔다. 조나라 왕은 그에게 정예병 10만 명과 전차 1천 대를 내주었다. 초나라는 이 소식을 듣자 밤중에 군사를 이끌고 돌아갔다.

이 이야기는 『사기』 「골계열전(滑稽列傳)」에 나온다. 이 일에서도 그러하지만, 순우곤은 늘 군주 곁에 있으면서 적절한 비유와 재치 있는 우스개로 군주의 어리석음을 일깨워주었다. 그는 지혜로운 사람이었다. 그렇다! 지혜가 곧 덕이고, 덕에서는 지혜가 고갱이다. 어찌 지혜가 없으면서 덕을 갖추었다고 할 수 있겠는가. 만약 지혜가 모자라서 궁지에 몰리거나 위태로워진다면, 덕을 오롯하게 갖추지 못했다고 해야 마땅하다.

덕은 누구나 갖출 수 있다. 출신이 미천하든 한낱 여인이든 상관이 없다. 오히려 신분이 높을수록 덕을 갖추는 데 소홀하기 쉽다. 부덕이나 무례를 충분히 대신할 만한 권세가 있기 때문이다. 그러나 덕이 없거나 예의를 모르는 자의 권세는 독이 된다. 그 또한 역사가 입증해주는 사실이다.

『국어』「진어(晉語)」에 다음 이야기가 나온다.

진(晉)나라의 대부 백종(伯宗)이 조회를 마친 뒤에 기쁜 낯빛을 하고서 집으로 돌아왔다. 그 부인이 물었다.

"당신에게 기쁜 빛이 가득하니, 무슨 까닭입니까?"

"내가 조정에서 말을 하자 모든 대부들이 나에게 '지혜가 양자(陽子)와 같다'고 했소."

그러자 부인이 말했다.

"양자는 겉만 화려하고 알맹이가 없으며, 말만 일삼고 계책이 없는 사람입니다. 이 때문에 그 몸에 화가 미칠 것입니다. 당신이 어찌 기뻐할 일이겠습니까?"

백종이 말했다.

"내가 여러 대부들과 술을 마시면서 말을 나눌 테니, 당신이 한 번 들어보시오."

"좋습니다!"

술을 다 마신 뒤에 부인이 말했다.

"여러 대부들 가운데 당신만 한 사람은 없습니다. 그런데 사람들은 자기보다 위에 있는 사람을 오래도록 두고 보지 못하니, 반드시 당신에게 재난이 미칠 것입니다. 어찌 뛰어난 선비를 구해 우리 아들 주리(州犁)를 지켜주게 하지 않습니까?"

곧 필양(畢陽)이라는 뛰어난 인물을 얻었다. 이윽고 대부 난불기(欒弗忌)가 화를 입는 일이 일어나자 대부들이 백종을 해치려고 일을 꾸며서 죽였다. 그러자 필양이 백종의 아들 주리를 데리고 초나라로 달아났다.

군자가 덕에 머물러야 하는 이유는 무엇보다도 도리에 합당하기 때문이지만, 아울러 그 자신의 삶을 떳떳하고도 온전하게 해주며 가까이 있는 사람들을 편안하게 해주기 때문이다. 백종처럼 뜻밖의 재난을 당하더라도 피해를 최소화할 수 있다. 언제 무슨 일이 일어날지, 언제 어떤 고난을 겪을지 우리는 모른다. 덕은 바로 그러한 때에 충분한 방패막이 구실을 해준다. 덕에 머물면서 덕으로 맺은 인연들이 적지 않기 때문이다.

8장

미리 잡도리하는 것이 정치다

8-1

子曰: "聽訟, 吾猶人也. 必也使無訟乎!"

공자가 말했다.
"송사를 듣고 처리하는 것은 나도 남들과 같다. 그러나 반드시 하기로 한다면, 송사가 없도록 할 것이다!"

注釋 공자가 한 말은 『논어』「안연(顔淵)」편에 나온다. 청(聽)은 귀 기울여서 듣다, 자세히 듣다는 뜻이다. 송(訟)은 시비곡직을 다투다는 뜻이다. 유(猶)는 오히려, 마치 ~와 같다는 뜻이다. 필(必)은 반드시 ~하다, 꼭 ~하다는 뜻이다.

蛇足 다스림에는 두 개의 커다란 축이 있다. 하나는 덕과 예의고, 다른 하나는 법률과 형벌이다. 앞의 것으로 다스리면 덕치 또는 예치라 하고, 뒤의 것으로 다스리면 법치라 한다. 이로써 유가와 법가를 구분하기도 하는데, 덕이나 예의를 부정하고 오로지 법률과 형벌로써 다스려야 한다고 주장한 법가와 달리 유가에서는 이 둘 모두 필요하다는 것을 인정한다. 위에서 공자가 한 말과 다음의 말에서 확인된다.

스승께서 말씀하셨다.
"정령으로써 이끌고 형벌로써 잡도리하려고 하면, 백성은 벗어나려고만 하고 부끄러워할 줄 몰라. 허나 덕으로써 이끌고 예의로써 잡도리하면, 부끄러워하면서 바루려 하지." - 『논어』「위정」
(子曰: "道之以政, 齊之以刑, 民免而無恥; 道之以德, 齊之以禮, 有恥且格." - 『論語』「爲政」)

법령이나 형벌로써 백성을 잡도리하려 들면 백성은 두려워하며 따르기는 하겠지만, 결코 그 다스림에 만족하거나 편안해하지 않는다. 오히려 법망을 피하려고 갖은 술수를 다 쓰는 자들이 나타나서 질서를 어지럽힌다. 겉으로는 다스려지는 듯하지만, 안으로는 재앙의 싹이 자란다. 유가는 이런 이치를 통찰하여 법령이나 형벌에 앞서 군주와 관리들이 덕으로써 이끌고 예의로써 잡도리해야 한다고 주장한다.

그런데 오늘날에는 예의를 대체로 사람의 생각과 언행을 틀 지우거나 억누르는 구실을 하는 것으로 여긴다. 이는 심각한 오해다. 물론 성리학 국가를 표방한 조선이 성리학의 명분론과 백해무익한 예송(禮訟) 논쟁, 그로 말미암은 당쟁 따위로 소모전을 벌이다가 유연성과 융통성을 상실한 무기력한 예의지국으로 전락하고 마침내 일본에 침탈당해 식민지가 되었으니, 어쩌면 오해가 아닐 수도 있다. 그러나 공자를 비롯한 초기 유가의 정치학에서 예의는 결코 그런 뜻으로 쓰인 적이 없으며 『대학』에서도 마찬가지다.

> 예의는 어디에서 생겼는가? 사람은 나면서부터 바라는 게 있는데, 바라는 것을 얻지 못하면 구하지 않을 수 없고, 구하면서 일정한 한도나 경계가 없으면 다투지 않을 수 없다. 다투면 어지러워지고, 어지러워지면 막힌다. 옛 왕들은 어지러워지는 것을 싫어했기 때문에 예의를 제정하여 한도와 경계를 나누어서 사람들이 바라는 것을 채워주고 구하는 것을 대주었다. 그리하여 바라는 마음이 결코 물건에서 막히지 않도록 해주고 물건은 반드시 바라는 마음에 꺾이지 않도록 해주어 두 가지가 서로 받쳐주고 길러주게 했으니, 이것이 예의가 생겨난 까닭이다.
>
> 그러므로 예의란 길러주는 것이다. 소나 돼지, 벼나 수수 따위 다섯 가지 맛이 어우러진 것들은 입을 길러주고, 산초와 난초 따위 향기로운 것들은 코를 길러주며, 쪼고 새긴 구슬이나 물건, 아름다운 의복 따위는 눈을 길러주고, 종과 북, 피리와 경쇠, 거문고와 비파, 젓

대와 생황 따위는 귀를 길러주며, 너른 방과 화려한 집, 돗자리와 침상, 안석과 방석 따위는 몸을 길러준다. 그러므로 예의란 길러주는 것이다. – 『순자』「예론」

(禮起於何也? 曰, 人生而有欲, 欲而不得, 則不能無求; 求而無度量分界, 則不能不爭. 爭則亂, 亂則窮. 先王惡其亂也, 故制禮義以分之, 以養人之欲, 給人之求, 使欲必不窮乎物, 物必不屈於欲, 兩者相持而長, 是禮之所起也.

故禮者, 養也. 芻豢稻粱, 五味調香, 所以養口也; 椒蘭芬苾, 所以養鼻也; 雕琢刻鏤, 黼黻文章, 所以養目也; 鐘鼓管磬, 琴瑟竽笙, 所以養耳也; 疏房檖貌, 越席牀笫几筵, 所以養體也. 故禮者, 養也. – 『荀子』「禮論」)

아무리 예의가 중요하다고 해도 먼저 사람이 살아야 한다. 송대의 성리학자인 정이천(程伊川, 1033~1107)이 "굶어 죽는 것은 지극히 작은 일이고, 절개를 잃은 것은 지극히 큰일이다"(餓死事極小, 失節事極大)라고 한 말을 조선의 사대부들이 신주 모시듯이 한 짓은 그야말로 관념과 위선의 극치라 할 만하다. 대체 절개는 누구를 위한 절개이며, 진정 누구를 위한 절개여야 하는가? 군주든 관리든 그들의 절개는 바로 백성을 살리고 지키는 데서 오롯해진다. 백성이 굶주리고 추위에 떠는 데도 잘 먹이거나 잘 입히지 않고서 절개를 운운하는 것은 먹고살 만한 자들이 배불러서 떠드는 공염불에 지나지 않는다. 그런 예의는 이미 예의가 아니다.

순자가 말했듯이 예의는 삶을 길러주는 것이어야 한다. "송사를 없도록 할 것이다"라고 한 공자의 말에도 이런 뜻이 담겨 있다. 백성이 살아가는 데 아무런 걱정이 없도록 해준다면, 어찌 송사가 일어나겠는가? 설령 송사가 일어나더라도 예의로써 잡도리할 수 있다. 그러나 삶을 길러주지 못한다면, 예의는 무용지물이다. 오히려 삶을 구속하고 억압하는 장치로 이용될 것이니, 그렇다면 법령이나 형벌과 무엇이 다르겠는가?

예의는 스스로 지키는 것이다. 스스로 지키게 하려면 그런 마음이 일어나도록 먼저 해주어야 한다. 삶의 물질적 조건을 먼저 갖추어주는 일이 예치(禮治)에서 중요한 이유가 여기에 있다.

> 그러므로 "곳간이 가득 차야 예의와 절개를 알고, 먹고 입을 것이 넉넉해야 영예와 치욕을 안다"고 했다. 예의는 재물이 있는 데서 생겨나고, 재물이 없는 데서 사라진다. 그래서 군자가 부유해지면 덕을 즐겨 실천하고, 소인이 부유해지면 제 힘에 맞게 일한다. – 『사기』「화식열전」
>
> (故曰: "倉廩實而知禮節, 衣食足而知榮辱." 禮生於有而廢於無. 故君子富, 好行其德; 小人富, 以適其力. – 『史記』「貨殖列傳」)

여기서 군자는 사인(士人) 이상의 지배층 사람들을 이르고, 소인은 생산에 종사하는 백성을 이른다. 사마천은 군자라도 재물이 있어야 덕을 즐겨 실천한다고 말했다. 이는 재물이 없으면 군자라도 덕을 실천하는 일이 쉽지 않다는 뜻이고, 실제로 그러했다. 하물며 백성은 재물이 없을 때 어떠하겠는가?

예치와 법치, 같은가 다른가

그런데 예치와 법치는 참으로 다른 것인가? 역사적으로 예치는 공자와 순자가 강조한 유가의 다스림이다. 반면, 법치는 상앙과 한비가 주장한 법가의 통치 체제다. 사상의 유파가 다르므로 당연히 예치와 법치 또한 다르다고 보아야 한다. 군주의 통치술이 덕성에 바탕을 두느냐, 법률과 형벌에 바탕을 두느냐에서, 또 백성의 본성을 착하다고 보느냐 나쁘다고 보느냐에서 두 학파의 차이는 두드러진다. 그렇기는 하지만, 백성을 살리는 정치를 우선해야 한다는 점에서는 서로 통한다.

사마천은 『사기』에 「순리열전(循吏列傳)」을 두었다. 순리(循吏)는 공명정대하게 법을 집행해 선량한 백성을 보호하고 간악한 짓을 일삼는 자는 반드시 응징하는 관리를 이른다. 대체로 이들은 청렴한 관리다. 대표적인 인물로 춘추시대 초나라의 손숙오(孫叔敖)를 들 수 있다.

손숙오는 초나라의 처사(處士)였다. 재상 우구(虞丘)가 장왕(莊王)에게 손숙오를 천거해 자기 대신 재상으로 삼게 했다. 재상이 된 손숙오는 가르침을 베풀고 백성을 이끌어 위와 아래가 화합하도록 했는데, 이로써 풍속이 매우 아름다워졌다. 정치적으로 금령(禁令)을 느슨하게 했음에도 관리들 가운데 간사한 자가 없어지고 도적이 생기지 않았다. 가을과 겨울에는 백성에게 산에서 사냥하고 나무를 벨 수 있게 했으며, 봄과 여름에는 물고기를 잡을 수 있게 했다. 백성은 편하게 살 수 있었으므로 모두 즐거워했다.

어느 날, 장왕은 화폐가 가볍다고 여겨 작은 것을 크게 만들었다. 그러나 백성은 불편하게 여겨 모두들 사용하지 않았다. 시장을 관리하는 시령(市令)이 재상에게 보고했다.

"시장이 혼란해져 백성이 편안해 하지 않으며, 장사를 계속할지도 머뭇거리고 있습니다."

재상이 말했다.

"언제부터 그렇게 되었소?"

"석 달쯤 되었습니다."

"물러가시오. 내가 되돌려 놓겠소."

닷새 뒤, 재상은 조정에서 왕에게 이 일을 말했다.

"전에 화폐를 바꾼 것은 이전 화폐가 가볍다고 여겨서입니다. 이제 시령이 와서 '시장이 혼란해져 백성이 편안해 하지 않으며, 장사를 계속할지도 머뭇거리고 있다'고 합니다. 이전대로 회복시켜주십시오."

왕은 이를 허락했다. 명령을 내린 지 사흘 만에 시장은 예전과 같아졌다.

초나라 백성은 수레바퀴를 낮추는 것을 좋아했다. 왕은 이것이 말을 불편하게 만든다고 생각해 법령을 내려서 높이려고 했다. 그러자 재상이 말했다.

"법령을 자주 내리면 백성이 무얼 따라야 할지 모르게 되니, 좋지 않습니다. 왕께서 반드시 수레를 높이려 하신다면, 마을마다 문지방을 높이라고 하십시오. 수레를 타는 사람은 모두 군자(귀족)고, 군자는 자주 수레에서 내릴 수 없습니다."

왕은 이를 허락했다. 반년이 지나자 다들 스스로 수레를 높였다.

손숙오는 법령이 통치에 긴요한 것이지만, 자주 내리거나 바꾸는 것은 백성의 생활에 아무런 보탬이 되지 않는다고 여겼다. 백성의 삶을 유익하고 편안하게 해주기 위해서 법령이 존재하는 것이지, 군주가 자기 마음대로 다스리기 위해서 존재하는 것은 아니라고 본 셈이다. 법을 집행하는 관리가 간과해서는 안 될 것이 바로 이 점이다.

왕이 통치하는 체제에서는 당연히 법령이 군주의 입에서 나온다. 그러나 그 법령은 백성을 위한 것이어야지, 군주 한 사람 또는 관리들을 위한 것이어서는 안 된다. 만약에 군주가 멋대로 명령을 내리고 법령을 고친다면, 또 관리들이 멋대로 법을 집행한다면, 법치는 무너진다. 사마천은 「순리열전」 서두에서 이렇게 말했다.

> 법령은 백성을 이끄는 수단이고, 형벌은 간사한 짓을 막는 토대다. 문무가 갖추어져 있지 않은데도 선량한 백성이 두려워하며 몸을 닦는 것은 관리가 함부로 법을 집행하지 않아서다. 직분을 다하고 순리대로 한다면 다스릴 수 있는데, 꼭 위엄을 내세울 필요가 있겠는가?
>
> (法令所以導民也, 刑罰所以禁姦也. 文武不備, 良民懼然身修者, 官未曾

亂也. 奉職循理, 亦可以爲治, 何必威嚴哉?)

법령과 형벌은 통치의 토대요 수단이다. 토대가 튼튼하려면 당연히 시세에 맞는 법령을 제정하는 것이 중요한데, 그 못지않게 중요한 일은 올바로 집행할 관리를 두는 것이다. 청렴하고 공명정대한 관리가 없다면, 법령과 형벌은 오히려 백성을 억압하고 착취하는 도구로 전락하기 쉽다. 그래서 순자도 다음과 같이 말했다.

> 법이란 다스림의 시작이고, 군자란 법의 근원이다. 그러므로 군자가 있으면 법이 비록 성글다 해도 두루 퍼질 것이고, 군자가 없으면 법이 다 갖추어져 있다 해도 시행해야 할 선후를 잃고 변화에 적절히 대응할 수 없어서 어지러워질 것이다. 법의 의미를 알지 못하면서 법조문만 지키는 사람은 아무리 폭넓게 알고 있어도 일에 맞닥뜨리면 반드시 어지럽힌다. 그래서 현명한 군주는 알맞은 사람을 서둘러 얻으려 하고, 어리석은 군주는 권세를 서둘러 얻으려 한다. 알맞은 사람을 서둘러 얻으면 몸이 편안하고 나라는 다스려지며 공적은 커지고 명성은 아름다워지며 위로는 왕자가 되고 아래로는 패자가 될 수 있다. 그러나 알맞은 사람을 서둘러 얻지 않고 권세를 서둘러 얻으면 몸은 힘들고 나라는 어지러워지며 공적은 없어지고 명성은 더럽혀지며 사직은 반드시 위태로워진다. - 『순자』「군도」
> (法者, 治之端也; 君子者, 法之原也. 故有君子, 則法雖省, 足以徧矣; 無君子, 則法雖具, 失先後之施, 不能應事之變, 足以亂矣. 不知法之義而正法之數者, 雖博, 臨事必亂. 故明主急得其人, 而闇主急得其埶. 急得其人, 則身佚而國治, 功大而名美, 上可以王, 下可以覇. 不急得其人, 而急得其埶, 則身勞而國亂, 功廢而名辱, 社稷必危. - 『荀子』「君道」)

예치를 중시했던 순자도 법치를 간과하지 않았음이 잘 드러난다. 특히 군주가 현명하고 관리가 청렴해서 법이 공정하게 집행된다면, 위로는 왕자가 될 수 있고 아래로는 패자가 될 수 있다고 했다. 이는 법치가 이루어지면 그 성과는 예치와 다르지 않다는 점을 분명하게 한 것이다. 앞서 언급했던 손숙오를 다시 보라. 그는 법을 집행한 관리인가, 아니면 예의로써 다스린 관리인가? 「순리열전」에 나오니, 관리임은 분명하다. 그러나 유가 쪽인지 법가 쪽인지 쉽게 판가름할 수 없다. 그는 군자이기 때문이다. 따라서 군자가 관직을 맡으면 예치와 법치는 둘이 아니라 하나가 된다고 말해도 그다지 틀리지 않으리라.

8-2

無情者不得盡其辭, 大畏民志. 此謂知本.

> 사정이 없는 자는 함부로 말을 늘어놓지 못하니, 이는 백성의 마음을 아주 두렵게 했기 때문이다. 이를 두고 '뿌리를 안다'고 한다.

注釋 정(情)은 실제, 사실, 실정, 사정을 뜻하며, 무정자(無情者)는 송사를 제기할 만한 실제 사정이 없는 자를 가리킨다. 진(盡)은 다하다는 뜻인데, 여기서는 함부로, 되는대로 따위의 말맛이 있다. 외(畏)는 두려워하다는 뜻이다.

蛇足 "사정이 없는 자는 함부로 말을 늘어놓지 못한다"는 말은 사사로운 이익을 챙기려고 남을 무함하지 못한다는 뜻이다. 법이 공정하게 집행되지 못하거나 관리가 부정한 짓을 일삼으면, 법망을 교묘하게 피해서 불법이나 위법을 저지르는 자가 나오기 마련이다. 그러나 공명정대한 법 집행으로 선량한 백성이 억울한 일을 당하지 않게 한다면,

아무리 무모한 자라도 함부로 송사를 벌이지 못한다. 결국 법치가 제대로 이루어져서 간사한 자가 날뛸 수 없는 상황을 만들었으므로 송사를 벌일 만한 사정이 없는 자가 함부로 말을 늘어놓지 못하게 되었다는 뜻이다.

그런데 왜 이것이 백성의 마음을 아주 두렵게 했을까? 백성이 아주 두려워한 것은 법치라는 이름으로 공포를 심어주었기 때문이 아니다. 사실 법가에서는 형벌을 엄혹하게 실행하는 것을 중시하는데, 이는 백성이 이익을 좋아하는 만큼 형벌을 무겁게 하지 않으면 금령을 예사로 어긴다고 여겼기 때문이다. 사람은 본래 이익을 좋아하는 본성을 가졌다고 보는 것이 법가의 입장이다. 그래서 법가에서는 중형주의(重刑主義)를 채택한다.

> 초나라 남쪽 땅 여수(麗水)에서 금이 나오자 많은 사람들이 몰래 금을 캤다. 이에 금을 캐지 말라는 금령을 내렸고, 이를 어기다 걸리면 곧바로 저자에서 사지를 찢어 죽여 매달았다. 그렇게 죽은 자의 수가 많아 강물을 막을 정도가 되었음에도 사람들은 금을 몰래 캐는 일을 그만두지 않았다. 사지가 찢겨 죽어서 저자에 내걸리는 것보다 더한 형벌은 없는데도 그만두지 않는 것은 반드시 걸리는 건 아니라고 여기기 때문이다. 그런데 이제 여기에 이런 말을 하는 자가 있다고 하자.
>
> "너에게 천하를 주는 대신 네 몸을 죽이겠다."
>
> 그러면 평범한 사람도 이를 받아들이지 않을 것이다.
>
> 무릇 천하를 얻는 것은 커다란 이익이지만, 그래도 하지 않는 것은 반드시 죽을 것을 알기 때문이다. 그렇다면 반드시 걸리는 게 아니라고 여겨지면 비록 사지를 찢어 죽인다고 해도 금을 캐는 일을 그만두지 않을 것이고, 반드시 죽게 되리라는 걸 안다면 비록 천하를 준다고 해도 하지 않을 것이다.

『한비자』「내저설 상(內儲說 上)」에 나오는 이야기다. 금을 캐다가 걸리면 사지를 찢어 죽인다고 했음에도 금령을 어기는 자가 많은 것은 이익을 좋아하는 본성 때문이다. 그렇지만 금령을 어긴 것이 반드시 드러나서 죽게 된다는 사실을 안다면, 결코 어기지 않을 것이다. 반드시 걸려서 죽게 된다는 사실을 주지시키는 것, 이것이 중형주의를 채택하는 이유다.

그러나 유가에서는 법가처럼 사람의 본성이 본래 나쁘다고 보지 않는다. '성악설(性惡說)'을 주장한 순자가 "사람의 본성은 악한 것이 분명하며, 선하다는 것은 거짓이다"라고 말하기는 했으나, 그런 본성을 교화하여 바로잡을 수 있다고 했으므로 법가와 달리 인간의 본성에 대한 믿음을 아주 저버린 것이 아니다. 『순자』의 첫 편이 「권학(勸學)」이고 그 서두에 "배움은 그만둘 수가 없다"는 말이 나오는 것도 그 때문이다. 이것이 순자가 예치를 주장한 근거다.

8-2에서 말하는 백성의 두려움도 순자가 말한 예치에서 비롯된 두려움, 곧 교화로 말미암아 일어난 두려움이다. 금령을 어기면 반드시 중형을 받게 된다는 두려움이 아니라, 자신의 이익을 위해 거짓을 일삼거나 속임수를 써서는 안 된다는 도덕 감정에서 나온 두려움이다. 이 두려움은 "삼가는 마음"을 뜻하는 신(愼)과 다르지 않다. 외부에서 가해지는 압박으로서 두려움이 아니라, 내부에서 자각하여 일어난 두려움이다. 아래의 글에서 말하는 '군주를 두려워하는 마음'과는 전혀 다르다.

> 형벌을 무겁게 하고 상을 가볍게 하는 것이 군주가 백성을 사랑하는 것이니, 그래야 백성이 군주를 위해 죽는다. 상을 무겁게 하고 형벌을 가볍게 하는 것은 군주가 백성을 사랑하지 않는 것이니, 그러면 백성은 군주를 위해 죽지 않는다. 흥성하는 나라에서 형벌을 시

행하면 백성은 이롭게 여기면서도 군주를 두려워하고, 상을 내리면 백성은 이롭게 여기면서 군주를 사랑한다. 나라에 힘이 없으면서 교묘한 재주를 부리면 반드시 망한다. 겁 많은 백성을 형벌로써 부리면 반드시 용감해지고, 용감한 백성을 상으로써 부리면 죽음을 무릅쓴다. -『상군서』「거강」

(重罰輕賞, 則上愛民, 民死上; 重賞輕罰, 則上不愛民, 民不死上. 興國行罰, 民利且畏; 行賞, 民利且愛. 國無力而行知巧者必亡. 怯民使以刑, 必勇; 勇民使以賞, 則死. -『相君書』「去彊」)

덕치로 제국을 안정시킨 한문제(漢文帝)

한나라 무제(武帝) 때 유가 사상이 정치 이념으로 중시되면서 '유교'가 되었다고 보는 것이 일반적인 이해다. 그렇다고 무제를 유교 이념에 입각해서 통치를 한 군주로 보아서는 곤란하다. 무제의 통치 기간에 유교가 다른 학파의 학문을 제치고 홀로 우뚝 선 것은 사실이지만, 유교 이념이 통치술에 영향을 주거나 지식인들의 사유에 깊이 침투해 들어간 것은 아니기 때문이다.

사실 무제는 법가적 군주에 가깝다. 무제 이전에 문제(文帝)와 경제(景帝)가 통치하면서 한 제국은 부강해졌는데, 이때를 '문경지치(文景之治)'라고 일컫는다. 특히 문제는 명군으로 꼽히는 군주다. 고조(高祖) 유방(劉邦)이 죽은 뒤에 권력을 장악한 여태후와 여씨 일족들이 유씨를 내쫓으려 반란을 꾀했다가 축출되고서 조정의 대신들이 추대하여 즉위한 이가 문제다. 멀리 북쪽 대(代) 땅에서 왕으로 있다가 갑자기 황제로 즉위했기 때문에 통치 기반이 취약했다. 그럼에도 덕치를 통해 통치 기반을 강화하고 정국을 안정시켰다.

문제는 즉위하자마자 "법이란 다스림의 원칙으로, 포악함을 막고 사람들을 착한 쪽으로 이끄는 것이다. 법을 어겨 죗값을 치렀는데도 죄

없는 부모와 처자를 함께 연좌시켜 관노로 삼으니, 짐은 결코 받아들일 수 없다"고 하면서 연좌제(連坐制)를 폐지했다. 연좌제는 죄인의 죄를 가족이나 친지, 심지어는 가깝게 지낸 동네 주민들까지 싸잡아 죄를 지우고 처벌하는 제도로서, 법가의 중형주의를 단적으로 보여주는 것이다. 문제는 또 즉위 이듬해에는 비방죄도 폐지했다. 『사기』「효문본기(孝文本紀)」를 보면, 아래와 같이 조서를 내렸다.

> 옛날에 천하를 다스릴 때는 조정에 좋은 말과 비방을 올리기 위한 깃발과 나무가 있었는데, 이는 소통을 위한 통치의 방법으로 누구든지 와서 바른말을 할 수 있었다. 이제 법에 비방죄(誹謗罪)와 요언죄(妖言罪)가 있어서 여러 신하들이 그 마음을 다 드러내지 못하게 하고 황제는 자신의 잘못을 들을 기회가 없게 하니, 어찌 먼 곳에 있는 어질고 선량한 자들이 올 수 있겠는가? 그 법령을 없애라. 백성이 간혹 황제를 저주하고는 말하지 않기로 서로 약속했다가 나중에 누군가가 고발하면 관리는 이를 대역(大逆)이라 하고, 다시 다른 말을 하면 관리는 또 비방이라 한다. 이는 어리석고 무지한 백성을 죽음으로 내모는 짓이니, 짐은 받아들일 수 없다. 이제부터 이 죄를 저지르더라도 다스리지 않도록 하라.

문제가 통치할 때 정위(廷尉)라는 관직에 올라 법을 공정하게 집행한 관리로 장석지(張釋之)라는 인물이 있었다. 문제가 행차하여 위수(渭水) 중류에 있는 중위교(中渭橋)에 이르렀을 때, 갑자기 어떤 사람이 다리 밑에서 뛰어나와 황제의 수레를 끌던 말을 놀라게 했다. 문제는 기병을 시켜 그를 붙잡아 정위 장석지에게 넘겨 처리하게 했다. 장석지는 그의 죄를 심문했고, 그 사람은 이렇게 대답했다.

"저는 장안현 사람인데, 황제 폐하의 행차 소리를 듣고 다리 밑에 숨어 있었습니다. 한참이 지나 폐하께서 지나가신 줄로 알고 나왔다가 수레와 기병들을 보고 놀라 달아났을 뿐입니다."

장석지는 심문을 끝내고 황제가 행차하는 길을 범했으므로 그 죄는 벌금형에 해당된다고 판결했다. 문제는 화를 내며 말했다.

"이놈이 내 말을 놀라게 했소! 내 말이 온순했기에 망정이지, 다른 말 같았으면 나를 떨어뜨려 다치게 했을 것이오. 그런데도 그놈의 죄가 벌금형에 해당된단 말이오?"

장석지가 말했다.

"법이란 황제와 천하 사람들이 다 같이 지켜야 하는 것입니다. 지금 법에 따르면 이와 같이 하면 되는데, 고쳐서 더 무거운 벌로 다스린다면 백성이 법을 믿지 못하게 될 것입니다. 황제께서 그 자리에서 그를 베어버리라고 하셨으면 모르겠으나, 이제 그를 저 정위에게 넘기셨습니다. 정위는 천하의 법을 공정하게 다스리는 자인데, 한쪽으로 기울면 천하의 법을 집행하는 사람들이 다 제각기 법을 무겁게도 하고 가볍게도 할 것입니다. 그렇게 되면 백성이 손과 발을 어디에 두겠습니까? 폐하께서는 이 점을 분명하게 살피시기 바랍니다."

문제는 한참을 생각하다가 말했다.

"정위의 판결이 옳소!"

황제는 지존(至尊)이다. 사소한 일에도 위엄이 손상당할 수 있다. 그래서 황제에게 일어난 일은 아무리 작은 일이라도 엄중하게 다스리는 것이 일반적이다. 그럼에도 문제는 정위 장석지의 말을 듣고 따랐다. 법 앞에서는 누구나 평등하다는 것이 법가에서 주장하는 바이지만, 황제까지 해당된다고 보지는 않는다. 그런데 장석지는 황제까지도 법의 공정한 집행에서 예외가 될 수 없음을 분명히 밝혔고, 문제는 그 의견을 받아들였다. 덕치로써 통치하려고 애썼음을 충분히 엿볼 수 있는 일화다.

법치로 제국을 위태롭게 한 한무제(漢武帝)

문제에 이어 경제가 즉위했다. 지방의 제후 세력을 약화시키려고 실시한 '삭번(削藩)'이 빌미가 되어 이윽고 '오초칠국(吳楚七國)의 난'이 일어났다. 이 난은 개국공신인 주발의 아들 주아부(周亞夫)와 두영(竇嬰) 등의 활약으로 평정되었고, 그 결과 중앙집권이 강화되었다. 또 경제는 법률 제도를 정비하고 농업 생산을 장려하기도 하여 문제를 이어 성세를 구가했다. 이런 문제와 경제의 정치는 그대로 무제 통치의 기반이 되었다.

무제는 동중서(董仲舒) 등의 건의를 받아들여 유교를 국교로 삼았으나, 곧바로 유교 국가가 된 것은 아니다. 오히려 재위 11년에 관리로서 범법자를 알고도 보고하지 않으면 범법자와 같이 처벌한다는 '견지법(見知法)'을 제정하여 법을 가혹하게 적용했으며, 재위 24년에는 마음속으로 생각만 해도 처벌한다는 '복비법(腹誹法)'으로 언론과 사상을 탄압했다. 또 상인과 거간들에게 타격을 주기 위해 상업 억제책을 쓰는 한편, 계속된 흉노 정벌로 악화된 재정난을 해결하기 위해 정부 주도의 통제적 재정과 물가 정책을 쓰면서 덕치와는 거리가 먼 통치를 이어갔다. 이러다 보니 문제 때와 달리 혹리(酷吏)들이 백성 위에 군림하는 현상이 빚어졌다.

『사기』의 「혹리열전」에 나오는 열두 명의 혹리 가운데 열 명이 무제 때 관리인데, 여기에는 무제로부터 궁형을 당한 사마천의 개인적 심사가 작용한 탓도 있겠지만 무제의 통치가 실제로 혹리를 양산했던 데에 더 큰 이유가 있었다고 보아야 한다. 무제 때 대표적인 혹리로 꼽히는 인물은 장탕(張湯)이다. 어려서부터 법관의 자질이 있었던 장탕은 황제의 마음을 좇아서 법을 집행해 무제로부터 신임을 얻었다. 견지법의 제정도 그가 건의한 일이다.

장탕은 기소된 안건을 무제가 엄중하게 처벌하려고 하면 법을 엄중하게 집행하는 속관(屬官)에게 맡기고, 만약 무제가 용서해주려고 하면 죄를 가볍게 다스리고 공평하게 처리하는 속관에게 맡겼다. 또 처리할 안건이 권세 있는 호족과 관련된 것이면 반드시 법조문을 교묘하게 적용시켜 죄에 걸리게 하고, 권세 없는 가난한 백성인 경우에는 "법조문에 따르면 당연히 유죄입니다만, 폐하께서 현명하게 헤아려 살펴주십시오"라고 말하면서 미루었다.

장탕은 교묘한 관리였다. 고위관리가 되면서 품행을 바르게 하려고 애쓰면서 빈객들과 교제하고, 옛 친구의 자제로 관리가 된 자나 가난한 형제들을 돌봐주기도 했다. 그러면서 법률을 가혹하게 적용하고 다른 사람들을 시기하며 능멸하면서 많은 이들에게 원한을 품게 만들었다. 특히 다른 관리들에게 원한을 샀으니, 이는 곧 통치자인 무제에게도 해로운 일이었다. 그렇지 않겠는가? 신하들이 각자 자신의 직무를 다하면서 서로 어우러져야 나랏일이 원만하게 돌아갈 테니 말이다.

사마천은 열전 끝에 이렇게 적었다.

"장탕이 죽은 뒤로 법령이 치밀해져서 관리들은 사람들의 죄를 가혹하게 다스렸지만, 정치는 점점 쇠퇴하고 백성은 황폐해졌다. 고관들은 그저 자기 직책만 지킬 뿐, 천자의 과실을 바로잡아줄 만한 능력이 없었는데, 어찌 법령 이외의 일을 연구할 시간이 있었겠는가! 그러나 이 열 사람의 혹리 가운데서 청렴한 자는 본보기로 삼을 만하고, 탐욕스럽고 더러운 자는 경계로 삼을 만하다. 그들의 방책과 모략은 후세 사람들을 가르쳤고, 간사하고 사악한 일을 금지시켰다."

사실 무제는 이 혹리들을 무척 아꼈고 재량권도 주었다. 그것은 그가 영토를 확장하려고 일으킨 전쟁으로 재정이 바닥났고, 바닥난 재정을 메우기 위해 소금과 철, 술에 대한 전매 정책을 펴면서 부유한 상인이나 호족들을 억압할 필요가 있었기 때문이다. 백성도 부역과 과중한 세금으로 시달리고 있어 원성이 적지 않았는데, 그 입막음이 필요하기도 했었다. 그런 껄끄러운 일들을 딱 부러지게 해내면서 황제 대신 원망을 받은 인물들이 바로 혹리들이었다. 엄정하게 말하면, 혹리들은 법치를 앞장서서 실행한 관리들이었다. 그러나 그들의 형벌 남용은 천하 사람들을 두려움에 떨게 만들면서 오로지 황제 한 사람만을 위한 것이었으므로 천하를 암울하게 만들었을 뿐이다.

9장

수신은 마음을 비우는 일이다

9-1

所謂修身在正其心者, 身有所忿懥, 則不得其正; 有所恐懼, 則不得其正; 有所好樂, 則不得其正; 有所憂患, 則不得其正.

이른바 '몸을 닦음은 그 마음을 바루는 데에 있다'는 것은 몸에 성내거나 탓하는 마음이 생기면 그 바름을 얻지 못하고, 두려워하거나 무서워하는 마음이 생기면 그 바름을 얻지 못하며, 좋아하거나 즐거워하는 마음이 생기면 그 바름을 얻지 못하고, 걱정하거나 괴로워하는 마음이 생기면 그 바름을 얻지 못한다는 말이다.

注釋 분(忿)은 성내다, 골내다는 뜻이고, 치(懥)는 성내다, 탓하다는 뜻이다. 공(恐)은 두려워서 조심스러운 것이고, 구(懼)는 무서워하거나 겁먹어서 어려워하는 것이다. 우(憂)는 걱정하다는 뜻이고, 환(患)은 끙끙 앓다, 괴로워하다는 뜻이다.

蛇足 치국평천하는 '나'로부터 시작된다. 선비로서 출사(出仕)의 뜻을 품었다면, 먼저 자신을 갈고 닦는 데서 시작해야 한다. 자신을 바로잡고 자신의 능력을 극대화하지 않고서는 아무리 고상한 뜻을 품어도 실현할 수 없다. 하물며 군주임에랴!

군주에게 온 나라는 그의 것이고, 모든 백성은 그의 신하다. 그러나 군주에게 소유의 권리만 있는 것이 아니다. 그 나라에 존재하는 모든 사람들이 오롯하게 살아갈 수 있도록 이끌어야 할 의무도 있다. 의무를 제대로 이행하지 않으면, 그의 권리는 위태로워진다. 이는 참으로 간단하고 소박한 이치다. 그럼에도 이 이치를 간과하거나 모르는 군주가 적지 않았고, 그 때문에 애먼 백성만 고통을 받았다. 『대학』에서 '수신'의 문제를 중요하게 거론한 이유도 거기에 있다.

> 영토를 지키는 일은 성곽에 달렸고, 성곽을 지키는 일은 병사에 달렸으며, 병사를 지키는 일은 사람에 달렸고, 사람을 지키는 일은 곡식에 달렸다. 그래서 땅을 개간하지 않으면 성곽도 견고하지 못하다. 제 몸이 다스려지지 않는데, 어찌 다른 사람을 다스리겠는가? 다른 사람이 다스려지지 않는데, 어찌 집안을 다스리겠는가? 집안이 다스려지지 않는데, 어찌 고을을 다스리겠는가? 고을이 다스려지지 않는데, 어찌 나라를 다스리겠는가? 나라가 다스려지지 않는데, 어찌 천하를 다스리겠는가? 천하는 나라의 뿌리고, 나라는 고을의 뿌리며, 고을은 집안의 뿌리고, 집안은 사람의 뿌리며, 사람은 몸의 뿌리고, 몸은 다스림의 뿌리다. – 『관자』「권수」
>
> (地之守在城, 城之守在兵, 兵之守在人, 人之守在粟. 故地不辟則城不固. 有身不治, 奚待于人? 有人不治, 奚待于家? 有家不治, 奚待于鄉? 有鄉不治, 奚待于國? 有國不治, 奚待于天下? 天下者, 國之本也; 國者, 鄉之本也; 鄉者, 家之本也; 家者, 人之本也; 人者, 身之本也; 身者, 治之本也. – 『管子』「權修」)

농사를 중시하는 것은 그것이 사람을 지키는 토대이면서 관건이기 때문이다. 사람을 지켜야만 군사를 기르고 성곽을 구축해서 영토를 지킬 수 있다. 영토 없는 군주는 있을 수 없다. 무릇 백성을 얻고 영토를 차지하면 제왕이 된다. 왕조가 멸망할 때는 먼저 백성을 잃고 이어서 영토를 잃으며, 왕조가 일어설 때는 먼저 백성을 얻고 이어서 영토를 얻는다. 간단한 논리요 이치다.

그러나 군주가 백성을 얻고 영토를 오롯이 제 것으로 만들기 위해서는 자신부터 다스려야 한다. 자신을 다스리는 일이 모든 다스림의 처음이요 뿌리이기 때문이다. 이 점에서 『대학』과 『관자』는 통하는데, 이것이 통치술의 요체이기 때문이다. 그러면 군주가 자신을 다스리기 위해 먼저 해야 할 일은 무엇인가? 그게 바로 정심(正心) 곧 '마음을 바루는 일'이다.

> 군주는 나라의 마음이다. 마음이 다스려지면 모든 관절이 편안해지고, 마음이 어수선하면 모든 관절이 어지러워진다. 그러므로 몸이 다스려지면 팔다리와 몸뚱이가 서로 잊고, 나라가 다스려지면 군주와 신하가 서로 잊는다. - 『문자』「상덕」
> (主者, 國之心也. 心治則百節皆安, 心擾則百節接亂. 故其身治者, 支體相遺也; 其國治者, 君臣相忘也. - 『文子』「上德」)

『문자』에서 말하듯 군주는 나라의 마음이다. 마음이 어수선하면 온몸이 어지러워지는 것처럼 군주가 흐리멍덩하거나 갈팡질팡하면 현명한 신하는 멀어지고 아첨하는 자들이 들러붙을 것이니, 자연스레 온 나라가 어지러워진다. 군주가 제 몸을 다스리면 현명한 신하들을 얻을 것이니, 서로 마음이 통하여 나랏일을 적절하게 처리하고 백성을 편안하게 해줄 것이다. 이렇게 군주의 마음이 어떠하냐에 따라 그 나라의 향방이 결정되므로 군주가 마음을 잡도리하느냐 못 하느냐는 통치의 관건이 된다.

마음을 다스려 성군이 된 세종(世宗)

그렇다면, 마음을 바룬다는 것은 무엇인가? 성내거나 탓하는 마음, 두려워하거나 무서워하는 마음, 걱정하거나 괴로워하는 마음 따위가 일어나지 않도록 하는 것뿐만 아니라 좋아하거나 즐거워하는 마음조차 일어나지 않도록 해야 한다. 어떠한 마음도 갖지 말라는 말인데, 그저 무감각하거나 무관심하라는 뜻이 아니다. 사사로운 마음을 갖지 말라는 뜻이다.

신하들은 군주의 일거수일투족을 낱낱이 살핀다. 현명한 신하든 간사한 신하든 마찬가지다. 현명한 신하는 군주가 그릇된 마음을 품을까 살피고 덕을 갖추도록 이끌기 위해 살핀다. 그러나 간사한 신하는 군주의 마음에 빈틈이라도 생겼다 싶으면 파고들어 제 이익을 꾀한다. 그래서 한비자도 이렇게 경고했다. 『한비자』「주도(主道)」에 나온다.

> 군주는 자신이 바라는 것을 드러내서는 안 되는데, 군주가 자신이 바라는 것을 드러내면 신하는 군주가 바라는 대로 보이려고 꾸민다. 군주는 자신의 뜻을 드러내서는 안 되는데, 군주가 자신의 뜻을 드러내면 신하는 제 속내는 숨기고 군주의 뜻에 맞추려 한다.

이렇게 보면, 군주 노릇은 참으로 힘들다. 실제로 여간해서는 감당하기 어렵다. 군주도 사람인지라 감정이 있고 성깔이 있는데, 이를 스스로 잘 다스리고 추스를 수 있어야만 곤욕을 치르지 않을 수 있기 때문이다. 아무리 군주라도 제 감정을 다 드러내고 성깔대로 하려 들면, 그때를 노리는 소인배나 간신배의 농간에 놀아나기 십상이다. 역사적으로 성군(聖君)은 제쳐두더라도 현군(賢君)조차 드문 이유가 그 때문이다. 속된 말로 "잘해야 본전인 것"이 군주 노릇이다.

세종 때, 지방 수령의 임기와 관련된 논란이 있었다. 30개월이던 수령 임기를 60개월(육기제)로 늘리는 문제였다. 결국 임기가 짧으면 수령이 자주 교체되어 지방을 안정시키는 데 이롭지 못하다는 판단에서 개혁을 단행했으나, 지방으로 내려가기를 꺼리는 것이 관료들의 생리인지라 육기제를 시행한 뒤에도 불만을 표출하는 관료들이 적지 않았다. 다음은 그 때문에 일어난 일이다.

세종 22년인 1440년 3월의 어전회의였다. 세종과 신료들이 모두 좌정해 있었는데, 호조참판 고약해(高若海)가 자리에 앉지 않고서 "소인!"이라고 중얼거렸다. 그 순간, 세종의 얼굴에서 웃음이 사라졌다. 임금

앞에서는 '소신(小臣)'이라 해야 함에도 '소인(小人)'이라 한 것이다. 세종이 말했다.

"큰소리로 말하라!"

고약해가 머뭇거리며 말했다.

"소인이 오랫동안 천안(天顔, 임금의 얼굴)을 뵙지 못하여 일을 아뢰고자 해도 하지 못했습니다."

"해로울 것 없으니, 우선 말하라."

고약해는 기다렸다는 듯이 말했다.

"소인의 충성이 부족해 천의(天意)를 돌리지 못하고 있습니다만, 신이라도 말하지 않는다면 누가 감히 전하를 위해 말하려 하겠습니까?"

여전히 소인이라는 말을 고집스럽게 썼다. 결국 육기법을 혁파하자는 말인데, 고약해는 계속 이렇게 말했다.

"육기법을 시행하면서부터 나라의 재물을 훔친 수령이 많아졌습니다. 또한 신하가 6년 동안이나 밖에 있어 조회에 참여할 수 없게 되니, 신자(臣子)의 마음에 어찌 억울함이 없겠습니까."

갑자기 세종의 목소리가 높아졌다.

"신하는 군부에게 감히 망령되게 말하지 못하는 법이다. 그래 수령으로서 재물을 훔친 자가 누구냐?"

말이 채 끝나기도 전에 고약해가 끼어들려 하자, 세종이 말했다.

"경은 내 말을 자세히 듣지도 아니하고 감히 말하려는가? 경은 끝까지 들으라."

세종은 잠시 멈추었다가 말을 이었다.

"외방의 수령을 열두어 고을째 지낸 자도 간혹 있다. 경은 겨우 한 고을을 지내고서 그 싫어함이 이와 같으니, 어찌 된 것인가!"

고약해의 언성도 높아졌다.

"재물을 훔친 자를 신이 아무개라고 지적해서 말할 수는 없사옵니다. 지금 사헌부의 탄핵을 받아 장물(贓物)이 이미 나타난 자가 두세 명은 되옵니다."

고약해는 작심한 듯이 말했다.

"신이 처음 육기법을 혁파할 것을 청했으나 전하께서는 윤허하지 않으셨고, 두 번째 청해도 윤허하지 않으시니, 신은 실로 유감이옵니다. 전하께오서 만약 성명(聖明)하지 않으시다면, 신이 어찌 감히 조정에 벼슬하겠습니까! 대간과 재상들이 다 좌우에 있사온데, 신이 어찌 감히 한 몸의 사정(私情)을 함부로 주상 앞에 늘어놓겠습니까! 이제 윤허하지 않으실 뿐 아니라 도리어 신더러 그르다 하시오니, 신은 실로 실망했습니다."

도대체 신하가 군주에게 '실망했다'는 표현을 쓰는 것 자체가 망발이나 다름이 없는데, 고약해는 한술 더 떠서 자리에서 일어나 밖으로 뛰쳐나갈 기세였다. 세종은 자못 당황하며, "알아들었으니, 다시 자리에 앉으라!"고 달래듯 말했다.

고약해가 이렇게까지 육기법을 혁파하자고 한 것은 그 자신이 외직에 나가게 될까 해서였다. 아무리 그렇더라도 그가 군주에게 보인 태도는 참으로 불경스럽기 짝이 없는 짓이었다. 그 자신의 표현대로 세종이 성명(聖明)한 군주였기 망정이지, 현명하지 못한 군주를 만났다면 엄중한 처벌을 면치 못했을 것이다. 세종은 고약해의 무례를 문제 삼지 않았다. 자칫 신하들이 직언이나 간언을 못하게 될까 꺼렸기 때문이다.

어찌 세종에게 감정이 없었겠는가! 군주는 백성과 나라를 먼저 생각해야 하는 존재이므로 사사로운 감정에 휘둘려서는 안 된다. 비록 신하가 제 감정대로 무례를 저지르더라도 감내해야만 한다. 세종이 단순히 학문을 좋아하고 즐겼기 때문에 뛰어난 치적(治績)을 남겼다고 여기는 것은 짧은 생각이다. 마음을 다스릴 줄 알았으므로 학문이 깊고 넓을 수 있었고 그 학문을 통치에 적절하게 운용할 수 있었던 것이다.

9-2

心不在焉, 視而不見, 聽而不聞, 食而不知其味. 此謂修身在正其心.

마음이 있지 않으면 보아도 보이지 않고 들어도 들리지 않으며 먹어도 그 맛을 알지 못한다. 이를 두고 '몸을 닦음은 그 마음을 바루는 데에 있다'고 한다.

注釋 시(視)는 의지를 가지고 보는 것으로, 자세히 보다, 살피다는 뜻이다. 견(見)은 눈에 들어오는 대로 본다는 것으로, 보이다는 뜻이다. 청(聽)은 마음을 써서 듣는 것으로, 자세히 듣다는 뜻이다. 문(聞)은 소리가 귀에 들려서 듣는 것으로, 들리다, 알려지다는 뜻이다.

蛇足 자세히 보고 자세히 듣고 맛을 알려면 대상에 마음을 두거나 정신을 집중해야 한다. 그러나 마음을 두거나 정신을 집중한다고 해서 반드시 제대로 보고 듣거나 참맛을 아는 것은 아니다. 어떤 마음이며 어떤 정신이냐에 따라 사뭇 다르다.

위에서 "마음이 있지 않으면"이라고 할 때의 '마음'은 사람들이 흔히 갖는 그런 마음이 아니다. 사람들이 흔히 갖는 마음은 9-1에서 말한 '성내거나 탓하는 마음, 두려워하거나 무서워하는 마음, 좋아하거나 즐거워하는 마음, 걱정하거나 괴로워하는 마음' 따위다. 이것들은 자신을 위하려는 데서 나온 사사로운 마음이고, 치우친 마음이다. 이런 마음은 사물을 굴절시키고 대상을 왜곡시킨다. 사람들이 잘못 판단하는 것도 이 때문이다.

숙손표(叔孫豹)는 노나라의 재상으로서 존귀한 지위를 이용해 멋대로 권력을 휘둘렀다. 그는 수우(竪牛)라는 자를 총애했는데, 그 자

역시 숙손표의 명령을 멋대로 처리했다. 수우는 숙손표의 아들 중임(仲任)을 강샘하여 죽이려 했다. 어느 날, 수우는 중임과 함께 노나라 군주의 처소로 놀러가게 되었다. 군주가 중임에게 옥고리를 하사했다. 중임은 받기는 했으나 감히 허리에 차지는 못하고 수우를 시켜 숙손표의 허락을 청했다. 수우는 중임에게 거짓으로 이렇게 말했다.

"내가 당신을 위해 허락을 청했더니, 차도 좋다고 허락하셨습니다."

그 말을 믿고 중임은 옥고리를 허리에 찼다. 수우는 곧바로 숙손표에게 가서 말했다.

"어찌하여 중임을 군주께 알현하도록 하지 않으십니까?"

"어린아이가 어찌 알현할 수 있겠느냐?"

"중임은 이미 여러 차례 군주를 알현했습니다. 군주께서 옥고리를 하사했고, 중임은 그걸 허리에 차고 있습니다."

숙손표가 중임을 불러서 보니, 과연 허리에 차고 있었다. 숙손표는 발끈 성내며 중임을 죽였다.

중임의 형은 맹병(孟丙)인데, 수우는 이 맹병도 강샘하여 죽이려 했다. 마침 숙손표가 맹병을 위해 만들라고 한 종이 완성되었다. 맹병은 감히 치지 못하여 수우를 시켜 숙손표의 허락을 청했다. 수우는 청하지도 않고서 또 거짓으로 이렇게 말했다.

"내가 당신을 위해 허락을 청했더니, 쳐도 좋다고 허락하셨습니다."

맹병은 그 말을 듣고 종을 쳤다. 숙손표가 종소리를 듣고는 "병이 청하지도 않고 제멋대로 종을 쳤구나!"라며 성을 내고는 맹병을 내쫓았다. 맹병은 제나라로 달아났다.

1년이 지나서 수우가 맹병을 위해 숙손표에게 용서를 빌었고, 숙손표는 수우를 시켜 맹병을 불러오게 했다. 그러나 수우는 부르지도 않고서 숙손표에게 알렸다.

"제가 부르러 갔습니다만, 맹병은 매우 화를 내면서 오려고 하지 않았습니다."

숙손표는 아주 화가 나서 사람을 시켜 맹병을 죽였다. 두 아들이 죽은 뒤에 숙손표는 병이 들었다. 수우가 홀로 돌보면서 좌우의 사람들을 물리치고는 아무도 안으로 들이지 않으며 말했다.

"숙손께서는 다른 사람의 말소리를 듣고 싶어 하지 않으시오."

그러고는 음식을 주지 않고 굶겨 죽였다. 숙손표가 죽자 수우는 장례도 치르지 않은 채 창고 안의 귀중한 보물들을 모조리 털어서 제 나라로 달아났다.

무릇 믿는 자의 말만 듣다가 아들과 아비가 남에게 죽임을 당했다. 이는 두루 살피지 않아서 생긴 재앙이다. – 『한비자』「내저설 상」

한비자는 다른 사람의 말과 행동을 보고 들으면서 두루 견주어 살피지 않으면 진실을 알 수 없다고 말했다. 사람의 말과 행동을 통해 그 속내를 들여다보려면, 반드시 두루 견주어 살펴야 한다. 그러나 그것만으로는 충분하지 않다. 나 자신에게 편견이나 선입견, 고정관념 따위가 없어야 한다. 아무리 좋은 정보나 훌륭한 조언자가 있어도 내가 이미 편견에 사로잡혀 있거나 선입견에 물들어 있다면, 진실을 받아들이지 못하고 왜곡하게 된다. 따라서 마음을 바르게 한 뒤가 아니라면 두루 보고 들으며 견주어 살펴도 진실을 오롯하게 알 수 없다.

몸과 마음의 끊임없는 피드백

마음을 바르게 하기 위해서는 어떻게 해야 하는가? 이미 2장에서도 말했다. 마음을 바루려면 먼저 그 뜻을 성스럽게 하고, 뜻을 성스럽게 하려면 그 앎을 지극하게 하고, 앎을 지극하게 하려면 사물의 알속에 이르러야 한다고 말이다. 사물의 알속에 이르는 것이 시작임을 알 수 있는데, 이는 결국 사물에 현혹되거나 휘둘리지 말아야 함을 의미한다.

사물에 쉬 현혹되거나 휘둘리는 것은 감각기관이다. 마음과 달리 감각기관은 몸의 작용으로서 사물을 직접 대한다. 그러므로 감각기관을 제쳐두고서 마음만 바르게 하려 애쓰는 것은 헛수고에 지나지 않는다. 유가에서 수심(修心)이라 하지 않고 수신(修身)이라고 말한 까닭도 여기에 있다. 이는 유가뿐만 아니라 제자백가가 공유하는 인식이다.

> 형체(몸)가 바르지 않으면 덕이 오지 않고, 마음속이 고요하지 않으면 마음이 다스려지지 않는다. 형체를 바르게 하고 덕을 잘 잡아매며 하늘의 어짊과 땅의 올바름을 따르면 흘러넘치듯이 저절로 지극한 신명에 이르러 온갖 것들을 환히 안다. 마음을 올바르게 지켜 어긋나지 않으면 바깥 사물로 말미암아 감각기관이 어지러워지지 않고, 감각기관이 마음을 어지럽히지 않으면 이를 '참된 마음을 얻었다'고 한다.
> 몸에는 신명이 저절로 있어 한 번 가고 한 번 오더라도 생각으로 알 수 없다. 그러나 신명을 잃으면 반드시 어지러워지고, 얻으면 반드시 다스려진다. 지극함으로 잡념을 없애면 정묘한 기운이 저절로 온다. 정밀하게 생각하고 편안하게 일을 처리하며 몸가짐이 야무지고 두려운 듯 지극하게 하면 정묘한 기운이 지극히 안정된다. 정묘한 기운을 얻어 잃지 않으면 귀나 눈 따위 감각기관이 어지러워지지 않아 마음에 딴 뜻이 일지 않는다. 바른 마음이 속에 있으면, 온갖 것을 대해도 법도에 알맞다. – 『관자』「내업」
> (形不正, 德不來; 中不靜, 心不治. 正形攝德, 天仁地義, 則淫然而自至神明之極, 照乎知萬物. 中義守不忒, 不以物亂官, 不以官亂心, 是謂中得.
> 有神自在身, 一往一來, 莫之能思. 失之必亂, 得之必治. 敬除其舍, 精將自來. 精想思之, 寧念治之, 嚴容畏敬, 精將至定. 得之而勿捨, 耳目不淫, 心無他圖. 正心在中, 萬物得度. – 『管子』「內業」)

마음과 몸, 생각과 행동은 끊임없이 서로 영향을 주고받는다. 이 둘 사이에는 감각기관이 자리하고 있기 때문이다. 감각기관은 몸에 속하면서 동시에 마음에 영향을 주고, 마음의 영향을 받아서 몸을 움직인다. 위에서 언급한 신명은 본래 사람의 몸에 있는 기운으로, 감각이면서 마음이다. 정기는 감각과 마음을 잘 잡도리함으로써 얻게 된 기운으로, 잘 갈고 다듬은 신명이라고도 할 수 있다.

신명이나 기운은 반드시 몸으로 드러난다. 사랑에 빠진 연인들의 낯빛을 보라. 거기에 어디 어두운 곳이 있던가? 남을 아끼고 위할 줄 아는 이와 저 자신만 챙기는 사람은 말씨와 행동이 다르게 마련이다. 그것은 마음이 기운을 바꾸고, 기운이 몸을 통해 고스란히 드러나기 때문이다.

『관자』「소문(小問)」에 다음 이야기가 나온다.

어느 때 환공이 관중과 함께 문을 걸어 잠그고서 거(莒)나라 정벌을 모의했다. 그런데 실행하기도 전에 온 나라에 소문이 퍼졌다. 환공은 화가 나서 관중에게 말했다.

"과인과 그대가 문을 걸어 잠그고 거나라 정벌을 모의했는데, 실행하기도 전에 온 나라에 소문이 퍼진 것은 무슨 까닭이오?"

관중이 말했다.

"나라 안에 반드시 성인이 있을 것입니다."

환공이 말했다.

"음, 그렇겠소. 전에 부리던 사람 가운데 방석을 들고서 얼굴을 가리고 내 낯빛을 살핀 사람이 있는데, 필시 그 사람 아니겠소?"

곧 명령을 내려 그를 다시 일하게 하고 바꾸지 말도록 했다. 이윽고 동곽우(東郭郵)라는 자가 왔다. 환공은 그를 안으로 들이라고 했다. 손님과 주인의 자리를 정해 앉고서 그에게 물었다.

"그대가 거나라 정벌을 말한 사람이오?"

동곽우가 말했다.

"그렇습니다, 접니다."

"과인은 거나라 정벌을 말하지도 않았는데 그대는 거나라 정벌을 말했소. 어떻게 알았소?"

"신은, 군자는 계책을 잘 세우고 소인은 추측을 잘한다고 들었는데, 신이 추측했습니다."

"무얼 가지고 추측한 것이오?"

동곽우가 말했다.

"무릇 마음이 기쁘고 즐거운 사람은 악기를 연주하는 듯 밝은 빛을 보이고, 쓸쓸할 정도로 마음이 맑고 고요한 사람은 상복 입은 듯이 슬픈 빛을 띠며, 기운이 넘칠 정도로 왕성하여 손발과 손가락이 떨리는 사람은 군대를 일으키려는 듯한 빛을 보입니다. 지난번에 신이 중보(仲父, 관중)와 군주께서 높은 대 위에 오른 것을 보았는데, 입이 벌어져서 다물지 못한 모습이 거나라를 말한 듯했고, 손을 들어 가리킨 곳이 거나라 쪽이었습니다. 신은 작은 제후국 가운데 제나라에 복종하지 않는 곳은 오직 거나라뿐이라 생각했습니다. 그 때문에 거나라를 정벌할 것이라고 추측했습니다."

동곽우가 평범한 인물은 아니지만, 사람들의 언행을 통해 그 속뜻을 짐작하거나 추측하는 일이 반드시 현자나 성자만이 할 수 있는 것은 아니다. 누구라도 자세히 살펴서 잘 헤아린다면, 꼭 정확하지는 않더라도 대충은 맞힐 수 있다. 물론 이런 짐작이나 추측이 정확하려면 먼저 자신을 살피고 자신의 내면을 돌아보는 일에 익숙해야 한다. 제 마음도 모르는데 어찌 남의 말과 행동을 통해 그 속마음이나 속뜻을 헤아려 알 수 있겠는가?

숨기려 해도 숨길 수 없는 것이 사람 마음이고 감정이다. 숨기려 할수록 오히려 더 잘 드러난다. 『중용』에서도 "숨기려는 것보다 더 잘 드러나는 것이 없고, 희미한 것보다 더 잘 나타나는 것이 없다"(莫見乎隱, 莫顯乎微)고 말했다. 아무리 잘 숨겨도 한때다. 시간이 흐르면 결국 드러나게 마련이다.

사람들은 갖가지 방식으로 표현한다. 표현하지 않고서는 견디지 못한다. 어린애가 말문이 트이면 도대체 알아듣기 어려운 말들을 쉼 없이 해댄다. 시끄러울 정도로. 또 나이를 먹어 홀로 된 사람이 가장 그리운 것이 말을 나눌 상대라고 한다. 이는 사람에게 아주 강렬한 표현 욕구가 있다는 뜻이다. 인간의 문화는 그런 표현 욕구가 세련되어 나타난 것일 뿐이다. 유가에서는 그 문화의 정수를 예의와 음악으로 보았다. 그래서 예의와 음악으로 그 사람의 마음을 엿보기도 하지만, 예의와 음악으로 사람의 마음과 행동을 잡도리하기도 한다.

> 기운을 다스리고 마음을 기르는 방법. 혈기가 굳세고 세차면, 잡도리와 어울림으로써 부드럽게 하라. 앎과 꾀가 차츰차츰 깊어지면, 단출함과 반듯함으로써 한결같이 하라. 씩씩하고 뱃심이 있으나 억세고 사나우면, 이치로써 이끌고 따르며 메워라. 재빠른 말재주가 가볍고 날카로우면, 몸가짐으로 알맞게 하라. 마음이 좁고 꽉 막혀서 잔달고 다라우면, 너르고 크게 해서 트이게 하라. 스스로 하찮게 여기면서 처지거나 무게 잡고서 굼뜨거나 감빨면서 이끗을 따지면, 높은 뜻을 품고 솟쳐라. 못나고 몰려다니며 미욱하고 수선스러운 짓을 하면, 스승과 벗을 만나 뜯어고쳐라. 게으르거나 업신여기고 가볍거나 데면데면하면, 재앙과 불행이 고개를 쳐든다. 어리석으나 힘을 다하고 바르면서 마음이 굳으면, 예의와 음악으로써 아우르고 생각으로 파고들어서 꿰뚫어라. 무릇 기운을 다스리고 마음을 기르는 방법에서는, 예의에 말미암는 것보다 나은 길이 없고, 스승을 얻는 일보다 긴요한 것이 없으며, 오롯하게 좋아하는 마음보다 신명나는 것이 없다. 참으로 이러해야 기운을 다스리고 마음을 기르는 방법이라 할 수 있다. - 『순자』「수신」
>
> (治氣養心之術. 血氣剛强, 則柔之以調和. 知慮漸深, 則一之以易良. 勇

膽猛戾, 則輔之以道順. 齊給便利, 則節之以動止. 狹隘褊小, 則廓之以廣大. 卑濕重遲貪利, 則抗之以高志. 庸衆駑散, 則刦之以師友. 怠慢僄棄, 則炤之以禍災. 愚款端愨, 則合之以禮樂, 通之以思索. 凡治氣養心之術, 莫徑由禮, 莫要得師, 莫神一好. 夫是之謂治氣養心之術也. -『荀子』「修身」)

10장

치우치면 집안을 망친다

10-1

所謂齊其家在修其身者, 人之其所親愛而辟焉, 之其所賤惡而辟焉, 之其所畏敬而辟焉, 之其所哀矜而辟焉, 之其所敖惰而辟焉. 故好而知其惡, 惡而知其美者, 天下鮮矣.

이른바 '제 집안을 가지런히 함은 그 몸을 닦는 데에 있다'는 것은 사람이 자신이 가까이 여기거나 아끼는 데서 치우치고, 자신이 하찮게 여기거나 미워하는 데서 치우치며, 자신이 무서워하고 지나치게 삼가는 데서 치우치고, 슬퍼하거나 불쌍히 여기는 데서 치우치며, 건방지거나 게으른 데서 치우치기 때문에 한 말이다. 그러므로 좋아하면서 그 나쁜 점을 알고 미워하면서도 그 뛰어난 점을 아는 사람은 천하에 드물다.

注釋 벽(辟)은 벽(僻)과 같으며, 치우치다는 뜻이다. 천(賤)은 천하게 여기다, 업신여기다는 뜻이고, 오(惡)는 미워하다, 싫어하다는 뜻이다. 외(畏)는 무서워하다는 뜻이다. 경(敬)은 공경하다, 삼가다는 뜻인데, 여기서는 지나치게 그렇게 한다는 말맛이 있다. 애(哀)는 슬퍼하다는 뜻이고, 긍(矜)은 불쌍히 여기다는 뜻이다. 오(敖)는 거드럭대다, 건방지다는 뜻이다. 타(惰)는 게으르다, 소홀히 하다는 뜻이다. 기악(其惡)은 어떤 대상의 나쁜 점을 가리킨다. 선(鮮)은 드물다는 뜻이다.

蛇足 '치우침'이란 무엇인가? 왜 집안을 가지런히 하는 일에서 치우침을 말했는가? 치우침은 마음을 바로잡지 못한 데서 나온다. 앞서 수신(修身)은 정심(正心)에 있다고 했는데, 정심이 되지 못하면 사사로운 마음이 자리하고 바깥 사물에 감정이 휘둘리게 된다. 그런 마음이나 감정으로는 올바른 판단을 하기 어렵다. 판단이 올바르지 못하면, 행동 또한 그릇되기 마련이다. 이렇게 판단과 행동이 그릇되는 것, 이것이 치

우침이다.

판단이 올바르지 못하거나 행동이 그릇되더라도 홀로 있으면 그다지 문제가 되지 않는다. 그러나 다른 사람들과 어울려 살 때는 꽤 심각한 문제를 일으킨다. 내 판단이 올바르지 못하면, 우선 배우자를 잘못 고른다. 자식을 낳아서 길러도 제대로 기를 수 없다. 집안일에서 무엇이 긴요한지, 무엇을 먼저 해야 할지를 살피지 않고, 그저 제 마음대로 또는 제 감정대로 처리해나갈 것이니, 어찌 집안이 가지런해지겠는가.

요즘 자녀의 학교에 찾아가서 교사에게 행패를 부리는 학부모들이 있어 종종 뉴스에 나온다. 그 학부모들을 잘 보라. 제 자녀가 잘못한 일도 다른 아이들이 잘못한 것이라 우기거나 교사들의 무능 탓으로 돌린다. 제 자녀를 끔찍할 정도로 너무 아끼기 때문에 판단과 행동이 치우치고 어그러진 것이다. 이는 스스로 돌아볼 줄 모르는 데서 비롯된 것이다.

대체로 사람은 자신에게 가까운 사람을 더 아낀다. 자신보다 못하다고 여기면 하찮게 여기며 건방지게 군다. 능력이나 자신감이 부족하면 괜히 무서워하거나 지나치게 삼간다. 이 모두 자연스럽고도 당연하다. 그러나 그게 자신을 옭아매거나 남을 괴롭히고 일을 그르치게 만들 수 있다. 자신의 마음이나 감정에 치우쳐서 올바르게 보고 판단하지 못하기 때문이다.

공자는 "지나침은 모자란 것과 같다"(過猶不及)고 말했다. 지나침이나 모자람은 모두 어느 한쪽으로 기운 것, 즉 치우친 것이다. 그래서 같다고 말했다. 치우치지 않는 것은 무엇인가? 지나침도 모자람도 아닌 가운데 또는 어울림인데, 곧 '중(中)'이다. 그러나 이 중은 지극히 어렵다. 특히 감정이나 마음에서는 더욱 그렇다.

> 기쁨 · 성냄 · 슬픔 · 즐거움 따위가 아직 일어나지 않은 것을 알맞음이라 하고, 일어나서는 모두 상황에 알맞은 것을 어울림이라고 한

다. 알맞음이란 천하의 큰 뿌리요, 어울림이란 천하의 온갖 것이 가야 할 길이다. 알맞음과 어울림이 이루어지면, 하늘과 땅이 제자리를 지키고 온갖 것이 잘 자란다. – 『중용』

(喜怒哀樂之未發, 謂之中; 發而皆中節, 謂之和. 中也者, 天下之大本也; 和也者, 天下之達道也. 致中和, 天地位焉, 萬物育焉. – 『中庸』)

사람에게 감정이 없을 수 없다. 대상에 따라, 상황에 따라 갖가지 감정이 일어난다. 심지어 같은 대상임에도 때가 다르고 곳이 다르면, 감정이 달라진다. 다양한 감정이 일어나는 것 자체는 문제가 되지 않는다. 감정이 일어났을 때, 그게 상대나 상황에 알맞은가 하는 점이 중요하다. 알맞으면, 그것을 어울림이라 한다. 그런데 과연 얼마나 많은 사람들이 상대나 상황과 어우러지는 감정을 일으킬까? "알맞음과 어울림이 이루어지면, 하늘과 땅이 제자리를 지키고 온갖 것이 잘 자란다"고 한 말을 보면, 성인이나 현자라야 가능한 경지인 듯하다.

흥미로운 것은 어떠한 감정도 일어나지 않은 상태를 중(中)이라고 한 점이다. 이를 아무런 감정이 없는 상태와 똑같은 것으로 여길 수도 있는데, 그건 오해다. 아무런 감정이 없는 것이라면 저 나무나 바위처럼 되는 것과 무엇이 다른가? 이 중은 앞서 말했듯이 치우침이 없는 것을 이른다. 아직 마음이나 감정이 일어나지 않았을 때에는 치우침이 없는 상태에 있음을 두고 한 말이다. 치우침이 없는 마음이나 감정이므로 드러나면 상황에 알맞게 된다. 그게 어울림인 화(和)다.

그러나 『중용』에서 표현된 것처럼 알맞음과 어울림은 지극히 어려운 경지다. 달리 말하면, 마음이나 감정이 치우치는 것은 자연스럽다는 뜻이다. 문제는 이 자연스러운 마음이나 감정이 사람들 사이에 갖가지 분란과 분쟁을 일으키는 씨앗이 된다는 사실이다. 왜냐하면 사람의 마음이나 감정은 본래 욕망이나 욕구를 채우려는 쪽으로 나아가려 하기 때문이다.

> 예의란 길러주는 것이다. 소나 돼지, 벼나 수수 따위 다섯 가지 맛이 어우러진 것들은 입을 길러주고, 산초와 난초 따위 향기로운 것들은 코를 길러주며, 쪼고 새긴 구슬이나 물건, 아름다운 의복 따위는 눈을 길러주고, 종과 북, 피리와 경쇠, 거문고와 비파, 젓대와 생황 따위는 귀를 길러주며, 너른 방과 화려한 집, 돗자리와 침상, 안석과 방석 따위는 몸을 길러준다. 그러므로 예의란 길러주는 것이다. - 『순자』「예론」

순자는 사람에게 욕구가 있음을 인정했다. 그런데 욕구는 채워지지 않으면 더욱 강렬해지고, 채우면 채우는 대로 더욱 커진다. 더 강렬해지고 더 커지면, 그때는 욕구가 아니라 탐욕이 된다. 대부분의 사람들은 이런 이치를 모르거나 간과하다가 스스로 탐욕의 노예가 되어 자신을 망치고 집안을 어지럽힌다. 욕구를 자연스러운 것으로만 여긴 탓에 조절해야 한다는 사실을 망각했기 때문이다.

흔히 유가의 예의는 사람의 마음이나 감정을 억누르는 것으로만 아는데, 전혀 그렇지 않다. 만약 예의가 억누르는 구실만 한다면, 도대체 법가의 형벌과 무엇이 다르겠는가? 예의의 본령은 사람의 마음이나 감정이 지나치거나 모자라지 않도록 잡도리하는 데 있지, 억누르는 데 있지 않다. 요컨대 예의는 욕구를 알맞게 채우도록 해주는 구실을 한다.

하찮게 여기고 미워한 관우(關羽)

예의를 통해 몸을 닦지 않으면 덕성을 기를 수 없다. 덕성을 기르지 않으면, 공명정대한 마음을 지니기 어렵다. 공명정대하지 못하면 마음이나 감정이 한쪽으로 치우친다. 치우치게 되면, 올바른 판단을 내리지 못하고 그릇된 선택을 하여 일을 그르치거나 자신을 망친다. 심하면 집안이 무너지고 나라가 어지러워진다. 노나라 숙손표가 총애하는 자의 말만 믿고 자식들을 죽인 일에서는 치우침이 집안을 무너뜨린 것을 볼 수 있고, 진(晉)나라 헌공이 여희를 총애하여 참과 거짓을 구분하지 못하고 끝내 태자를 죽음에 이르게 했던 일에서는 나라가 어지러워진 것을 볼 수 있다. '가까이 여기거나 아끼는 데서 치우친다'는 말은 이를 가리킨다.

그러면, '하찮게 여기고 미워하는 데서 치우친다'는 말은 무슨 뜻일까? 누군가를 하찮게 여기는 것은 오만한 마음이 있어서다. 아무리 뛰어난 능력이 있더라도 오만한 마음을 가지면, 남을 과소평가하며 제대로 알려고 하지 않는다. 그러면 다투거나 싸우게 되었을 때, 제 능력을 다하지 않는다. 이렇게 알려고 하지 않거나 제 능력을 다하지 않는 것이 치우침이다.

또 자신이 옳다고 굳게 믿는 사람도 자칫 상대를 업신여길 수 있다. 옳다고 믿는데다 용맹하기까지 하다면, 그릇되거나 비겁하다고 여겨지는 상대를 하찮게 여기기 십상이다. 게다가 상대의 지위 따위를 아랑곳하지 않고 자신의 뜻을 내세우는 이라면, 자신감이 지나쳐 오만함으로 치우칠 수 있다. 『삼국지』의 관우(關羽)가 꼭 그런 인물이었다.

관우가 날아오는 화살에 왼쪽 팔이 꿰뚫린 적이 있었다. 나중에 상처가 다 나았는데도 잔뜩 흐린 날이나 비 오는 날이면 으레 뼈에 통증이 왔다. 의원이 관우에게 말했다.

"화살촉에 독이 있었는데, 그 독이 뼛속으로 들어갔습니다. 팔을 찢어서 뼛속의 독소를 없애면 통증이 사라질 것입니다."

관우는 곧 팔을 뻗어서 의원에게 째라고 했다. 그때 마침 관우는 장수들을 초청하여 잔치를 열고 있었다. 팔에서 피가 흘러 뚝뚝 떨어지는데도 관우는 구운 고기를 자르고 술을 마시며 평소처럼 웃으면서 말을 했다.

관우의 용감하고 호방한 기상을 잘 엿볼 수 있는 일화다. 그의 이런 기상을 높이 평가해서 조조도 관우를 자기 사람으로 만들려고 무진 애를 썼었다. 그러나 이미 관우는 유방과 형제의 결의를 맺은 터였으므로 털끝만치도 흔들리지 않았다. 관우는 누구 앞에서나 당당했다. 그만큼 자신만만했던 것이다.

> 기원전 219년, 유비가 한중의 왕이 되자 관우를 전장군(前將軍)으로 삼았다. 이해에 관우는 병사들을 이끌고 가서 번성(樊城)에서 조인(曹仁)을 쳤다. 조조는 우금(于禁)을 보내 조인을 돕게 했다. 가을이 되어 폭우가 쏟아져 한수가 흘러넘치는 바람에 우금이 이끄는 칠군(七軍)이 모두 물에 빠졌다. 우금은 관우에게 투항했고, 관우는 또 장수 방덕(龐德)을 참수했다. 양현(梁縣), 겹현(郟縣), 육혼현(陸渾縣) 등 여러 현의 도적들 가운데는 멀리서 관우의 휘하에 들어가 그 분대가 된 자도 있었다. 관우의 위세가 중원을 진동시켰다.
> 조조는 허도(許都)를 떠나 관우의 예봉을 피할 궁리를 했다. 사마의(司馬懿)와 장제(蔣濟)는 관우가 뜻을 얻게 되는 것을 손권이 바라지 않을 테니 사람을 보내 손권에게 다스리도록 하면 번성의 포위는 저절로 풀릴 것이라고 주장했다. 조조는 이 의견을 따랐다. 그전에 관우가 번성을 포위했을 때, 손권이 사자를 보내 돕기로 해놓고서 사자에게 천천히 가도록 칙명을 내렸다. 관우는 지원군이 늦게 온 데 대해 화를 냈고, 또 스스로 우금 등을 얻었으므로 "오소리가 감히 이렇게 하다니, 만일 번성을 공략하게 된다면 내가 너를 멸망시킬 수 없겠는가!"라고 욕했다. 이 소식을 들은 손권은 관우가 자신을 경시하고 있음을 알고 거짓 편지를 써서 용서를 구한 적이 있었다. 또 손권이 아들을 위해 관우의 딸에게 구혼하려고 사람을 보낸 적이 있었는데, 관우가 그 사자를 모욕하고 혼인을 허락하지 않았다. 이런 일로 손권은 무척 화가 나 있었다.
> 또 남군(南郡) 태수인 미방(糜芳)이 강릉(江陵)에, 장군 사인(士仁)

이 공안(公安)에 각각 주둔하고 있었는데, 평소에 관우가 자신들을 경시했으므로 미워하고 있었다. 관우가 출병하자 미방과 사인은 군수물자를 대주면서도 힘을 다해 돕지는 않았다. 관우가 말했다.

"돌아가면 반드시 그들을 징벌하겠다!"

미방과 사인은 속으로 두렵고 불안했다. 그래서 손권이 미방과 사인을 은밀하게 꾀니, 미방과 사인은 사람을 시켜 손권을 맞이했다. 게다가 조조가 서황(徐晃)을 보내 조인을 도왔기 때문에 관우는 이기지 못하고 군대를 이끌고 돌아왔다. 손권이 이미 강릉을 점령하고 관우의 병사들과 처자식을 모두 포로로 잡았으므로 관우의 군대는 흩어지고 말았다. 손권은 장수를 보내 관우를 공격하여 관우와 그 아들 관평(關平)을 사로잡았다. 이때 손권이 관우를 살려주어 유비가 조조의 적수가 되게 하려고 하자, 측근들이 "이리 새끼는 기를 수 없습니다. 훗날 틀림없이 해를 끼칠 것입니다"라며 말렸다. 이리하여 곧 관우의 목을 베었다.

진수(陳壽)가 쓴 『삼국지(三國志)』「촉서(蜀書)」에 실려 있는 관우 이야기다. 관우는 매우 아름다운 수염이 있어 제갈량이 '미염공(美髥公)'이라 불렀다. 한번 떠올려보라. 천리마인 적토마를 타고 수염을 휘날리며 여든두 근이나 되는 청룡언월도를 휘두르는 관우의 모습을. 얼마나 위풍당당하며 용맹한가! 그가 전장을 누릴 때면 상대편 병사들은 사시나무 떨듯이 떨지 않았겠는가? 그런 관우가 결국에는 부하 장수들의 배신으로 패배하고 붙잡혀서 죽임을 당했다. 부하 장수들을 경시하는 바람에 미움을 받았기 때문이다.

관우가 손권을 경시한 것은 건방지다고 할 수밖에 없다. 관우가 아무리 용맹한 장수라도 장수일 뿐이다. 반면에 손권은 오나라의 왕이다. 한낱 장수가 왕을 경시하는 것은 적대적인 관계에서도 삼가야 할 일인데, 만약에 서로 화목하게 지내며 공동의 적을 상대해야 할 경우라면 더욱더 그래서는 안 된다. 당시 관우는 오나라와 함께 조조를 대적해야 할 상황이었음에도 그 점을 간과하고 자신의 성정대로 했다. 그게 패착이었다.

장비(張飛)도 그 위풍과 용맹함은 관우에 버금갔다. 그런 그도 허망하게 죽었다. 유비가 오나라를 토벌할 때, 장비도 병사들을 이끌고 출발하려고 했다. 그러나 부하 장수인 장달(張達)과 범강(范疆)이 장비를 죽이고 그 목을 갖고 손권에게 달려갔다. 『삼국지』의 저자 진수는 "관우는 병사들을 잘 대해주지만 사대부들에게는 오만했고, 장비는 군자를 아끼고 존경하지만 소인은 보살피지 않았다"고 적었다. 두 사람 모두 오만하여 남을 업신여기는 마음이 있었고, 자신들을 과신하여 경계하는 데 게을렀던 것이다. 그게 그들에게 죽음을 안겨주었으니, 참으로 허망하고 또 안타깝다.

『장원(將苑)』이라는 책이 있다. 제갈량의 저술로 알려져 있기는 하지만, 단정하기 어렵다. 오히려 후대의 위서로 볼 만하다. 그러나 그 내용은 제갈량의 행적이나 사상과 깊은 연관이 있어 치지도외할 수 없다. 또 제목에서 드러나듯이, 장수로서 자질과 덕목이 어떠해야 하는지를 자세하게 서술하고 있어서 '병법서'로서 가치가 매우 높다. 여기에 장수의 교만을 경계한 대목이 있어서 인용한다.

> 장수는 교만해서는 안 된다. 교만하면 예의를 잃게 되고, 예의를 잃으면 사람들 마음이 떠난다. 사람들 마음이 떠나면 민중이 반란을 일으킨다. 또 장수는 인색해서는 안 된다. 인색하면 포상을 제대로 하지 않고, 포상을 제대로 하지 않으면 병사들이 목숨을 바치지 않으며, 병사들이 목숨을 바치지 않으면 군대가 공을 세우지 못한다. 군대가 공을 세우지 못하면 나라가 허약해지고, 나라가 허약해지면 상대적으로 적이 강해진다. 그래서 공자가 말했다. "주공처럼 빼어난 재주와 미덕이 있더라도 교만하고 또 인색하면, 설령 다른 장점

이 있더라도 평가할 게 없다." – 『장원』「장교린」

(將不可驕. 驕則失禮, 失禮則人離, 人離則衆叛. 將不可吝. 吝則賞不行, 賞不行則士不致命, 不致命則軍無功. 無功則國虛, 國虛則寇實矣. 子曰: "如有周公之才之美, 使驕且吝, 其余不足觀也已." – 『將苑』「將驕吝」)

10-2

故諺有之曰: "人莫知其子之惡, 莫知其苗之碩." 此謂身不修不可以齊其家.

그러므로 속담에 "사람들은 자식의 나쁜 점을 알지 못하고, 싹이 크는 것을 알지 못한다"는 말이 있다. 이를 두고 '몸을 닦지 않으면 집안을 가지런히 할 수 없다'고 한다.

注釋 언(諺)은 상말, 속담을 뜻한다. 악(惡)은 나쁘다, 나쁜 점을 뜻한다. 묘(苗)는 싹이다. 석(碩)은 대(大)와 같으며, 크다는 뜻이다.

蛇足 사람은 누구나 제 피붙이를 가장 아끼고 사랑한다. 특히 부모의 자식에 대한 사랑은 깊고도 질기다. 자식을 사랑하지 않는 부모가 있다고 하면, 대부분의 사람들은 고개를 갸웃하며 이상하게 여긴다. 그만큼 자식을 사랑하는 행위는 자연스럽고 당연하다.

또 맹목적인 사랑이라고 하면, 대개 어미가 자식에게 갖는 사랑을 이른다. 자신의 몸속에서 열 달 동안 키워 산고를 겪어서 낳으니, 그야말로 자식을 분신으로 여기는 이가 어미다. 그러므로 아비의 자식에 대한 사랑과 똑같을 수 없고 더 강하다고 할 수밖에 없다. 자식을 아끼는 마음에서 무슨 일이든 마다하지 않는 어미가 역사에도 자주 등장하고 지금도 여전히 보고 들을 수 있는 것도 그 때문이리라.

자식의 능력을 잘 알았던 조괄의 부모

전국시대 조(趙)나라는 전국칠웅 가운데 하나로, 무령왕(武靈王, 기원전 325~299 재위) 때 기마병을 도입하면서 세력을 떨쳤다. 그러나 무령왕이 아들 혜문왕(惠文王, 기원전 298~266년 재위)에게 왕위를 물려주고 주부(主父)라 자칭하면서 쇠퇴하기 시작했다. 혜문왕과 공자 장(章) 사이에 후계 다툼이 일어나 무령왕이 유폐되어 굶어 죽는 분란이 일어났기 때문이다. 이는 동쪽으로 진출하려고 늘 조나라를 압박하던 진(秦)나라에는 절호의 기회가 되었다. 다행히 지략과 달변의 인상여(藺相如), 백전노장의 용장인 염파(廉頗), 마복군(馬服君) 조사(趙奢) 등 유능하고 현명한 신하들이 있어서 진나라의 공세를 막아내며 버틸 수 있었다.

여기서는 특히 조사에 대해 이야기하고자 한다. 조사는 본래 조세 징수를 맡은 관리였다. 그가 처음 명성을 떨친 것은 당시 왕에 버금가는 권세를 누리고 있던 평원군(平原君)의 집에서 세금을 내지 않자 법에 따라 그 집에서 일을 보는 사람 아홉 명을 죽인 일에서였다. 평원군이 자신을 하찮게 본다며 화가 나서 조사를 죽이려 하자, 조사가 달래며 이렇게 말했다.

"당신은 조나라의 왕족입니다. 그런데 당신의 집에서 나라에 바치는 의무를 다하지 않는 것을 내버려둔다면, 국법이 손상될 것입니다. 국법이 손상되면 나라가 약해질 것이고, 나라가 약해지면 제후들이 군사를 일으켜 쳐들어올 것이니, 조나라는 멸망할 것입니다. 그렇게 되면 당신이 어떻게 부귀를 누릴 수 있겠습니까? 당신 같은 분이 국법이 정한 대로 의무를 다하면 위아래가 공평해지고, 위아래가 공평해지면 나라가 강해지고, 나라가 강해지면 조나라는 굳건해질 것입니다. 당신은 왕족인데, 누가 하찮게 보겠습니까?"

평원군은 조사가 현명한 인물임을 알고 왕에게 추천했다. 왕은 조사에게 세금의 관리를 맡겼다. 조사는 매우 공평하게 세금을 거두어들여 백성을 부유하게 하고 나라의 창고가 가득 차게 했다. 조사는 또 병법에도 일가견이 있었다. 진나라 군대가 한나라를 치려고 했을 때, 조사가 군사를 이끌고 가서 진나라 군대를 크게 깨뜨려서 물리친 일이 있었다. 그 일로 왕은 조사를 마복군에 봉했다.

조사에게는 조괄(趙括)이라는 아들이 있었다. 어려서부터 병법을 배워 군사에 대해 이 세상에서 자기를 당할 자가 없다고 자부했다. 부친 조사와 함께 군사 문제를 토론한 적이 있는데, 조사가 당해내지 못했다. 그러나 조사는 아들이 잘한다고 하지 않았다. 조괄의 모친이 그 까닭을 묻자, 조사가 말했다.

"전쟁이란 목숨을 거는 일이오. 그런데 괄은 전쟁을 너무 쉽게 말하오. 조나라가 괄을 장군으로 삼지 않으면 다행이지만, 만일 괄을 장군으로 삼는다면 틀림없이 조나라 군대는 괴멸될 것이오."

혜문왕이 죽고 효성왕(孝成王, 기원전 265~245 재위)이 즉위했다. 효성왕 7년에 진나라가 쳐들어와 장평(長平)에서 조나라 군사와 대치했다. 조사는 이미 죽었고, 인상여는 병이 깊었다. 조나라는 염파를 장군으로 삼아 진나라를 치도록 했다. 염파는 진나라 군대가 아무리 싸움을 걸어와도 맞서지 않고 지키기만 했다. 이때 진나라에서 첩자를 이용해 이런 말을 퍼뜨렸다.

"진나라가 두려워하는 일은 오직 마복군 조사의 아들 조괄이 장군이 되는 것이다."

이에 조나라 왕이 염파 대신 조괄을 장군으로 삼으려 했다. 인상여가 조괄은 병법을 책으로만 읽었을 뿐 사태의 변화에 대처할 줄 모른다며 말렸다. 그러나 왕은 듣지 않고 조괄을 장군으로 삼았다. 조괄이 떠나려 하자, 그 모친이 왕에게 글을 올려 말했다.

"제 아들을 장군으로 삼아서는 안 됩니다."

왕이 불러서 "무엇 때문이오?" 하고 물었다. 조괄의 모친이 대답했다.

"예전에 제가 조괄의 아비와 살 때, 아들의 아비는 장군이었습니다. 그가 직접 먹여 살리는 이가 수십 명이고, 벗이 된 사람은 수백 명이었습니다. 왕께서 상으로 내려준 물품은 모두 군관(軍官)들에게 주고, 출전 명령을 받으면 그날부터 집안일은 돌보지 않았습니다. 그런데 이제 제 아들은 하루아침에 장군이 되어 동쪽을 향해 앉아서 부하들의 인사를 받게 되었지만, 군관들 가운데 누구도 제 아들을 우러러보지 않습니다. 왕께서 내려주신 돈과 비단을 가지고 와서는 집에 잘 갈무리해두고 날마다 이익이 될 만한 집이나 땅을 둘러보고는 사들입니다. 왕께서는 괄이 그 아비와 같으리라 생각하십니까? 아비와 자식은 마음 씀씀이가 다릅니다. 부디 왕께서는 제 아들을 보내지 마십시오!"

왕이 말했다.

"부인은 더 이상 말하지 마시오. 나는 이미 결정했소."

조괄은 염파를 대신하자 곧바로 군령을 모두 바꾸고 군관들을 다 교체했다. 진나라 장군 백기(白起)는 이 소식을 듣자 기병을 보내 싸우다 거짓으로 달아나는 척하면서 조나라 군대의 식량 보급로를 끊고 조나라 군대를 둘로 나누었다. 병사들의 마음이 조괄에게서 떠나기 시작했다. 40여 일이 지나자 조나라 군사들은 굶어 죽기 시작했다. 조괄이 정예부대를 이끌고 직접 싸우러 나갔지만, 진나라 군사가 쏜 화살을 맞고 조괄은 죽었다.

결국 군사 수십만 명이 진나라에 항복했고, 진나라는 이들을 모두 땅에 묻어 죽였다. 이 싸움이 그 유명한 '장평 대전(長平大戰)'이다. 이 싸움으로 조나라의 군사 45만 명이 죽었다. 조나라는 초나라와 위나라의 도움으로 간신히 위기를 넘겼으나, 조나라는 천천히 몰락의 길을 걸었다. 반면에 진나라는 이 대전의 승리로 천하 통일의 기반을 마련했다.

예나 이제나 모든 부모는 자식이 잘 되기를 간절히 바란다. 자식이 잘 되면 그 부모 또한 호의호식하며 영예를 누릴 수 있기 때문이다. 자식을 아끼고 사랑하는 마음도 강해서이지만, 그 자식을 통해 부귀영화를 누리겠다는 사사로운 마음 또한 적지 않아서 그럴 것이다. 그런데 마복군 조사와 그 부인은 달랐다. 아들이 장군이 될까 오히려 걱정했고, 왕이 장군으로 임명하자 부인은 나서서 말렸다. 아들 조괄에 대해 잘 알았기 때문이다. 그렇다고 아들을 아끼고 사랑하는 마음이 없었던 것이 아니다. 참으로 지극하게 사랑했기 때문에 그렇게 했다.

능력이 없으면서 일을 맡으면 반드시 그르치게 되고, 그르치면 그 화가 자신에게 돌아가기 때문이다. 나라의 큰일을 맡은 경우라면 자신에게만 화가 미치지 않고 나라와 백성에게도 재앙이 될 수 있다. 조사와 그 부인은 그런 이치를 잘 알고 사사로운 감정에 휘둘리지 않았다. 그러나 효성왕은 조괄에 대한 명성과 적의 계략에 속아서 잘못된 판단을 내리고 실행했다. 선입견과 어리석음이 절묘하게 어우러지는 바람에 치우쳐서는 안 될 때 치우쳤던 것이다.

조괄의 모친이 왕에게 한 말에는 깊은 이치가 숨어 있다. 남편인 조사가 평소에 어떻게 생활하며 벗들을 사귀었는지, 또 군대를 이끌면서 부하들을 어떻게 대했는지를 두루 잘 알고 있었다. 그래서 조사가 출전을 했을 때 병사들의 신뢰를 얻으며 군대를 잘 이끌고 싸우리라는 사실을 눈앞에서 보는 듯이 알 수 있었다. 아들 조괄에 대해서도 마찬가지였다. 굳이 군사를 이끌고 나가 싸우는 모습을 보지 않더라도 그의 평소 행동거지를 통해 장군으로서 제대로 해내지 못하리라는 것도 충분히 알았다. 그것은 한 가지 일에 정통하면 사물의 원리나 이치를 꿰뚫게 되어서 다른 일들까지도 잘 살펴 알 수 있기 때문이다. 물론 이런 식견이나 통찰을 가지기 위해서는 사사로운 마음이나 감정에 휘둘리지 않는, 냉철한 사고와 공명정대한 마음이 앞서야만 한다.

농사꾼은 밭일에 정통하지만 농업 담당관리가 될 수 없고, 장사꾼은 장사에 정통하지만 상업 담당관리가 될 수 없고, 공인은 기구 만드는 데 정통하지만 기구 담당관리가 될 수 없다. 그러나 어떤 사람은 이 세 가지 기술을 하나도 잘 해내지 못하지만 세 가지 공무를 맡아 다스릴 수 있으니, 이른바 도에 정통하고 일에는 정통하지 못했기 때문이다. 일에 정통한 사람은 일을 그 일로써만 다루고, 도에 정통한 사람은 일들을 아울러서 다룬다. 그래서 군자는 도를 한결같이 구하고 일들을 찬찬하게 헤아린다. 도에서 한결같이 구하면 바르게 되고, 일들을 찬찬하게 헤아리면 잘 살피게 된다. 뜻과 행동이 바르고 사리를 잘 살피면 온갖 것들이 제 구실을 한다.

옛날 순임금이 천하를 다스릴 때, 일마다 명령을 내리지 않아도 온갖 것들이 잘 되었다. 마음의 그 아슬아슬함에 머물렀으므로 영화로움이 가득했고, 마음의 그 미묘함을 잘 길렀으므로 영화로워도 알지 못했다. 그래서 『도경』에서 "사람의 마음은 아슬아슬하고, 도를 따르는 마음은 미묘하다"고 말한 것이다. 아슬아슬하고 미묘한 낌새는 오로지 밝은 군자라야 알 수 있다. – 『순자』「해폐」

(農精於田而不可以爲田師, 賈精於市而不可以爲賈師, 工精於器而不可以爲器師. 有人也, 不能此三技而可使治三官, 曰, 精於道者也, 非精於物者也. 精於物者以物物, 精於道者兼物物. 故君子壹於道而贊稽物. 壹於道則正, 以贊稽物則察. 以正知行察論, 則萬物官矣.

昔者舜之治天下也, 不以事詔而萬物成. 處一危之, 其榮滿側; 養一之微, 榮矣而未知. 故道經曰, "人心之危, 道心之微." 危微之幾, 唯明君子而後能知之. – 『荀子』「解蔽」)

또 조괄의 평소 행동거지를 보면, 아무리 병법에 대한 지식을 꿰뚫었다고 해도 실전에서는 전혀 써먹지 못할 것임을 짐작할 수 있다. 우선 장군은 병사들이 믿을 수 있는 존재가 되어야 한다. 왜냐하면 전쟁은 목숨을 걸고 하는 일이기 때문이다. 훌륭한 장군을 만나면 승리하고 또 살아서 영광을 누릴 수 있지만, 모자란 장군을 만나면 승리는커녕 목숨을 보존하는 일조차 바랄 수 없다. 그런데 조괄은 왕이 내린 돈과 비단을 저 혼자 차지했을 뿐만 아니라 그것으로 재물을 불리려 했다. 사사로운 이익을 챙기는 데 더 마음을 썼던 것이다. 이래서야 병사들의 신뢰를 얻기는 어렵다.

또 조괄은 평소에 병법에 대해 자부하고 있었으므로 하루아침에 장군이 되어도 당연한 듯이 여겼을 것이고, 오래도록 전장에서 산전수전 다 겪은 이들의 전략이나 전술, 편제 따위는 가벼이 여겼을 것이다. 실제로 염파를 대신하자마자 한 일이 군령을 바꾸고 군관들을 교체한 것이었다. 군령이나 군관은 함부로 바꾸는 것이 아니다. 갑작스런 변경이나 교체는 군사들을 혼란스럽게 만들 뿐이며, 새로 익숙해지는 데에도 시간이 걸린다.

조괄이 먼저 했어야 할 일은 군관들과 병사들을 다독이고 그 신뢰를 얻는 일이었다. 그러면서 이미 실행하고 있는 전략과 전술은 무엇이며 어떻게 편제되어 있는지를 또한 파악하는 일이었다. 아울러 진나라에서는 누가 장수인지, 그 위세와 편제가 어떠한지에 대한 정보를 충분히 수집해야 했다. 그러나 이 가운데 어느 것도 하지 않았다. 병법가로서 자부하는 마음이 커 굳이 그렇게 해야 할 필요를 느끼지 못했기 때문이리라.

냉철하게 자식을 키웠던 맹자의 모친

> 자식을 사랑하는 자는 자식에게 자애롭고, 생명을 중시하는 자는 자신의 몸에 자애롭고, 공적을 귀하게 여기는 자는 자신의 일에 자애롭다. 자애로운 어미는 어린 자식이 행복해지도록 힘쓰는데, 어린 자식이 행복해지도록 힘쓸 때면 재앙을 제거하는 일에 힘쓰고, 재

앙을 제거하는 일에 힘쓰면 사려가 깊어지고, 사려가 깊어지면 사리를 터득하고, 사리를 터득하면 반드시 공을 이루고, 반드시 공을 이루면 행동할 때 망설이지 않고, 망설이지 않는 것을 '용기'라 한다. — 『한비자』「해로(解老)」

흔히 자식 교육에서 환경의 중요성을 말할 때면 '맹모삼천지교(孟母三遷之敎)'를 든다. 맹자의 모친이 어린 맹자를 가르치기 위해서 묘지 근처에 살다가 시장 근처로 이사하고, 다시 시장 근처에서 학당 근처로 이사한 일을 두고 한 말이다. 교육에서 환경이 그만큼 중요하다는 점을 일깨워주는데, 이런 환경보다 더 중요한 것은 부모의 생각과 언행이다.

사람은 다른 동물과 달리 태어나자마자 독립하여 스스로 살아가지 못한다. 20대가 되거나 혼인을 하기 전에는 부모와 함께 살아야 하므로 자연스럽게 부모의 언행을 통해 그 생각을 공유하게 된다. 서로 인지하지 못하는 사이에 부모는 자식에게 영향을 끼치고, 자식은 부모를 닮아간다. 부모가 애써 가르치려는 것보다도 무의식중에 보고 들은 것이 더 크게 영향을 끼친다. 따라서 자식이 훌륭한 사람이 되기를 바라면 먼저 그 부모가 훌륭한 사람이 되도록 애써야 한다. 부모는 소인인데 자식이 군자가 되는 것은 요행이다.

맹자의 모친이 아들을 가르친 방식이나 태도에 대해 잘 알 수 있는 일화가 둘 있다. 전한 시대의 학자인 유향(劉向, 기원전 77~기원후 6)이 편찬한 『열녀전(列女傳)』에 나온다.

맹자는 어렸을 때, 학문을 닦기 위해서 다른 곳에 가 있었다. 그런데 도중에 그만두고 집으로 돌아왔다. 그때 모친은 베를 짜고 있었다. 모친이 물었다.

"배움이 어디까지 이르렀느냐?"

맹자가 대답했다.

"그저 그렇습니다."

맹자의 모친은 짜고 있던 베를 칼로 잘라버렸다. 맹자가 두려워하며 그 까닭을 묻자, 모친이 대답했다.

"네가 학문을 그만둔 것은 내가 이 베를 중간에 잘라버린 것과 다를 바 없다. 군자란 배워서 바른 이름을 세우고, 물어서 지식을 넓혀야 한다. 그렇게 하면 가만히 있어도 편안하고 또 어떤 일이 닥친다 해도 피해를 멀리할 수 있다. 이제 학문을 그만둔다면 노예의 상태에서 벗어날 수 없고 환란을 피할 수도 없다. 이 어찌 베를 짜서 먹고사는 일과 다르겠느냐? 베 짜는 일을 중도에 그만둔다면, 어떻게 남편과 자식을 입히고 오래도록 양식이 떨어지지 않게 할 수 있겠느냐? 여자가 생업을 그만두고 남자가 덕 닦는 일을 게을리한다면, 도둑이 되거나 남의 하인 노릇이나 할 것이다."

이에 맹자는 두려워하며 아침저녁으로 쉼 없이 학문했다.

또 맹자가 장가든 뒤의 일이다. 맹자가 방에 들어가는데, 부인이 방 안에서 웃옷을 벗고 있었다. 맹자는 이를 불쾌하게 여기고 곧바로 돌아서 나왔고, 다시는 들어가지 않았다. 부인은 시어머니에게 이 사실을 알리고 자신을 친정으로 돌려보내 주기를 청했다.

"저는 '부부의 도리는 방 안에서는 문제가 되지 않는다'고 들었습니다. 제가 방 안에 혼자 있으면서 예의를 갖추지 않고 있었습니다. 그것을 보고는 화를 내며 불쾌하게 생각한 것은 저를 손님으로 대했기 때문입니다. 여자의 도리는 손님의 방에는 머무르지 않는 것이오니, 저를 제 부모가 계신 곳으로 보내주십시오."

그러자 맹자의 모친이 맹자를 불러서 타일렀다.

"예의에 따르면, 문 안으로 들어가려 할 때 누가 있는가를 묻는 것은 공경을 다하기 위해서다. 또 마루에 올라갈 때 인기척을 내는 것은 누군가가 왔음을 알리기 위해서다. 그리고 방에 들어갈 때 눈길을 아래로 두는 것은 다른 사람의 허물을 볼까 두려워서다. 이제 네가 예의를 잘 살피지 못하면서 남에게 예의를 갖추지 않았다고 책망하다니, 얼마나 잘못된 일이냐!"

이에 맹자는 부인에게 사과하고 떠나지 않게 했다.

부모의 자식에 대한 사랑은 대개 맹목적이다. 맹목적이라는 것은 오로지 감정만 있다는 뜻이다. 옳고 그름, 잘함과 못함 따위를 헤아려서 판단하는 이성적이고 합리적인 사고가 결여되기 쉽다는 뜻이다. 남이 내 자식의 나쁜 점을 지적하면 벌컥 화를 내며 항변하는 것은 그 때문이다. 스스로 자식의 잘잘못을 알지 못하니, 나쁘게 될 싹이 자라고 있는 줄을 또 어찌 알겠는가?

나 자신이 바른 마음을 지니지 못해서 그릇되게 판단하고 행동하면, 자식을 그르치게 된다. 자식을 그르치면, 그 집안은 내일을 기약할 수 없다. 언젠가는 부모가 먼저 세상을 떠나고 그릇된 자식이 남아서 집안을 이어갈 것인데, 그 집안이 어찌 되겠는가? 그래서 "몸을 닦지 않으면 집안을 가지런히 할 수 없다"고 말한 것이다.

11장

집안을 가지런히 하라

11-1

所謂治國必先齊其家者, 其家不可敎而能敎人者無之. 故君子不出家而成敎於國. 孝者, 所以事君也; 弟者, 所以事長也; 慈者, 所以使衆也.

이른바 '나라를 다스리려면 반드시 먼저 집안을 가지런히 해야 한다'는 것은 제 집안에서 가르치지 못하면서 남을 가르칠 수 있는 자는 없다는 말이다. 그러므로 군자는 집을 나서지 않고도 그 가르침을 나라에서 이룬다. 효도란 군주를 섬기는 바탕이고, 깍듯함은 어른을 섬기는 바탕이며, 자애는 뭇 사람을 부리는 바탕이다.

注釋 소이(所以)는 까닭이나 근거, 토대를 가리킨다. 제(弟)는 제(悌)와 같으며, 깍듯하다는 뜻이다.

蛇足 유가 사상은 가족주의 또는 혈연주의에서 출발한다. 가족이나 혈연은 사회나 나라를 이루는 데 있어 가장 원초적이고 자연스런 관계망이며, 문화 또한 여기에서 비롯된다. 가족이나 혈연관계에서는 당연히 사사로운 감정이 훨씬 강렬하게 작용하지만, 이를 합리적으로 적절하게 조절할 수 있다면 공동체나 나라에 적합한 윤리를 마련할 수 있다. 위에서 말한 효도와 깍듯함, 자애는 가족이나 혈연관계에서 나오는 마음이자 감정인데, 이를 잘 확충하면 군주를 섬기는 충(忠)이 되고 남의 어른을 섬기는 공손함이 되며 백성을 위하는 어진 마음이 된다.

가장 가까운 제 집안사람들과 관계에서 효도나 깍듯함, 자애를 일으켜 지극하게 대하지 않는다면, 집을 나서서 공적인 일을 맡았을 때 윗사람을 섬기는 일이나 아랫사람을 대하는 일이 알맞게 될까? 가족들과는 서먹해도 남들과는 잘 지낼 수 있다든지 함께 일을 잘 해낼 수 있다든지 말할 수도 있으나, 그것은 허튼소리다. 효도나 깍듯함, 자애 따위의 마음이 모자라거나 없는 사람이 의기투합한다면서 다른 누군가와 잘 지내고 함께 일할 수 있다고 한다면, 그 누군가 또한 그런 부류의 사람일 공산이 크다. 아니면, 서로 그런 부덕(不德)을 알면서도 들추지 않고서 지내는 것일 뿐이다. 그러다 잇속 계산이 서로 틀어지면, 감추고 있던 부덕이 그대로 드러나서 서로 헐뜯고 다투다 결국 웅등그러진다.

선비가 평생을 처사로서 또는 은사로서 살겠다면 모르겠으나, 벼슬길에 나아가 자신의 뜻을 펴려고 한다면 반드시 군자의 삶을 살면서 집안을 잡도리하고 있어야 한다. 벼슬길 또한 제 뜻대로만 되는 것은 아니어서 갑작스레 발탁되어 하루아침에 처지가 달라지는 일도 적지 않다. 그럴 때면 가장 가까웠던 부인과 자식들, 나아가 집안에서 일하는 사람들까지 들뜨기 십상이다. 심하면 부인과 자식들이 교만해지고, 집안의 일꾼들은 남들에게 과시한다. 이것이 인지상정이다. 그들의 가장이 군자가 아니라서가 아니라, 지위나 권세가 사람을 그렇게 만들기 때문이다.

지위나 권세가 있으면, 반드시 거기에 빌붙어서 제 잇속을 차리려는 자가 있게 마련이다. 이른바 간사하고 음흉한 소인배들이 들러붙는다. 상대가 군자라 하더라도 지위나 권세가 사람을 변하게 만든다고 여겨서 아무렇지도 않게 접근해서는 온갖 감언이설로 꾄다. 설령 단호하게 내치더라도 한두 번쯤 그러다 말 것이라 여긴다. 그게 통하지 않으면, 그 아내나 자식들을 비롯해 집안사람들 가운데서 만만한 사람을 상대로 일을 꾸민다. 대부분의 사람들은 그런 소인배들의 집요함을 이겨내지 못한다. 그래서 다산도 "청탁을 받지 않고 뇌물이 들어오지 않으면, 집안을 바로잡았다고 할 수 있다"고 말했다.

내 지위가 높아지면 내 아내와 자식들부터 모두 나를 가리고 속여 저버리는 사람이 된다. 남편을 공경하지 않는 아내가 없고 아비를 사랑하지 않는 자식이 없는데, 어찌 가리고 속여 저버리는 마음이 있겠는가? 그러나 도리를 아는 사람이 드물어서 혹은 안면에 이끌리기도 하고 혹은 뇌물에 넘어가기도 하여 청탁을 받아들이게 되는 것이다. 이것이 이른바 아녀자나 어린애의 어짊이다. 혹은 살갗에 와 닿는 하소연을 하며 아무 아전을 없애라 하고, 혹은 굽어 쓸모없는 나무를 아로새기듯 아무개를 칭찬하며 추천하고, 혹은 아무개의 송사에 대해 여론이 원통해 한다고 말하고, 혹은 누구의 옥사에 대해 판결이 잘못되었다고 한다. 무릇 아래에 있는 간사한 자들이 이 간질을 하면, 인정 많은 아내나 어린 자식은 그런 술수에 넘어가 스스로 공정한 의론이라 여기고 자기도 모르게 사사로이 고자질한다. 나는 이런 일을 많이 보았다. –『목민심서』「율기육조」

(我位旣尊, 自我妻子, 皆壅蔽欺負之人也. 妻無不敬夫, 子無不愛親, 夫豈有壅蔽欺負之心哉? 知道者鮮, 或爲顔私所牽, 或爲貨賂所誘, 干謁於是乎行焉, 玆所謂婦孺之仁也. 或以膚受之譖, 除去某吏; 或以蟠木之容, 推譽某佐; 或云某甲之訟, 輿情稱冤; 或云某乙之獄, 官決有誤. 凡奸人在下者, 百計鑽刺, 以行反間, 則仁妻稺子, 墮其術中, 自以爲公誦, 不覺其私訐. 余見若是者多矣. –『牧民心書』「律己六條」)

역사적으로 군자가 소인을 이긴 경우는 매우 드물다. 흔히 "똥이 무서워서 피하나, 더러워서 피하지!"라고 말하는데, 군자도 소인을 더러워서 피한다. 그러나 소인은 무서운 존재다. 자신을 위한 일이라면, 제게 이익이 되는 일이라면, 불속에라도 뛰어들며 갖은 음모를 다 꾸미고 온갖 술수를 다 부린다. 그러니 마음 약한 부인이나 어리석은 자식들이 어찌 그런 자의 꾐에 넘어가지 않을 수 있겠는가.

'살갗에 와 닿는 하소연'은 『논어』「안연(顔淵)」편에 나오는 말이다. 자장(子張)이 공자에게 '밝음'이란 어떤 것이냐고 물었을 때, 공자는 "차츰차츰 젖어드는 헐뜯음, 살갗에 와 닿는 하소연 따위가 통하지 않는다면, 밝다고 할 만하다. 차츰차츰 스며드는 헐뜯음, 살갗에 와 닿는 하소연 따위가 통하지 않는다면, 밝음이 먼데까지 미친다고 할 만하다"(浸潤之譖, 膚受之愬, 不行焉, 可謂明也已矣. 浸潤之譖, 膚受之愬, 不行焉, 可謂遠也已矣)고 대답했다. 헐뜯는 말이나 하소연에 흔들리지 않고 옳고 그름을 올바로 판단할 수 있어야 비로소 '밝다'고 할 수 있다는 말이다. 헐뜯음이나 하소연에도 흔들리지 않는 일은 지혜를 필요로 할 만큼 어려운 일인데, 아녀자나 아이들이라면 어떠하겠는가?

다음은 『목민심서』 「율기육조」에 나오는 이야기다.

고려 때 유응규(庾應圭)는 행실이 곧고 야무졌다. 일찍이 지금의 양주(楊州)인 남경(南京)에 판관으로 갔을 때, 청렴하고 고결하게 공사(公事)를 처리했다. 그의 아내가 해산을 한 뒤에 젖멍울이 심했는데도 오직 나물국만 먹었다. 그래서 한 아전이 몰래 꿩 두 마리를 바쳤다. 그의 아내가 말했다.
"남편이 평소에 남의 선물을 받지 않았는데, 어찌 내 입과 배를 위해 남편의 맑은 덕에 누를 끼치겠느냐!"
아전이 부끄러워하며 물러갔다.
청음(淸陰) 김상헌(金尙憲)은 벼슬살이하면서 청렴했다. 어느 관인이 자기 아내가 뇌물을 받아 비방을 듣고 있음을 걱정하자, 김공이 일러주었다.
"부인의 하소연을 하나도 들어주지 않으면 비방이 그칠 것이네."
그 관인이 크게 깨닫고는 그 말대로 했다. 그러자 그 부인이 늘 김공을 욕했다고 한다.
"저 늙은이가 저만 청백리가 되면 그만이지, 왜 남까지 본받게 해서 나를 이리도 고생시키는가!"

11-2

康誥曰: "如保赤子." 心誠求之, 雖不中, 不遠矣. 未有學養子而後嫁者也.

「강고」에서 "갓난아이를 지키듯이 한다"고 했다. 마음으로 참되게 구한다면, 비록 딱 맞지는 않더라도 크게 어긋나지는 않을 것이다. 자식 기르는 법을 다 배운 뒤에 시집간 이는 아직 없었다.

注釋 『상서』「강고」에서는 "갓난아이를 지키듯이 하면 백성은 편안히 다스려진다"(若保赤子, 惟民其康乂)라고 되어 있다. 적자(赤子)는 갓난아이를 뜻한다. 성(誠)은 참으로, 진실로라는 뜻이다. 중(中)은 치우침이 없이 알맞다는 뜻이다. 가(嫁)는 시집가다는 뜻이다.

蛇足 직업을 얻거나 벼슬살이 하는 일을 지혜와 능력을 다 갖춘 뒤에야 할 수 있다고 한다면, 그럴듯한 직업이나 벼슬을 얻을 사람은 거의 없을 것이다. 이는 군주의 경우에도 마찬가지다. 아무리 태자나 세자 시절부터 학문에 전념했다고는 하지만, 그것만으로는 정치적 역량을 다 갖출 수 없다. 고려와 조선에서 경연(經筵)을 시행한 것도 그 때문이다.

경연은 왕이 군주로서 덕성을 함양하고 통치 능력을 갖추기 위해서 현명하고 경륜이 많은 신하들과 경서(經書)를 강론하면서 정책을 토론하는 제도다. 이는 유교의 이상정치를 실현하기 위한 것으로, 신하들이 왕권을 규제하는 기능도 있었다. 요컨대, 경연은 어떤 군왕도 통치자로서 역량을 다 갖춘 뒤에 즉위하지 않는다는 인식 위에서 마련된 것이라 할 수 있다. "자식 기르는 법을 다 배운 뒤에 시집간 이는 아직 없었다"

는 말이 그런 뜻이다.

『논어』「자장(子張)」편에서 자하(子夏)가 "벼슬살이하면서 남음이 있으면 배우고, 배우면서 남음이 있으면 벼슬한다"(仕而優則學, 學而優則仕)고 했는데, 이는 군주에게도 해당되는 말이다. 일개 선비도 배움을 그치지 말아야 하는데, 하물며 나라와 백성을 책임진 군주가 어찌 배움을 멈출 수 있겠는가. 군주가 스스로 부족함을 알지 못하고 덕성을 함양하거나 경륜을 쌓는 일에 게으르다면, 결국 자리는 위태로워지고 왕실조차 기울게 될 것이다.

자리는 고정불변이 아니다

춘추시대 중기부터 노나라는 삼환씨(三桓氏)가 권력을 장악해 군주 자리도 좌지우지했다. 삼환씨는 환공(桓公, 기원전 711~694 재위)의 후손들로, 맹손씨(孟孫氏)·숙손씨(叔孫氏)·계손씨(季孫氏) 세 집안을 가리킨다. 이 삼환씨의 전횡은 소공(昭公) 때 정점에 이르렀다. 소공 5년(기원전 537)에 중군(中軍)을 폐지하여 공실(公室)의 군사를 넷으로 나누더니 계손씨가 그 가운데 둘을 차지하고 숙손씨와 맹손씨는 각각 하나씩 차지했다. 이로써 징병과 징세까지 삼환씨 손에 들어갔다.

결국 소공 25년(기원전 517)에 계손씨의 우두머리인 계평자(季平子)에게 원한을 품은 대부들과 함께 소공은 군사를 이끌고 계손씨를 공격했다. 그러나 맹손씨와 숙손씨가 계손씨를 도와 소공의 군사를 쳤고, 소공은 노나라를 떠나 망명길에 올라야 했다. 제나라를 비롯해 여러 나라를 떠돌다가 7년 만에 세상을 떠났다. 이를 두고 『춘추』에서는 "공이 건후(乾侯)에서 세상을 떠났다"고 썼는데, 『좌전』에서는 "이는 소공이 제자리를 찾지 못하고 죽은 것을 밝힌 것이다"라고 적었다. 이에 대해 진(晉)나라의 조간자(趙簡子)가 사묵(史墨)에게 물었다.

"노나라의 계씨는 그의 군주를 나라 밖으로 쫓아냈으나, 노나라의 백성은 오히려 그에게 복종하고 제후들도 그와 가까이하고 있소. 군주가 나라 밖에서 죽었는데도 계씨에게 죄가 있다고 하는 사람이 없는 까닭은 무엇이오?"

사묵이 대답했다.

"만물이 생겨날 때 둘인 것도 있고 셋인 것도 있고 다섯인 것도 있고 곁에서 돕는 보필도 있습니다. 이에 하늘에는 해 · 달 · 별 삼신(三辰)이 있고 땅에는 오행이 있으며 몸에는 좌우가 있으니, 모두 제 짝이 있습니다. 왕에게는 공(公)이 있고 제후에게는 경(卿)이 있으니, 모두 보필이 있습니다. 하늘이 노나라의 계씨를 낳아 노나라 군주를 돕게 한 지 오래되었습니다. 그러니 백성이 계씨에게 복종하는 것도 당연하지 않겠습니까? 노나라 군주는 대대로 덕을 잃었으나 계씨는 대대로 덕을 닦는 데 힘써 왔으므로 백성이 군주를 잊게 되었습니다. 그러하므로 군주가 밖에서 죽었다 해도 그 누가 불쌍하게 여기겠습니까? 사직의 제사를 받들 사람이 고정된 것도 아니고 군주와 신하의 지위도 고정된 것이 아니니, 옛날부터 그러했습니다. 그래서 『시경』 〈시월지교(十月之交)〉에서도 '높은 언덕이 골짜기 되고, 깊은 골짜기 언덕 되었네'라고 노래했습니다. 고대의 우왕(禹王)과 하나라, 상나라 왕들의 자손들이 이제는 서민이 된 것은 주군께서도 아시는 바입니다. … 노나라 문공(文公)이 죽자 동문수(東門遂)가 적자를 죽이고 서자를 세웠습니다. 이로 말미암아 노나라 군주는 나라를 잃고 정권은 계씨에게 넘어갔고, 그로부터 지금까지 4대가 지났습니다. 백성이 군주를 알지 못하는데 어떻게 나라를 얻겠습니까? 이런 까닭에 군주 된 자는 군주의 기물과 이름을 소중히 여겨 함부로 남에게 빌려주어서는 안 됩니다."

사묵은 군주와 신하의 자리는 고정불변이 아니라고 말했다. 비록 난세인 춘추시대 말기라고는 하지만, 당시로서는 참 놀라운 발언이 아닐 수 없다. 그러나 현실적으로는 그렇게 발언할 수밖에 없는 조짐들이 각 제후국에서 나타나고 있었고, 결국 진(晉)나라와 제(齊)나라가 다른 성씨에게 정권을 넘겨주는 사태까지 벌어졌다.

진(晉)나라는 무왕의 아들인 당숙우(唐叔虞)로부터 시작된 희씨(姬氏, 주 왕실의 성씨)의 나라였다. 그러나 춘추시대 중기부터 군주들이 실정을 거듭함으로써 권력이 경대부들에게 넘어갔다. 이윽고 기원전 403년에 한씨(韓氏) · 조씨(趙氏) · 위씨(魏氏)가 삼분하여 각각 나라를 세우면서 진나라는 역사에서 사라졌다. 또 기원전 386년, 전화(田和)는 강공(康公)을 몰아내고 제나라를 차지했다. 본래 제나라는 강태공의 후손인 강씨(姜氏)가 다스리던 나라였다. 이 일은 갑작스레 일어난 것이 아니다. 이미 백여 년 전부터 전씨들이 세력을 떨치면서 백성에게 은덕을 베푼 결과였다.

이렇듯이 군주의 자리는 영원히 보장된 자리가 아니다. 세습 군주라도 덕성을 길러서 백성을 위한 정치를 펴야만 그 자리를 보존할 수 있다. 백성은 자신들을 위해 바른 정치를 하는 사람에게 간다. 자신들을 소홀히 하거나 버린 군주는 더 이상 군주가 아니므로 그에게 마음을 주지 않는다. 이는 자신에게 애정을 품고 아껴주는 이에게 안기는 갓난아이와 같은 마음이다. 그래서 "갓난아이를 지키듯이 하라"고 말한 것이다. 백성을 갓난아이처럼 여기고 지킬 줄 아는 마음이 곧 통치자의 덕이다.

11-3

一家仁, 一國興仁; 一家讓, 一國興讓; 一人貪戾, 一國作亂, 其機如此. 此謂一言僨事, 一人定國.

> 한 집안이 어질면 온 나라가 어짊을 일으키고, 한 집안이 사양하면 온 나라가 사양하는 마음을 일으키며, 한 집안이 탐욕을 부리고 어그러지면 온 나라가 난리를 일으키니, 그 작동 원리

가 이와 같다. 이를 두고 '한마디 말이 일을 그르치고, 한 사람이 나라를 안정시킨다'고 한다.

注釋 양(讓)은 좋은 것을 남에게 넘겨주다, 미루다는 뜻이다. 탐(貪)은 이익을 탐내다, 감빨다는 뜻이다. 려(戾)는 어그러지다, 도리에서 벗어나다는 뜻이다. 기(機)는 베틀처럼 일이 작동하는 방식이나 원리를 뜻하는데, 흔히 말하는 메커니즘 또는 체제(體制)를 가리킨다. 분(僨)은 넘어지다, 그르치다는 뜻이다.

蛇足 여기서 말하는 '집안'은 그 주체를 누구로 보느냐에 따라 함의가 달라진다. 주 왕조 시대라고 한다면, 왕실도 되고 제후들의 집안인 공실(公室)도 되고 왕실과 공실을 보좌하거나 보필하는 경대부(卿大夫)의 집안일 수도 있다. 『대학』을 정치 교과서라고 한다면 이들 모두 해당되고, 통치 교과서라고 한다면 왕실과 공실이 특히 해당된다. '치국평천하'를 생각하면 마땅히 후자가 된다. 그럼에도 경대부의 집안도 무시할 수 없다.

왕실이나 공실과 한 핏줄이거나 커다란 공적을 쌓은 덕분에 대대로 권세를 누린 집안이 경대부의 집안이다. 따라서 이들 집안도 나라를 다스리고 백성을 편안하게 하는 일에 지대한 영향을 끼친다. 앞서 언급했던 진나라와 제나라의 군주들이 성씨가 다른 대부 집안에 나라를 빼앗긴 일뿐만 아니라 권세를 쥔 대부가 군주를 죽이거나 바꾼 일들이 춘추전국시대에 매우 많았다는 사실을 참작하면 충분히 이해할 수 있는 일이다.

일을 그르치거나 바로잡는 한마디 말은 그런 집안의 사람이 한 말이며, 여기서 말한 일이란 곧 국사(國事)나 천하사(天下事)다. 이런 일을 그르치면 반드시 권력을 빼앗기고 몰락의 길을 걷게 된다. 만약 일을 바로잡는다면 민심을 얻게 된다. 이 일로 말미암아 권력자 개인의 진퇴

뿐만 아니라 집안의 흥망도 결정된다. 그러니 권력을 쥐거나 권세를 가진 사람이라면 한마디 말이라도 삼가지 않을 수 없다.

기원전 559년에 위(衛)나라 군주가 제나라로 달아났다고 『춘추』는 적고 있다. 이 사건에 대한 자초지종은 『좌전』에 나와 있는데, 내용은 다음과 같다.

어느 날 위나라 헌공(獻公)은 대신 손문자(孫文子)와 영혜자(甯惠子)를 식사에 초대했다. 손문자와 영혜자는 예복을 차려 입고 궁궐에 들어가 기다렸다. 그런데 해가 저물도록 헌공은 동산에서 기러기 사냥에 빠져 있었다. 기다리다 지친 두 사람이 동산으로 찾아가니, 헌공은 전혀 미안해하는 기색도 없이 도리어 두 사람을 훈계했다.

"그대들이 뇌물을 받고 불법을 저지른다고 하는데, 그게 사실이오?"

손문자와 영혜자는 커다란 모욕감을 느껴 화를 내며 물러나왔다. 손문자는 자신의 채읍인 척(戚) 땅으로 가버렸고, 아들 손괴(孫蒯)가 대신 조정에 들어갔다. 그 후, 헌공이 손괴를 연회에 초대했다. 헌공은 태사에게 일부러 『시경』 〈교언(巧言)〉의 마지막 장을 부르게 했는데, 태사는 거절했다. 그러자 곁에 있던 사조(師曹)가 나서서 자신이 부르겠다고 하고는 노래를 불렀다. 그 내용은 이러하다.

> 저들은 어떤 자들인가? 황하 가에 살면서
> 힘도 용기도 없으면서 소란만 일으킨다네.
> 종기 나고 발도 부었으니, 무슨 용기 있으랴?
> 요리조리 잔꾀 부리니, 너의 무리 몇몇이냐?
> 彼何人斯? 居河之麋.
> 無拳無勇, 職爲亂階.
> 旣微且尰, 爾勇伊何?
> 爲猶將多, 爾居徒幾何?

헌공의 뜻을 알아차린 손괴가 부친 손문자에게 이를 알리자, 손문자가 말했다.

"군주는 우리를 싫어하고 있다. 내가 먼저 수를 쓰지 않으면 나는 틀림없이 죽임을 당할 것이다."

손문자는 집안사람들을 모두 척 땅으로 불러 모아서는 군사를 일으켜 도성으로 들어갔다. 놀란 헌공은 자신의 세 아들을 보내 손문자와 화해의 맹약을 맺게 했으나, 손문자는 이들을 모두 죽여버렸다. 헌공은 견(鄄) 땅으로 달아나서는 다시 사람을 보내 화해를 요청했는데, 손문자는 그 사람마저 죽여버렸다. 이에 헌공은 제나라로 달아났고, 손문자는 그 뒤를 쫓아가 헌공을 따르던 무리들을 쳐부수었다. 헌공은 간신히 제나라로 들어갈 수 있었다.

헌공은 중신(重臣)에게 모욕감을 주었다. 약속을 저버린 것도 문제고, 해서는 안 될 말을 한 것도 문제다. 나아가 연회에서 〈교언〉이라는 노래를 부르게 하여 더욱더 치욕을 느끼게 했을 뿐 아니라 격렬한 반감을 불러일으켰다. 〈교언〉은 본디 올바른 선비가 참언을 일삼는 소인배를 비난하는 노래였다. 헌공은 이 노래를 통해 자신은 올바른 군주인데 손문자가 참언을 일삼으며 분란을 일으키는 간신인 것처럼 비꼬았다. 이러니 손문자가 격분하지 않을 수 있겠는가?

만약에 손문자와 영혜자를 제거할 심산이 아니었다면, 그들의 지위와 세력을 감안하여 화해를 하거나 적당한 구실을 만들어서 그들을 내쳤어야 한다. 만약 제거할 심산이 있었다면, 제 속내를 숨기고 은밀하고도 치밀하게 일을 추진하여 단박에 처리했어야 한다. 그들의 권세도 나름 막강했으므로 선불리 상대했다가는 도리어 역풍을 맞을 수 있기 때문이다. 그럼에도 제 속내는 속내대로 다 내비치면서 그들을 모욕감에 떨게 했을 뿐 아니라 군주를 제거해야만 살아남게 되리라는 위기감까지 부추겨 결국 군사를 일으키게 만들었다. 게다가 헌공 자신은 전혀 아무런 대비도 하지 않았다가 다른 나라로 달아났으니, 참으로 어리석고 한심한 군주다.

11-4

堯舜率天下以仁, 而民從之; 桀紂率天下以暴, 而民從之. 其所令反其所好, 而民不從. 是故君子有諸己而后求諸人, 無諸己而后非諸人. 所藏乎身不恕, 而能喩諸人者, 未之有也. 故治國在齊其家.

요와 순은 천하를 어짊으로써 이끌었으므로 백성이 그대로 따랐고, 걸과 주는 천하를 포악함으로 이끌었으므로 백성이 그대로 따랐다. 내려온 명령이 좋아하는 것과 반대가 되면, 백성은 따르지 않았다. 이런 까닭에 군자는 자신에게 갖추고 난 뒤에 남에게 갖추라고 했고, 자신에게 없앤 뒤에 남에게 없애라고 꾸짖었다. 나와 남을 같이 여기는 마음이 제 몸에 갈무리되어 있지 않으면서 남을 일깨울 수 있었던 자는 아직 없었다. 그러므로 나라를 다스리는 일은 집안을 가지런히 하는 데에 있다.

注釋 솔(率)은 거느리다, 이끌다는 뜻이다. 유(有)는 선(善)을 갖추다는 뜻이고, 무(無)는 불선(不善)을 없애다는 뜻이다. 저(諸)는 지어(之於)와 같다. 비(非)는 꾸짖다, 나무라다는 뜻이다. 장(藏)은 갈무리하다, 지니고 있다는 뜻이다. 서(恕)는 나와 남이 같음을 아는 것 또는 나와 남이 같다고 여기는 마음, 그런 앎이나 마음으로 남을 대하는 일을 뜻한다. 유(喩)는 깨우치다, 일깨우다는 뜻이다.

蛇足 백성이 요와 순을 그대로 따랐고 걸과 주도 그대로 따랐다고

하는데, 무슨 뜻인가? '따랐다'는 말은 같으나, 그 뜻은 사뭇 다르다. 요와 순은 어짊으로써 다스렸으므로 백성도 어진 마음으로 따랐으니, 이는 교화(敎化)됐다는 뜻이다. 그러나 걸과 주는 포악함으로 이끌었으므로 백성도 포악함으로 따랐으니, 이는 이반(離反)했다는 뜻이다.

군주와 백성, 관리와 백성의 관계는 신분적으로 상하 관계에 있으나, 결코 일방적인 관계가 아니다. 군주나 관리가 어떤 마음으로 다스리느냐, 어떤 명령을 내리고 어떻게 실행하느냐에 따라 민심은 따르기도 하고 돌아서기도 한다. 백성이 아무리 미천하고 미약한 존재라고는 하지만, 그들 없이는 벼슬도 사직도 나라도 존재할 수 없다. 정치에서 민심을 그토록 강조하고 중시하는 까닭이 여기에 있다.

> 말이 수레를 끌다가 놀라면 군자는 수레에서 편안히 있지 못하고, 백성이 정치에 놀라면 군자는 그 자리에 편안히 있지 못한다. 말이 수레를 끌다가 놀라면 진정시키는 것이 가장 좋고, 백성이 정치에 놀라면 은혜를 베푸는 것이 가장 좋다. 현명하고 뛰어난 사람을 골라 쓰고 착실하고 공경스런 사람을 기용하며 효도와 우애를 일으키고 고아나 과부를 거두고 가난하고 궁색한 사람을 돕는 일, 이런 일을 하면 백성은 정치에 편안해 한다. 백성이 정치에 편안해 한 뒤에야 군자도 자리가 편안하다. 전하는 말에 "군주는 배요, 백성은 물이다. 물은 배를 띄우기도 하지만, 물은 배를 뒤집기도 한다"는 게 있는데, 이를 두고 한 말이다. – 『순자』「왕제」
>
> (馬駭輿, 則君子不安輿; 庶人駭政, 則君子不安位. 馬駭輿, 則莫若靜之; 庶人駭政, 則莫若惠之. 選賢良, 擧篤敬, 興孝弟, 收孤寡, 補貧窮, 如是則庶人安政矣. 庶人安政, 然後君子安位. 傳曰: "君者, 舟也; 庶人者, 水也. 水則載舟, 水則覆舟." 此之謂也. – 『荀子』「王制」)

명나라 영락제(永樂帝, 1402-1424 재위) 때 일이다. 중국 서남쪽에 치우쳐 있고 소수민족이 많은 곳이 귀주(貴州)인데, 이 귀주를 다스리는 도독 마엽(馬燁)은 포악한 사람이었다. 그래서 그곳 백성은 모두 그에게 원한을 품고 그를 없애고 싶어 했다. 마엽의 부하가 흉흉한 민심이 걱정스러워서 마엽에게 충언했다.

"변경을 다스리는 나리께서는 민심을 안정시키고 반란이 일어나지 않도록 해야 하지 않습니까? 게다가 백성도 명령을 잘 따르는데, 어째서 거칠게 몰아붙이십니까? 옛말에 '개도 급하면 담을 뛰어넘는다'고 하는데, 나리께서 나중에 화라도 입을까 걱정됩니다."

그러나 마엽은 이렇게 말했다.

"황제께서는 이곳의 토사(土司) 제도(변방을 다스리기 위해 그 지방의 족장을 지도자로 임명하는 제도)를 없애려는 계획을 품고 계시네. 그래서 난 이곳 백성을 핍박해서 반란을 일으키도록 부추기고 있네. 그렇게 되면 우리도 정당하게 군사를 보내 황제의 뜻을 도울 수 있지 않겠는가? 황제의 뜻만 이룰 수 있다면, 나 개인의 안위야 상관없다네."

이 말에 그 부하는 간담이 서늘했다. 그는 마엽의 심지가 깊을 뿐만 아니라 매우 가혹한 사람이라는 걸 알고 몸서리를 쳤다.

한 번은 마엽이 아무런 이유도 없이 이전 족장의 아내인 사사(奢査)를 붙잡아 왔다. 토착민들이 금은보화를 바치며 몇 번씩이나 풀어달라고 사정을 했지만, 마엽은 오히려 사사의 옷을 발가벗기고는 모두가 보는 앞에서 채찍질했다. 크게 수치를 당한 토착민들은 들고 일어나려 했다. 이때 지금 족장의 아내로, 지혜롭기로 이름난 유부인(劉夫人)이 사람들을 막고 나섰다.

"저 교활한 마엽이 왜 몇 번이나 우리를 모욕했겠습니까? 분명 속셈이 있을 겁니다. 큰 세력을 갖고 있는 조정에서도 정당한 사유 없이는 우리를 통치할 수 없습니다. 그런데 우리가 먼저 일을 벌인다면 어찌되겠습니까? 조정에 우리를 숙청할 수 있는 명분을 주는 셈이니, 그때 가면 일이 더 복잡해질 것입니다. 강한 적과 억지로 맞서 봐야 이로울 게 없습니다. 빈틈없는 계획을 세워야 합니다."

그러나 분노한 토착민들은 가만히 있으려 하지 않았다.

"우리가 계속 참아주니 마엽이 활개를 치는 것 아니겠습니까? 더 도리를 따질 필요도 없으니, 저 짐승만도 못한 관리를 죽여버리는 게 낫습니다."

유부인이 거듭 설득했다.

"제가 이토록 만류하는 것은 조정을 옹호해서가 아니라 우리를 위해섭니다. 모반을 일으키면 죽음밖에 없습니다. 우리는 계속 살아가야 합니다."

그 후, 유부인은 직접 도성으로 올라가서 영락제에게 상소문을 올렸다. 상소문에서 서로의 이해관계를 충분히 서술하면서 마엽의 포악한 행위를 고발했다. 조카를 몰아내고 제위를 찬탈한 영락제는 변방에서 반란이 일어날까 두려워하고 있었는데, 상소문을 보고는 얼른 사사를 수도로 불러서 위로하며 타일렀다.

"모두 마엽이 일을 벌인 것이지, 조정의 뜻은 아니네. 사정을 잘 헤아려서 조정을 원망하지 말게나."

그러나 사사는 끝까지 마엽을 징벌해달라고 요구했다.

"마엽이 황제를 속이고 권세를 남용하여 백성의 반란을 초래할 뻔했습니다. 이런 역적을 그냥 놓아둔다면 어떻게 백성의 마음을 얻겠습니까? 황제께서 마엽을 징벌해야만 비로소 백성을 사랑하는 폐하의 마음이 온 천하에 알려지고, 다른 관리들도 이를 훈계로 삼지 않겠습니까?"

일이 커질까 걱정한 영락제는 마엽을 처형하겠다고 대답했다. 얼마 후, 마엽은 조정으로 불려가 참수를 당했다. 토착민들은 복수를 했을 뿐 아니라 목숨과 재산을 모두 보전했다.

나를 먼저 살피고 나중에 남을 보라

11-4의 "군자는 자신에게 갖추고 난 뒤에 남에게 갖추라고 했고, 자신에게 없앤 뒤에 남에게 없애라고 꾸짖었다"는 전형적인 군자의 행실이다. 자신에게 먼저 덕을 갖추어야 남에게 덕을 갖추도록 권유할 수도 가르칠 수도 있고, 또 자신에게 있는 허물을 먼저 없앤 뒤에야 남에게도 그렇게 하도록 일깨워줄 수 있기 때문이다. 이는 당연한 일이지만, 학인이라고 해서 다들 그렇게 하는 것은 아니다. 『논어』「헌문(憲問)」편에도 "옛날의 학인은 자기를 닦으려고 공부했고, 오늘날 학인은 남에게 보여주려고 공부한다"(古之學者爲己, 今之學者爲人)는 공자의 탄식이 나온다. 자기를 닦는 공부를 하면 군자고, 남에게 보여주려고 공부하면 소인이다.

남을 가르치거나 일깨우는 일은 결코 쉽지 않다. 먼저 상대를 잘 파악해야 하고, 파악한 뒤에는 알맞은 방식으로 가르치거나 일깨워야 한다. 가장 어려운 일은 상대를 파악하는 것이다. 이른바 사람을 아는 일이 선행되어야 하는데, 그렇게 하려면 사람을 알아보는 감식안 또는 통찰력이 있어야 한다. 이를 '지인지감(知人之鑑)'이라 한다. 이는 어떻게 해야 갖출 수 있는가? 답은 간단하다. 늘 자신을 돌아보면 된다. 11-4의 '자신에게 갖추고 자신에게 없앤 뒤'라는 말에 그런 뜻이 담겨 있다.

왜 자신을 돌아보는데 남을 파악하게 되는가? 나와 남이 다르지 않기 때문이다. 사람의 본성이 다르지 않고, 사람으로서 갖추어야 하는 덕도 다르지 않으며, 없애야 하는 허물도 다르지 않다. 한마디로, 같은 사람이기 때문이다. 본문에서 '서(恕)'를 언급한 까닭이 여기에 있다. 이 말은 나와 남이 다르지 않다고 여기는 마음을 가리킨다. 이런 마음은 나와 남이 다르지 않음을 잘 헤아려서 알아야만 지닐 수 있다. 군자는 그런 앎을 갖추고 그런 마음을 지니려 애쓰는 존재다. 그래서 다른 사람과 어그러지면, 먼저 자신을 돌아본다.

군자가 남들과 다른 것은 마음을 잘 지니기 때문이다. 군자는 어짊을 마음에 지니고 예의를 마음에 지닌다. 어짊이란 남을 사랑하는 것이고, 예의란 남에게 지극하게 하는 것이다. 남을 사랑하면 남들도 늘 그를 사랑해주고, 남에게 지극하면 남들도 늘 그를 지극하게 대한다. 어떤 사람이 나를 대하는 게 어그러져 있다면, 군자는 반드시 제 자신을 돌이켜보며 '내가 분명 어질지 못하고 예의가 없었기 때문이리라. 그렇지 않다면, 어찌 이런 일이 있을 수 있겠는가?'라고 생각한다. 그가 스스로 돌이켜서 어질게 되고 스스로 돌이켜서 예의를 갖추었음에도 어그러지게 대하는 게 전과 같다면, 군자는 반드시 제 자신을 돌이켜보며 '내가 분명 참되지 못해서이리라'라고 생각한다. 그리고는 스스로 돌이켜서 참되도록 했음에도 어그러지게 대하는 게 전과 같다면, 군자는 이렇게 말한다. '이 사람은 망령된 사람일 뿐이다. 이런 사람이라면 짐승과 무엇이 다르겠는가? 짐승에게 또 무엇을 꾸짖겠는가?' 이런 까닭에 군자는 죽을 때까지 떨쳐내지 못할 걱정은 있어도 하루아침의 걱정은 없다. 군자도 걱정하기로 한다면 걱정거리가 있다. '순도 사람이고 나 또한 사람이다. 저 순은 천하에 본보기가 되어서 후세에도 전해질 수 있었으나, 나는 한낱 시골 사람을 벗어나지 못하고 있구나!'라는 것이니, 이것이 걱정거리다. 이를 걱정한다면, 어찌할 것인가? 그저 순처럼 할 뿐이다. 그 밖에 군자가 걱정하는 것은 없다. 어질지 않으면 하지 않고, 예의가 아니면 행동하지 않는다. 그래서 하루아침의 걱정거리가 있다고 하더라도 군자는 걱정하지 않는다. – 『맹자』「이루 하」

(君子所以異於人者, 以其存心也. 君子以仁存心, 以禮存心. 仁者愛人, 有禮者敬人. 愛人者, 人恒愛之; 敬人者, 人恒敬之. 有人於此, 其待我以橫逆, 則君子必自反也. '我必不仁也, 必無禮也, 此物奚宜至哉?' 其自反而仁矣, 自反而有禮矣, 其橫逆由是也, 君子必自反也, '我必不忠.' 自反而忠矣, 其橫逆由是也, 君子曰, '此亦妄人也已矣. 如此則與禽獸奚擇哉? 於禽獸又何難焉?' 是故君子有終身之憂, 無一朝之患也. 乃若所憂則有之. '舜, 人也; 我, 亦人也. 舜爲法於天下, 可傳於後世, 我由未免爲鄕人也.' 是則可憂也. 憂之如何? 如舜而已矣. 若夫君子所患則亡矣. 非仁無爲也, 非禮無行也. 如有一朝之患, 則君子不患矣. -『孟子』「離婁下」)

군자도 다른 사람들과 다르지 않다. 다만, 사람이 지녀야 할 마음, 본래 지니고 있는 마음을 잘 지닐 뿐이다. 어짊을 마음에 지니고 예의에 맞게 말하고 행동하려 한다. 일상에서 늘 그렇게 하려고 애쓴다. 그게 공부하는 마음이고 도리에 합당한 마음이다. 그런 마음을 지녔으므로 설령 남과 어긋나더라도 함부로 남을 탓하거나 야단치지 않는다. 먼저 자신을 돌아본다. 자신에게 모자란 덕이 있는지, 허물이 있는지를 먼저 살핀다. 이게 쉬운 일이고, 문제를 해결하는 실마리가 되기 때문이다.

스스로 돌아볼 줄 알면 결코 남을 업신여기지 않는다. 설령 그 사람이 모자라거나 허물이 있다고 해도 깔보거나 함부로 야단치지 않는다. 자신을 아는 것이 참으로 어렵다는 사실을 잘 알기 때문이고, 알아도 덕을 갖추거나 허물을 고치는 일은 더 어렵다는 사실 또한 잘 알기 때문이다. 남을 업신여기거나 깔보는 자라면, 그 자신이 모자라면서 그런 사실을 감추려는 사람이라고 할 수 있다.

11-5

詩云: "桃之夭夭, 其葉蓁蓁. 之子于歸, 宜其家人." 宜其家人, 而后可以教國人. 詩云: "宜兄宜弟." 宜兄宜弟而后可以教國人. 詩云: "其儀不忒, 正是四國." 其爲父子兄弟足法, 而后民法之也. 此謂治國在齊其家.

시에서 "싱싱한 복숭아나무여, 잎이 무척 우거졌구나. 시집가는 이 아가씨, 시집 사람들과 구순하네"라고 노래했다. 집안사람들과 구순한 뒤에야 나라사람들을 가르칠 수 있다. 시에서 "형과 아우랑 구순하네"라고 노래했다. 형과 아우와 구순한 뒤에야 나라사람들을 가르칠 수 있다. 시에서 "몸가짐이 어긋나지 않으니, 사방의 나라들 바로잡네"라고 노래했다. 어버이와 형제 되는 이들이 본받을 만한 사람이 된 뒤에야 백성이 그를 본받는다. 이를 두고 '나라를 다스리는 일은 집안을 가지런히 하는 데에 있다'고 한다.

注釋 첫째 시는 『시경』「주남(周南)」의 〈도요(桃夭)〉에 나오는 구절이다. 요요(夭夭)는 어리고 예쁘다, 싱싱하다는 뜻이다. 진진(蓁蓁)은 잎이 우거지다는 뜻이다. 귀(歸)는 시집가다는 뜻이다. 의(宜)는 알맞게 어울리거나 사이좋게 지내다는 뜻으로, 우리말로는 마땅하다, 구순하다로 풀이된다. 가인(家人)은 시집 사람들을 이른다. 둘째 시는 『시경』「소아(小雅)」의 〈육소(蓼蕭)〉에 나오는 구절이다. 셋째 시는 『시경』「조풍(曹風)」의 〈시구(鳲鳩)〉에 나오는 구절이다. 의(儀)는 몸가짐, 모양새를 뜻한다. 특(忒)은 법도나 도리에 어긋나다는 뜻이다. 법(法)은 본받다, 본보기로 삼다는 뜻이다.

蛇足 11-4에서는 군자가 자신에게 덕을 갖추고 자신의 허물을 먼저 없애는 일, 또 자신을 먼저 돌아보고 아는 일에 대해 말했는데, 여기서는 집안사람들과 구순하게 지내는 일에 대해 말하고 있다. 무슨 관련이 있는가?

자신을 닦는 공부를 한 효과는 가장 먼저 집안에서 나타난다. 또 그래야 마땅하다. 만약 집안에서 가족이나 친척들 사이에서는 전혀 효과가 없으나 밖에 나가 다른 사람을 만날 때 나타난다고 한다면, 터무니 없는 말이 아니겠는가. 가령 집안에서도 나의 공부, 나의 길을 이해하지 못하는 이가 있을 수 있다. 그럴 경우라면 앞서 맹자가 말했듯이 아직 나 자신의 공부가 충분히 무르익지 않았기 때문인지, 아니면 나의 피붙이지만 소인이기 때문인지 잘 살피면 된다.

나 자신이 군자라면 집안에 소인이 있다고 해도 서로 어그러지지 않는다. 군자가 소인을 살피고 알맞게 대하기 때문이다. 어차피 소인은 군자를 이해하지 못할뿐더러 알려고도 하지 않는다. 하물며 살피려고 하겠는가. 소인은 남을 알려고 하기보다는 남이 먼저 자신을 알아주기 바라는 존재다. 그렇다면 군자가 먼저 그 마음을 살피고 토닥거려준다면, 소인도 잘 따른다. 만약 소인이 알아주지 않는다고 탓하거나 웅등그러지는 사람이라면, 그는 결코 군자가 아니다. 그 또한 소인에 지나지 않는다.

따라서 집안에 군자가 있으면, 소인이 있더라도 구순하게 지낼 수 있다. 집안이 구순하다면, 그때 군자는 벼슬길에 나아가더라도 아무런 문제가 없다. 반면에 그 자신이 군자라 하더라도 잇속에 밝거나 간사한 짓을 저지르는 소인이 많아서 집안이 구순하지 못하다면, 그 군자는 벼슬길에 나아가지 않는 게 좋다. 아니, 나아가서는 안 된다. 그가 아무리 나랏일에 충실하고 현명하게 처신한다고 해도 집안의 소인들이 문제를 일으켜 그의 행보에 장애가 될 것이기 때문이다. 심하면 그 군자는 치욕을 당하거나 횡액을 당할 수도 있다.

노나라의 계손씨가 민심을 얻은 이유

11-2에서 춘추시대 중기부터 노나라는 삼환씨(三桓氏) 곧 계손씨 · 숙손씨 · 맹손씨 등 세 가문이 정권을 함께 쥐었으며, 특히 계손씨의 세력이 가장 강력했다고 말한 바 있다. 얼핏 생각하면, 군주의 권력을 빼

앗아서 전횡을 일삼았다고 할 수 있다. 그러나 군주가 부덕하고 무능해 통치를 제대로 하지 못하자 계손씨가 스스로 덕을 닦고 백성에게 은택을 베푼 결과로 볼 수도 있다. 실제로 당시 각 나라의 군주와 신하들 가운데는 그렇게 생각한 이들이 적지 않았다. 『국어』「노어(魯語)」를 보더라도 그 점은 쉽게 확인된다. 두 가지 사례만 들어보겠다.

첫 번째 이야기다. 계문자(季文子)는 노나라 선공(宣公, 기원전 609~591 재위)과 성공(成公, 기원전 591~573 재위) 2대에 걸쳐 재상을 지냈다. 그런데 그의 첩은 비단옷을 입지 않았고, 그의 말도 좋은 여물을 먹지 않았다. 맹헌자(孟獻子)의 아들인 중손타(仲孫它)가 그에게 충고했다.

"그대는 노나라의 상경(上卿)으로 2대에 걸쳐 재상을 지내고 있음에도 첩은 비단옷을 입지 않고 말은 좋은 여물을 먹지 못하고 있으니, 사람들이 그대를 인색하다고 여기며 그대가 나라의 체면을 구긴다고 하지 않겠소?"

계문자가 대답했다.

"나 또한 첩이 비단옷을 입고 말이 좋은 여물을 먹기 바라오. 그러나 백성을 보니, 가족이 거친 곡식을 먹고 헤진 옷을 입는 사람이 매우 많소. 그래서 내가 감히 그렇게 하지 못하는 것이오. 백성의 가족이 거친 곡식을 먹고 헤진 옷을 입고 있는데도 내가 첩과 말을 아름답게 꾸민다면, 이는 군주를 보좌하는 사람이 할 일이 아니오. 또 나는 '덕이 빛나야 나라의 체면도 산다'고 들었소. 첩과 말을 꾸며 나라를 빛냈다는 말은 들어본 적이 없소."

계문자는 맹헌자에게 이 일을 알렸고, 맹헌자는 중손타를 7일 동안 가두었다. 그 뒤로 중손타의 첩이 입는 옷은 거친 베옷에 지나지 않았고, 그 말이 먹는 사료도 가라지 같은 잡초에 지나지 않았다. 계문자가 이를 전해 듣고 말했다.

"허물을 알고 고칠 줄 아는 사람은 백성의 윗사람이라 할 만하다."

그러고는 중손타를 상대부로 승진시켰다.

이 일에서 세 인물의 뛰어난 덕을 엿볼 수 있다. 첫째는 재상으로서 백성을 생각하며 스스로 검소한 생활을 할뿐만 아니라 집안사람들까지 잘 따르도록 한 계문자, 둘째는 잘못을 알고 고칠 줄 안 중손타, 셋째는 어리석고 모자란 자식을 엄히 다스려서 일깨운 맹헌자다. 그들이 집안을 어떻게 가지런히 하는지를 통해서 노나라 정치를 오랫동안 도맡아 하게 된 까닭을 짐작할 수 있다.

두 번째 이야기다. 노나라 대부 계도자(季悼子)의 손자인 공보문백(公父文伯)이 조정에서 돌아와 모친에게 문안인사를 올리는데, 마침 모친이 길쌈을 하고 있었다. 이에 공보문백이 말했다.

"집안에 제가 있는데도 어머님께서 아직 길쌈을 하고 계시니, 종손인 계강자(季康子)가 노여워하지 않을까 걱정됩니다. 제가 어머님을 제대로 모시지 않는다고 여길 것입니다."

그러자 그의 모친이 탄식하며 말했다.

"노나라는 망하겠구나! 너처럼 철없는 자가 관직에 있으니. 관리의 도리를 아직 듣지 못했느냐? 앉거라. 내 너에게 일러주겠다. 옛날 성군은 백성을 다스릴 때 척박한 땅을 골라 그들이 살게 했고, 백성을 힘들게 한 뒤에 등용했기 때문에 오랫동안 천하의 왕 노릇을 할 수 있었다. 무릇 백성은 힘들어야 생각하고, 생각해야 착한 마음이 생긴다. 반대로 편안하면 음탕해지고, 음탕해지면 착한 마음을 잊으니, 착한 마음을 잊으면 나쁜 마음이 생긴다. 비옥한 땅에 사는 백성 가운데 재목감이 없는 것은 편안함 때문이고, 척박한 땅에 사는 백성 가운데 의롭지 않은 이가 없는 것은 힘들여 일하기 때문이다. … 제후는 아침에는 천자가 내린 명령을 처리하고, 낮에는 자신의 나랏일을 헤아리고, 저녁에는 법령이 제대로 실행되었는지 살피고, 밤에는 백관을 일깨워 나태해지지 않도록 하니, 그런 뒤에야 쉬었다. 경대부는 아침에는 제 직무를 수행하고, 낮에는 갖가지 정무를 익히고, 저녁에는 자신이 한 업무를 검토하고, 밤에는 집안일을 처리하니, 그런 뒤에야 쉬었다. … 이제 나는 과부고 너는 낮은 자리에 있으니, 아침부터 밤까지 일하면서도 선조들의 사업을 잊을까 걱정스럽다. 하물며 나태해진다면, 어찌 죄를 피할 수 있겠느냐. 나는 네가 아침저녁으로 '선조들의 사업을 헐지 마십시오'라고 일깨워주기를 바랐는데, 이제 너는 '어찌 쉬지 않으십니까'라고 말하는구나. 이런 생각으로 군주의 관리 노릇을 하고 있으니, 나는 제사가 끊어질까 두렵다."

이 말을 전해 듣고서 공자는 이렇게 말했다고 한다.

"제자들아, 잘 새겨두어라. 계씨 집안의 부인은 안일하지 않느니라."

공보문백의 모친은 이른바 정치가의 아내이자 어머니로서 솔선수범(率先垂範)의 전형을 보여주었다. 이는 남편인 공보문백의 부친과 그 형제들, 더 올라가면 시부모를 통해 보고 배우며 익힌 덕으로 말미암은 것이라 할 수 있다. 그렇게 대대로 집안을 가지런히 해왔기 때문에 후손들 가운데 자칫 모자란 사람이나 곁길로 빠진 사람이 있더라도 얼른 일깨워서 바로잡을 수 있었으리라.

그러나 계손씨를 비롯한 여러 대부 가문이 덕을 닦아서 백성에게 은택을 베푸는 정치를 하려고 아무리 애를 써도 군주가 부덕하고 무능하다면, 그 나라의 운명은 결코 밝다고 할 수 없다. 군주와 신하들이 서로 협동해야만 정치가 바로 서고 백성의 삶도 윤택해지기 때문이다. 신하들이 아무리 탁월한 능력을 지녔더라도 군주가 맹탕이라면 올바른 통치가 이루어지지 못한다. 이는 집안에서 가장이 무능한 경우와 다르지 않다. 군주와 신하의 관계는 집안에서 가장과 부인 또는 부모와 자식 사이와 비슷하기 때문이다. "나라를 다스리는 일은 집안을 가지런히 하는 데에 있다"고 강조한 이유도 여기에 있다.

12장

백성의 마음에 길이 있다

12-1

所謂平天下在治其國者, 上老老而民興孝, 上長長而民興弟, 上恤孤而民不倍. 是以君子有絜矩之道也.

이른바 '천하를 태평하게 하는 일은 나라를 다스리는 데에 있다'는 것은 윗사람이 늙은이를 늙은이로 대하여 백성이 효도를 일으키고, 윗사람이 어른을 어른으로 대하여 백성이 깍듯함을 일으키며, 윗사람이 고아를 딱하게 여겨 백성이 등지지 않게 한다는 말이다. 이런 까닭에 군자에게는 곱자처럼 바로 재는 길이 있다.

注釋 휼(恤)은 걱정하다, 딱하게 여기다, 먹이다는 뜻이다. 배(倍)는 등지다, 돌아서다는 뜻이다. 혈(絜)은 헤아리다, 재다는 뜻이다. 구(矩)는 네모를 그리는 데 쓰는 곱자를 뜻하는데, 흔히 법도나 법칙을 상징한다.

蛇足 천하 곧 온 세상을 태평하게 하는 일은 참으로 어렵다. 천하는 지리적으로 아득히 멀리 뻗어 있고 환경도 곳곳이 다르며 다양한 종족과 다채로운 문화가 존재한다. 이를 하나로 아우를 수 있는 정치 제도나 통치 체제는 매우 찾기 어려울 뿐 아니라, 설령 힘들게 마련했다고 해도 그대로 실행된다는 보장이 없다. 이는 진시황이 통일한 거대 중국이 금세 위기에 직면해 무너졌다가 다시금 한(漢) 제국이 들어선 일, 그리고 한 제국도 합리적이고 효율적인 행정조직을 구성하기 어려워서 간신히 군현제(郡縣制)와 봉건제(封建制)를 결합한 방식을 썼다가 이내 내란을 겪은 일 따위에서 입증되었다.

그러면 천하를 태평하게 하는 일은 불가능한가? 천하 자체를 다스리려 해서는 불가능하다. 그보다 작은 단위인 국(國), 곧 나라를 잘 다스리면 된다. 천하보다는 나라가 훨씬 덜 복잡한 민족으로 구성되어 있고 공통된 문화 위에 있으며 지리나 환경에서도 현저하게 동질적이다. 그래서 평천하가 치국에 있다고 말한 것이다.

정치는 예의에서, 예의는 복지에서

그런데 나라를 다스리는 일 곧 정치에서 노노(老老)와 장장(長長), 휼고(恤孤) 따위를 들었다는 사실은 매우 중요하다. 늙은이를 늙은이로 대하는 것, 어른을 어른으로 대하는 것, 고아를 딱하게 여기는 것으로 풀이되는 이 세 가지는 효도나 깍듯한 마음을 일으킨다고 했지만 단순히 예의를 강조한 것은 아니다. 자칫 소외받을 수 있는 곤궁한 백성을 잊지 말고 잘 보살펴야 한다는 것으로, 이른바 복지 정책으로 불평등과 차별, 소외 따위를 해소하라는 뜻이다. 곤궁한 백성을 보살피는 것은 왕도의 시작이기도 하다.

> 늙어서 아내가 없는 이를 홀아비라 하고, 늙어서 지아비가 없는 이를 홀어미라 하며, 늙어서 자식이 없는 이를 홀몸이라 하고, 어려서 어버이가 없는 이를 고아라 합니다. 이 네 부류는 천하에서 가장 궁색한 백성으로 어디 알릴 데가 없습니다. 문왕은 정치를 행하고 어짊을 베풀 때 반드시 이 네 부류를 먼저 챙겼습니다. - 『맹자』 「양혜왕 하」
>
> (老而無妻曰鰥, 老而無夫曰寡, 老而無子曰獨, 幼而無父曰孤. 此四者天下之窮民而無告者. 文王發政施仁, 必先斯四者. - 『孟子』「梁惠王 下」)

맹자가 이런 주장을 한 때는 전쟁이 끊이지 않았던 전국시대다. 제후들은 저마다 영토를 확장하기 위해 백성을 끊임없이 전쟁에 동원했다. 청년과 장년들은 전쟁터에서 죽어갔고, 아녀자들과 늙은이들, 늘어나는 고아들은 고향에서 굶주리며 허덕였다. 비록 부국강병의 계책을 제대로 실행하더라도 전쟁을 그치지 않는 한, 곤궁한 백성은 계속 늘어날 수밖에 없었던 시절이다. 이런 백성을 슬퍼하고 가엾어 하는 마음이 어짊의 실마리인 측은지심(惻隱之心)이다. 그런 마음으로 펴는 정치가 왕도 정치다.

그런데 맹자는 왕도 정치를 주창했으나, 그 필요성과 당위성을 강조했을 뿐이고 구체적인 방안은 자세하게 들려주지 않았다. 왕도 정치에 뜻을 둔 군주가 없었기 때문이라 생각된다. 군주가 왕도에 마음을 두지 않는다면, 구체적인 방안이나 책략을 제시할 수도 없고 제시해도 의미가 없지 않겠는가? 그럼에도 이것이 한계라면 한계였다.

> 이른바 '늙은이를 늙은이로 대한다'는 말은 무릇 성읍과 도성에 모두 장노라는 관리를 두어서 나이 일흔 이상에게는 아들 한 명의 수자리를 면제해주고 석 달마다 고기를 보내며, 나이 여든 이상에게는 아들 두 명의 수자리를 면제해주고 달마다 고기를 보내며, 나이 아흔 이상에게는 온 집안사람의 수자리를 면제해주고 날마다 술과 고기를 보내며, 죽으면 나라에서 널과 덧널을 제공하는 것이다. 자제들에게도 권하여, 음식을 정성껏 마련하고 또 하고 싶은 것을 물으며 좋아하는 것을 구해주게 한다. 이것이 '늙은이를 늙은이로 대한다'는 말이다.
>
> 이른바 '고아를 딱하게 여긴다'는 말은 무릇 성읍과 도성에 모두 장고라는 관리를 두어서 백성이 죽은 뒤 그 고아가 어려서 부모의 양육을 받지 못하고 스스로 살아갈 수 없는 경우에는 마을 사람이나 아는 사람, 친구에게 맡기는 일이다. 고아 한 명을 기르는 자에게는 아들 한 명의 수자리를 면제해주고, 고아 두 명을 기르는 자에게는 아들 두 명의 수자리를 면제해주고, 고아 세 명을 기르는 자에게는 온 집안사람의 수자리를 면제해준다. 장고는 고아가 사는 곳을 자

주 찾아가서 위문하고, 반드시 잘 먹는지 굶주리는지 추위에 떠는지 몸에 병이 있는지 따위를 묻고 가엾게 여기며 살핀다. 이것이 '고아를 딱하게 여긴다'는 말이다. –『관자』「입국」

(所謂老老者, 凡國 · 都皆有掌老, 年七十已上, 一子無征, 三月有饋肉; 八十已上, 二子無征, 月有饋肉; 九十已上, 盡家無征, 日有酒肉; 死, 上共棺槨. 勸子弟, 精膳食, 問所欲, 求所嗜. 此之謂老老.

所謂恤孤者, 凡國 · 都皆有掌孤, 士民死, 子孤幼, 無父母所養, 不能自生者, 屬之其鄉黨 · 知識 · 故人. 養一孤者, 一子無征; 養二孤者, 二子無征; 養三孤者, 盡家無征. 掌孤數行問之, 必知其食飲飢寒身之膌胜而哀憐之. 此之謂恤孤. –『管子』「入國」)

어른을 어른으로 대하는 일은 말씨와 행동을 깍듯하게 하는 것으로도 충분하지만, 늙은이나 고아에 대해서는 실질적으로 도움이 되거나 보탬이 될 만한 지원을 해주어야 한다. 일흔이 넘은 늙은이나 부모 잃은 고아를 보살피는 일은 매우 힘들다. 그래서 보살피는 사람이나 가족에게도 큰 혜택을 주어야 마땅하다. 그런 점에서 『관자』는 꽤 자세하게 유효한 방안을 제시했다. 현대의 복지 개념으로 보아도 매우 놀라운 수준이다.

최근 몇 년 동안 한국 사회에서는 복지 정책에 대해 논란이 많았고 여전히 많다. 대표적으로 무상급식 논란을 들 수 있다. 대체로 복지는 예산의 문제로 첨예화되곤 했는데, 당연하다. 재정이 넉넉하지 않으면 결코 복지 정책을 적절하게 실행하기 어렵다. 그러나 불가능한 것은 아니다. 또 복지가 경제 성장에 걸림돌이 된다는 견해도 있는데, 이는 복지와 경제를 반대개념으로 본 것이다.

정치나 통치에서 삼가야 할 것은 그 어떤 일도 반대개념으로 보아서는 안 된다는 점이다. 얼핏 반대로 보이는 것도 그 실상은 전혀 그렇지 않다. 흑백이나 좌우는 모두 상대적인 개념일 뿐, 대립하거나 갈등을 부추기는 반대개념이 결코 아니다. 태극(太極) 문양의 음양과 같이 서로 꼬여 있어서 때로는 서로 보완하고 때로는 서로 배척한다. 결코 서로 반대쪽에서 고정되어 있지 않다. 따라서 다양한 관점과 견해들이 얽히고설켜 존재하는 현실에서 반대개념으로 사물이나 사태를 본다면 심각한 부작용을 일으킬 뿐이다. 복지뿐만 아니라 어떤 정치적 문제에 대해서도 그런 반대개념으로 바라보는 일은 삼가야 한다.

다시 돌아가서, 재정 문제에서도 마찬가지다. 유토피아가 실현된 세상이 아니라면, 복지 정책은 늘 필요하다. 정치가 백성을 살리고 잘 살게 하는 데에 목적이 있다면, 더욱 그렇다. 재정적으로 파산한 상태가 아니라면, 최소한의 복지 정책을 실행할 여력은 있다. 『대학』 첫머리에서 "선후를 알면 길에 가까워진다"고 말했다. 불가능하다고 주장하는 것은 사안의 선후와 경중을 정밀하게 따져서 판단하려는 마음이 없는 것이고, 이는 결국 백성을 위하는 마음이 없음을 뜻한다. 내가 아끼거나 사랑하는 사람이 곤경에 처했다면, 어떻게 해서든지 해법을 찾으려는 것이 인지상정 아닌가?

백성을 살리는 정치를 하지 않는다면, 어떤 백성이 그 정치를 믿고 따르겠는가? 그런 정치를 하는 군주나 관리에게 누가 마음을 주겠는가? "군자에게는 곱자처럼 바로 재는 길이 있다"는 말은 백성을 위한 정치, 사람을 살리는 정치를 하는 사람에게는 측은지심과 시비지심 따위 이치에 맞는 마음이 있다는 뜻이다. 어진 마음, 올바른 마음이 있으면, 얼마든지 난제를 해결하거나 곤경을 헤쳐 나갈 길을 찾을 수 있다는 뜻이기도 하다.

12-2

所惡於上, 毋以使下; 所惡於下, 毋以事上; 所惡於前, 毋以先後; 所惡於後, 毋以從前; 所惡於右, 毋以交於左; 所惡於左, 毋以交於右. 此之謂絜矩之道.

윗사람에게서 싫었던 것으로 아랫사람을 부리지 말고, 아랫사람에게서 싫었던 것으로 윗사람을 섬기지 말며, 앞사람에게서 싫었던 것으로 뒷사람을 이끌지 말고, 뒷사람에게서 싫었던 것으로 앞사람을 따르지 말며, 오른쪽 사람에게서 싫었던 것으로 왼쪽 사람을 사귀지 말고, 왼쪽 사람에게서 싫었던 것으로 오른쪽 사람을 사귀지 말라. 이것을 '곱자처럼 재는 길'이라고 한다.

注釋 오(惡)는 미워하다, 싫어하다는 뜻이다. 선(先)은 앞서다, 이끌다는 뜻이다.

蛇足 다스림이란 두 가지다. 하나는 사람을 다스리는 것이고, 다른 하나는 일을 다스리는 것이다. 둘 다 대상을 정확하게 파악해야만 가능하고, 또 자신의 능력을 잘 헤아려야만 그르치지 않는다. 대상이 일이라면 그 일의 속성을 정확하게 파악하는 것으로 충분하다. 파악한 것으로도 일을 해낼 능력이 있음이 드러났기 때문이다. 그러나 사람을 다스리는 일은 그렇게 단순하지 않다. 사람에게는 매우 주관적이고 대상에 따라 좌우되는 마음과 감정이 있기 때문이다.

그렇다면 사람을 다스리기 위해서는 어찌해야 되는가? 자신에 비추어서 헤아려야 한다. 비록 마음과 감정이 시시때때로 변할 수 있고 또 상황에 따라서 달라질 수 있다고 해도 모든 사람에게 공통된 것이기 때문에 나의 마음과 감정을 살펴서 미루어보면 충분히 헤아릴 수 있다. 내가 좋아하는 것이라면 다른 사람도 대체로 좋아할 것이고, 내가 싫어하는 것이라면 다른 사람도 대체로 싫어할 것이다. 이러한 이치를 잘 알아야 사람을 다스릴 수 있는데, 이 이치를 바탕으로 제시된 덕목이

서(恕)다. "윗사람에게서 싫었던 것으로 아랫사람을 부리지 말라" 운운한 것도 이를 말한 것이며, 이 이치를 '곱자처럼 재는 길'이라 했다.

서(恕)에 대해서는 11-4에서 이미 언급했는데, 여기서 다시 강조하는 것은 정치와 통치의 근간이기 때문이다.

> 자공이 여쭈었다.
> "평생토록 간직하며 행할 만한 말 한마디가 있겠습니까?"
> 공자께서 말씀하셨다.
> "똑같이 여기는 마음이리라! 내가 하고 싶지 않은 것을 남에게 시키지 않는 것이지." - 『논어』「위령공」
> (子貢問曰: "有一言而可以終身行之者乎?" 子曰: "其恕乎! 己所不欲, 勿施於人." - 『論語』「衛靈公」)

평생토록 마음에 새겨두면서 지켜야 할 한마디가 무엇이냐고 자공이 묻자, 공자는 서(恕) 한마디라고 대답했다. 나와 남을 똑같이 여기는 마음, 남과 내가 다르지 않다는 것을 아는 마음을 지녀서 "내가 하고 싶지 않은 것을 남에게 시키지 말라"고 말한 셈이다. 자공은 공자의 수많은 제자 가운데서도 가장 언변이 뛰어난 인물이었다. 그의 언변은 제후국들 사이에서 전쟁을 일으키게도 하고 그치게도 할 정도였다. 게다가 장사 수완도 뛰어나 재물을 잘 모았다고 한다. 이는 그만큼 정세 분석에도 뛰어났을 뿐만 아니라 사람들의 심리를 아주 잘 꿰뚫어보았음을 의미한다. 자공의 이런 능력은 공자가 '서'를 가르친 덕분에 충실해진 것이 아니었을까?

『논어』「학이(學而)」편에 나온다. 어느 날, 자공이 스승 공자를 뵙고는 이렇게 말했다.

"가난하면서도 알랑거리지 않고 가멸면서도 으스대지 않으면 어떻습니까?"

그러자 공자가 말했다.

"괜찮구나. 허나 가난하면서도 즐길 줄 알고 가멸면서도 예를 좋아하는 것만은 못하니라."

자공은 유자(儒者)면서 상인이다. 학문을 하면서 장사를 하여 거부가 된 인물인데, 부유해진 뒤에도 배우기를 좋아했다. 이는 매우 드문 일이다. 『사기』「공자세가」를 보면, 공자가 세상을 떠난 뒤에 많은 제자들이 함께 삼년상을 치렀는데, 자공만은 무덤 옆에 여막(廬幕)을 짓고 6년을 더 지켰다고 한다. 그가 스승을 얼마나 사랑하고 존경했는지를 알 수 있다. 그러니 스승의 가르침을 허투루 듣는 일은 없었을 것이다. 위의 대화도 그 점을 잘 보여준다.

자공은 부유하기 때문에 아마 가난한 친척들이나 곤궁한 고을 사람들이 적지 않게 찾아왔을 것이다. 그렇게 찾아온 사람들은 자공에게서 곡식 한 톨이라도 더 얻으려고 굽실거렸을 것이고, 그런 모습들을 보며 처음에 자공은 제법 으스댔을 것이다. 그러다가 굽실거리지 않고 당당하게 도움을 청하는 사람을 만나서는 놀라면서도 기특하게 여겼을 것이고, 그 자신도 문득 으스대는 것이 결코 군자다운 처신이 아님을 깨달았을 것이다. 그렇게 스스로 으스대지 않게 되었을 때, 스승에게 위의 물음을 던졌다고 생각된다.

자공이 으스대지 않게 된 것은 자신도 가난하거나 재물을 잃게 되면 어떠할까, 자신에게 알랑거리는 사람도 부유해지면 어떠할까 따위를 깊이 헤아리면서 가난한 자와 부유한 자의 심리와 언행에 대해 깨달았기 때문에 가능한 일이었다. 세상에 알랑거리면서 살고 싶은 사람이 있을까? 자신에게 으스대는 자를 보고서 좋아할 사람이 있을까? 자공은 남이 자신에게 하지 않았으면 하는 것(으스댐)을 하지 않게 되면서 가난한 사람의 처지와 심정까지 이해할 수 있었던 것이다.

남이 나에게 하지 않았으면 하고 바라는 것을 내가 남에게 하지 않는 것이 서(恕)인데, 마찬가지로 내가 하고 싶지 않은 것을 남에게 시키지 않는 마음도 서(恕)다. 이런 마음을 잘 확충하여 백성을 다스리는 데에 쓰면, 어진 정치가 이루어진다.

> 다스림의 근본은 둘이다. 첫째는 사람이고, 둘째는 일이다. 사람은 반드시 쓰이려 하고, 일은 반드시 치밀해지려 한다. 그러나 사람에는 거스르는 사람과 따르는 사람이 있고, 일에는 저울질할 것과 헤아릴 것이 있다. 사람의 마음이 도리를 거스르면 그 사람을 쓰지 않고, 저울질하거나 헤아리지 않으면 일은 치밀해지지 않는다. 일이 치밀해지지 않으면 어그러지고, 사람을 제대로 쓰지 않으면 원망하게 된다. 그래서 "자신에 비추어 사람을 고르고, 밑천을 따져서 일을 이룬다"고 말한다.
>
> '밑천을 따져서 일을 이룬다'는 것은 저울질하고 헤아려야 한다는 뜻이고, '자신에 비추어 사람을 고른다'는 것은 '같은 마음'인지 헤아려 실행한다는 뜻이다. 같은 마음인지 헤아린다는 것은 자신에 비추어서 헤아린다는 것이니, 자신이 편안하지 않은 것을 남에게 하지 않는 것이다. 그러므로 "잘 살펴서 재물을 쓰고, 삼가서 베풀고 갚으며, 잘 살펴 저울질하고 헤아려야 한다. 그래서 재물을 쓸 때 다랍게 굴지 말아야 하고, 힘을 쓸 때 괴로워하지 말아야 한다. 재물을 쓰면서 다랍게 굴면 일이 이루어지지 않고, 힘을 쓰면서 괴로우면 피로하기만 하다"고 말한다. – 『관자』「판법해」
>
> (治之本二: 一曰人, 二曰事. 人欲必用, 事欲必工. 人有逆順, 事有稱量. 人心逆, 則人不用; 失稱量, 則事不工. 事不工則傷, 人不用則怨. 故曰: "取人以己, 成事以質."
>
> 成事以質者, 用稱量也; 取人以己者, 度恕而行也. 度恕者, 度之于己也, 己之所不安, 勿施于人. 故曰: "審用財, 愼施報, 察稱量. 故用財不可以嗇, 用力不可以苦. 用財嗇則費, 用力苦則勞矣." – 『管子』「版法解」)

12-3

詩云: "樂只君子, 民之父母." 民之所好好之, 民之所惡惡之, 此之謂民之父母. 詩云: "節彼南山, 維石巖巖. 赫赫師尹, 民具爾瞻." 有國者不可以不愼, 辟則爲天下僇矣.

시에서 "즐겁구나 군자여, 백성의 어버이로다"라고 노래했다. 백성이 좋아하는 것을 좋아하고, 백성이 싫어하는 것을 싫어하는 것, 이것을 '백성의 어버이'라고 한다. 시에서 "높이 솟은 저 남산이여, 바위가 겹겹이로다! 눈부시네 사윤이여! 백성 모두 그대 쳐다보네"라고 노래했다. 나라를 차지한 자는 삼가지 않을 수 없으니, 치우치면 천하 사람들에게 죽임을 당할 것이다.

注釋 첫째 시는 『시경』「소아」의 〈남산유대(南山有臺)〉에 나오는 구절이다. 지(只)는 어조사다. 둘째 시는 『시경』「소아」의 〈절피남산(節彼南山)〉에 나오는 구절이다. 절(節)은 높이 솟다는 뜻이다. 암암(巖巖)은 돌이 거듭 포개져 있는 모양이다. 혁혁(赫赫)은 대단히 빛나는 모양이다. 사(師)는 태사(太師)를 가리키는데, 태사는 주 왕조 때 삼공(三公) 가운데 하나였다. 삼공은 태사 · 태부(太傅) · 태보(太保)를 가리킨다. 윤(尹)은 흔히 윤씨(尹氏)로 풀이하는데, 윤씨를 관직명으로 보는 경우도 있고 사람으로 보는 경우도 있다. 고대에는 관직명이 곧 성씨가 되는 경우가 흔했으므로 둘 다 가능한데, 윤(尹)을 관직명에 붙이는 경우도 있었으므로 여기서도 그렇게 볼 여지는 충분하다. 구(具)는 모두를 뜻한다. 첨(瞻)은 쳐다보다, 우러러보다는 뜻이다. 벽(辟)은 벽(僻)과 같으며, 마음이 한쪽으로 치우치는 것을 뜻한다. 륙(僇)은 륙(戮)과 같으며,

죽이다는 뜻이다.

蛇足 백성이 좋아하는 것과 싫어하는 것은 군주나 귀족들과 다를 바 없다. 예쁜 여자나 멋진 남자를 좋아하는 것, 푸짐하게 차린 맛난 음식을 좋아하는 것, 아름다운 음악을 즐기며 향기로운 술을 마시는 것, 한여름에 시원한 바람이 부는 강가 정자에 앉아 한가롭게 시간을 보내는 것 등등. 백성은 그런 것들을 좋아하지 않아서 즐기지 않는 것이 아니다. 즐기지 못하는 것이다. 안 하는 것이 아니라 못 하는 것이다.

군주나 관리들은 백성을 생산하는 일에 몰아붙일 뿐, 그들 또한 좋아하고 싫어하는 것이 있다는 사실을 간과한다. 부국강병을 지향한다는 것은 곧 백성을 더욱더 생산에 몰두하도록 다그치는 일이다. 생산이 증가한 만큼 백성에게 경제적 여유가 생긴다면 모르겠으나, 그게 아니라 생산한 만큼 세금으로 거두어 간다면 백성의 삶은 더욱 고단해질 뿐이다. 부국강병을 이룩하고자 한 까닭이 무엇인지를 잊은 탓이다.

> 정치가 흥하는 것은 백성의 마음을 따르는 데 있고, 정치가 무너지는 것은 백성의 마음을 거스르는 데 있다. 백성은 걱정과 힘듦을 싫어하므로 군주는 그들을 편안하고 즐겁게 해주어야 하고, 백성은 가난과 미천함을 싫어하므로 군주는 그들을 가멸고 귀하게 해주어야 하며, 백성은 위험에 빠지는 것을 싫어하므로 군주는 그들을 잘 지켜 안전하게 해주어야 하고, 백성은 후사가 끊기는 것을 싫어하므로 군주는 그들을 잘 살도록 해주어야 한다. – 『관자』「목민」

관중이 환공을 도와서 제나라의 부국강병을 이룩한 것은 환공을 패자로 만들려는 데에 목적이 있었던 것은 아니다. 백성의 삶을 윤택하게 해주고자 하는 마음이 있어서였다. 백성이 잘 살아야 그 나라도 부유해지고 강성해질 수 있으며, 그런 뒤에야 군주도 영화를 누리고 제후들 사이에서 명성을 드날릴 수 있다. 아주 간단한 이치다. 그럼에도 수많은 군주들이 그 이치를 잊거나 소홀히 한 까닭에 하극상으로 말미암아 망명길을 떠나거나 심하면 목숨을 잃었다. 『춘추』에는 그런 사례들이 숱하게 나온다.

전국시대에 제나라는 소금과 철 등 풍부한 물산의 생산과 유통으로 경제력을 탄탄하게 다져 서쪽 진나라와 대등한 세력을 유지했다. 도성 임치(臨淄)는 전국시대 최대의 도시였다. 특히 위왕(威王)과 선왕(宣王) 때 강국으로 군림했는데, 도성의 성문인 직문(稷門) 곁에 학궁(學宮)을 지어 천하의 선비들을 모아들여서는 극진하게 대접했다. 이 학궁에는 맹자를 비롯해 추연(騶衍) · 순우곤(淳于髡) · 신도(愼到) · 전변(田騈) 등이 출입하며 대부의 녹봉을 받았고, 순자는 그곳에서 세 차례나 좨주(祭酒)를 지냈다. 이렇게 융성하던 제나라도 선왕이 죽은 뒤로 기울기 시작했는데, 그 꼬투리를 다음 대화에서 찾아볼 수 있을 듯하다.

제나라 선왕이 물었다.

"사람들이 모두 나에게 명당(明堂)을 헐라고 하는데, 헐어야겠소, 그만두어야겠소?"

맹자가 대답했다.

"저 명당이란 것은 왕자의 사당입니다. 왕께서 왕도정치를 펴고자 하신다면, 헐지 마십시오."

"왕도정치에 대해 들어볼 수 있겠소?"

"옛날에 문왕이 기(岐) 땅을 다스릴 때, 밭가는 자에게는 9분의 1을 거두었고, 벼슬아치에게는 대대로 녹봉을 주었으며, 관문과 저자에서는 살피기만 하고 세금은 거두지 않았고, 못에 통발 치는 것을 막지 않았으며, 죄인의 가족에게까지 죄를 묻지 않았습니다. 늙어서 아내가 없는 이를 홀아비라 하고, 늙어서 지아비가 없는 이를 홀어미라 하며, 늙어서 자식이 없는 이를 홀몸이라 하고, 어려서 어버이가 없는 이를 고아라 합니다. 이 네 부류는 천하에서 가장 궁색한 백성으로 어디 알릴 데가 없습니다. 문왕은 정치를 행하고 어짊을 베풀 때 반드시 이 네 부류를 먼저 챙겼습니다. 『시경』「소아(小雅)」의 〈정월(正月)〉에서는, '훌륭하도다, 가멸한 이여! 불쌍하구나, 외로운 이내 몸!'이라 했습니다."

"참 좋은 말씀이시오!"

"왕께서는 좋게 여기시면서 어찌 행하지 않으십니까?"

"과인에게는 고약한 버릇이 있으니, 과인은 재화를 좋아하오."

"옛날에 공류(公劉)는 재화를 좋아했습니다. 『시경』「대아」의 〈공류(公劉)〉에, '노적가리에 곳간이러니, 말린 양식을 싸서 전대와 자루에 넣도다. 백성을 화합시켜 나라를 빛내려고 활과 화살을 메고 방패와 창, 도끼, 큰 도끼 지니고 바야흐로 출정하려 하시네'라는 게 있습니다. 그러므로 머무는 자에게는 노적가리와 곳간이 있고, 떠나는 자는 꾸러미와 자루가 마련된 뒤에야 비로소 출정을 할 수 있습니다. 왕께서 재화를 좋아하신다면, 백성과 함께하십시오. 그렇다면 왕 노릇하는 데 무슨 어려움이 있겠습니까?"

"과인에게는 고약한 버릇이 있으니, 과인은 미인을 좋아하오."

"옛날에 태왕(太王)께서는 여색을 좋아하셔서 그 부인을 아끼셨습니다. 『시경』「대아」의 〈면(緜)〉에, '고공단보(古公亶父)는 아침 일찍 말을 달려 서쪽 강가를 따라서 기산 아래에 이르렀도다. 이에 아내 강씨(姜氏)와 함께 살 곳을 살폈다네'라는 게 있습니다. 바로 그때는 안으로 남편 없는 여인이 없었고, 밖으로 지어미 없는 사내가 없었습니다. 왕께서 미인을 좋아하신다면, 백성과 함께하십시오. 그러면 왕 노릇하는 데 무슨 어려움이 있겠습니까?" – 『맹자』「양혜왕 하」

맹자는 선왕에게 여러 차례에 걸쳐 '여민락(與民樂)'을 강조했다. 위의 대화 또한 그런 내용을 담고 있다. '여민락'이란 백성과 함께 즐긴다는 뜻이다. 백성도 군주나 귀족들처럼 즐길 줄 아니, 그들에게 즐길 수 있는 생활 조건을 충족시켜 주라는 말이다. 그런데 선왕은 슬그머니 발뺌을 한다. 자신은 재화를 좋아하고 미인을 좋아한다면서. 세상에 재화를 좋아하지 않고 미인을 좋아하지 않을 사람이 있는가? 군주라고 해서 그런 것들을 좋아하지 말라는 것이 아니다. 그 자신이 좋아한다면, 다른 사람들과 백성도 그러하므로 똑같이 좋아하며 즐길 수 있도록 힘쓰면 된다. 그게 정치고 통치인데, 아무래도 선왕은 어진 마음이 없었고 게다가 진정으로 패자가 될 마음도 없었던 모양이다.

환공이 관자에게 백성을 다스리는 방법에 대해 묻자, 관자가 대답했다.

"무릇 백성을 다스리는 사람은 반드시 그들의 괴로움을 잘 알고, 덕으로써 불쌍히 여기며, 형벌로써 두렵게 만들지 말고, 힘으로 막지 말아야 합니다. 이 네 가지를 삼간다면, 백성을 충분히 다스릴 수 있습니다."

환공이 물었다.

"과인은 네 가지 좋은 방법을 알았는데, 어째서 이렇게 간단하오?"

관중이 대답했다.

"간단한 것이 나라를 가진 사람의 걱정거리는 아닙니다. 옛날에 천자가 천하를 다스릴 때 그 땅이 사방 천 리였으나, 이 네 가지로 다 갖추었습니다. 어찌 간단하다 하십니까? 무릇 백성을 다스리는 사람이 백성의 괴로움을 알지 못하면 백성이 미워하고, 덕으로써 불쌍히 여기지 않으면 백성이 많이 원망하고, 형벌로써 두렵게 만들면 백성이 많이 속이고, 힘으로써 막으면 떠난 사람이 돌아오지 않고 오려던 사람도 멈추고 오지 않습니다. 그러므로 성왕이 백성을 다스리는 요체는 번잡한 데 있지 않았습니다."

환공이 물었다.

"좋소. 멈추지 말고 말해주시오. 이와 같이 하려면 무엇을 실행해야 하오?"

관중이 대답했다.

"미쁨을 바탕으로 지극히 참되며 엄중하면서 예의를 갖추는 것, 이 네 가지를 삼가는 것이 실행하는 방법입니다."

"더 자세하게 말해주시오."

"미쁨이란 백성이 믿는 것이고, 참됨이란 백성이 마음에 담는 것이며, 엄중함이란 백성이 두려워하는 것이고, 예의란 백성이 훌륭하게 여기는 것입니다. 옛말에 '은혜로운 명령을 한결같이 내리는 것이 미쁨이고, 제가 하고 싶지 않은 일을 남에게 시키지 않는 것이 참됨이며, 마음을 굳게 지녀 바름이 밖으로 나타난 것이 엄중함이고, 미쁨을 바탕으로 양보하는 것이 예의다'라고 했습니다." – 『관자』「소문」

(桓公問治民于管子, 管子對曰: "凡牧民者, 必知其疾, 而憂之以德, 勿懼以罪, 勿止以力. 愼此四者, 足以治民也." 桓公曰: "寡人睹其善也, 何爲其寡也?" 管仲對曰: "夫寡非有國者之患也. 昔者天子中立, 地方千里, 四言者該焉. 何爲其寡也? 夫牧民, 不知其疾則民疾, 不憂以德則民多怨, 懼之以罪則民多詐, 止之以力則往者不反, 來者鷙距. 故聖王之牧民也, 不在其多也." 桓公曰: "善, 勿已, 如是又何以行之?" 管仲對曰: "質信極忠, 嚴以有禮, 愼此四者, 所以行之也." 桓公曰: "請聞其說." 管仲對曰: "信也者, 民信之; 忠也者, 民懷之; 嚴也者, 民畏之; 禮也者, 民美之. 語曰: '澤命不渝, 信也; 非其所欲, 勿施于人, 忠也; 堅中外正, 嚴也; 質信以讓, 禮也.'" – 『管子』「小問」)

관중의 말처럼 정치의 요체는 간단하고 소박하다. 백성을 믿게 만들어 어떤 상황에서도 따르게 하는 것이 우선이다. 위에서 미쁨과 참됨, 엄중함과 예의를 강조한 까닭도 그 때문이다. 군주가 네 가지를 삼가야 한다는 말은 곧 12-3에서 "나라를 차지한 자는 삼가지 않을 수 없으니, 치우치면 천하 사람들에게 죽임을 당할 것이다"는 말과 일맥상통한다. 환공은 관중이 죽은 뒤에 이 네 가지를 삼가지 않고 수조·역아·개방 같은 간사한 자들을 가까이하여 그들에게 치우침으로써 결국 굶어서 죽었다.

13장

나라의 보배는 사람이다

13-1

詩云: "殷之未喪師, 克配上帝. 儀監于殷, 峻命不易." 道得衆則得國, 失衆則失國. 是故君子先愼乎德. 有德此有人, 有人此有土, 有土此有財, 有財此有用.

시에서 "은나라가 민심을 잃지 않았을 적엔 상제를 참 잘 따랐다네. 마땅히 은나라를 거울로 삼을지니, 높고 큰 명은 따르기 쉽지 않다네"라고 노래했다. 이는 민중을 얻으면 나라를 얻고, 민중을 잃으면 나라를 잃는다는 말이다. 이런 까닭에 군자는 먼저 삼가며 덕을 갖춘다. 덕을 지니면 곧 사람을 얻고, 사람을 얻으면 곧 땅을 얻으며, 땅을 얻으면 곧 재물을 얻고, 재물을 얻으면 곧 쓰임이 있다.

注釋 시는 『시경』「대아(大雅)」의 〈문왕(文王)〉에 나오는 구절이다. 사(師)는 무리를 뜻하는 말로, 민중을 가리킨다. 극(克)은 능(能)과 같으며, 잘하다는 뜻이다. 배(配)은 짝하다는 뜻으로, 따르다라는 말맛을 담고 있다. 의(儀)는 의(宜)와 통하며, 마땅히, 마땅하다는 뜻이다. 감(監)은 거울로 삼다, 살피다는 뜻이다. 준(峻)은 높다는 뜻이다. 이(易)는 쉽다는 뜻이다.

蛇足 "민중을 얻으면 나라를 얻고, 민중을 잃으면 나라를 잃는다"는 이치는 모든 통치자와 정치가가 알고 있다. 그럼에도 왜 끊임없이 민중을 잃고 민심을 저버리는 군주, 그리하여 쫓겨나고 허망하게 목숨을 잃고 나라까지 잃는 군주가 나올까? 첫째는 스스로 덕을 지니려 하지 않아서고, 둘째는 높고 큰 명을 알지 못해서 따르지 않아서다.

덕을 지니는 것과 높고 큰 명을 아는 것은 둘이 아니라 하나다. 덕은 지혜와 능력이고, 높고 큰 명은 상제 또는 하늘의 명령이다. 덕을 지녀야 높고 큰 명을 알 수 있으며, 높고 큰 명을 알아야 민중을 잃지 않는 정치를 할 수 있다. 덕이 없으면 높고 큰 명의 진정한 의미를 알지 못하고 무시하다가 정치를 그르친다. 은나라의 마지막 왕 주왕(紂王)이 그렇게 하다가 민중을 잃었다.

본래 상제(上帝)는 은나라 군주들이 섬기던 지고한 존재였다. 당연히 은나라와 그 군주를 지켜줄 것으로 믿어졌다. 그러나 폭군 주왕이 포악한 정치를 하면서 상제의 뜻을 거슬렀다. 그 결과 상제는 은나라를 버리고 새롭게 주나라를 선택했다. 이것이 시의 노래에 담긴 뜻이다. 물론 합리적으로 생각하면 상제는 존재하지 않는다. 은나라를 대신한 주나라의 군주들도 그런 사실을 알고 있었다. 그래서 '천명(天命)'을 내세웠다.

천명은 군주가 백성을 아끼고 위하는 정치를 펴면 상제든 누구든 지고한 존재가 계속해서 지지해줄 것이고, 군주가 사사로이 탐욕을 부리며 그릇된 정치를 편다면 지지를 철회한다는 것이다. 만약 천명이 바뀌었다면, 천명이 다른 사람에게 갔다면, 어떻게 확인할 수 있는가? 누가 백성의 마음을 얻었는지 보면 된다. 백성의 마음을 얻은 자가 곧 천심을 받은 자이니, 그가 천명을 받은 자다.

그런데 시에서 말한 '높고 큰 명'은 단순히 지고한 존재의 명령을 뜻하지 않는다. 본래 시에서는 그런 의미로 쓰였겠으나, 『대학』에서는 만물의 존재 원리와 천하를 다스리는 이치, 역사의 추세와 변천 따위를 집약한 말로 쓰였다. 그리하여 덕이 있는 자 곧 군자라면 그러한 원리와 이치를 잘 꿰뚫고 역사의 흐름을 잘 파악하여 백성을 안정시키고 민심을 얻는 정치를 펴야 한다. 이를 위해 큰 공부, 크나큰 배움을 강조하는 것이 『대학』의 본뜻이다.

> 공을 이루는 방법에서는 펴고 굽히는 것이 보배다. 하늘의 지극함을 잊지 말고, 하늘의 법칙을 궁구하는 데까지 이르러야 한다. 일을

이루지 못하더라도 평소의 모습을 바꾸지 말고, 그 처음을 잃지 말며, 고요히 백성을 지켜보며 때를 살피고, 하늘의 명령을 기다려서 일어나야 한다. 그러므로 '음양의 흐름을 잘 지키고 천지의 떳떳함을 따른다'고 한다. 폄과 굽힘은 때를 따라 알맞아야 하고, 숨음과 나타남은 천지의 형세를 따라야 한다. 천지가 형세를 보이고, 성인이 이룬다. (이런 이치를) 작게 쓰는 자는 작은 이익을 얻고, 크게 쓰는 자는 큰 이익을 얻으며, 남김없이 다 쓰는 자는 천하를 얻는다.

그러므로 현자는 성스러움과 미쁨으로 어짊을 베풀고, 자애와 은혜로써 아끼며, 정책을 결정하면서 감히 먼저 나서지 않는다. 마음을 고요히 하면서도 가라앉지 않고, 너그러운 덕으로 구태여 구하지 않으니, 그 모습이 여인과 같다. 어디서 머물든 부드럽고 편안하고 고요하고 즐거우며, 덕을 실행하면서 다투지 않으며, 천하의 분란에 대비한다. 그러므로 현자는 편안하고 찬찬하며 바르고 고요하고 부드러우면서도 절도 있게 먼저 결정하고, 감히 하지 못할 것 같은 일을 과감하게 실행하고는 해낼 수 없는 것처럼 서서는 유약함과 절도를 지키며 굳건하게 머문다. 그리하여 천시를 어기지 않고, 백성의 생업을 어지럽히지 않으며, 때맞게 사람을 기르고, 덕을 앞세우고 형벌을 뒤에 두며, 하늘의 뜻을 따르고, 사람을 깊이 헤아린다. – 『관자』「세」

(成功之道, 贏縮爲寶. 毋亡天極, 究數而止. 事若未成, 毋改其形, 毋失其始, 靜民觀時, 待令而起. 故曰: '修陰陽之從, 而道天地之常.' 贏贏縮縮, 因而爲當; 死死生生, 因天地之形. 天地形之, 聖人成之. 小取者小利, 大取者大利, 盡行之者有天下.

故賢者誠信以仁之, 慈惠以愛之, 端政象不敢以先人. 中靜不留, 裕德無求, 形于女色. 其所處者, 柔安靜樂, 行德而不爭, 以待天下之濆作也. 故賢者安徐正靜, 柔節先定, 行于不敢, 而立于不能, 守弱節而堅處之. 故不犯天時, 不亂民功, 秉時養人, 先德后刑, 順于天, 微度人.

— 『管子』「勢」)

13-2

德者本也, 財者末也. 外本內末, 爭民施奪. 是故財聚則民散, 財散則民聚. 是故言悖而出者, 亦悖而入; 貨悖而入者, 亦悖而出.

덕은 뿌리요 재물은 우듬지다. 뿌리를 밖으로 하고 우듬지를 안으로 하면, 백성을 다투게 하고 빼앗는 짓을 가르치게 된다. 이러하므로 재물이 모이면 백성이 흩어지고, 재물이 흩어지면 백성이 모인다. 이런 까닭에 말이 어그러져서 나가면 또한 어그러진 말이 들어오고, 재물이 어그러져서 들어오면 또한 어그러져서 나간다.

注釋 시(施)는 베풀다, 전하다는 뜻으로, 여기서는 가르침을 베푼다는 말맛이 있다. 취(聚)는 모이다, 모여들다는 뜻이다. 패(悖)는 도리에 어그러지다, 거스르다는 뜻이다.

蛇足 덕이 뿌리고 재물이 우듬지라는 말은 통치자나 정치가의 입장에서 한 말이다. 백성으로서는 당연히 재물이 먼저다. 먹고살아야 하기 때문이다. 그러나 백성이 아무리 애써 농사를 짓고 상업과 공업에서 활발히 활동을 해도, 그리하여 재화가 아무리 풍족해져도 군주와 관리들이 부덕하고 탐욕을 부린다면, 백성에게 돌아갈 재화는 얼마 되지 않는다.

군주와 관리들이 덕을 갖출 생각은 없이 탐욕과 간악한 마음을 품고 재물을 독차지해 백성을 굶주리고 헐벗게 만드는 것, 이것이 "뿌리를 밖으로 하고 우듬지를 안으로 한다"는 말의 뜻이다. 그리고 백성은 가질 수 있는 재화가 부족하므로 편안하게 살 수 없다. 살기 위해서 버둥질을 해야만 한다. 백성이 서로 다툴 수밖에 없는 이유가 여기에 있다. 이는 백성 스스로 다투기를 좋아해서 그런 것이 아니다. 통치와 정치를 맡은 자들이 조장한 것이다.

탐욕스런 군주나 간악한 관리들은 백성이 궁핍하게 지내더라도 걱정하거나 두려워하지 않는다. 오히려 자신들의 곳간을 더욱 채우려고 백성을 닦달한다. 그러니 내리는 명령이 도리에 맞을 리가 없고, 그렇게 그러모은 재물이 합당할 리가 없다. 그런 명령이 바로 '어그러진 말이 나간 것'이고, 그렇게 그러모은 재물이 '어그러져서 들어온 것'이다.

백성은 수탈과 부역에 시달리며 야위어만 가는데, 군주나 관리들의 집에서는 음악소리 드높고 여인들이 화려하게 꾸미기에 여념이 없으며 심지어 개나 말 따위 가축들까지 살찐다. 이것이 '재물이 어그러져 나간다는 것'이다. 이러하니 백성의 마음은 뒤틀리고 응등그러질 수밖에 없고, 그래서 원망과 불평과 비난의 말들을 쏟아낸다. 이것이 '어그러진 말이 들어오는 것'이다.

화무십일홍(花無十日紅), "열흘 붉은 꽃은 없다"고 했다. 아무리 막강한 권력과 위없는 권세라도 덕이 뒷받침되지 않는다면, 열흘도 못 가는 꽃보다 더 허망하게 무너진다. 목숨을 잃거나 일족이 몰살당하거나 심하면 나라가 망한다. 부덕한 자의 권력과 권세는 양날의 칼과 같다. 남을 해칠 뿐만 아니라 자신도 위태롭게 만들기 때문이다. 덕이 바탕이 되지 않은 권력과 권세는 폭력이나 마찬가지다.

부덕한 군주나 관리의 공통점은 자신들의 이익만 챙기고 자신들만 즐기려 하는 데 있다. 권력과 권세가 있으니, 얼마든지 가능하다고 여긴다. 큰 착각이다. 백성의 노고가 바로 자신들의 이익과 즐거움의 바탕인 줄 모르는 것이다. 그래서 권력과 권세를 마구 휘두르며 백성의 고혈을 짜낸다.

판소리 〈춘향가〉에서 이도령이 과거에 급제한 뒤, 어사가 되어 남원으로 내려왔을 때다. 사또 생일이라고 대단한 잔치가 벌어졌다. 떡 벌어진 진수성찬에 기생들은 춤추고 광대들은 재주넘고 가객들은 흥을 돋우는 노래를 불러댔다. 그 와중에 불청객으로 잔치자리에 끼어든 어사는 몇 잔 술 받아먹고는 칠언절구(七言絶句) 한 수를 척 지어서는 그 자리에 찬물을 끼얹었다.

금 술통의 아름다운 술은 천 사람의 피요
옥쟁반의 맛난 안주는 만 백성의 기름이라.
촛농이 떨어질 때에 백성의 눈물 떨어지고
노랫소리 높은 곳에 원망하는 소리 드높네.
金樽美酒千人血, 玉盤佳肴萬姓膏.
燭淚落時民淚落, 歌聲高處寃聲高.

송(宋) 휘종(徽宗)의 화석강(花石綱)

이왕에 시를 읊조렸으니, 예술적 재능이 뛰어났던 황제에 대해 한번 이야기해보자. 1100년 정월, 송나라 철종(哲宗, 1085~1100 재위)은 겨우 25세의 나이에 후사도 없이 세상을 떠났다. 중신들은 누구를 후계자로 삼을 것인지 논의했는데, 이때 철종의 아버지 신종(神宗)의 황후 상씨(尙氏)가 강력하게 추천한 이가 당시 단왕(端王)이었던 조길(趙佶)이다. 그가 바로 유명한 휘종(徽宗, 1100~1125 재위)이다.

휘종은 서화(書畵)에 탁월한 재능이 있었는데, 특히 회화에서는 당대 제일이라 불릴 정도였다. 글씨에서는 자신의 호인 수금(瘦金)을 따서 수금체(瘦金體)라는 독특한 서체를 만들어냈다. 이 서체는 호리호리하면서도 약한 느낌을 주지 않는 풍격이 있다고 한다. 시문(詩文)에도 뛰어나 어집(御集) 100권이 있었다고 『송사(宋史)』에 기록되어 있다.

예술에 뛰어났으며 황제가 되리라고 기대한 적도 없었으므로 황제로서 능력을 갖추려 애쓴 적이 당연히 없었다. 그런데 황제가 되었다. 황제가 된 휘종은 자신이 하고 싶은 일을 맘껏 했는데, 특히 서화와 기묘한 물품들을 수집하는 일에 골몰했다. 서화에 눈썰미가 있는 환관 동관(童貫)을 남쪽으로 파견했다. 동관은 항주에서 역시 서화에 밝은 채경(蔡京)을 만나 서로 의기투합했다. 이때 채경은 좌천되어 있었는데, 동관이 휘종에게 입김을 불어넣어 중앙으로 복귀할 수 있었다. 단순한 복귀가 아니었으니, 휘종은 그를 재상으로 삼았다.

휘종은 이들과 함께 서화와 시문을 이야기할 때 가장 즐거워했다고 한다. 휘종은 정치를 아예 그들에게 맡겨 놓고 자신은 우아한 예술 활동을 하며 지냈다. 예나 이제나 예술을 하려면 돈이 든다. 더구나 황제로서 수집벽도 있었으니, 들어갈 돈이 적지 않았다. 채경은 황제가 사치를 부릴 밑천을 마련하기 위해서 기꺼이 백성들을 착취했다.

휘종은 화석(花石)을 좋아했다. 화석이란 기이한 꽃무늬가 있는 돌이다. 이 돌을 수집하는 데 황제의 권세를 썼다. 주충(朱沖)이라는 상인이 이를 알고 절강(浙江) 지역에서 진기한 화석들을 찾아서 바쳤다. 휘종이 매우 좋아했으므로 바치는 양이 해마다 점점 많아졌고, 이를 옮겨오느라 배들이 서로 꼬리를 물고 이어져 회수(淮水)와 변하(汴河)를 메웠다. 이를 화석강(花石綱)이라 불렀다. 여기서 강(綱)은 긴 행렬을 이르는 말이다.

여기서 그치지 않았다. 휘종은 아마도 강남의 경관을 수도 변경(汴京, 지금의 開封)에 그대로 재현하고 싶었던 모양이다. 명목(名木), 명화(名花), 기암(奇巖), 진석(珍石) 따위를 다 그러모으려 했다. 그래서 소주(蘇州)에 응봉국(應奉局)을 설치하여 주충의 아들 주면(朱勔)에게 그 일을 총괄하게 했다. 주면은 황제의 명령을 수행하기 위해 암벽과 늪지대까지 샅샅이 뒤졌다. 사인(士人)들의 집에 돌 하나, 나무 한 그루라도 볼 만한 것이 있다고 하면, 즉시 건장한 사졸들을 거느리고 그 집으로 들어가 노란 보자기를 덮고는 황제의 물건이라 했다. 이를 가져올 때는 그 집을 철거하고 담장을 헐어서 꺼냈다. 또 산을 깎고 돌을 실어 나르는 일을 추진하고 감독하면서 이루 말할 수 없이 참혹하고 각박하게 굴었다. 찾아낸 것들을 강남에서 개봉까지 운반하는 데에는 또 얼마나 많은 백성이 동원되었을까. 이 부역의 과중함으로 말미암아 가산을 파탄내거나 자녀를 팔기까지 한 백성도 수없이 많았다. 황제의 지엄한 명령이니, 어찌 따르지 않을 수 있었겠는가!

이렇게 공권력이 황제의 취향을 따르기만 했으니, 민심이 흉흉해지지 않을 까닭이 없었으리라. 실제로 1120년 10월, 절강의 청계(青溪)에서 난이 일어났다. 이 난은 특히 화석강 책임자인 주면을 주살하는 것을 목적으로 삼았다고 하는데, 그 규모가 워낙 커서 동관이 대군을 거느리고 가서야 겨우 진압할 수 있을 정도였다. 얼마나 민심의 이반이 심했는지 짐작할 수 있다. 더구나 이때 동원된 대군은 본래 북방을 지키기 위한 군대였는데, 난을 진압하려고 남하시킨 것이었다.

휘종 때 북방에서는 여진족이 세력을 키우고 있었다. 여진족은 1115년에 금나라를 세우고 요나라를 공격했다. 이윽고 금나라는 요나라가 차지하고 있던 영토를 점령했으며, 1125년에는 개봉을 공격했다. 다급해진 휘종은 책임을 면하려고 제위를 장남 조환(趙桓)에게 물려주고는 남쪽으로 피신했다. 새로 황제가 된 흠종(欽宗)은 막대한 양의 금과 은 따위를 바치고 금나라와 화해하여 간신히 안정을 되찾았다. 그러나 정강(靖康) 원년(1126), 금나라 군대는 다시 대거 공격하여 개봉을 함락시켰다. 개봉은 철저하게 유린되었고, 순식간에 폐허가 되었다. 흠종과 휘종 및 후비, 종실 등 3천 여 명이 포로가 되어 북방으로 끌려갔다. 이를 '정강지화(靖康之禍)'라 한다. 휘종이 애써 모았던 진기한 물건들도 모두 금나라가 가져간 것은 말할 것도 없다.

예술을 지극히 사랑하여 예술가들을 후원하기도 했던 풍류 천자 휘종! 자신의 취미에만 몰입하고 백성의 삶과 나라의 안위에는 무관심했던 황제는 황량한 만주의 벽지(僻地)로 끌려가서는 눈이 멀었고, 나중에 병으로 죽었다. 그의 아들 흠종도 다시는 돌아오지 못했다. 그들의 송나라를 후대에는 북송(北宋)이라 불렀다. 북송은 그야말로 휘종의 취향과 더불어 몰락의 길을 걸었던 셈이다.

순자는 이렇게 말했다.

> 즐거움을 쫓느라 급급해서 나라 다스리는 일을 느슨하게 하는 자는 즐길 줄 모르는 자다. 현명한 군주는 반드시 먼저 나라를 잘 다스린 뒤에 온갖 즐거움을 그 속에서 얻는다. 어리석은 군주는 꼭 즐거움을 쫓느라 급급해서 나라 다스리는 일을 느슨하게 하기 때문에 걱정과 환난이 이루 헤아릴 수 없을 정도가 되어서 반드시 그 몸은 죽고 나라가 망한 뒤에야 그만두게 된다. 이 어찌 슬픈 일이 아닌가! – 『순자』「왕패」
>
> (急逐樂而緩治國者, 非知樂者也. 故明君者, 必將先治其國, 然後百樂得其中. 闇君者, 必將急逐樂而緩治國, 故憂患不可勝校也, 必至於身死國亡然後止也. 豈不哀哉! – 『荀子』「王覇」)

국부는 덕으로 일으킨다

관중은 사상가라기보다는 행정가요 정치가다. 『관자』가 전해지면서 그를 사상가로 간주하기도 하지만, 그의 사상은 현실 정치와 행정에서 나와 체계화된 것이다. 바로 그 점이 『관자』를 매우 풍부하고 다채롭게 만들었다. 특히 경제와 군사, 법률, 자연과학, 심성의 수양까지 두루 다루고 있는 것도 실제 정치나 행정을 하면서 그 필요성을 절실하게 느꼈기 때문에 가능한 것이었다. 그러므로 정치의 요체가 무엇인지도 아주 잘 간파하고 있다.

관중은 "민심을 얻는 방법으로 이롭게 해주는 것보다 좋은 것은 없다"고 했다. 이로움이란 먹을 양식과 입을 옷 따위를 풍족하게 해주는 것, 즉 생계를 보장해주는 것을 이른다. 생계가 보장되어야 백성이 예절을 알고 법도도 준수하며 법령을 어기지 않아 나라가 잘 다스려지기 때문이다. 관중이 나라를 부유하게 만들려고 애쓴 까닭이 여기에 있다. 그런데 나라를 부유하게 하기 위해서는 군주나 관리들이 덕을 먼저 갖추어야 한다고도 말했다. 덕이 있어야 참으로 백성도 잘 살기 때문이다.

이른바 육흥이란 무엇인가? 첫째, 밭을 개간하고 살기 좋은 집을 짓고 수목을 심고 사민들을 일깨우고 농사에 힘쓰게 하고 담장과 지붕을 수리하게 하는 것이니, 이를 '생활을 윤택하게 한다'고 한다. 둘째, 잠재된 자원을 개발하고 쌓인 재화를 나르고 길을 닦고 관문과 시장을 편리하게 하고 사람을 보내고 맞이하는 일을 삼가는 것이니, 이를 '재물을 나른다'고 한다. 셋째, 고인 물을 이끌고 못물을 이용하고 맴도는 물을 터주고 진흙으로 막힌 곳을 무너뜨리고 빽빽하게 막힌 곳을 뚫고 나루와 다리를 신중하게 두는 것이니, 이를 '이익을 남긴다'고 한다. 넷째, 부역을 줄이고 세금을 가볍게 하고 형벌을 느슨하게 하고 죄과를 사면하고 작은 허물은 용서하는 것이니, 이를 '너그럽게 정치한다'고 한다. 다섯째, 어른과 노인을 봉양하고 어린이와 고아를 사랑하고 홀아비와 홀어미를 불쌍히 여기고 병든 이를 위문하고 재앙과 초상을 당한 이를 위로하는 것이니, 이를 '위급한 사람을 돕는다'고 한다. 여섯째, 얼며 떠는 이를 입히고 주리거나 목마른 이를 먹이고 빈궁한 자를 구제하고 고달픈 사람을 북돋아주고 거덜 난 사람에게 밑천을 대주는 것이니, 이를 '곤궁함을 구제한다'고 한다. 무릇 이 여섯 가지는 덕으로 일으키는 것이다. 이 여섯 가지를 베풀면 백성은 바라는 것을 얻지 못하는 일이 없다. 저 백성이란 반드시 바라는 것을 얻은 뒤에야 군주를 따르고, 군주를 따른 뒤에야 정치가 잘 될 수 있다. 그러므로 '덕을 일으키지 않을 수 없다'고 말한다. – 『관자』「오보」

(所謂六興者何? 曰: 辟田疇, 利壇宅, 修樹蓺, 勸士民, 勉稼穡, 修牆屋, 此謂厚其生; 發伏利, 輸墆積, 修道途, 便關市, 愼將宿, 此謂輸之以財; 導水潦, 利陂溝, 決潘渚, 潰泥滯, 通鬱閉, 愼津梁, 此謂遺之以利; 薄徵斂, 輕征賦, 弛刑罰, 赦罪戾, 宥小過, 此謂寬其政; 養長老, 慈幼孤, 恤鰥寡, 問疾病, 吊禍喪, 此謂匡其急; 衣凍寒, 食飢渴, 匡貧窶, 振罷露, 資乏絶, 此謂振其窮. 凡此六者, 德之興也. 六者卽布, 則民之所欲, 無不得矣. 夫民必得其所欲, 然後聽上; 聽上, 然後政可善爲也. 故曰: 德不可不興也. – 『管子』「五輔」)

이렇게 군주나 관리들이 먼저 덕을 갖춘 뒤에야 부국으로 나아갈 수 있다. 백성의 삶이 고달프고 피폐해지면, 부국의 지위는 위태롭다. 한국이 급속도로 경제성장을 하여 전 세계 사람들로부터 부러움을 사고 있으나, 21세기 현재 한국의 국민들은 그다지 행복하지 않다. 행복지수가 후진국 국민들보다 낮은 것은 무엇 때문일까? 경제적으로 세계 10대 부국에 들면서도 경제적 빈곤을 느끼는 사람이 대다수인 것은 빈부의 격차가 날로 심각해지는 데도 분배보다 성장만 강조하면서 복지를 간과하고 있기 때문이다.

한국은 경제협력개발기구(OECD) 국가들 가운데서 자살률이 가장 높고 출산율은 가장 낮다. 이는 정신적 박탈감과 심리적 불안감에서 비롯된 것이다. 정치와 행정을 맡은 이들이 공명정대하지 못한 것이 가장 큰 원인이다. 대통령을 비롯한 장·차관들, 국회의원들, 각 시도의 시장들과 도지사들 등 정치와 행정의 수장들이 모두 덕을 제대로 갖추지 못했으면서 국민이나 시민들의 삶을 책임지겠다고 한 데서 비롯된 일들이다. 물론 시민들 스스로 각성하지 못하고 자신들의 주권을 제대로 행사하지 못한 데에도 원인은 있다.

자본주의 시대는 부자가 되고 싶다는 열망이 당연하게 여겨진 시대

이므로 재물을 모았다고 비난받지는 않는다. 오히려 존경받기도 한다. 그럼에도 한국에서 재벌들이 끊임없이 비판받고 부자가 그다지 존경받지 못하는 것은 그들이 대부분 부도덕하게 재부를 쌓았을 뿐만 아니라 재화를 독점하고 베풀지는 않기 때문이다. 이러한 상황이라면 과연 국민들이 화합하면서 공존하고 공생할 수 있을까? 13-2에서 "재물이 모이면 백성이 흩어지고, 재물이 흩어지면 백성이 모인다"고 말한 것도 소수의 독점을 염두에 두고 한 말이다. 자본주의 시대에 특히 명심해야 할 부분이다.

13-3

康誥曰: "惟命不于常!" 道善則得之, 不善則失之矣. 楚書曰: "楚國無以爲寶, 惟善以爲寶." 舅犯曰: "亡人無以爲寶, 仁親以爲寶."

「강고」에서는 "천명은 고정된 것이 아니다"라고 했다. 이는 착하면 얻고 착하지 못하면 잃는다는 말이다. 「초서」에서는 "초나라에는 보배라고 할 것이 없으니, 오로지 착함을 보배로 여긴다"고 했다. 구범은 "나라 잃은 사람은 보배로 삼을 것이 없고, 어짊을 몸소 실천하는 것을 보배로 삼는다"고 했다.

注釋 상(常)은 불변, 고정을 뜻한다. 초서(楚書)는 『국어(國語)』의 「초어(楚語)」를 가리킨다. 선(善)은 착함이나 좋은 사람을 뜻한다. 구범(舅犯)의 말은 『예기』「단궁 하(檀弓 下)」에 나온다. 구범은 춘추시대 진문공(晉文公)인 중이(重耳)의 외삼촌 호언(狐偃)의 자다. 망인(亡人)은 상인(喪人)과 같은 말이며, 나라를 잃고 다른 나라로 도망한 사람을 뜻한다.

蛇足 천명은 고정된 것이 아니다. 한 번 천명을 받아서 왕조를 세웠더라도 천명이 저절로 계속 이어지는 것은 아니다. 천명을 받은 것은 어진 정치를 펴서 민심을 얻었기 때문이다. 그렇다면 포악한 정치를 하여 민심을 잃으면 천명을 더 이상 받을 수 없다. 관건은 민심을 얻느냐 잃느냐에 달렸다는 말이다. "착하면 얻고 착하지 못하면 잃는다"고 했을 때, 착함과 착하지 못함은 정치를 두고 한 말이고, 얻고 잃는다는 것은 민심을 두고 한 말이다.

천명을 받고 못 받는 것은 민심이 결정한다. 이는 백성이 곧 국가의 근간이기 때문이다. 백성은 인적으로도 국가의 구성요건에서 핵심이지만, 모든 생산을 도맡아 하는 계층으로서 물질적으로도 근간이 된다. 만약 백성이 생산하지 않는다면, 국가는 유지되거나 존속될 수 없다. 백성 위에서 군림하는 군주와 관리들도 마찬가지다. 그래서 맹자가 "백성이 가장 귀하고, 사직은 그 다음이며, 군주는 가볍다"(民爲貴, 社稷次之, 君爲輕)고 말한 것이다.

나라와 정치의 보배는 인재다

「초서」에서 말한 보배는 곧 백성의 삶을 보장해주고 백성이 바라는 것을 채워주는 정치를 하는 사람을 가리킨다. 『관자』의 「목민」에서 말한 "백성에게 주는 것이 받는 것임을 아는 정치"를 하는 자가 바로 나라의 보배다. 『국어』「초어 하」에 다음 이야기가 나온다.

> 초나라의 대부 왕손어(王孫圉)가 진(晉)나라를 방문했다. 진나라 정공(定公)이 연회를 베풀어주었다. 그때 조간자(趙簡子)가 명옥(鳴玉, 움직일 때 소리가 나는 패옥)을 차고 예의를 갖추어 인사하면서 왕손어에게 물었다.

"초나라에 백형(白珩, 편경 모양의 작은 패옥)이 아직 있습니까?"
"있습니다."
"그것을 초나라에서 보배로 삼은 지 얼마나 되었습니까?"
왕손어가 대답했다.
"우리 초나라에서는 그것을 보배로 삼은 적이 없습니다. 초나라 보물로는 관역보(觀射父)가 있습니다. 그는 응대하는 능력이 뛰어나서 제후들과 교제하면 아무도 우리 군주에게 꼬투리를 잡지 못하게 합니다. 또 좌사(左史) 의상(倚相)이 있습니다. 그는 선대의 전적과 제도를 잘 알아서 온갖 일을 잘 처리하고 아침저녁으로 군주에게 역사의 흥망성쇠를 들려주어 선왕들의 업적을 잊지 않게 하며, 또 여러 귀신들을 기쁘게 만들 줄 알고 귀신들이 좋아하고 싫어하는 데 따라서 일을 처리하여 귀신들이 우리 초나라에 원한을 품지 않게 합니다. 또 운몽택(雲夢澤)이라는 늪지가 있어 거기에서는 쇠와 나무들, 전죽(箭竹)이 납니다. 귀갑(龜甲, 점칠 때 쓰는 거북 등껍질) · 진주(珍珠) · 수각(獸角, 활을 만들 때 쓴다) · 상아(象牙) · 짐승가죽 · 물소가죽 · 새의 깃털 · 소털 따위는 군사용으로 쓰이니, 예상 못한 일에 대비할 수 있습니다. 그리고 제후들을 접대할 때 예물로도 바칠 수 있습니다. 만약 제후들이 예물에 욕심을 내면 응대하는 능력으로 잘 이끌어서 예상 못한 일에 대비할 수 있으며, 대신(大神)이 도와주므로 우리 군주께서 다른 제후들에게 죄를 짓지 않아 나라와 백성을 지킬 수 있습니다. 이런 것들이 초나라의 보배입니다. 저 백형은 선왕의 노리개일 뿐, 어찌 나라의 보배라 할 수 있겠습니까?
제가 들으니, 나라의 보배로는 여섯 가지가 있다고 합니다. 온갖 일을 잘 알아서 제도를 마련하고 의론하며 국가를 잘 다스리는 명군과 성인이 보배고, 오곡을 풍성하게 하고 수재와 가뭄이 없게 해주는 벽옥(璧玉)이 보배고, 길흉의 여부를 점쳐 주는 귀갑이 보배고,

화재를 막게 해주는 진주가 보배고, 병란을 막게 해주는 쇠가 보배고, 재물로 쓰일 수 있는 산림과 택지가 보배입니다. 저 요란하게 소리만 내는 아름다운 옥 따위는 오랑캐 나라인 초나라에서도 보배로 삼지 않습니다."

왕손어는 나라의 갖가지 자원들까지 보배로 간주했다. 당연하다. 백성을 먹이고 입히며 편안하게 하려면 나라가 부강해야 하는데, 이는 자원이 풍부할수록 유리하다. 가장 중요한 생산물은 곡식이니, 수재와 가뭄으로 흉년이 들지 않도록 해야 한다. 당시에는 벽옥이 수재와 가뭄을 막아주는 구실을 한다고 여겼으므로 이것을 보배로 삼았다. 또 쇠는 당시에 농기구뿐만 아니라 병장기의 재료였으므로 당연히 보배로 간주되었다. 이렇게 왕손어는 백성의 삶을 안정시키고 국가의 유지와 존속에 긴요한 인재와 자원들을 보배로 여겼을 뿐, 귀족들이 예의를 갖추거나 과시하기 위해 차는 노리개 따위는 무용지물로 간주했다. 어쩌면 이렇게 진정한 보배가 무엇인지, 통치나 정치에서 보배가 무엇인지를 제대로 알고 있었던 왕손어 그리고 그의 언행이야말로 초나라의 진정한 보배였다고도 할 수 있다.

말을 잘하고 몸소 실행하는 사람은 나라의 보배다. 말은 잘하지 못하지만 몸소 실행하는 사람은 나라의 그릇이다. 말은 잘하지만 몸소 실행하지 않는 사람은 나라의 도구다. 말은 착하게 하면서 몸은 나쁜 짓을 하는 자는 나라의 요물이다. 나라를 다스리는 사람은 그 보배를 공경하고 그 기물을 아끼며 그 도구를 잘 쓰고 그 요물을 없애야 한다. – 『순자』「대략」

(口能言之, 身能行之, 國寶也; 口不能言, 身能行之, 國器也; 口能言之, 身不能行, 國用也; 口言善, 身行惡, 國妖也. 治國者, 敬其寶, 愛其器, 任其用, 除其妖. – 『荀子』「大略」)

정치가의 보배는 어짊과 올바름이다

그러면 통치의 주체인 군주나 실무 정치를 도맡아서 해야 하는 관리들에게는 무엇이 보배인가? 아니, 무엇이 보배가 되어야 하는가? 당연히 보국안민(輔國安民)의 요체가 보배여야 할 것이다. 보국안민이란 나랏일을 도와서 백성을 편안하게 하는 것이다. 이를 위해 가장 중요한 것은 무엇인가? 경제력과 군사력이다.

전국시대에 제나라 환공과 진나라 문공이 패자가 된 것은 경제력과 군사력이 뒷받침되었기 때문에 가능했다. 그러나 경제력과 군사력만으로는 진정한 패자가 될 수 없다. 오로지 힘만으로는 패자가 될 수 없다. 힘에 앞서 인의나 예의라는 도리를 갖추어야만 패자로 군림할 수 있다.

> 덕은 비록 지극하지 못하고 의로움도 비록 온전하지 못하지만, 그럼에도 천하의 도리가 대충 여기에 모여 있고 상벌의 기준이 천하 사람들에게 믿음을 주며 신하들은 모두 군주가 약속을 지키리라 환히 알고 있다. 또 정령을 알린 뒤에는 비록 이익이 손해가 되더라도 백성을 속이지 않고, 맹약이 정해진 뒤에는 비록 이익이 손해가 되더라도 동맹국을 속이지 않는다. 이와 같이 하면 군대는 강하고 성곽은 견고해지므로 적국이 두려워하며, 나라는 통일되고 나아가야 할 방향이 분명해지므로 동맹국들도 믿는다. 그러면 비록 후미지고 좁은 데에 있는 나라라도 위세가 천하를 뒤흔들 것이니, 춘추시대 오백(五伯)이 그들이다. – 『순자』「왕패」
>
> (德雖未至也, 義雖未濟也, 然而天下之理略奏矣, 刑賞已諾信乎天下矣, 臣下曉然皆知其可要也. 政令已陳, 雖覩利敗, 不欺其民; 約結已定, 雖覩利敗, 不欺其與. 如是, 則兵勁城固, 敵國畏之, 國一綦名, 與國信之. 雖在僻陋之國, 威動天下, 五伯是也. – 『荀子』「王覇」)

오백(五伯)은 오패(五覇)와 같은 말이며, 춘추시대에 유명무실해진 주 왕실을 대신하여 제후국들 사이에서 위세를 떨치고 신임을 얻어서 맹주로 군림한 군주들을 가리킨다. 환공과 문공에 더하여 초나라 장왕과 오나라 합려, 월나라 구천 등이 그들이다. 이들은 단순히 힘과 위세만으로 패자가 되지 않았다. 이들도 정벌 전쟁을 벌였으나, 인의(仁義)를 저버린 나라를 대상으로 했다. 또 다른 제후국들과 외교 관계를 맺을 때도 도리와 예의를 다 갖추었다.

순자는 특히 패자가 되려면 먼저 내치를 다져야 함을 분명히 말했다. 상벌의 기준이 엄정하고 공정해야 하며 군주가 자신의 말을 지키리라는 믿음을 먼저 신하들에게 주어야 하고 또 정령을 내리면 반드시 실행하여 백성을 속이지 않아야 한다는 것은 곧 내치에 힘써야 함을 말한 것이다. 이런 내치가 선행되지 않으면 제후들로부터도 신뢰를 얻지 못하여 외교나 전쟁에서 결코 성과를 거둘 수 없다. 하물며 어찌 패자가 될 수 있겠는가?

결국 군주는 어짊과 올바름을 기준으로 삼아 통치해야 하고, 그래야만 신하들도 어짊과 올바름에 입각해서 실무를 책임지고 백성을 위한 정치에 힘쓸 것이다. 구범이 "어진 마음으로 가까이하는 것을 보배로 삼는다"고 한 말에도 그런 뜻이 담겨 있다. 구범이 '나라 잃은 사람'이라 한 것은 그가 망명한 공자 중이(重耳)를 섬기고 있었기 때문에 한 말이다.

이미 2-1에서 자세히 이야기했듯이 중이는 진(晉)나라의 공자였다. 부친 헌공(獻公)이 여융을 멸망시키고 여희를 데려와서는 총애했다. 여희가 아들을 낳자, 헌공은 태자였던 신생을 멀리했다. 이에 여희가 아들 해제를 태자로 세우려고 음모를 꾸며 신생을 죽게 했고, 중이를 비롯한 여러 공자들은 다른 나라로 망명했다. 그러나 헌공이 죽자 대신들이 난을 일으켜 여희와 그 아들을 죽였다. 이미 태자도 죽고 공자들도 망명하는 바람에 군주의 자리가 비게 되었다. 그때, 진(秦)나라 목공(穆公)이 사람을 공자 중이에게 보내 조문하고는 이렇게 말했다.

"과인이 들으니, 나라를 잃는 일은 항상 죽은 사람과 산 사람이 교대하는 때에 있으며, 나라를 얻는 것도 항상 이런 때에 있다고 들었소. 비록 그대가 삼가는 마음으로 부친의 상을 받들고는 있으나 지위를 잃은 채 오래 계속할 수 없고 또 때를 놓쳐서도 안 되는 것이니, 그대는 왕위에 오를 기회를 놓치지 마시오!"

중이가 이 이야기를 듣고 구범에게 말하니, 구범이 대답했다.

"주군은 사양하십시오. 지위를 잃고 나라를 떠난 사람은 보배로 삼을 것이 없고 어짊을 몸소 실천하는 것을 보배로 삼습니다. 부친이 돌아가셨으니, 무엇이 이보다 큰일이겠습니까? 그런데 이를 말미암아 이익을 꾀한다면, 천하의 그 누가 해명해줄 수 있겠습니까? 주군은 사양하십시오."

중이는 구범의 말대로 목공의 사자에게 정중히 사양하는 말로써 답했다. 중이도 내심으로는 왕위에 오르고 싶었다. 그가 여러 나라를 떠돌며 무려 19년을 버틴 것도 결국 왕위에 오를 기회를 잡으려 했기 때문이다. 그러나 어짊과 올바름을 저버리지 않고 왕위에 올라야 했다. 구범은 그 점을 일깨워준 것이다.

진나라 헌공이 분란의 씨앗을 뿌리게 된 것도 어짊과 올바름으로 통치하지 않았기 때문이다. 여희가 태자 신생을 죽음으로 내몬 것이나 다른 공자들이 망명한 것 또한 그 간악함과 무도함에서 비롯된 일이다. 헌공이 죽자 대부들이 여희와 그 아들을 죽인 것도 결코 어짊과 올바름에 따른 것은 아니었다. 이러한 상황에서는 통치와 정치의 근간을 바로 세우는 일이 급선무다.

사사로운 욕심으로 즉위한다면 정당성에서 문제가 될 수 있고, 무엇보다도 그렇게 즉위한 장본인이 어짊과 올바름의 결여로 말미암아 그릇된 정치를 펼 공산이 크다. 실제로 공자 이오(夷吾)가 목공의 도움을 받아 중이 대신 즉위해 혜공(惠公)이 되었는데, 그는 욕심이 많아서 다른 제후나 신하들과 한 약속을 예사로 저버리고 도리에 어긋난 짓을 거듭하다가 신망도 잃고 민심도 잃었다. 통치가 제대로 되었을 리가 없으니, 하물며 패자는 꿈조차 꿀 수 없었다.

다행히도 혜공은 재위 15년 만에 병으로 죽었으나, 그를 이어 즉위한 회공(懷公)은 신하들에 의해 쫓겨나 죽임을 당했다. 그리고 다시 목공의 도움으로 중이가 정권을 차지했다. 중이가 바로 패자가 된 문공(文公)이다. 춘추시대 진나라는 강성했으나, 군주에게 어짊과 올바름이 없을 때는 나라가 위태로워졌다. 심지어 서쪽 진(秦)나라의 군주가 간섭을 하여 공자들 가운데 적합한 인물을 찾아 즉위시킬 정도였으니, 아무리 경제력과 군사력이 막강해도 부덕한 군주 아래에서는 아무런 소용이 없었던 셈이다. 어짊과 올바름이야말로 통치의 바탕이며 정치의 보배였던 것이다.

14장

흥망성쇠는 사람에 달렸다

14-1

秦誓曰: "若有一个臣, 斷斷兮, 無他技, 其心休休焉, 其如有容焉. 人之有技, 若己有之; 人之彦聖, 其心好之, 不啻若自其口出, 寔能容之. 以能保我子孫黎民, 尚亦有利哉! 人之有技, 媢嫉以惡之; 人之彦聖, 而違之俾不通, 寔不能容. 以不能保我子孫黎民, 亦曰殆哉!" 唯仁人放流之, 迸諸四夷, 不與同中國. 此謂唯仁人爲能愛人, 能惡人.

「진서」에서 말했다. "한 신하가 있어 오롯이 한결같고 다른 재주는 없으나 그 마음이 좋고 아름다우며 다른 이를 넉넉히 받아들 만하다. 남이 가진 재주를 마치 자신이 가진 것처럼 하고, 남의 훌륭함과 거룩함을 마음 깊이 좋아하여 입으로만 좋다고 하는 것이 아니라 참으로 다른 이를 잘 받아들인다. 그런 신하라면 내 자손과 백성을 잘 지킬 것이니, 또한 이로우리라! 남이 재주가 있으면 강샘하며 미워하고, 남이 훌륭하고 거룩하면 거스르면서 통하지 않게 하며 참으로 다른 이를 받아들이지 못한다. 그런 사람이라면 내 자손과 백성을 잘 지키지 못할 것이니, 또한 위태롭다 하리라!" 오로지 어진 자라야 그런 자를 내쳐서 귀양 보내고 사방의 오랑캐 땅으로 내쫓아버려 함께 중국에서 살지 않는다. 이를 두고 '오직 어진 자라야 사람을 좋아할 수도 있고 사람을 싫어할 수도 있다'고 한다.

注釋 진서는 『상서』의 편명이다. 진나라 목공(穆公)이 정(鄭)나라를 탐내 전쟁을 일으켰다가 패한 뒤에 이를 뉘우치며 신하들에게 한 말을 기록한 것이다. 일개(一个)는 일개(一介)와 같으며, 한 사람을 뜻한다. 단단(斷斷)은 오롯이 한결같음을 뜻한다. 휴휴(休休)는 좋고 아름다운 모양을 뜻한다. 용(容)은 포용력을 뜻한다. 약(若)은 마치, ~처럼을

뜻한다. 언(彦)은 뛰어나다, 훌륭하다는 뜻이다. 불시(不啻)는 ~뿐만 아니라는 뜻이다. 식(寔)은 참으로를 뜻한다. 려민(黎民)은 관을 쓰지 않고 검은 머리칼 그대로 지내는 백성을 가리킨다. 모(娟)은 강샘하다는 뜻이다. 질(嫉)은 시샘하다는 뜻이다. 오(惡)는 싫어하다는 뜻이다. 위(違)는 어기다, 거스르다는 뜻이다. 비(俾)는 시키다, ~하게 하다는 뜻이다. 방(放)은 내치다는 뜻이고, 류(流)는 귀양보내다는 뜻이다. 병(迸)은 병(屛)과 같으며, 물리치다는 뜻이다. 중국(中國)은 황하 중류 유역의 중원을 가리킨다. "오직 어진 자라야 사람을 좋아할 수도 있고 사람을 싫어할 수도 있다"는 말은 『논어』 「이인(里仁)」편에 나온다. 어짊은 지혜와 짝이 되며, 지혜가 있어야 어짊이 완성된다. 지혜가 없으면, 그저 동정이나 연민 수준의 마음일 뿐이다. 마찬가지로 어짊이 없는 지혜는 간교함이 될 소지가 많으며, 참된 지혜라 할 수 없다. 관리들 가운데 간신배들은 어진 마음은 없이 꾀만 많은 자들이다.

蛇足 여기서는 군주가 통치를 위해 얻어야 할 사람과 내쳐야 할 사람이 어떤 사람인지 말하고 있다. 군주의 가장 중요한 역할은 인재를 얻는 일이다. 수당(隋唐) 때 과거제를 시행하면서 시험을 통해 관료를 선발하기 전에는 신하들이나 관리들이 천거했고, 천거한 인물을 군주가 만나서 대화를 나눈 뒤에 발탁하거나 기용했다. 그래서 군주는 먼저 절대적으로 신임할 만한 인재를 먼저 찾거나 얻어서 자신 곁에 두어야 했다. 물론 군주 자신이 먼저 덕을 지니고 인의를 중시해야만 한다. 군주가 부덕하다면, 현명하거나 유능한 인재를 가까이 둘 수 없고 있더라도 쓰지 않을 것이기 때문이다.

나라를 유지하는 것은 결코 혼자서는 할 수 없다. 그러므로 나라가 강하고 튼튼해지는 일과 군주의 영예와 치욕은 재상을 얻는 데 달렸다. 군주 자신이 능력 있고 재상도 능력이 있다면, 왕자가 된다.

> 군주 자신은 능력이 없으나 두려워할 줄 알아서 유능한 사람을 구한다면, 강자가 된다. 군주 자신도 능력이 없으면서 두려워할 줄도 모르고 유능한 사람을 구하지도 않으며 오로지 곁에서 아양 떨거나 친근하게 구는 자를 기용한다면, 나라는 위태로워지고 땅도 깎여나갈 것이며 결국에는 망할 것이다. – 『순자』「왕패」
> (彼持國者, 必不可以獨也. 然則彊固榮辱在於取相矣. 身能, 相能, 如是者王. 身不能, 知恐懼而求能者, 如是者彊. 身不能, 不知恐懼而求能者, 安唯便僻左右親比己者之用, 如是者危削, 綦之而亡. – 『荀子』「王覇」)

군주의 능력이 뛰어나다면 더 말할 나위가 없으나, 그렇다고 한들 홀로 다스릴 수 있을까? 게다가 덕과 능력을 갖춘 군주가 늘 즉위한다는 보장도 없지 않은가. 그래서 군주를 보좌해 줄 뛰어난 인재들이 반드시 그리고 언제나 필요하다. 그런 인재들 가운데서 덕과 지혜가 가장 뛰어난 이가 군주 가까이서 보좌해야 하는데, 그런 인물을 재상(宰相) 또는 승상(丞相)이라 한다. 일찍부터 관료 제도가 발달한 동아시아에서는 예부터 재상을 발탁하는 일이 군주에게 가장 긴요하고 우선되는 일이었다.

재상을 뜻하는 글자 상(相)에는 서로, 꼴, 보다, 가리다, 다스리다, 돕다 따위의 뜻이 있다. 이 여러 뜻을 아우르면 군주가 재상을 왜 두어야 하며 어떻게 골라야 하는지가 명확해진다. 요컨대 군주는 자신과 함께 나라를 잘 다스릴 수 있는 인물을 그 꼴을 잘 살펴보고 가려내서 뽑아 가까이에 두어야 한다는 말이다.

명나라 멸망을 분석한 『명이대방록』

> 명나라에 좋은 정치가 없었던 것은 고황제가 재상 제도를 폐지한 데서 비롯되었다. 원래 군주를 세운 뜻은 천하를 잘 다스리기 위해

서다. 천하는 한 사람이 잘 다스릴 수 없기 때문에 관리들을 두어서 다스린다. 따라서 관리란 군주의 분신이다. – 『명이대방록』「치상」

(有明之無善治, 自高皇帝罷丞相始也. 原夫作君之意, 所以治天下也. 天下不能一人而治, 則設官以治之. 是官者, 分身之君也. – 『明夷待訪錄』「置相」)

명나라가 멸망으로 치닫는 과정을 비통한 심정으로 목도하고 만주족의 정권이 중원을 차지한 뒤에도 의병 활동을 계속하다가 끝내 산속으로 피신해서 학문에 전념하며 저술 활동을 했던 황종희(黃宗羲, 1610~1695)가 자신의 저서 『명이대방록』에서 한 말이다.

『명이대방록』은 명나라 멸망의 원인을 분석하고 당시 정치의 문제점들을 해명하면서 국가 통치의 원리와 제도는 어떠해야 하는지에 대해 밝힌 책이다. 군주와 신하의 존재 이유를 비롯해 법과 교육, 토지, 군사 등의 제도들과 금융 정책을 두루 논하고 있으며, 무엇보다도 환관의 폐해에 대해 자세하게 거론하고 재상 제도를 중요하게 여긴 점이 눈에 띈다. 환관에 대해 논한 「엄환(奄宦, 환관)」편은 "환관으로 말미암은 재앙은 한(漢) · 당(唐) · 송(宋)을 거치면서 끊임없이 일어났으나, 명나라 때처럼 심했던 적은 없었다"는 말로 시작하고 있다. 이로써 보면, 황종희는 환관의 전횡을 명나라 멸망의 한 원인으로 보았음이 분명하다. 환관은 14-1에서 말한 "남이 재주가 있으면 강샘하며 미워하고, 남이 훌륭하고 거룩하면 거스르면서 통하지 않게 하며 참으로 그것을 받아들이지 못하는" 사람들 가운데 대표적인 자다. 그런데 황종희는 이런 환관의 폐해가 재상제도와 긴밀한 관련이 있다고도 했다.

명나라 조정에 있는 고위 관리들 가운데 똑똑하다는 놈들은 저 환관들이 남긴 이익이나 챙기려 들고, 똑똑하지 못한 놈들은 환관들이 기뻐하고 웃고 성내고 욕하는 데 따라 비위나 맞추는데, 길거리마다 이를 전하고 국사에도 기록하면서 이를 환관들이 재상 노릇한 것이라 했다. 이처럼 궁궐의 노비인 환관이 재상의 실권을 쥐도록 한 것은 재상제도를 폐지한 잘못 때문이었다. - 『명이대방록』「치상」

(有明之閣下, 賢者貸其殘膏賸馥, 不賢者假其喜笑怒罵, 道路傳之, 國史書之, 則以爲宦官之相業也. 故使宮奴有宰相之實者, 則罷丞相之過也. - 『明夷待訪錄』「置相」)

명나라의 마지막 황제는 숭정제(崇禎帝, 1628~1644 재위)다. 대체로 후대 사람들은 왕조의 마지막 군주를 신랄하게 비판하는데, 명나라 멸망에서는 숭정제보다 그 이전의 황제들을 비난해야 마땅하다. 특히 48년의 재위 기간 동안 거의 하는 일이 없었던, 심지어는 25년 동안 조정에 나가지도 않은 만력제(萬曆帝, 1572~1620 재위)가 황제로 있는 동안에 이미 제국은 몰락의 조짐을 보이고 있었다.

만력제는 열 살에 즉위했다. 그때 장거정(張居正, 1525~1582)이 어린 황제를 보좌했다. 황제의 절대적인 신임을 받은 장거정은 수완을 발휘하여 나름대로 혁신적인 정책을 펴나갔다. 행정을 개혁하여 경비를 절감하고, 황하의 치수공사도 성공했으며, 만성적인 적자를 해소하기 위해 전국적으로 토지를 측량하고 세제 개혁인 일조편법(一條鞭法)을 시행했다. 장거정의 개혁으로 명나라 재정은 흑자를 기록하면서 호전되었다. 그러나 이를 원활하게 진행하기 위해서 언론을 탄압하고 서원들을 폐쇄하는 등 독재를 일삼았으므로 그에 대한 평가를 내리기는 간단치 않다. 다만, 정치에 무관심한 황제 대신에 숱한 문제를 안고 있던 제국에 긴급하고도 절실한 정책들을 과감하게 실행하여 황제의 부재를 충분히 보완했다는 점에서 재상의 존재 의의를 아주 분명하게 보여주었다고 평가할 수 있다.

장거정이 동분서주하며 국정 전반을 책임지고 있는 동안에는 명나라의 명운이 되살아나는 듯했다. 그러나 그가 죽자 갖가지 문제들이 불거져 나왔다. 무엇보다도 그를 이을 인물이 없었고 또 황제는 25년 동안 조정에 나타나지도 않았다. 황제가 황태자 책봉을 미루는 사이 황실 내부에서는 불화가 빚어졌고, 황제의 부재로 조정에서는 분란이 거듭되었다. 모처럼 장거정이 되살린 명운이 다시 꺼져갔다.

만력제가 죽고 그의 장자가 즉위했으니, 14대 황제 태창제(泰昌帝, 1582~1620)다. 그러나 태창제는 즉위한 지 29일 만에 급작스럽게 죽었다. 그 뒤를 이어 태창제의 맏아들 천계제(天啓帝, 1620~1627 재위)가 즉위했으나, 제대로 교육을 받지도 못한 터에 나이도 어려 유모인 객씨(客氏)에 매우 의지했다. 그리하여 객씨와 미리 손을 잡았던 환관 위충현(魏忠賢, 1568~1627)에게 권력이 넘어갔다. 위충현은 본래 시정의 잡배였는데, 도박으로 빚을 졌다가 고민 끝에 거세해서 환관이 된 인물이다. 천계제를 옹립한 일로 중용되어 전권을 쥔 그는 가히 신이라 불릴 정도로 전횡을 일삼았다.

"사당 하나를 지을 때마다 비용으로 많게는 수십만, 적게는 수만씩 백성의 재물을 뜯어내고 공탕(公帑, 국고)을 침범했으며, 수목을 벤 것이 헤아릴 수 없다. 개봉(開封)의 사당을 짓기 위해 민간의 가옥 2천여 칸을 허물고 궁전 아홉 동을 짓기 시작했다. 거동은 제왕과도 같았다"는 기록이 있다. 사람들은 위충현 앞에서 "구천세(九千歲)!"를 외쳤다고 한다. 황제에게는 "만세(萬歲)!"라고 하니, 천세를 줄인 것이다. 한낱 환관의 위세가 얼마나 대단했는지 짐작할 수 있다. 이런 환관이 권력을 독점하고 있었으니, 어찌 조정에 인재가 있을 것이며 올바른 정치가 이루어질 것인가? 황제가 황실을 보존하려 한들, 제 자손과 백성들을 지키려 한들, 과연 그렇게 되겠는가?

무능한 만력제로부터 급사한 태창제, 어리석은 천계제로 이어지면서 명나라는 군주를 보좌할 유능한 재상은 사라지고 환관이 날뛰면서 쇠망의 징후가 뚜렷해졌다. 그러했으므로 제법 영명한 숭정제조차 손을 쓸 여지가 없었다. 마침내 1644년, 이자성(李自成)이 수십 만의 군사를 이끌고 북경에 입성했을 때, 북경의 성문은 열려 있었다. 숭정제는 반란군이 쳐들어왔다는 소식을 듣고 신하들의 충고와 도움을 얻으려고 소집을 알리는 종을 울렸다. 그러나 아무도 나타나지 않았다. 기개와 절개 있는 선비는 이미 조정에서 찾아볼 수 없는 지경이 되었던 것이다. 숭정제는 자금성의 후원으로 걸어가서 그곳에 있는 동산 기슭의 나무에 스스로 목을 매달았다. 명나라는 만주의 기마병들이 들이닥치기도 전에, 아니 이자성이 북경에 입성하기도 전에 이미 스스로 무너졌다.

> 군주가 자신을 위해 죽거나 자기를 위하다 망할 때 우리(신하)들이 그를 따라서 죽거나 망한다면, 이는 사사로이 총애를 받는 자가 하는 일이다. 이야말로 참된 신하인지 아닌지를 분별하는 기준이다. 세상에 신하된 사람들은 이를 잘 모르고서 신하는 군주를 위해 존재한다고 여긴다. … 군주와 신하라는 명칭은 천하와 관계 속에서 존재한다. 나에게는 천하에 대한 책임이 없다고 한다면, 나와 군주는 길가는 사람이 될 뿐이다. 나아가 군주에게 벼슬을 하면서 천하를 위해 일하지 않는다면 그는 군주의 노예일 뿐이며, 천하를 위해 일한다면 그는 군주의 스승이요 벗이다.
> (君爲己死而爲己亡, 吾從而死之亡之, 此其私暱者之事也. 是乃臣不臣之辨也. 世之爲臣者, 昧於此矣, 以爲臣爲君而設者也. … 君臣之名, 從天下而有之者也. 吾無天下之責, 則吾在君爲路人. 出而仕于君也, 不以天下爲事, 則君之僕妾也; 以天下爲事, 則君之師友也.)

황종희는 군주도 그 자신을 위해 존재하는 것이 아니며, 신하 또한 군주를 위해 존재하는 것이 아니라 했다. 군주와 신하는 모두 천하와 관계 속에서 존재한다고 했다. 이는 군주와 신하가 서로를 위해서 존재하는 것도 아니라는 뜻이다. 천하나 백성들은 그 자체로 존재할 수 있다. 그러나 군주나 신하는 결코 그럴 수 없다. 군주든 신하든 모두 천하와 백성을 위해서 마련된 자리이기 때문이다. 그러므로 군주와 신하는 마땅히 천하에 대해 책임이 있다. 이 책임을 방기했을 때는 천하로부터 버림받는다.

만약 천하를 위해 정치를 하지 않고 특정한 인물을 떠받드는 자가 있다면, 그는 진정한 정치가가 아니다. 저 옛날에도 그런 자를 "군주의 노예일 뿐이다"라고 했는데, 하물며 시민들의 직접 투표로 뽑힌 자가 시민들이나 나라가 아닌 '다른 정치가'를 섬긴다면 과연 제정신이라 할 수 있을까? 그야말로 퇴행의 극치를 보여주는 행태라 말해도 지나치지 않다.

관중을 알아주고 믿어준 포숙

이미 여러 차례에 걸쳐서 관중의 업적을 거론했고, 또 그가 남긴 저술로 알려진 『관자』의 주요 대목들을 자주 인용했다. 그만큼 관중은 춘추시대에 독보적인 정치 역량을 보여준 인물이었다. 그런 관중이 일찍부터 남다른 행적을 보여주었던 것은 아니다. 환공을 만나 발탁되어 신임을 얻기 전에 이미 여러 차례의 실패와 위기를 겪었다. 특히 자신이 모시던 공자 규(糾)와 포숙이 모시던 공자 소백(小白)이 제나라의 왕위에 오르기 위해서 경쟁한 끝에 소백이 이기고 규는 죽었을 때, 관중 또한 죽임을 당할 위기에 처해 있었다. 그러나 오랜 벗인 포숙이 적극 추천한 덕분에 환공이 된 소백에게 발탁될 수 있었다.

관중은 제나라의 정치를 맡으면서 비로소 그 현명하고 뛰어난 능력을 제대로 발휘했다. 관중은 정치와 경제, 군사 등 각 방면에서 대대적인 개혁을 단행했다. 특히 상업을 적극 장려하여 부국을 이루었다. 제나라는 물산이 풍부하게 생산되는 나라였으므로 다른 나라와 적극적으로 교역을 하여 나라를 부유하게 하고 백성이 풍족하게 생활할 수 있게 했으며, 그런 경제력을 바탕으로 군대를 튼튼하게 했다. 이리하여 제나라는 강국으로 우뚝 서 패업을 이루어 천하를 호령할 수 있었다. 이 모두 환공이 관중을 발탁하여 전적으로 믿고 국사를 맡겼기 때문인데, 그 뒤에는 관중을 적극 추천했던 포숙이 있었다.

『사기』「관안열전」에 관중이 한 말이라면서 이렇게 기록되어 있다.

"내가 처음 힘들었을 때 포숙과 장사를 했다. 이익을 나눌 때마다 내가 더 많이 가졌는데, 포숙은 나를 탐욕스럽다고 여기지 않았다. 내가 가난하다는 것을 알았기 때문이다. 내가 포숙을 위해 일을 하다가 그르쳐 더욱 힘들게 한 적이 있는데, 포숙은 나를 어리석다고 여기지 않았다. 때에는 유리한 때와 불리한 때가 있음을 알았기 때문이다. 나는 세 번 벼슬길에 나갔다가 세 번 주군에게 내쫓겼는데, 포숙은 나를 모자라다고 여기지 않았다. 내가 때를 만나지 못했음을 알았기 때문이다. 나는 세 번 싸움에 나갔다가 세 번 달아났는데, 포숙은 나를 비겁하다고 여기지 않았다. 나에게 노모가 있음을 알았기 때문이다. 공자 규가 왕위 다툼에서 패했을 때, 그를 돕던 소홀은 스스로 죽었으나 나는 붙잡혀 치욕을 당했는데, 포숙은 나를 부끄러움도 모르는 사람이라고 여기지 않았다. 내가 작은 일에는 부끄러워하지 않지만 천하에 이름을 날리지 못하는 것은 부끄러워하는 줄을 알았기 때문이다. 나를 낳아준 이는 부모지만, 나를 알아준 이는 포숙이다."

통치를 맡은 군주뿐만 아니라 벼슬살이를 하려는 이라면 누구든지 갖추어야 할 것이 '사람을 알아보는 눈'이다. 그러나 대부분은 남이 알아주기를 바라지, 그 자신이 남을 알아보지 못하는 것에 대해서는 별로 자각하지 못한다. 그 때문에 수많은 군주들과 관리들이 부귀영화를 바라고 승승장구하기 바라면서도 도리어 나락에 떨어진 이유다. 『논어』「학이(學而)」편에서 공자가 제자들에게 "남이 나를 알아주지 않는 걸 걱정하지 말고, 내가 남을 알지 못하는 걸 걱정하라"(不患人之不己知, 患

不知人也)고 가르친 것도 그 때문이다.

사람을 알아볼 줄 안다는 것은 곧 자기 자신에 대해서도 잘 안다는 뜻이다. 자신을 모르면서 남을 안다고 한다면, 그것은 어불성설이다. 설령 자신을 모르면서 남을 알아보았다고 해도 그것은 요행일 공산이 크다. 무엇보다도 자신을 모르면 남을 올바로 또는 알맞게 대하지 못한다. 그러면 이내 사이가 멀어지거나 틀어진다. 그런 점에서 보면, 포숙은 자신을 잘 알고 남을 알아볼 줄도 알았던 인물이다.

『관자』「소광(小匡)」에는 처음 환공이 즉위한 뒤에 포숙을 재상으로 삼으려 했다는 말이 나온다. 아마 사실일 것이다. 환공이 망명하기 전부터 그림자처럼 그를 따르며 보좌한 인물이 포숙이니까. 게다가 포숙은 현명한 인물이었으니 환공으로서는 포숙을 재상으로 삼고 싶었던 게 당연하다. 그러나 포숙은 사양하며 이렇게 말했다고 한다.

"신은 군주의 용렬한 신하입니다. 군주께서 신에게 은혜를 베풀어 신을 춥거나 굶주리지 않게 해주시니, 이는 군주의 은덕입니다. 반드시 나라를 다스리려 한다면, 신이 아니라 오직 관이오(管夷吾, 관중)만이 할 수 있습니다. 제가 관이오보다 못한 것이 다섯 가지인데, 관대하게 은혜를 베풀며 백성을 사랑하는 것이 그보다 못하고, 나라를 다스리면서 기강을 잡는 것이 그보다 못하고, 참됨과 신의로 제후들과 동맹을 맺는 것이 그보다 못하고, 예의를 제정하여 사방에서 본받게 하는 것이 그보다 못하고, 갑옷 입고 북채 잡고 군문에 서서 백성 모두 용맹하게 하는 것이 그보다 못합니다. 관중은 백성의 부모입니다. 그 자식을 다스리고자 한다면, 부모를 버려둘 수 없습니다."

포숙은 관중을 환공에게 적극 추천한 뒤에 자신은 관중의 아랫자리에 있었다. 나랏일을 맡아 처리하는 데서는 결코 관중을 따르지 못한다는 사실을 잘 알고 있었기 때문이다. 그런 포숙의 현명한 판단이 그의 가문을 번성하게 한 요인으로 작용했다. 자신을 알고 스스로 낮출 줄 아는 인물을 누가 미워하겠는가?

포숙의 자손들은 대대로 제나라에서 봉록을 받으며 10여 대에 걸쳐 대부의 집안으로서 명성을 떨쳤다. 세상 사람들은 관중의 현명함보다 사람을 알아보는 눈을 가졌던 포숙을 더 높이 평가했다. 14-1의 「진서」에서 말한 "남이 가진 재주를 마치 자신이 가진 것처럼 하면서 다른 이를 넉넉히 받아들이는 마음을 지닌 자"가 바로 포숙이었다.

14-2

見賢而不能擧, 擧而不能先, 命也; 見不善而不能退, 退而不能遠, 過也. 好人之所惡, 惡人之所好, 是謂拂人之性, 菑必逮夫身. 是故君子有大道, 必忠信以得之, 驕泰以失之.

현명한 이를 보고도 제대로 쓰지 못하고, 쓰더라도 앞세우지 못하는 것은 게으름이다. 착하지 못한 자를 보고도 물리치지 못하고, 물리치더라도 멀리하지 못하는 것은 지나침이다. 남이 싫어하는 것을 좋아하고 남이 좋아하는 것을 싫어하는 것, 이는 사람의 본성을 거스르는 짓이니 재앙이 반드시 그 몸에 미칠 것이다. 이런 까닭에 군자에게는 크나큰 도가 있어 반드시 참되고 미쁘면 얻고, 빼기고 뽐내면 잃는다.

注釋 거(擧)는 들어 쓰다, 기용하다는 뜻이다. 선(先)은 앞서다, 앞세우다는 뜻이다. 만(命)은 만(慢)으로 보아, 게으르다, 소홀히 하다는 뜻으로 새긴다. 불(拂)은 거스르다, 어기다는 뜻이다. 재(菑)는 재(災)와 같으며, 재앙을 뜻한다. 체(逮)는 미치다, 이르다는 뜻이다. 교(驕)는 으스대다, 빼기다는 뜻이다. 태(泰)는 건방지다, 뽐내다는 뜻이다.

蛇足 14-1에서 「진서」의 말을 인용했는데, 그 주인공인 진(秦)나라 목공(穆公)도 현명한 군주였다. 『사기』「진본기(秦本紀)」를 보면, 진나라는 본래 중원에서 서쪽으로 멀리 떨어져 있던 오랑캐 나라였다. 기원전 771년에 주 왕조의 유왕(幽王)이 견융과 신후(申侯)의 침입을 받아 피살당하고, 이듬해 낙양으로 옮길 때 진나라가 평왕을 호위했다. 이 공로로 진나라는 제후국의 반열에 올랐다. 그러나 중원의 제후국들은 진나라를 인정하지 않고 여전히 오랑캐 나라라며 멸시했다. 진나라 군주들은 대대로 이를 원통하게 여겼다. 그런 진나라가 국력을 길러서 서쪽 오랑캐 지역을 평정하고 서방의 패주가 되어 중원의 제후국들로부터 인정을 받게 된 것은 바로 목공이 널리 인재를 얻어 다스린 덕분이었다.

목공 5년(기원전 655년)의 일이다. 진(晉)나라 헌공이 우나라와 괵나라를 멸망시키고 우나라의 군주와 백리혜(百里傒)를 포로로 잡았다. 헌공은 딸을 목공에게 시집보내면서 백리혜를 종으로 딸려 보냈다. 도중에 백리혜는 도망쳤다가 초나라 사람에게 붙잡혔다. 백리혜가 현명하다는 말을 들은 목공은 비싼 값을 치르고라도 데려오고 싶었으나, 혹시 초나라 사람이 내주지 않을까 해서 "내 잉신(媵臣)인 백리혜가 거기에 있는데, 검정 숫양 가죽 다섯 장으로 값을 치르고자 한다"고 전했다. 이윽고 초나라 사람이 이를 받아들여 백리혜를 내주었다. 이때 백리혜의 나이 이미 일흔을 넘었다.

목공은 백리혜를 감옥에서 풀어주고는 그와 함께 국사를 이야기하려 했다. 백리혜는 사양하며 말했다.

"신은 망한 나라의 신하인데, 어찌 저에게 물으십니까?"

목공이 말했다.

"우나라 군주가 그대를 쓰지 않아서 망한 것이니, 그대 죄가 아니오."

그러면서 굳이 질문하여 사흘 동안 이야기를 나누었다. 목공은 매우 기뻐하며 그에게 국정을 맡기고 오고대부(五羖大夫, 검정 숫양 가죽 다섯 장으로 얻은 대부라는 뜻)라 부르려 했다. 백리혜는 사양하며 말했다.

"신은 신의 벗인 건숙(蹇叔)에 미치지 못합니다. 건숙은 현명한 사람인데도 세상은 모르고 있습니다. 신이 벼슬자리를 찾아 여기저기 떠돌다 제나라에서 곤경에 빠져 질(銍)이라는 곳에서 빌어먹고 있을 때 건숙이 저를 거두었습니다. 제가 제나라 군주 무지(無知)를 섬기려 하자 건숙이 말렸습니다. 그래서 신은 제나라의 난리에서 벗어나 주(周)로 갈 수 있었습니다. 주의 왕자 퇴(頹)가 소를 좋아했으므로 저는 소를 기르는 재주로 기회를 얻으려 했습니다. 퇴가 저를 쓰려고 할 때 건숙이 말렸고, 저는 떠났기에 죽지 않을 수 있었습니다. 우나라 군주를 섬기자 건숙이 말렸습니다. 신은 우나라 군주가 신을 기용하지 않을 줄 알면서도 녹봉과 작위를 탐내서 머물렀습니다. 두 번은 그의 말을 들어서 재난에서 벗어났고, 한 번은 듣지 않아서 우나라에서 재난을 만났습니다. 이런 까닭에 그가 현명하다는 것을 알고 있습니다."

이에 목공은 후한 예물을 갖추고 사람을 보내서 건숙을 맞아들여 상대부로 삼았다.

본문에서 "현명한 이를 보고도 제대로 쓰지 못하고, 쓰더라도 앞세우지 못하는 것은 게으름이다"라고 했는데, 목공은 이와 달리 아주 부지런했다. 백리혜가 현명한 사람이라는 말을 듣자 얼른 그를 만나려 했고, 만나서는 그를 기용하려고 했으며, 사흘 동안 이야기를 나눈 뒤에는 그에게 국정을 맡기려 했다. 백리혜 또한 현명한 사람답게 자신보다 현명한 건숙을 추천했고, 목공은 기다렸다는 듯이 건숙을 맞아들여 상대부로 삼았다. 목공은 마치 목마른 자가 물을 찾듯이 현자를 구했다고 할 만하다.

남이 좋아하는 것을 좋아한 목공

목공은 헌공의 딸과 혼인했다. 그래서 헌공이 죽은 뒤에 진(晉)나라의 정치가 문란해지자 관심을 가지지 않을 수 없었다. 처음에 공자 중이가 왕위에 오르기를 바라서 도우려 했으나, 중이가 사양하는 바람에 공자 이오를 도와주었다. 이오는 냉큼 제안을 받아들여 왕위에 올랐다. 그가 진(晉)나라 혜공(惠公)이다. 그러나 이오는 매우 탐욕스럽고 공명정대하지 못한 인물이었다. 먼저 이오는 자신이 즉위하도록 도와준다면 진(秦)나라에 여덟 개 성을 주겠다고 약속했음에도 즉위하자 약속을 어기고 주지 않았다. 또 간사한 신하들의 말을 믿고 대부들을 죽였다.

목공 12년(기원전 648년)에 진(晉)나라에 가뭄이 크게 들었다. 혜공은 목공에게 식량을 요청했다. 목공이 신하 공손지(公孫支)에게 물으니, 공손지가 대답했다.

"기근과 풍년은 번갈아 일어나는 일이니, 주지 않을 수 없습니다."

또 백리혜에게 물었더니, 백리혜가 대답했다.

"이오가 군주에게 죄를 지은 것이지, 백성에게 무슨 죄가 있겠습니까?"

그리하여 백리혜와 공손지의 말에 따라 식량을 내주었다. 배와 수레로 운송하는데, 그 행렬이 끝없이 이어졌다.

그런데 목공 14년(기원전 646년)에는 진(秦)나라에 기근이 들어서 진(晉)나라에 식량을 요청했다. 혜공은 신하들과 의논했다. 혜공의 외삼촌인 대부 괵석(虢射)이 말했다.

"기근을 틈타 정벌하면 큰 공을 이룰 수 있을 것입니다."

혜공이 그 말에 따랐다. 이듬해 혜공은 군대를 일으켜 진(秦)나라를 공격했다. 목공도 군대를 동원하여 맞섰다. 목공은 혜공과 한지(韓地)에서 맞붙었다. 혜공은 자신의 군대를 뒤에 남겨둔 채, 목공의 군대와 다투고 돌아오다 말의 발이 묶여 나아가지 못하는 지경이 되었다. 목공과 그의 부하들이 재빨리 혜공을 뒤쫓았으나 잡지 못하고 오히려 혜공의 군대에 포위당했다. 혜공의 군사들이 목공을 공격했고, 목공은 부상을 당했다. 이때 300명의 백성이 위험을 무릅쓰고 혜공의 군대에 돌진하여 포위를 풀었으므로 목공은 위기에서 벗어나 도리어 혜공을 사로잡을 수 있었다.

갑자기 나타난 백성 300명은 기산 아래 촌사람들이었다. 일찍이 목공이 좋은 말들을 잃어버린 적이 있는데, 이들 300명이 함께 말들을 잡아서 먹어버렸다. 관리가 이들을 잡아다 법대로 처벌하려 하자, 목공이 "군자는 짐승 때문에 사람을 해쳐서는 안 된다. 또 내가 듣기에 좋은 말고기를 먹으면서 술을 마시지 않으면 사람이 상한다고 했다"고 말하고는 이들 모두에게 술을 내리고 용서해주었다. 나중에 이들 300명은 목공이 혜공과 싸운다는 소식을 듣고는 모두 목공을 따랐다. 그러다가 목공이 궁지에 몰린 것을 보고는 너나 할 것 없이 무기를 들고 필사적으로 싸워 이전에 용서받은 은혜에 보답한 것이다. 이 일에서 '식준마지육(食駿馬之肉)'이라는 성어가 나왔다.

목공은 기산 아래 촌사람들이 말을 잡아먹은 것을 용서했을 뿐만 아니라 술까지 내렸으니, 참으로 백성을 아낄 줄 아는 어진 군주였다. 어진 군주였으므로 진(晉)나라에 기근이 들어 혜공이 식량을 요청하자, 혜공이 자신과 약속을 어긴 것은 제쳐두고 식량을 보내주었던 것이다. 반면에 혜공은 목공과 전혀 다른 마음을 지닌 인물임이 여실하게 드러났다. 자신이 은혜를 입은 나라에 기근이 든 틈을 노려 군대를 일으켰으니, "남이 싫어하는 것을 좋아하고 남이 좋아하는 것을 싫어하는" 인물임이 분명하다. 그렇게 사람의 본성을 거스르는 짓을 했으니, 전쟁에서 사로잡히는 재앙을 당한 것이다.

목공도 사람이었던지라 혜공을 포로로 잡아 돌아와서는 전국에 포고를 내렸다.

"모두들 목욕재계하라. 내가 혜공을 제물로 삼아 상제께 제사를 올릴 것이다."

주 왕실의 천자가 그 소식을 듣고는 "진(晉)나라 군주는 나와 같은 성씨오"라며 용서를 청했다. 또 혜공의 누이이자 목공의 부인이 상복을 입고 맨발로 달려와서는 "소첩이 평소 피붙이조차 제대로 가르치지 못하여 군주로 하여금 이런 치욕스런 명령을 내리게 했습니다!"라며 사죄했다. 이에 목공은 처음의 생각을 접고 혜공을 귀빈으로 대접한 뒤에 귀국하게 해주었다. 이로써 목공이 그 명망을 천하에 떨쳤음은 두말할 것도 없다.

순장(殉葬)으로 만사를 허사로 만든 목공

역대 군주들이 중원의 제후국들로부터 소외감과 박탈감을 느꼈던 것처럼 목공 또한 그러했다. 목공이 현명하고 유능한 인재들을 널리 구하여 나라를 부강하게 만든 것은 동방으로 진출하여 소외감과 박탈감을 떨쳐내고 싶었기 때문이었다. 그런 목공이었으므로 정(鄭)나라 사람의 꼬임에 넘어가 군대를 일으켰다가 패배를 경험한 것도 어쩌면 당연한 일이었는지도 모른다. 『사기』「진본기」에 자초지종이 나온다.

목공 32년(기원전 528년)에 정나라 사람이 진나라에 정나라를 팔아넘기면서 이렇게 말했다.

"제가 성문을 맡은 사람이니, 정나라를 습격할 수 있습니다."

목공이 건숙과 백리혜에게 물으니, 그들이 대답했다.

"여러 나라를 거쳐야 하는 천 리 길을 넘어 습격하는 일은 이로울 것이 거의 없습니다. 더욱이 누군가 정나라를 팔아넘긴 것이라면 우리 쪽 사람도 우리 정세를 정나라에다 알리지 말라는 법이 없겠습니까? 안 됩니다!"

이에 목공이 말했다.

"그대들이 잘 모르고 하는 말이오. 나는 이미 결정했소."

목공의 동방 진출 의욕이 얼마나 대단했는지 단번에 알 수 있다. 늘 현명한 신하들의 말에 귀를 기울였던 그가 이번에는 묵살한 것이다. 군대를 일으킨 목공은 백리혜의 아들 맹명시(孟明視), 건숙의 아들 서기술(西乞術)과 백을병(白乙丙) 등에게 통솔하게 했다. 출병하는 날, 백리혜와 건숙 두 사람이 통곡했다. 목공이 노하여 물었다.

"출병을 앞두고 통곡을 하여 군사들의 마음을 어지럽히다니, 대체 무엇 때문이오?"

두 사람은 대답했다.

"신들이 어찌 감히 군주가 이끄는 군사들의 마음을 어지럽힐 수 있겠습니까? 군대가 떠나면 신들의 자식들도 함께 갑니다. 나이가 든 신들로서는 자식들이 돌아올 때쯤이면 얼굴을 못 보게 될지도 몰라서 우는 것입니다."

두 노인은 물러나와 자식들에게 말했다.

"너희 군대가 패한다면, 틀림없이 효산(殽山)의 좁은 길일 것이다."

이듬해 봄, 진나라 군대는 동쪽으로 진격하여 활(滑)에 도착했다. 그때 정나라의 장사꾼인 현고(弦高)가 소 열두 마리를 끌고 주나라로 팔러 가다가 진나라 군대를 만났다. 현고는 죽거나 포로가 되는 것이 두려워 소를 바치면서 말했다.

"대국이 정나라를 공격한다 하여 정나라 군주가 단단히 지킬 준비를 하고, 신을 보내 소 열두 마리로 병사들을 위로하라 하셨습니다."

진나라의 세 장군은 서로 상의하여 "정나라를 습격한다는 사실을 정나라에서 이미 알고 있으니, 간다 해도 소용이 없을 것 같소" 했다. 그리고는 활을 멸망시키고 군대를 돌렸다. 활은 진(晉)나라 변방에 있는 땅이었다.

이때 진(晉)나라는 문공이 죽어 상중(喪中)에 있었다. 태자 양공(襄公)은 활이 멸망당했다는 소식을 듣자 화를 내며 군사를 일으켰다. 효산에서 진나라 군대를 막고 공격하여 대파하고 세 장군을 사로잡았다. 이것이 효산 전투다. 맹명시 등은 진(晉)나라 문공의 부인 덕분에 겨우 귀국할 수 있었다. 세 장수가 돌아오자, 목공은 소복을 입고 교외까지

나가 그들을 맞이하면서 통곡했다.

"내가 백리혜와 건숙의 말을 듣지 않아 세 사람이 굴욕을 당했다. 세 사람에게 무슨 죄가 있겠는가? 그대들은 설욕을 위해 마음을 다하고 게으르지 말라."

목공은 세 사람에게 본래의 관직을 주었고 더욱 도탑게 대해주었다. 목공은 자신의 허물을 잘 알았고 또 인정했다. 현명한 인재를 곁에 두고 그들의 능력과 의견을 적극적으로 활용하는 것이 얼마나 중요한지 다시 한 번 뼈저리게 느꼈다. 재위 36년(기원전 624년)에 드디어 맹명시 등이 군대를 이끌고 진(晉)나라 군대를 쳐서 대파하여 효산 전투의 패배를 설욕한 것도 목공이 인재를 지극히 아끼며 믿고 썼기 때문이다.

승전 소식을 들은 목공은 황하를 건너갔다. 효산 전투에서 죽은 병사들을 위해 봉분을 만들어 장사를 지내고 사흘 동안 곡을 했다. 그러고는 군사들에게 맹세했다.

"아, 병사들이여! 조용히 내 말을 들으라. 내 너희에게 맹세한다! 옛 사람들은 일을 꾀할 때 백발의 노인과 상의했기에 과오가 없었다."

건숙과 백리혜의 의견을 받아들이지 않은 것을 거듭 반성하며, 후세 사람들이 자신처럼 과오를 저지르지 않도록 경계시키려고 이런 맹세를 했던 것이다. 목공이 14-1의 「진서」에 나오는 말을 한 것은 바로 이때였으리라 추정된다. 이로부터 진나라는 열두 나라를 병합하는 등 천 리 땅을 개척하여 마침내 서쪽 지역의 패주가 되었다. 그러나 더 이상 진나라는 번성하지 못했다. 그것은 재위 39년에 목공이 죽으면서 수많은 인재들을 순장시켰기 때문이다.

진나라에는 순장의 풍습이 있었다. 이런 가혹한 풍습을 목공도 폐지하지 못하고 따랐던 것이다. 목공의 죽음과 더불어 따라 죽은 사람들의 수는 177명이었다. 훌륭한 신하들이 대거 포함되어 있었으니, 목공 사후에 진나라에는 인재가 텅 비었다고 할 정도가 되었다. 목공이 끊임없이 인재를 찾아서 구하고 발탁한 일이 참으로 허사가 되어버린 셈이다. 이를 두고 당시 군자들은 이렇게 말했다고 전한다.

"진나라 목공이 영토를 넓히니 속국이 늘었다. 동쪽으로는 강력한 진(晉)나라를 굴복시켰고, 서쪽으로는 오랑캐 지역을 재패했다. 그러고도 제후들의 맹주가 되지 못한 것은 당연하다. 죽은 뒤에 백성을 버리고 훌륭한 신하들을 따라 죽게 했기 때문이다. 그의 선왕들은 죽으면서 늘 좋은 제도와 법을 남기려 했거늘, 하물며 착한 사람과 훌륭한 신하를 산 채로 죽였으니 백성이 슬퍼하지 않았겠는가? 이로써 진나라가 동방으로 다시 진출할 수 없다는 것을 알 수 있노라."

진나라가 순장 제도를 폐지한 것은 전국시대 들어와 헌공(獻公, 기원전 385~362 재위)이 즉위하면서였다. 그리고 헌공 때 비로소 진나라는 동쪽 중원으로 진출할 교두보를 마련했다. 헌공이 죽고 그 아들 효공이 즉위해서는 상앙을 기용해 전면적으로 개혁을 단행했고, 그 결과 부국강병을 이루어 영토를 넓히며 장차 천하를 통일할 기반을 확고하게 다졌다. 제도든 풍습이든 어질고 올바르지 않거나 또는 시의적절하지 않다면, 그 나라는 반드시 정체되거나 쇠퇴하고 만다는 것을 목공과 진나라를 통해 확인할 수 있다.

15장

부국이 되는 데에도 길이 있다

15-1

生財有大道. 生之者衆, 食之者寡, 爲之者疾, 用之者舒, 則財恒足矣.

재화를 생산하는 데에는 크나큰 도가 있다. 생산하는 자가 많고 먹는 자가 적으며 일하는 데에 빠르고 쓰는 데에 느리면, 재화는 늘 넉넉하리라.

注釋 질(疾)은 빠르다, 힘쓰다는 뜻이다. 서(舒)는 천천히, 느리다는 뜻이다.

蛇足 흔히 유가라고 하면 인의도덕이나 외치고 백성의 물질생활에는 관심이 없었던 학파로 여기는데, 이는 성리학의 폐해가 빚어낸 오해다. 누구보다 맹렬하게 인의에 입각한 정치를 외친 맹자도 "산 사람을 먹여 살리고 죽은 사람을 장사지낼 때 섭섭함이 없는 것"이 왕도의 시작이라 했다. 즉, 백성이 먹고살 수 있는 방편을 먼저 마련해주어야만 인의를 펼 수 있다는 뜻이다. 『순자』에는 나라를 부유하게 하는 방법에 대해 논한 「부국(富國)」편이 있다. 그러니 유가가 경제 문제 또는 재화의 생산 문제를 간과했다고 여기면 곤란하다.

백성이 없이는 국가가 존립할 수 없다는 점을 생각하면, 백성의 삶을 지탱해주는 경제력을 갖추는 일이 정치의 첫 번째 과제가 된다. 사마천이 『사기』를 저술하면서 그 끄트머리에 「화식열전(貨殖列傳)」을 둔 것도 그 때문이다. 아무리 훌륭한 군주가 재위하고 있고 갖가지 예법이나 제도가 마련되어 있더라도 경제적 토대가 확고하지 않으면 통치나 정치는 이루어지지 않는다.

무릇 나라를 다스리는 도는 반드시 먼저 백성을 부유하게 하는 것이다. 백성이 부유하면 다스리기 쉽고, 백성이 가난하면 다스리기 어렵다. 어떻게 그러한 줄 아는가? 백성이 부유하면 마을을 편안하게 여기고 집안을 중시하며, 마을을 편안하게 여기고 집안을 중시하면 윗사람을 공경하고 죄를 두려워하며, 윗사람을 공경하고 죄를 두려워하면 다스리기 쉽다. 백성이 가난하면 마을을 위태롭게 여기고 집안을 경시하며, 마을을 위태롭게 여기고 집안을 경시하면 감히 윗사람을 능멸하고 금령을 어기며, 윗사람을 능멸하고 금령을 어기면 다스리기 어렵다. 그러므로 잘 다스린 나라는 늘 부유하고, 어지러운 나라는 늘 가난하다. 이런 까닭에 나라를 잘 다스리는 자는 반드시 먼저 백성을 부유하게 해주고, 그런 뒤에야 다스린다. - 『관자』「치국」

(凡治國之道, 必先富民. 民富則易治也, 民貧則難治也. 奚以知其然也? 民富則安鄉重家, 安鄉重家則敬上畏罪, 敬上畏罪則易治也. 民貧則危鄉輕家, 危鄉輕家則敢陵上犯禁, 陵上犯禁則難治也. 故治國常富, 而亂國常貧. 是以善爲國者, 必先富民, 然後治之. - 『管子』「治國」)

백성을 부유하게 해주는 것이 중요한 까닭은 백성은 이로움이 있어야 오고 해로움이 있으면 떠나기 때문이다. 이는 물이 낮은 곳으로 흐르는 이치와 같다. 그럼에도 전국시대에 각 제후국들이 부국을 지향했으면서도 간과한 것이 이것이다. 즉, 나라를 부유하게 할 것만 알았지, 백성을 부유하게 해주어야 한다는 사실은 잊은 것이다. 나라의 곳간만 가득하고 백성은 가난하다면, 이는 군주나 귀족들이 호의호식하려고 백성을 착취한 것이나 다름이 없다. 당시 백성이 군주를 원망하거나 나라를 떠난 것도 그 때문이다.

부국이 된다고 해서 부민(富民)이 되는 것은 아니다. 그러나 부민이 되면 부국이 된다. 부민이 근본이라는 말이다. 관중은 부국을 추구하면서 그 근본은 부민에 있음을 분명하게 인식하고 있었다. 그러했으므로 제나라가 진정한 강국이 될 수 있었던 것이다. 그러면 나라가 부유하고 백성이 부유해지는 길은 무엇인가? 간단하게 말하면, 생산이 많아지고 쓰는 것이 적으면 된다. 더 자세하게 말하면, 다음과 같다.

> 나라가 풍족해지는 길은 알맞게 써서 백성을 넉넉하게 해주고 남는 것을 잘 갈무리하는 것이다. 예의로써 알맞게 쓰고, 정치로써 백성을 넉넉하게 해준다. 백성을 넉넉하게 해주므로 여유가 많아진다. 백성을 넉넉하게 해주면 백성은 부유해지고, 백성이 부유해지면 밭은 비옥하고 잘 가꾸어지며, 밭이 비옥하고 잘 가꾸어지면 소출이 백배로 늘어난다. 군주는 법에 따라 세금을 거두고 백성은 예의에 따라 알맞게 쓴다면 남는 것이 언덕이나 산처럼 쌓이고, 때때로 불태워버리지 않으면 갈무리할 곳이 없어진다.
>
> 저 군자들은 어찌하여 남는 게 없음을 걱정하는가? 알맞게 써서 백성을 넉넉하게 해줄 줄 안다면 반드시 어질고 올바르며 거룩하고 훌륭하다는 명성을 얻을 것이며 또 재화가 언덕이나 산처럼 쌓여 부유함을 누릴 것이다. 이는 다름이 아니라 알맞게 써서 백성을 넉넉하게 해주기 때문이다.
>
> 알맞게 써서 백성을 넉넉하게 해줄 줄 모르면 백성은 가난해지고, 백성이 가난해지면 밭은 척박해지고 황폐해지며, 밭이 척박해지고 황폐해지면 소출은 절반도 안 되게 줄어든다. 군주가 거두어들이기를 좋아하여 빼앗다시피 하더라도 얻는 것은 오히려 적을 것이고, 그런데도 예의에 따라 알맞게 쓰지 않으면 반드시 이익을 탐하며 지나치게 거두어들인다는 악명을 얻고 또 곳간은 텅 비어 궁핍해지는 상황이 될 것이다. 이는 다름이 아니라 알맞게 써서 백성을 넉넉하게 해줄 줄 몰랐기 때문이다. 『상서』「강고」에서는 "하늘처럼 크게 백성을 감싸주고 덕을 닦으니, 그대 몸이 부유해지리라"고 했는데, 이를 두고 한 말이다. - 『순자』「부국」

(足國之道, 節用裕民, 而善臧其餘. 節用以禮, 裕民以政. 彼裕民故多餘. 裕民則民富, 民富則田肥以易, 田肥以易則出實百倍. 上以法取焉, 而下以禮節用之, 餘若丘山, 不時焚燒, 無所臧之.
夫君子奚患乎無餘? 故知節用裕民, 則必有仁義聖良之名, 而且有富厚丘山之積矣. 此無它故焉, 生於節用裕民也.
不知節用裕民則民貧, 民貧則田瘠以穢, 田瘠以穢則出實不半. 上雖好取侵奪, 猶將寡獲也, 而或以無禮節用之, 則必有貪利糾譑之名, 而且有空虛窮乏之實矣. 此無它故焉, 不知節用裕民也. 康誥曰, "弘覆乎天, 若德裕乃身," 此之謂也. - 『荀子』「富國」)

관중의 물가조절과 유통 경제

춘추전국시대에 비로소 농업은 급속도로 발달했다. 제후국들이 부국강병을 이루어 영토를 확장하는 과정에서 황무지 개간이 늘어나고 또 철제 농기구가 사용되면서 농업 생산이 늘었다. 전쟁이 잦고 또 격화되면서 군수 물자가 넉넉해야 했으므로 농업이 중시될 수밖에 없었다. 대부분의 제후국들에서 농업을 가장 중시하며 농업을 부국의 원천으로 생각한 것도 어쩌면 당연했다. 그런데 관중은 특이하게도 농업과 함께 상업을 중시했다.

관중이 상업을 중시한 것은 제나라가 바다에 인접해 있어서 산과 바다에서 풍부한 자원이 산출되었기 때문이다. 『사기』「화식열전」에 따르면, "제나라는 산과 바다로 둘러싸여 있고, 기름진 들은 뽕나무와 삼을 기르기에 알맞으며, 백성이 많고, 무늬 있는 베, 비단, 생선, 소금 등이 생산된다"고 했다. 그러나 자원이 많고 생산이 많이 된다고 해서 반드시 나라가 부유해지는 것은 아니다. 생산과 수급, 물가 조절, 가격과 유통 정책 등에서 체계적인 관리가 이루어져야 하는데, 당시로서는 놀랍게도 그런 정책들이 시행되었다.

관중은 나라를 다스리면서 물가 조절 정책에 통달하지 않으면 경제 관리가 이루어지지 않아 백성을 보호하지 못한다고 보았다. 백성의 이익을 조절하지 못하면 경제를 통제하지 못하게 되니, 이렇게 해서는 큰 정치를 이룰 수 없다고도 했다. 예나 이제나 모든 사람들의 관심사는 물가의 안정 여부다. 물가가 안정되지 못하면 가장 먼저 백성이 고통을 받는다. 백성이 고통을 받아서야 어찌 나라가 태평할 수 있겠는가! 따라서 군주나 관리들은 이를 잘 알아서 경제 정책에도 심혈을 기울여야 한다. 관중은 2500년 전에도 그 중요성을 깊이 깨달아 『관자』에서 거듭 거듭 물가 조절의 문제를 다루었다. 하물며 오늘날에야 어떠하겠는가?

풍년에는 시장에 내놓은 쌀이 팔리지 않아서 개나 돼지 들이 사람의 양식을 먹고, 흉년에는 시장에서 쌀 대여섯 되를 사려 해도 돈이 열 꿰미나 드니 길에 굶어 죽은 백성이 보인다. 그렇게 된 것이 어찌 토양이 비옥하지 않고 농민의 노력도 부족하여 양식이 정말 넉넉하지 않아서겠는가? 지난해 쌀값이 너무 싸서 개나 돼지 들이 사람의 양식을 먹었기 때문에 이듬해에 먹을 것이 부족해진 것이다. 곡물 가격이 싸면 반값에도 팔 수 없어서 백성은 본전도 건지지 못한다. 곡물 가격이 비싸면 열 배를 주어도 얻을 수 없어서 백성은 그 씀씀이를 잃어버린다. 그렇게 된 것이 어찌 재물이 본래 모자라고 생산과 비축이 부족해서겠는가? 이는 백성이 이익을 얻는 때를 놓치고, 물가가 안정되지 않았기 때문이다. 그러므로 재물을 잘 관리하는 군주는 백성에게 부족할 때 비축한 재물을 내놓고, 백성에게 여유가 있을 때 잘 조절한다. 백성에게 여유가 있으면 가격이 낮아지므로 군주는 낮은 가격으로 거두어들이고, 백성에게 부족하면 가격이 높아지므로 군주는 높은 가격으로 내놓을 수 있다. 낮은 가격에 거두어들이고 높은 가격에 내놓기 때문에 군주는 반드시 열 배의 이익을 남기면서 물가도 안정시킬 수 있다. - 『관자』「국축」

(歲適美, 則市糶無予, 而狗彘食人食; 歲適凶, 則市糴釜十繈, 而道有餓民. 然則豈壤力固不足而食固不贍也哉? 夫往歲之糶賤, 狗彘食人食, 故來歲之民不足也. 物適賤, 則半力而無予, 民事不償其本; 物適貴, 則什倍而不可得, 民失其用. 然則豈財物固寡而本委不足也哉? 夫民利之時失, 而物利之不平也. 故善者委施于民之所不足, 操事于民之所有餘. 夫民有餘則輕之, 故人君斂之以輕; 民不足則重之, 故人君散之以重. 斂積之以輕, 散行之以重, 故君必有什倍之利, 而財之横可得而平也. - 『管子』「國蓄」)

근대는 상업혁명과 산업혁명이 이어지면서 자본주의가 발달하여 이른바 경제학의 시대로 불린다. 그런데 경제가 중요하지 않은 시대는 없었다. 다만, 경제의 어떤 부문이 중시되었느냐, 경제의 규모나 정책의 수준이 어떠했느냐 하는 차이가 있을 뿐이다. 당연히 근대보다 중세가, 중세보다 고대가 모든 면에서 뒤떨어져 있었다고 볼 수 있다. 그렇게 볼 때, 『관자』의 경제에 관한 인식이나 통찰, 정책 결정과 수준은 참으로 놀랍다. 오늘날의 경제 정책에 뒤지지 않는다고 해도 과언은 아닐 정도다.

조선시대에 이른바 사대부들은 『관자』와 같은 고전을 백안시하고 도학(道學)을 운운하며 당파 싸움에 혈안이 되었다. 오직 농업 진흥만이 최선인 것처럼 여겼고, 상공업의 융성이 국부에 얼마나 중요한 구실을 하는지에 대해서는 거의 무지했다. 그러니 민생이 어떠했겠는가? 정치의 근본이 무엇인지를 망각한 것이나 다름이 없다. 뒤늦게나마 북학파 학자들이 실사구시(實事求是)를 앞세우며 상업과 공업을 발전시키고 유통망을 확충하며 여러 나라와 통상에 적극 나서야 한다고 주장했으나, 이마저 외면당했다. 오히려 아전들의 부정과 관리들의 부패, 조정의 무능으로 말미암아 전정(田政) · 군정(軍政) · 환정(還政)이 극도로 문란해져 민란이 일어나기에 이르렀으니, 어찌 쇠망하지 않을 수 있었겠는가!

15-2

仁者以財發身, 不仁者以身發財. 未有上好仁而下不好義者也, 未有好義其事不終者也, 未有府庫財非其財者也.

어진 이는 재물로써 몸을 일으키고, 어질지 못한 자는 몸으로써 재물을 일으킨다. 윗사람이 어짊을 좋아하는데도 아랫사람들이 올바름을 좋아하지 않은 일은 아직 없었고, 올바름을 좋아하면서 제가 맡은 일을 매조지지 못한 자 아직 없었으며, 곳집의 재물이 그 군주의 재물이 아니었던 적은 아직 없었다.

注釋 발(發)은 기(起)와 같으며, 일으키다, 일어나다는 뜻이다. 부(府)는 문서나 재화를 넣어 두는 곳집이고, 고(庫)는 수레나 무기를 넣어 두는 곳집이다.

蛇足 사람에게는 그 몸이 다른 어떤 재물보다 귀하다. 그럼에도 이를 잊고서 재물을 붙좇느라 제 몸을 잊는 이들이 적지 않다. 소유하려는 욕심 때문이다. 사실 사람은 제 몸조차 소유할 수 없다. 제 몸도 제 마음대로 하지 못한다. 하물며 다른 어떤 것을 소유할 수 있겠는가. 그럼에도 소유하려는 욕심을 쉽사리 떨쳐내지 못하고, 도리어 그 욕심에 사로잡혀서는 가장 귀한 제 몸조차 위태롭게 하거나 망가뜨린다. "어질지 못한 자는 몸으로써 재물을 일으킨다"는 말은 어질지 못한 자, 어리석은 자는 제 몸을 잊고 제 몸을 위태롭게 하는 줄도 모르고 재물을 얻으려 집착한다는 뜻이다.

반면에 어진 이는 소유하려고 하지 않는다. 그 어떤 것도 소유할 수 없다는 이치를 잘 알고 있기 때문이다. 어진 이는 재물은 그저 사용할 때만 가치가 있을 뿐이며 소유로서 가치는 없다는, 즉 사람에게는 소유권이 없으며 오로지 사용권만이 주어진다는 이치를 터득한 지혜로운 사람이다. 그래서 재물을 굳이 소유하려고 집착하지 않고, 제 몸을 지키고 돌보는 데 적절하게 이용할 뿐이다. 그것이 "어진 이는 재물로써 몸을 일으킨다"는 말의 속뜻이다.

재물이 백성에게 있어야 부국이다

공자는 "군자는 올바름에 밝고, 소인은 이끗에 밝다"고 말했고, 또 이익에 대해서도 좀체 말하지 않았다고 알려져 있다. 또 유학자들이 늘 어짊과 올바름을 강조하며 덕치(德治)를 주장하므로 유가의 정치에서는 마치 이익을 중시하지 않은 것처럼 여겨질 수도 있다. 사실 공자나 유가에서 강조하는 어짊과 올바름은 군주나 관리들이 체득해야 할 덕목이지, 백성에게 요구한 것은 아니다.

남을 다스리는 위치에 있는 자는 권력과 권세, 갖가지 정보를 한손에 쥐게 되는데, 그런 사람들이 어짊과 올바름은 제쳐두고 사사로이 이익을 좇기 시작하면 아무리 국고(國庫)가 충실해져도 그것은 한낱 개인의 금고에 지나지 않는다. 군주가 현명한 인물이어야 하고 군자가 정치를 맡아서 실무를 담당해야 한다고 강조하는 이유가 거기에 있다. 현명하고 지혜로운 사람이라야 재물을 증식시킬 수도 있고 백성을 위해 알차게 쓰면서 알맞게 분배할 수도 있다.

혹시 현명한 사람은 그저 덕만 뛰어난 사람이라고 여겨서는 곤란하다. 덕성뿐만 아니라 지식과 지혜도 아울러 갖추어야 진정한 현자다. 『논어』「양화(陽貨)」편에서 공자가 제자들에게 시를 배워야 한다며 "가까이로는 어버이를 섬기고 멀리로는 임금을 섬길 수 있으며, 날짐승과 길짐승, 풀과 나무들의 이름을 많이 알 수 있다"(邇之事父, 遠之事君, 多

識於鳥獸草木之名)고 말한 데에도 그런 의미가 담겨 있다. 군자가 되고 현자가 되어서 자신이나 남들의 생계를 책임질 수 없다면, 허깨비 선비에 불과하다.

> 성인이 성인이 되는 까닭은 백성에게 잘 나누어주기 때문이다. 성인이 백성에게 나누어주지 못한다면, 백성과 다르지 않다. 자기도 부족하면서 어떻게 성인이라 할 수 있겠는가? 그러므로 나라에 일이 있으면 거두어 쓰고, 일이 없으면 백성에게 되돌려준다. 오로지 성인이라야 백성에게 생산 문제를 잘 맡긴다. 백성의 본성이란 윗사람이 치우치면 어리석게 되고, 윗사람이 바르게 이끌면 같아지려 한다. 윗사람이 옳은 일을 한 번 하면, 아랫사람은 옳은 일을 두 번 한다. －『관자』「승마」
>
> (聖人之所以爲聖人者, 善分民也. 聖人不能分民, 則猶百姓也. 于己不足, 安得名聖? 是故有事則用, 無事則歸之于民, 唯聖人爲善託業于民. 民之生也, 辟則愚, 閉則類. 上爲一, 下爲二. －『管子』「乘馬」)

오늘날 기업 경영자가 직접 생산에 뛰어들지 않듯이 군주나 관리들도 직접 생산을 하지는 않는다. 그렇다고 생산 문제를 몰라서는 안 된다. 생산에서 소비까지 전반의 문제를 잘 꿰고 있어야 한다. 관중은 성인이 성인이 되는 까닭으로 '백성에게 잘 나누어주는 것'을 들었는데, 거기에는 농업 생산을 비롯해 갖가지 재화가 풍부해지도록 백성을 이끈다는 것이 전제되어 있다. '백성에게 생산 문제를 잘 맡긴다'는 말에 그 뜻이 분명하게 드러나 있다.

나라에서 세금을 걷는 것은 나라를 경영하기 위한 비용을 대기 위해서다. 나라를 경영하는 일에서는 백성의 편안한 삶을 보장해주는 것이 우선이다. 그러한 경영이 이루어진다면 백성도 세금 내는 것을 꺼리지 않는다. 만약 군주나 귀족들이 백성의 세금을 자신들의 호화스런 생활을 이어가는 밑천쯤으로 여긴다면, 심각한 사태에 직면할 수 있다.

"백성의 본성은 윗사람이 치우치면 어리석게 된다"고 했는데, 백성이 어리석게 된다는 말은 곧 군주나 관리들의 행태를 고분고분 받아들이지 않는다는 뜻이다. 백성은 처음에는 분노하고 원망하지만, 그래도 나아지지 않으면 새로운 통치자 또는 통치 계층을 찾는다. 민란을 일으키는 것도 그 때문이고, 왕조가 몰락하고 새로운 왕조가 들어서는 것도 그 때문이다.

반면에 윗사람이 바르게 이끌면 백성도 같아지려 한다. 저절로 교화가 이루어진다는 뜻이다. 15-2에서 "곳집의 재물이 그 군주의 재물이 아니었던 적은 아직 없었다"고 한 말도 그런 맥락에서 이해해야 한다. 군주가 세금을 거두어서 국고를 채우더라도 그것이 지배층의 사욕을 채우기 위한 것이 아니라 나라와 백성을 위해 쓰인다는 것을 안다면, 어떤 백성도 원망하는 일 없이 국고의 재물을 군주의 재물로 인정해준다는 뜻이기 때문이다. 그럴 때 군주와 그 신하들도 편안하게 권세를 누릴 수 있다.

> 무릇 사람은 누구나 이익을 바라고 손해를 싫어한다. 이런 까닭에 천하 사람들과 함께 이익을 같이하는 사람은 천하가 그를 지지하고, 천하의 이익을 제 맘대로 차지하려는 사람은 천하 사람들이 그를 없애려 꾀한다. 천하 사람들이 꾀하는 자는 아무리 버티고 서 있으려 해도 반드시 내려앉고, 천하 사람들이 지지하는 이는 아무리 높은 자리에 있어도 위태롭지 않다. 그래서 "높은 자리에서도 편안한 것은 이익을 같이하는 데 달렸다"고 말한다. - 『관자』「판법해」
>
> (凡人者, 莫不欲利而惡害. 是故與天下同利者, 天下持之; 擅天下之利者, 天下謀之. 天下所謀, 雖立必墮; 天下所持, 雖高不危. 故曰: "安高在乎同利." - 『管子』「版法解」)

『논어』「안연(顔淵)」편에 다음의 대화가 나온다.

애공(哀公)이 유약(有若)에게 물었다.

"흉년이 들어 재정이 넉넉하지 못한데, 어찌하면 되겠소?"

"어찌 철법(徹法, 수익의 10분의 1을 거두는 조세)을 쓰지 않으십니까?"

"십분의 이도 나에게는 넉넉하지 못한데, 어찌 철법을 쓰겠소?"

"백성이 넉넉한데, 군주께서는 무엇을 넉넉하지 못하다 하십니까? 백성이 넉넉하지 못한데, 군주께서는 무엇을 넉넉하다 하십니까?"

왕정 시대에는 군주의 땅이 아닌 곳이 없고 군주의 신하나 백성이 아닌 자가 없었다. 그래서 수많은 군주들이 땅과 백성을 제 소유처럼 여긴 것도 당연하다. 그러나 이는 지극히 단순하게 이해한 것이어서 실상이나 진리에 전혀 다가가지 못한 인식이다. 진리가 흔히 역설로 표현되는 것은 드러난 것이 전부가 아니고, 또 일방적인 관계는 진리의 참모습이 아니기 때문이다.

통치나 정치의 측면에서 보자면, 군주와 신하들, 군주와 백성, 신하들과 백성 세 가지 관계가 존재한다. 어떤 관계든지 한쪽만으로는 성립되지 않는다. 말 그대로 '관계'이기 때문이다. 그리고 그 관계는 어떤 의미에서든 쌍방향적이지, 결코 일방적일 수 없다. 주고받는 관계로 보더라도, 한쪽은 주기만 하고 한쪽은 받기만 하지 않는다. 서로 주고받는 것이 다를지언정, 분명 주고받는 쌍방 관계가 진리다.

위에서 애공이 유약에게 재정 문제로 방안을 물었을 때, 애공은 오로지 군림하는 통치자로서 자신의 입장에 있었을 따름이다. 백성의 입장은 애초에 고려 대상이 아니었다. 애공이 문자 그대로 '슬픈 제후'일 수밖에 없는 이유를 여기서 찾을 수 있다. 이미 권력이 계손씨 · 숙손씨 · 맹손씨 등 삼환씨의 손에 들어간 지 오래여서 명령이 대부 집안에서 나오고 있는 상황임에도 그 문제의 원인이 어디에 있었는지를 전혀 파악하지 못하고 있고 또 그럴 의지도 없음이 분명하다. 이미 11-2와 11-5에서 계손씨가 민심을 얻었기 때문임을 이야기한 바 있다. 애공을 비롯한 역대 군주들은 민심을 얻는 일보다 자리보전이 더 급선무였던 것이다.

이미 민심을 잃었는데, 백성으로부터 더 세금을 거두어서 군주의 재용(財用)을 넉넉히 한다는 것이 과연 무슨 의미가 있겠는가? 애공이 군주로서 결격인 이유는 통치와 정치의 기본 원리를 전혀 알지 못한 데에 있다. 그리고 아무리 대부 집안인 계손씨가 민심을 얻었다고 해도 이미 군주가 군주로서 권위를 잃고 통치의 주체가 되지 못하는 나라는 부강해지는 데에 한계가 있을 수밖에 없다. 그래서 늘 부강해지지 못하고 이웃 제나라의 위세에 눌려 있었던 것이다.

강씨(姜氏)가 군주로 있던 제나라가 춘추시대에 쇠퇴의 길을 걸었던 것은 전씨(田氏)가 전횡을 일삼았기 때문이다. 그러다가 전국시대에 전씨가 강씨를 내몰고 군주의 자리를 꿰찬 뒤로는 다시 부강해졌다. 모든 권력이 군주에게 집중되고 군주로부터 명령이 나왔기 때문이다. 제나라의 권력을 쥔 집안이 전씨라는 점에서는 전혀 달라지지 않았으나, 그 전씨가 대부 집안이냐 공실이냐에 매우 큰 차이가 있었던 것이다. 군주로서 민심을 얻어야 나라가 안정되고 백성이 편안해진다는 말이다.

> 백성이 가난하면 군주도 가난하고, 백성이 부유하면 군주도 부유하다. 그러므로 밭과 들판과 시골 마을 들은 재물의 근본이고, 나라의 창고나 곳간은 재물의 말단이다. 백성이 때맞게 농사짓고 화합하며 일들이 순서대로 되어가는 것이 재화의 근원이고, 등급에 따라 세금을 거두어 창고를 채우는 것은 재화의 지류다. 그러므로 현명한 군주는 반드시 삼가며 백성이 화합하게 하고, 지류를 조절하고 근원을 개발하며 상황에 맞게 헤아린다. 그러면 널리 천하가 반드시 넉넉해져서 군주는 부족을 걱정하지 않아도 된다. 이렇게 되면 군주와 백성이 모두 부유해져 서로 재물을 갈무리할 곳이 없을 정도

가 될 것이니, 이것이 국가 경영의 궁극을 아는 것이다.

그래서 우왕 때는 10년 동안 장마가 이어지고 탕왕 때는 7년 동안 가뭄이 이어졌음에도 천하에 핏기 없이 누렇게 뜬 백성이 없었으며, 10년이 지난 뒤에는 곡식이 잘 익어 들에는 노적가리가 넉넉하게 줄지어 섰으니, 이는 다름이 아니라 근본과 말단, 근원과 지류를 잘 알았기 때문이다.

밭과 들은 황폐한데도 나라의 곳간에는 곡식이 가득 차 있고, 백성은 가난한데도 창고에 재물이 가득하다면, 이는 나라가 망할 낌새다. 근본을 베어버리고 근원을 말라붙게 하고서 세금을 거두어들이는 말단에 힘쓰면서도 군주와 재상이 그 잘못을 알지 못한다면, 나라가 뒤집히고 멸망하는 일을 서서도 기다릴 수 있다. 나라를 차지하고서도 몸 하나 받아들여지지 못하게 되면 이를 지독히 탐욕스럽다고 하는데, 이는 어리석은 군주가 보여주는 극단이다.

제 홀로 부유해지려다가 나라를 잃고, 이익을 구하려다가 제 몸을 위태롭게 만든다. 옛날에는 만여 개의 나라가 있었는데, 이제는 십여 개 나라만 있다. 이는 다름이 아니라 위에서 말한 이유 가운데 하나로 나라를 잃었기 때문이다. 군주라면 이 이치를 잘 깨달아야 한다. 그러면 사방 백 리의 나라라도 충분히 독립할 수 있다. －『순자』「부국」

(下貧則上貧, 下富則上富. 故田野縣鄙者財之本也, 垣窌倉廩者財之末也. 百姓時和 · 事業得敍者貨之源也, 等賦府庫者貨之流也. 故明主必謹養其和, 節其流, 開其源, 而時斟酌焉. 潢然使天下必有餘, 而上不憂不足. 如是, 則上下俱富, 交無所藏之, 是知國計之極也.

故禹十年水, 湯七年旱, 而天下無菜色者, 十年之後, 年穀復執, 而陳積有餘, 是無它故焉, 知本末源流之謂也.

故田野荒而倉廩實, 百姓虛而府庫滿, 夫是之謂國蹶. 伐其本, 竭其源, 而并之其末, 然而主相不知惡也, 則其傾覆滅亡可立而待也. 以國持之而不足以容其身, 夫是之謂至貪, 是愚主之極也.

將以求富而喪其國, 張以求利而危其身. 古有萬國, 今有十數焉. 是無它故焉, 其所以失之一也. 君人者, 亦可以覺矣. 百里之國, 足以獨立矣. -『荀子』「富國」)

16장

올바름과 이로움의 어우러짐

16-1

孟獻子曰: "畜馬乘, 不察於雞豚; 伐冰之家, 不畜牛羊; 百乘之家, 不畜聚斂之臣. 與其有聚斂之臣, 寧有盜臣." 此謂國不以利爲利, 以義爲利也.

맹헌자는 "네 마리 말을 기르는 자는 닭과 돼지를 살피는 데 애쓰지 않고, 얼음을 떼어내는 집안에서는 소와 양을 기르지 않으며, 전차 백 대의 집안에서는 세금을 긁어모으는 신하를 기르지 않는다. 세금을 긁어모으는 신하를 두느니 차라리 도둑질하는 신하를 두겠다"라고 말했다. 이를 두고 '나라는 이익을 이로움으로 여기지 않고, 올바름을 이로움으로 여긴다'고 한다.

注釋 맹헌자(孟獻子)는 노나라의 대부 중손멸(仲孫蔑)이다. 승(乘)은 넷을 뜻하므로 마승(馬乘)은 네 마리 말을 가리킨다. 벌빙지가(伐氷之家)는 상례나 제례 때 얼음을 쓸 수 있는 가문으로, 경대부(卿大夫) 이상이 해당된다. 백승지가(百乘之家)는 고대에 전차(乘) 백여 대를 가질 만큼 넓은 영지나 채지(采地)를 가진 가문이다. 취(聚)는 모으다는 뜻이고, 렴(斂)은 거두다, 긁어모으다는 뜻이다. 여(與)~ 녕(寧)은 ~하기보다 차라리라는 뜻이다.

蛇足 맹헌자의 행적에 대해서는 『좌전』과 『국어』에 띄엄띄엄 나오는데, 이 책 11-5에서도 그 아들 중손타와 관련된 일로 언급한 바 있다. 참고하기 바란다.

맹헌자가 말한 '네 마리 말을 기르는 자'와 '얼음을 떼내는 집안'과 '전차 백 대의 집안'은 모두 경대부의 가문을 가리킨다. 경대부는 본래 공실(公室)의 혈연으로 봉읍을 받아서 가문을 이루고 유지하며 나랏일에 참여했다. 군주의 통치를 도와서 나랏일을 맡아 하는 신하들인데, 군주가 제 구실을 하지 못하고 이들 가문이 민심을 얻게 되면 권력이 그들 손에 넘어가기 십상이다. 실제 춘추시대에 대부분의 제후국들에서 그런 일들이 일어났고, 노나라도 마찬가지였다. 노나라는 맹헌자의 맹손씨와 더불어 계손씨와 숙손씨가 권력을 장악했으므로 군주는 유명무실한 존재에 가까웠다. 그러했으므로 이들 대부 가문들이 백성을 다스렸다고 해도 과언은 아니다.

닭과 돼지를 살피는 일, 소와 양을 기르는 일은 백성의 일이다. 백성은 가축들을 길러서 생계를 잇거나 큰 이익을 얻어서 때로 부유해지기도 한다. 이 가축들은 특히 나라에서나 대부의 집안에서 소비가 많았다. 늘 제사나 잔치에 쓰였기 때문이다. 그런데 대부의 집안에서 직접 이 가축들을 기른다면 백성의 이익을 가로채는 꼴이 된다. 그러면 백성의 원망을 사지 않을 수 없다. 맹헌자는 이 점을 경계했던 것으로 보인다.

또 세금을 긁어모으는 신하를 두는 것은 백성을 착취하는 일을 공공연하게 허용한 것이나 마찬가지다. 농업을 근본으로 하는 사회에서 백성은 대부분 농사를 짓고 산다. 그들이 땅에서 거두어들일 수 있는 소출은 한정되어 있다. 아무리 황무지를 개간하고 철제 농기구를 사용해서 생산을 증식시켜도 한계가 있다. 더구나 해마다 풍년이 든다는 보장도 없다. 흉년이라도 들면 살아남는 것조차 힘겹다. 그런 백성은 정치를 통해 늘 살피고 지켜주어야 한다. 그럼에도 세금을 거두어들이는 데 혈안이 된다면, 이는 백성을 벼랑으로 내모는 짓이나 다름이 없다. 그래서 공자도 이런 행태를 준엄하게 나무랐다.

『논어』「선진(先進)」편에 나오는 이야기다. 공자의 제자인 염유(冉有)가 계손씨의 가신이 되었는데, 그 집안을 위해서 세금을 거두어들여 더욱 부유하게 해주었다. 가신으로서는 마땅히 할 일을 한 셈이지만, 공자는 제자들에게 이렇게 말했다.

"내 제자가 아니다. 너희들이 북을 울리고 그를 비난해도 괜찮다."

그러지 않아도 노나라 군대의 절반을 소유하고 있는 계손씨인데, 더욱더 부유하게 해주는 것은 그 가문의 권세를 더욱 강화시켜 한층 더 굳건하게 해주는 일이다. 더구나 군주와 공실이 통치를 제대로 하지 못해서 민심을 잃은 탓에 계손씨 가문에 권력이 넘어갔는데, 그 가문까지 백성을 착취한다면 백성이 기댈 곳은 없어져버린다. 이래서는 노나라에 통치도 정치도 부재하는 상태가 되어버린다. 쇠망하지 않을 수 없다. 노나라가 이웃의 제나라에 늘 위협을 느끼면서도 맞설 만한 부국과 강병을 이룩하지 못한 이유도 여기에 있다고 말할 수 있다.

16-1의 "나라는 이익을 이로움으로 여기지 않고, 올바름을 이로움으로 여긴다"는 말은, 군주나 신하들은 자신들의 이익을 챙기려 해서는 안 되고 백성이 넉넉하고 부유해지도록 힘써야 한다는 뜻을 담고 있다. 이미 15장에서 줄곧 말했듯이, 백성이 부유하면 군주도 부유하고 군주가 부유하면 신하들도 녹봉을 넉넉하게 받을 수 있다. 그런데 권력이나 권세를 쥔 자가 사사로이 이익을 탐하면, 백성은 가난해질 뿐 아니라 마음도 떠나간다. 백성의 신뢰를 잃으면 나라도 무너지는데, 하물며 가문이 유지되겠는가? 가문을 유지한들, 백성이 존중하고 존경할까? 유지하더라도 치욕스런 가문으로 남을 수밖에 없으리라.

재부로써 반란을 꾀한 오왕(吳王) 유비(劉濞)

기원전 221년, 중국 역사상 최초의 통일 국가가 중원에 들어섰다. 진시황의 진 제국이다. 그러나 불과 15년여 만에 무너졌다. 환관 조고(趙高)가 2세 황제를 허수아비로 만들고 권력을 전횡하면서 초래한 비극이다. 진승(陳勝)과 오광(吳廣)의 난에서 촉발된 혼란은 이윽고 항우와 유방의 쟁패로 이어졌고, 결국 유능한 인재들을 적절하게 활용한 유방이 승리해 천하를 차지했다.

유방이 천하를 평정하기는 했으나, 이미 오랜 전란으로 양식과 물자는 턱없이 부족했다. 장군과 재상들조차 겨우 소가 끄는 수레를 탈 정도였다. 천하의 혼란을 틈타 잇속에 밝은 장사꾼들은 시장의 물건들을 사재기해서 부를 축적했는데, 그 바람에 물가가 뛰어 백성의 생활은 더욱 힘들고 고달팠다. 이에 유방은 상인들에게 비단옷을 입는 것과 수레 타는 것을 금지시켰고, 아울러 그들에게 조세를 더 무겁게 매겨 그들을 핍박했다. 그러나 고조 유방을 이은 혜제(惠帝) 때에는 다시 장사꾼들을 억압하던 법령들을 느슨하게 풀어주었다.

애초에 유방은 진나라 때 화폐가 너무 무거워서 사용하기 불편하고 또 원료도 부족해지자 백성에게 가볍게 개주(改鑄)하라고 명령했다. 백성이 사사로이 주조할 수 있도록 허락해준 셈인데, 이로 말미암아 백성은 마음대로 주조했다. 문제(文帝) 때에 이르자 화폐가 날이 갈수록 가벼워지고 얇아졌으며 또 많아졌다. 그래서 이 화폐를 '협전(莢錢, 콩꼬투리 돈)'이라고 불렀다.

이때 제후인 오왕(吳王) 유비(劉濞)는 자신의 영지인 예장군(豫章郡)에서 구리가 생산되는 것을 기회로 삼아 천하 곳곳에서 도망쳐 온 자들을 모아 돈을 마구 주조했다. 오나라의 화폐가 온 나라에 유통될 정도였다. 이에 더하여 소금도 생산해 팔았으므로 그 재부(財富)가 황제에 버금갔다. 백성으로부터 세금을 거두지 않아도 나라 살림이 넉넉할 정도였다.

그런데 오왕은 음모를 꾸몄다. 그것은 오왕의 아들이 죽은 일과 관련된다. 오왕의 아들이 조정에 들어가 황제를 뵌 뒤에 황태자를 모시고 술을 마시며 장기를 두었다. 그런데 본래 교만하던 오왕의 아들이 오만불손하게 굴자 황태자가 장기판을 오왕의 아들에게 집어던져서 죽이고 말았다. 그러고는 그 주검을 관에 넣어서 돌려보냈다. 주검이 오나라에 이르자, 오왕은 분노하며 말했다.

"천하는 모두 유씨 집안인데, 장안에서 죽었으면 장안에서 장사 지내야지 어찌 꼭 오나라에 와서 장사 지내야 하는가!"

곧바로 다시 주검을 장안으로 돌려보내 그곳에서 장사 지내게 했다. 이때부터 오왕은 응등그러져서 제후로서 예의를 잃고 병을 핑계로 조정에 나아가지 않았다. 조정에서는 오왕이 아들 일로 말미암아 병을 핑계로 조정에 나오지 않는다고 여겨 조사했고, 실제로 병이 난 것이 아님을 알게 되자 오나라 사자가 오면 오는 대로 모두 잡아 가두고 벌을 주었다. 그러자 오왕은 두려워하며 더욱더 음모를 꾸미게 되었다.

나중에 문제가 오나라 사자를 문책하니, 사자는 이렇게 대답했다.

"사실 오왕은 병이 나지 않았습니다. 조정에서 여러 차례 사자를 잡아두고 문책하므로 병이라 일컬은 것입니다. 지금 왕은 병을 핑계로 삼았는데, 조정에서 이를 알고 심하게 꾸짖으니 황상의 처벌이 두려워서 어쩔 수 없이 음모를 꾸민 것입니다. 바라건대 황상께서는 이제까지의 일은 잊고 오왕을 용서해주십시오."

그래서 문제는 오나라 사자들을 풀어주고 돌려보냈으며, 오왕에게는 안석(安席)과 지팡이를 내리면서 늙었으니 입조하지 않아도 된다고 했다. 오왕은 죄를 용서받았으므로 음모를 그만두었다. 한편, 구리와 소금의 생산으로 재부가 쌓이자 그것으로 남을 대신해서 병역에 종사하는 사람에게 돈을 지급하고 또 철마다 나라 안의 유능한 사람들에게 안부를 묻거나 어진 사람들에게 상을 내렸다. 다른 군국(郡國)에서 도망 온 사람을 잘 숨겨주었으며, 그곳의 관리가 찾아와도 내주지 않았다. 이렇게 40여 년을 다스렸고, 사람들은 모두 오왕을 따르게 되었으며 세력도 확장되었다.

오나라가 세력이 커지면서 자주 법령을 거스르자 조정에서는 조조(鼂錯)가 땅을 줄여야 한다는 건의를 여러 차례 했다. 그러나 문제는 관용을 베풀고 차마 벌을 내리지 못했다. 오왕은 시간이 흐를수록 더욱더 멋대로 행동했다. 문제를 이어 경제(景帝)가 즉위하자 조조는 다시 아뢰었다.

"문제께서 오나라에 은덕을 베풀었으나, 오히려 오만하고 방자해져 산에서 나는 구리로 돈을 만들고 바닷물을 끓여 소금을 만들며, 천하의 도망자들을 불러 모아 반란을 꾀하고 있습니다. 이제 그는 봉토를 깎아도 반란을 일으킬 것이고 깎지 않아도 반란을 일으킬 것입니다. 봉토를 깎으면 그 반란 시기는 빨라지겠지만 재난은 작을 것이고, 깎지 않는다면 반란 시기는 늦어지겠지만 그 재난은 더욱 클 것입니다."

이에 경제는 기회를 엿보아 초왕(楚王) 유무(劉茂)에게 조서를 내려 동해군(東海郡)을 깎는 벌을 내렸고, 이어 오나라의 예장군과 회계군을 깎았다. 그 전에도 조왕(趙王)이 죄를 지어 하간군(河間郡)을 깎였고, 교서왕(膠西王) 유앙(劉卬)도 작위를 팔고 간음을 저질러서 여섯 현을 깎였다. 그러자 두려워진 오왕 유비는 초왕 유무, 조왕 유수(劉遂), 교서왕 유앙, 제남왕(濟南王) 유벽광(劉辟光), 치천왕(菑川王) 유현(劉賢), 교동왕(膠東王) 유웅거(劉熊渠)와 함께 반란을 일으켜 군대를 서쪽으로 출동시켰다. 경제 3년(기원전 154년)의 일이다.

경제가 제후왕들의 영지를 과감하게 삭감하여 중앙집권을 강화하려는 정책을 편 것이 이 반란의 가장 큰 원인이었으나, 그 전에 제후왕들이 독자적으로 재부를 쌓아가면서 막강한 세력을 구축하여 독립국의 수준에 이르렀던 것도 한 원인이었다. 어쨌든 이를 '오초칠국(吳楚七國)의 난'라 부른다. 처음에는 반군이 우세했으나, 곧 주아부(周亞夫)의 활약으로 반란은 진압되었다.

오왕은 창에 찔려 죽었고, 초왕과 교서왕, 조왕은 스스로 목숨을 끊었다. 교동왕과 치천왕, 제남왕도 모두 죽고 그들의 봉국도 폐지되었다. 결국 반란을 일으켰던 제후왕들은 모두 죽고, 그 후손들도 왕위를 잇지 못했다. 이 모두 이익을 이로움으로 여기고 올바름을 이로움으로 여기지 않은 탓이었다. 경제가 비록 중앙집권을 위해 권모와 술수를 썼다고 해도 제후왕들은 빌미를 주지 않도록 삼가고 또 삼가야 했다.

사치로 제국을 기울인 당현종(唐玄宗)

역사를 돌아보면, 올바름을 저버리고 사사로운 감정에 치우쳐 자신과 나라를 위태롭게 만든 황제가 한둘이 아니다. 그 가운데서도 치세 기간에 변절하여 온 나라를 위기에 빠뜨린 황제로 당현종(唐玄宗, 712~756 재위)을 꼽을 수 있다. 그는 즉위 전에 임치왕으로 내쫓겼다가 황후 위씨가 딸 안락공주와 결탁하여 중종을 독살하자 병사를 소집하여 궁중에 들어가 위씨와 안락공주를 죽이고 위씨 가문을 몰살했으며, 또 고모인 태평공주가 자신을 독살하려는 것을 피하고 태평공주와 그 일당도 몰살했다. 이렇게 간사한 자들이 득세하여 궁중 내에 음모와 술수가 횡행하던 시기에 잘 처신하여 황제의 자리에 올랐다.

현종은 처음부터 환관이나 친인척이 정치에 관여하지 못하도록 하면서 요숭(姚嵩), 한휴, 송경(宋璟), 장구령(張九齡), 소숭 등 능력이 출중한 인재들을 등용하여 재상으로 삼고 어진 정치를 폈다. 또 조정을 정비하고 상벌을 엄정하게 시행했으며 민생을 안정시키는 정치에 힘썼다. 이리하여 국력이 다시 강성해져 태종의 '정관의 치'에 버금가는 치세를 이룩했다. 이를 '개원(開元)의 치(治)'라고 부른다.

그런데 치세가 계속되면서 현종의 마음가짐이 흐트러지기 시작했다. 교만한 마음이 싹트면서 직언하는 신하들을 내쫓고 아첨하는 자들을 가까이하며 중용했다. 개원 22년(734), 장구령을 해임하고 간신배인 이임보(李林甫, ?~752)를 재상으로 임명했는데, 이는 그의 통치가 바야흐로 새로운 국면에 접어들었음을 의미한다. 이임보는 학식도 경륜도 없이 오로지 아첨과 모함에 뛰어난 인물이었다. 그는 사람을 대할 때 겉으로는 달콤한 말을 하며 아주 친한 척하면서 뒤에서는 음해하고 모함에 빠트리기를 예사로 했다. 그리하여 당시 사람들은 그를 가리켜 "입에는 꿀이 있고, 뱃속에는 칼이 있다"(口有蜜, 腹有劍)고 말했다. 이른바 '구밀복검(口蜜腹劍)'이라는 성어를 탄생시킨 주인공이다.

이임보와 같은 음험한 간신을 총애하여 재상으로 삼았으니, 다른 일은 보지 않아도 뻔하다. 현종은 초기에는 재물을 아껴 썼다. 그러나 재위 기간이 길어지고 간신배들을 가까이하면서 점점 황음무도하여 날로 사치스러워졌다. 해마다 조정에 들어오는 돈과 곡식으로는 그 쓰임새를 감당하기 어려운 지경이 되었다. 이에 강회조용사(江淮租庸使, 지금의 강소와 절강 일대의 세금과 물자를 실어 나르는 임무를 맡은 책임자) 위견(韋堅)과 호부낭중(戶部郎中) 왕홍(王鉷)이 서로 경쟁하듯 세금을 긁어모아 현종을 즐겁게 해주려 했다.

어느 날, 위견이 산수(滻水)의 물을 끌어다 거대한 못을 만들고는 강회 지역에서 올라오는 조운선(漕運船)을 그리로 집결시켰다. 그런 다음 현종에게 망춘루(望春樓)에 올라 이를 구경하도록 청했다. 위견은 새로운 배 수백 척에 사방에서 거두어들인 진기한 보물을 싣고 섬성현(陜城縣)의 현위인 최성보(崔成甫)에게 비단을 팔뚝에 걸치고 녹색 적삼을 입은 다음 머리에는 붉은 띠를 두르고 그 배 앞에서 〈득보가(得寶歌)〉를 부르게 했다. 그리고 아름다운 여인 백 명에게 농염하게 화장을 하고 치장도 풍성하게 해서 일제히 이 노래에 대해 화답하는 노래를 부르게 했다. 현종은 아주 기꺼워하고 즐거워하며 이들을 위해 잔치 자리를 마련해서는 하루 종일 즐긴 다음에 파했다.

〈득보가〉는 당시 유행하던 민요에 최성보가 새로 가사를 지어 붙인 노래다. 개원 29년(741)에 섬주(陜州) 도림현(桃林縣)에서, 홍농(弘農) 교외에서 일종의 부적인 보부(寶符, 잡귀를 쫓고 재앙을 물리치기 위해 붉은색으로 글씨를 쓰거나 그림을 그려 몸에 지니거나 집에 붙이는 종이)가 발견되었다고 하면서 상서로운 조짐이라는 보고를 올렸다. 이에 도림을 영보(靈寶)로 이름을 바꾸었다. 위견은 이런 상서로운 일이 있어서 못을 파 준공했다며 여론을 조작하고는 최성보에게 노래를 지어 부르게 했던 것이다.

왕홍은 왕홍대로 위견에 뒤질세라 해마다 정기적으로 거두는 세금

외에 돈과 비단 수백 만금을 모아 바쳤으며, 이를 따로 내고(內庫)에 갈무리해두었다가 오로지 궁중에서 상품이나 하사품으로만 쓰도록 했다. 현종은 그 모든 재물이 위견과 왕홍이 백성을 쥐어짜서 가져다 바친 줄은 모른 채 이렇게 말했다.

"천하의 돈과 재물이 이렇게 풍부하다니! 아무리 써도 다하지 않겠구나!"

그리하여 현종은 금과 비단을 마치 썩은 흙을 보듯이 했으며, 자신의 비위를 잘 맞추고 흐뭇하게 해주는 자들에게 상품과 하사품을 끝없이 내렸다. 백성들로서는 이런 사치와 낭비를 뒷받침하기 버거웠을 뿐만 아니라 밥술조차 뜨기 어려운 처지로 떨어졌다. 어찌 천하가 소란해지지 않고 변란이 일어나지 않겠는가?

군주란 자가 교만해지고 옳고 그름을 구분하지 못하자 간사한 자들이 갖은 아첨으로 군주의 마음을 사로잡고 온갖 술수로 제자리를 유지하면서 세금을 긁어모아 군주의 뒤를 받치고 제 사익을 추구했으니, 백성들은 주머니를 탈탈 털려 밥상에는 먼지가 쌓일 지경이 될 수밖에 없었다. 이렇게 간사한 신하는 군주의 뜻에 영합하여 재물은 끝없이 생기는 것이라고 하면서 수단과 방법을 가리지 않고 백성의 재물을 빼앗는다. 백성이 도적으로 내몰리지 않을 수 없다. 이것이 반란과 민란의 꼬투리다.

당시 신하들과 백성들은 현종 치세 동안에는 내내 태평한 시절이 이어지리라 기대했다. 그러나 황제의 마음에 조그만 틈이 생겨나자 그 틈을 비집고 간사한 자들이 파고들더니, 마치 개미구멍이 둑을 무너뜨리듯 조정의 기강을 무너뜨리고 백성들의 삶을 파괴했다. 이미 조정이 무너졌으니 지방의 절도사들을 어떻게 제어할 수 있었겠는가? 양귀비의 사촌 오빠인 양국충(楊國忠)이 정권을 농단하고 안록산(安祿山)과 사사명(史思明)의 난이 일어난 것도 당연하지 않은가? 저 '개원의 치'가 허망하게 사라진 것은 물론이거니와 거대한 당 제국조차 그로부터 몰락과 쇠망의 길을 걸었다.

후대 사람은 현종을 두고 "재물을 긁어모으고 사치를 일삼았다"(斂財侈費)고 짤막하게 평했다. 한 인물의 생애와 행적을 간단한 문구로 다 드러낼 수는 없으나, 이 넉 자가 현종의 재위 후반기를 적실하게 잘 나타내는 글자임은 분명하다.

16-2

長國家而務財用者, 必自小人矣. 彼爲善之, 小人之使爲國家, 菑害並至. 雖有善者, 亦無如之何矣. 此謂國不以利爲利, 以義爲利也.

> 나라나 집안의 어른이 되어서 재물을 모으고 쓰는 일에 힘쓰는 자는 반드시 소인을 쓰는 데서 시작한다. 어른이 그를 잘한다고 여겨 그를 시켜 나라나 집안을 다스리게 하면, 재앙과 해악이 함께 이르리라. 비록 잘 하는 자가 있더라도 그야말로 어찌할 도리가 없다. 이는 '나라는 이익을 이로움으로 여기지 않고, 올바름을 이로움으로 여긴다'고 하는 것이다.

注釋 장(長)은 우두머리, 어른이 되다는 뜻이다. 자(自)는 ~부터 하다는 뜻이다. 재(菑)는 재(災)와 같으며, 재앙, 재난을 뜻한다. 병(並)은 나란히, 함께를 뜻한다.

蛇足 주 왕조는 천자가 천하를 다스리면서 제후들에게 영토를 분봉하여 각기 나라를 다스리게 하는 봉건제를 썼다. 제후들은 다시 경대부들에게 일정한 영지를 분봉하여 집안을 이루게 했다. 제후나 경대부들은 분봉 받은 땅만 소유하는 것이 아니라, 그곳에 사는 백성까지 아

울러 소유했다. 다만, 백성이 생산한 것까지 무한정 소유하는 것이 아니라 일정한 세금을 매겨서 거두어들였다. 여기서 "나라나 집안의 어른이 되어서 재물을 모으는 데 힘쓴다"고 한 말은 자신의 영지 내에 거주하는 백성에게서 세금을 지나치게 거두어들여 백성의 생활을 곤궁하게 만든다는 뜻이다.

이미 6장에서 언급했듯이 맹상군은 자신의 영지에 사는 백성에게 돈을 빌려주고 이자놀이를 했다. 식객으로 있던 풍훤을 보내 빚을 받아오라고 했는데, 풍훤이 소인이었다면 당연히 받아오려고 애썼을 것이다. 그러나 풍훤은 현명한 사람이어서 빚 문서를 모조리 태워버리고 백성의 빚을 모두 탕감해주었다. 그 덕분에 나중에 맹상군이 정치적으로 위기에 처했을 때, 그곳 백성이 맹상군을 기꺼이 받아들여 재기의 발판이 되어주었다.

맹상군만 자신의 영지에 살던 백성에게 빚을 놓은 게 아니다. 다른 경대부들도 마찬가지였다. 그리고 백성이 빚을 냈다는 것은 곧 스스로 생산에 종사하면서도 먹고 살기 힘들었다는 뜻이다. 어찌하여 곡식을 생산한 백성이 먹고 살기 힘들었을까? 세금으로 거두어갔기 때문이다. 누가 거두어갔는가? 군주나 경대부가 보낸 소인배 관리들이 거두어갔다. 공자가 말했듯이 소인은 잇속에 밝은 자들이다. 군주나 경대부가 그런 자들을 가까이하고, 그런 자들을 써서 세금을 거두며, 그런 자들에게 나라나 집안을 다스리게 한다면, 그 나라는 백성의 원망을 사서 위태로워지지 않을 수 없다.

쇠망의 씨앗을 뿌린 여왕(厲王)

상 왕조를 무너뜨리고 주 왕조가 선 것은 대략 기원전 1045년이다. 그리고 기원전 771년에 신후(申侯)와 견융의 침입을 받아 유왕(幽王)이 죽임을 당했고, 이듬해 도읍을 동쪽 낙읍으로 옮겼다. 이로부터 주 왕실은 쇠퇴했고, 강성한 제후가 정권을 쥐어 패자(霸者)가 되었다. 이 시기를 춘추시대라 한다. 그리고 다시 전국시대를 거쳐 기원전 249년에 진(秦)나라의 장양왕(莊襄王)이 동주(東周)를 멸망시키면서 거의 8백년을 지탱해온 주나라는 역사에서 사라졌다.

대체로 유왕 때에 주 왕조가 쇠퇴하기 시작한 것으로 보지만, 실제로는 그에 앞서 여왕(厲王, 기원전 879~842 재위) 때 이미 심대한 위기를 겪으면서 쇠퇴하기 시작했다. 그러니까 주 왕조는 문왕과 무왕이 천명을 얻어 상 왕조를 무너뜨린 뒤에 고작 2백여 년 동안 명실상부한 천자의 지위를 누렸을 뿐이다. 이는 천하의 어른인 천자가 재물을 독차지하려고 간악한 소인을 가까이하고 썼기 때문이다. 이익을 탐한 유왕이 영이공(榮夷公)을 총애하고 그를 통해 재부를 독점하려 했던 것은 그 단적인 예다. 『사기』「주본기」를 보면, 대부 예량부(芮良夫)가 여왕에게 간언한 말이 나온다.

"왕실이 쇠하고 있습니다. 영이공은 이익을 독점하는 데에만 관심이 있고, 닥쳐올 큰 재앙은 모릅니다. 무릇 이익이란 만물과 천지자연에서 생겨나는 것으로, 독점하면 그 피해가 커집니다. 천지만물은 모든 사람들이 같이 나누어 써야 하거늘, 어찌 독점할 수 있겠습니까? 많은 사람들의 분노를 초래하여 큰 재앙에 대비할 수 없습니다. 이런 식으로 왕을 이끌어서야 왕이 오래 자리를 지킬 수 있겠습니까? 무릇 왕은 이익을 개발하여 위아래로 공평하게 나누어주어야 합니다. 신과 인간 그리고 만물이 모두 알맞게 이익을 얻게 하고, 행여 원망이 있지나 않을까 걱정하고 두려워해야 합니다. 그래서 『시경』「주송(周頌)」의 〈사문(思文)〉에서 이르기를, '덕이 넘치는 후직(后稷)이여! 저 하늘과 참으로 짝을 이룰 만하구나. 우리 백성을 두루 잘 살게 하시니, 그를 본받지 않는 사람 없다네!'라고 했고, 「대아(大雅)」의 〈문왕(文王)〉에서도 '은혜와 이익을 베푸시니, 주나라가 발전하도다!'라고 했습니다. 이는 이익은 두루 나누고 재난을 두려워했기 때문이 아니겠습니까? 그래서 주나라가 지금까지 이어져 온 것입니다. 이제 왕께서 이익을 혼자 차지하려는 것이 과연 옳은 일입니까? 필부가 이익을 독차지해도 도적이라 부르거늘, 왕이 그리하면 왕을 따르는 사람이 적어집니다. 영이공을 기용하시면 주나라는 틀림없이 낭패를 볼 것입니다."

여왕은 이 간언을 듣지 않고 끝내 영이공에게 정권을 맡겼다. 왕은 포악하고 사치하며 교만하게 굴어 나라 사람들의 비방이 끊이지 않았다. 왕은 노하여 비방하는 자들을 감시하게 하고, 보고가 올라오면 그들을 죽였다. 비방하는 사람들이 줄어들었지만, 제후들은 조회하러 오지 않았다. 재부를 독점했을 뿐만 아니라 언론까지 탄압했으므로 점점 제후들과 백성의 신뢰를 잃었다. 마침내 기원전 842년에 국인(國人, 도성의 지배층)들이 들고 일어나 여왕을 습격했다. 여왕은 체(彘) 땅으로 달아났고, 기원전 828년에 그곳에서 죽었다.

반란이 일어난 이듬해인 기원전 841년부터 주공과 소공 두 재상이 정권을 담당했는데, 이를 공화(共和)라 불렀다. 공화 정치는 여왕이 죽을 때까지 이어졌는데, 공교롭게도 중국 역사상 처음으로 명확한 연대가 기록되기 시작한 시점이 기원전 841년이었다. 그리고 이것은 주 왕실의 쇠락을 알리는 신호탄이었다. 그 뒤로 잠시 안정을 찾기도 했으나, 기원전 781년에 유왕이 즉위하면서 주 왕실의 권위는 걷잡을 수 없이 추락해 다시는 회복되지 못했다. 주나라는 틀림없이 낭패를 볼 것이라 했던 예량부의 말이 적중한 셈이다.

> 대체 걸왕과 주왕은 어찌하여 천하를 잃었고, 탕왕과 무왕은 어떻게 천하를 얻었는가? 그것은 다름이 아니라 걸왕과 주왕은 사람들이 싫어하는 일을 잘했고, 탕왕과 무왕은 사람들이 좋아하는 일을 잘했기 때문이다. 사람들이 싫어하는 일이란 무엇인가? 더럽게 속이며 서로 다투고 빼앗고 이익을 탐내는 짓이다. 사람들이 좋아하는 일이란 무엇인가? 예의와 사양과 참됨과 미쁨이다. -

『순자』「강국」

(夫桀紂何失, 而湯武何得也? 曰, 是無它故焉, 桀紂者善爲人所惡也, 而湯武者善爲人所好也. 人之所惡何也? 曰, 汙漫爭奪貪利是也. 人之所好者何也? 曰, 禮義辭讓忠信是也. – 『荀子』「彊國」)

상인을 기용해 재물을 긁어모은 한무제(漢武帝)

중국 최초의 통일 제국인 진(秦)이 무너진 지 오래지 않아서 한(漢) 제국이 들어섰다. 한나라는 문제가 즉위하고 경제가 그 뒤를 이으면서 매우 융성했다. 특히 경제적으로 번성하여 『사기』「평준서(平準書)」에서는 이렇게 묘사하고 있다. '평준'은 물가를 조절한다는 뜻으로, 재정 및 경제의 변동과 득실에 관한 정책을 이른다.

"한나라가 일어난 지 70여 년이 지났을 때, 나라에는 아무 일이 없고 홍수나 가뭄의 재해도 없었으며, 백성은 모두 넉넉했다. 각 군과 현의 곡식 창고는 꽉 차 있었고, 재물 창고에는 재화가 남아돌았다. 도성에 모인 돈은 억만금이나 되었는데, 돈꿰미는 삭아서 셀 수조차 없었다. 태창(太倉, 도성에 있던 큰 곡식 창고)에는 오래 묵은 곡식이 넘쳐날 정도로 쌓였고 한데에도 노적가리가 수북했는데, 다 먹지 못해 썩힐 지경이었다. 서민들이 사는 거리마다 말이 있었고, 들판에서는 무리를 이룰 정도였으며, 암말을 탄 사람은 기마행렬에 낄 수 없었다. 거리를 지키는 자도 기장밥과 고기를 먹었고, 아전들도 자손들을 잘 키웠으며, 관직명을 자신들의 성씨로 삼았다. 그리하여 사람들은 자신을 아끼며 법을 어기지 않도록 신중했고, 올바른 행실을 우선으로 하고 치욕스런 짓은 멀리했다. 당시에 법망은 성글고 백성은 부유했으므로 재물에 기대 교만하게 구는 풍조도 생겨서 어떤 자들은 토지를 겸병하고 기운을 뽐내는 무리들은 마을에서 힘을 함부로 썼다. 봉토를 받은 종실과 공경대부 이하 모두 사치를 다투어 저택이나 거마, 관복 따위가 모두 분수를 넘어 황제보다 더할 정도였다. 사물이란 흥성하면 쇠퇴하기 마련인데, 원래 변화란 그런 것이다."

무제(武帝, 기원전 141~87 재위)는 이렇게 경제적으로 융성한 때에 즉위했다. 무제는 이 경제력을 바탕으로 영토 확장에 힘을 쏟았다. 먼저 지금의 복건성(福建省) 지역에 있던 민월(閩越), 광동(廣東)과 광서(廣西) 지역의 남월(南越)을 평정하느라 많은 힘을 쏟았고, 이어 지금의 사천성(四川省), 운남성(雲南省), 귀주성(貴州省) 일대에 거주하던 서남이(西南夷)를 평정했다. 서남이를 평정한 뒤에 파(巴)와 촉(蜀)의 백성을 수만 명이나 동원하여 서남이로 통하는 길을 닦았는데, 이 일로 죽은 자가 대단히 많았다. 비용 또한 엄청나게 들어 그곳 백성의 삶이 피폐해졌다. 그리고 이어 예맥(穢貉)과 조선(朝鮮)으로 진출하여 그곳에 창해군(滄海郡)을 설치하면서 연(燕)과 제(齊) 지역의 백성을 괴롭혔다. 그 무엇보다 흉노와 치른 전쟁은 막대한 해악을 남기고 오래도록 악영향을 끼쳤다.

흉노는 한나라로서는 골칫거리였다. 북방 초원 지대에서 사냥과 목축을 일삼던 부족인데, 식량이 부족하면 자주 남쪽으로 내려와 침범해서 노략질을 일삼았기 때문이다. 그래서 한 고조 유방도 처음에 한왕(韓王) 신(信)을 북쪽의 대(代) 땅으로 보내 마읍에 도읍을 정하게 했다. 그러나 흉노가 대거 공격하여 마읍을 포위하자 한왕 신은 항복해버렸다. 흉노는 이어 병사를 이끌고 남쪽으로 내려와 태원군(太原郡)을 치고 진양성(晉陽城) 아래까지 이르렀다. 이에 고조 유방이 몸소 병사를 이끌고 가서 그들을 공격했으나, 도리어 포위를 당해 궁지에 몰렸다. 고조의 군대는 겨우 화친을 맺어서 풀려났다. 그 후로 종실의 공주를 흉노의 선우(單于)에게 시집 보내고 또 갖가지 물품들을 다량으로 보내 형제의 나라처럼 지냈다.

문제도 즉위하자 다시 화친 조약을 확인했다. 그럼에도 흉노는 교만하게 굴며 때때로 북방을 침략해 백성을 죽이고 약탈했다. 한나라의 입장에서는 흉노가 워낙 강성하여 공격해도 승산이 없었으므로 화친하는 편이 유리했다. 그래서 결국 화친을 맺어서 달래는 한편, 흉노의 침략을 대비하는 길을 선택했다. 경제 때도 마찬가지였다. 흉노와 화친을 맺고 약속한 장소에서 교역하며 물자도 보냈다. 종실의 공주도 계속 보내 혼인을 이어갔다.

무제도 즉위 초에는 경제 때처럼 했다. 그러나 무제는 더 이상 흉노에 끌려 다니는 것이 싫었다. 그리하여 기원전 133년, 무제는 왕회(王恢)를 시켜 마읍(馬邑)에 병사 30만 명을 숨겨두고 흉노를 유인해서 격파하려고 했다. 그러나 흉노 쪽에서 그 계략을 알아채는 바람에 허사가 되었고, 흉노는 이내 화친을 끊고 북부 변방 지역을 침략했다. 이로써 흉노와 전쟁이 본격화되었다.

무제가 추진한 흉노와 전쟁은 방어전이 아니었다. 흉노 지역에까지 군사를 보내 흉노를 완전히 제압하려는 정복전이고 침략전이었다. 그러했으므로 엄청난 전쟁 비용이 소요될 수밖에 없었다. 가령 거기장군(車騎將軍) 위청(衛青)은 지금의 내몽고 지역을 빼앗아 거기에 삭방군(朔方郡)을 두었는데, 십여 만 명을 징발하여 성을 쌓고 지키게 했다. 여기에 양식을 수송해야 했는데, 길이 너무 멀어 엄청난 노역을 필요로 했고 또 비용도 이루 말할 수 없을 정도로 들었다. 수십 가마의 양식을 지거나 메고 운송하면, 목적지에는 고작 한 가마 정도만 도착했다. 또 흉노와 싸워서 이기면 장수와 병사들에게 상을 내리느라 상당한 비용을 썼고, 포로로 잡힌 흉노인들에게도 상을 내리거나 먹고 입히는 데에도 비용을 썼다.

무제가 벌인 전쟁으로 문제와 경제 때 쌓아놓은 재부는 금세 바닥이 나버려 정부의 재정은 갈수록 어려워졌다. 모자라는 재정을 충당하기 위해 정부는 가혹하게 세금을 거두기 시작했다. 이로 말미암아 곤궁을 강요당한 백성은 교묘하게 법령을 피해나가려 애썼다. 정부에서는 재물을 바치는 사람을 관리로 뽑거나 죄를 면해주기도 했다. 또 재정의 부족을 메우려고 돈을 마구 주조했는데, 서민들도 몰래 돈을 주조했으므로 화폐 가치는 갈수록 떨어지고 물건의 값만 올라서 혼란이 가중되었다. 게다가 부유한 상인들은 철기를 주조하고 소금을 만들어 팔면서 재화를 그러모아 토지를 겸병했다.

부유한 상인들은 더욱 부유해지고 백성은 날이 갈수록 곤궁해지는 사이에 정부의 재정은 파탄이 났다. 이에 무제는 특단의 조치를 취했다. 소금 상인인 동곽함양(東郭咸陽)과 철 상인인 공근(孔僅), 그리고 상인 집안 출신인 상홍양(桑弘羊)을 재정관으로 기용하여 경제정책을 그들의 손에 맡긴 것이다. 특히 상홍양은 타고난 경제적 감각이 있었으며 모략에도 뛰어난 인물이었다.

상홍양이 추진한 정책은 기본적으로 막대한 군사비를 조달하는 데 목적이 있었고, 이를 위해 소금과 철, 술의 국가 전매를 추진했다. 즉, 민간에서 생산하고 판매하던 주요 물산을 국가가 독점한 것이다. 이 정책을 효과적으로 시행하기 위해서 능력 있는 상인들을 염관(鹽官)과 철관(鐵官)으로 대거 기용하는 한편 사사로이 철기를 주조하거나 소금을 생산하지 못하도록 엄격하게 단속했다. 정부의 재정 수입이 증가한 것은 말할 필요가 없다.

그런데 시간이 흐를수록 철과 소금의 질이 떨어지고 값은 너무 비싸졌다. 특히 소금의 가격이 너무 올라 백성의 불만이 점점 쌓였다. 물론 지방에서 막강한 권세를 누리던 호족들이나 부유한 상인들의 세력을 약화시킨 측면도 있었고 실제로 그렇게 할 목적도 있었지만, 오로지 전쟁 비용을 조달하기 위해 백성의 곤궁함과 피폐함을 재촉한 것은 직무유기였고 백성을 살피지 않은 것은 책임 방기였다. 게다가 이익에 밝은 상인들을 관리로 기용했으니, 그들에게는 백성의 곤궁함이 고작 무능력으로 간주되었을 뿐이다. 유랑하는 백성이 점점 늘었고, 농업에 힘쓰지 않고 상업에 종사하는 자들만 더욱더 늘었다. 정치에서 올바름보다 이로움을 앞세웠으므로 관리들과 백성 또한 이로움을 좇느라 혈안이 되는 것은 당연했다. 결국 한정된 재화를 두고 정부와 백성, 위와 아래가 서로 다투게 되니, 어찌 법령이 문란해지지 않겠으며, 어찌 불평등과 차별이 심화되지 않겠는가?

『순자』「부국」에서는 "하늘과 땅이 만물을 낳으면서 본디 넉넉하게 했으므로 사람들을 충분히 먹일 수 있었다. 삼과 칡, 누에와 명주실, 새의 깃과 짐승의 털, 이빨과 가죽 따위도 본디 넉넉하게 했으므로 사람들을 충분히 입힐 수 있었다"고 말했다. 그럼에도 많은 백성이 굶주리거나 헐벗고 죽을 때까지 애써 일하면서도 곤궁함을 벗어나지 못한 까닭은 무엇인가? 그것은 다스리는 자가 이익을 좇는 것은 사람의 본성이라 여기고서 어짊과 올바름으로 골고루 분배하거나 예법으로 욕망을 잡도리하도록 이끌지 않았기 때문이다. 그리고 그 책임은 군주에게 있다.

> 백성의 힘은 군주의 덕을 기다린 뒤에야 효과가 나고, 백성의 무리는 군주의 덕을 기다린 뒤에야 어우러지며, 백성의 재물은 군주의 덕을 기다린 뒤에야 모이고, 백성의 형세는 군주의 덕을 기다린 뒤에야 안정되며, 백성의 수명은 군주의 덕을 기다린 뒤에야 길어진다. 아비와 자식은 가깝지 않을 수 없고, 형과 아우는 따르지 않을 수 없으며, 남자와 여자는 서로 기뻐하지 않을 수 없다. 어린 사람은 군주의 덕으로써 자라고, 늙은 사람은 군주의 덕으로써 부양된다. 그래서 "하늘과 땅이 낳고, 성인이 이루어준다"고 했으니, 이를 두고 한 말이다.
>
> 그러나 지금 세상은 그렇지 않다. 세금을 많이 거두어들여 백성의 재물을 빼앗고, 밭과 들의 세금을 무겁게 매겨 백성의 양식을 빼앗으며, 관문과 저자의 세금을 가혹하게 거두어들여 장사를 어렵게 하고 있다. 그렇게 할 뿐만 아니라 트집을 잡고 허물을 들춰내며 틈을 엿보아 우롱하고 권세와 계략으로써 기울이고 뒤집어엎어 백성

이 서로 거꾸러뜨리려 애쓰다 지쳐서 같이 망하게 한다. 백성도 모두 군주가 추잡하고 난폭하게 굴면 크게 위태로워지고 망하게 될 수 있음을 똑똑히 알고 있다. 신하가 그 군주를 시해하기도 하고 아랫사람이 윗사람을 죽이기도 하며 성을 적에게 팔아넘기기도 하고 절개를 저버리기도 하며 섬겨야 할 사람을 위해 죽지도 않는 것은 다름이 아니라 군주 스스로 그렇게 만든 것이다. 『시경』「대아」의 〈억(抑)〉에서 "대거리가 없는 말이 없고, 갚음이 없는 덕이 없다"고 했는데, 이를 두고 한 말이다. – 『순자』「부국」

(百姓之力, 待之而後功; 百姓之羣, 待之而後和; 百姓之財, 待之而後聚; 百姓之埶, 待之而後安; 百姓之壽, 待之而後長. 父子不得不親, 兄弟不得不順, 男女不得不歡. 少者以長, 老者以養. 故曰: "天地生之, 聖人成之," 此之謂也.

今之世而不然. 厚刀布之斂以奪之財, 重田野之稅以奪之食, 苛關市之征以難其事. 不然而已矣, 有掎挈伺詐, 權謀傾覆, 以相顚倒, 以靡敝之, 百姓曉然皆知其汙漫暴亂而將大危亡也. 是以臣或弑其君, 下或殺其上, 粥其城, 倍其節, 而不死其事者, 無它故焉, 人主自取之也. 詩曰: "無言不讎, 無德不報," 此之謂也. – 『荀子』「富國」)

장기간에 걸친 전쟁과 전매 제도의 실시 등으로 백성은 숨 쉬는 것조차 힘들었다. 백성이 얼마나 고통을 받았는지는 무제 사후인 기원전 81년에 소집된 염철 회의를 통해 잘 알 수 있다. 이 회의는 대부(大夫)로 불리는 정부 측 관리들과 문학(文學)으로 불리는 유생들이 전매 정책을 두고 벌인 논쟁이다. 이 논쟁의 결과는 그 뒤에 편집된 『염철론(鹽鐵論)』에 잘 정리되어 있다.

얼핏 소금과 철의 전매에 관한 논쟁에 불과해 보이지만, 사실은 무제 때의 정치와 사회, 군사 전반에 대해 벌인 논쟁이었다. 간단하게 말하자면, 대부 쪽은 법가적 관점에서 정부의 정책을 옹호했고, 유생들인 문학 쪽은 유가적 관점에서 정부 정책을 비판했다. 결국 이 회의는 무제 때의 정책이 통치자의 기분과 관점에 치우쳐 있으면서 정부의 재정을 중시했을 뿐, 민생과 민심은 도외시했다는 점을 까발리는 논쟁이었다.

무제의 통치는 단순히 정부의 재정 적자를 메우기 위해 상인 출신을 대거 기용한 데서만 문제가 된 것은 아니다. 그 전에 이미 무제 자신이 황제로서 충분한 덕을 갖추지 못하고 또 공명정대하게 일을 처리하지 못해 폐단을 차곡차곡 쌓아갔던 데에 근본적인 원인이 있었다. 가령, 무제가 황후의 이복동생인 위청(衛青), 황후의 생질(甥姪)인 곽거병(霍去病) 등을 총애하고 나중에 곽거병의 이복동생인 곽광(霍光)을 중용한 일은 사사로움을 앞세운 것인데, 이는 결국 외척의 득세와 그로 말미암은 내분으로 한나라가 쇠퇴하게 될 꼬투리가 되었다.

무제 사후에 한나라는 기울기 시작했고, 곧 외척 왕망의 통치를 겪은 뒤에 후한(後漢)으로 넘어갔다. 후한도 내홍에 시달리다가 끝내 분열되어 위 · 촉 · 오의 삼국시대로 이어졌고, 간신히 삼국을 통일한 위나라도 이내 사마씨(司馬氏)에게 찬탈당했다. 사마씨의 진(晉)도 60년을 채 잇지 못하고 멸망했고, 그로부터 혼란과 흥망이 거듭되는 남북조시대(420~589)가 이어졌다. 이 역사적 흐름을 가만 들여다보면, 통치자가 올바름을 제쳐두고 이로움을 앞세우는 폐해가 얼마나 심각한지 뼛속 깊이 느껴진다.

이 자본주의 시대에는 더욱더 그 폐해가 깊고 크다. 왜냐하면 인간의 욕망을 긍정하고 이익 추구를 당연하게 여기기 때문이다. 그로 말미암아 최근에 우리는 얼마나 큰 역사적 퇴행을 경험했는가? 이 글을 마무리하는 이때, 한 명의 전직 대통령은 탄핵을 받은 뒤 재판을 받고 있고, 또 다른 전직 대통령은 그 친척과 측근 들이 하나둘씩 검찰에 소환되어 수사를 받고 있다. 그 모두 올바름을 제쳐두고 사사로운 이익을 챙기느라 저지른 부정과 불법에 말미암은 것이다. 통치와 정치를 이익을 좇는 마음으로 한다면, 그 후과는 가늠하기 쉽지 않다. 정치 교과서인 『대학』이 "나라는 이익을 이로움으로 여기지 않고, 올바름을 이로움으로 여긴다"는 말로써 끝맺는 까닭이 여기에 있다.

부록

부록 1

『예기(禮記)』「학기(學記)」

『예기』는 모두 49편으로 이루어져 있다. 그 가운데 「학기(學記)」는 학문의 목적, 가르치고 배우는 방법, 스승의 역할과 학인의 자세 따위에 대해 서술하고 있다. 『대학』과 짝이 된다고 할 수 있는데, 「학기」는 유가의 학문론을 요약해서 전하고 있다면 『대학』은 그 학문론을 바탕으로 실제 일상과 정치적 삶을 어떻게 살아야 하는가를 말해주고 있기 때문이다.

1.

법도에 맞는 생각을 하면서 착하고 곧은 사람을 구해 쓴다면, 명성이 좀 나기는 하겠지만 대중을 움직이기에는 모자란다. 현명한 이에게 나아가고 멀리 있는 사람도 제 몸처럼 여긴다면, 대중을 움직일 수는 있겠지만 백성을 교화하기에는 아직 모자란다. 군자가 백성을 교화하고 아름다운 풍속을 이루려고 한다면, 반드시 배움에 말미암아야 하리라!

옥은 쪼지 않으면 그릇이 되지 않고, 사람은 배우지 않으면 도를 알지 못한다. 이러하므로 옛 왕들은 나라를 세우고 백성의 군주 노릇을 할 때 가르치고 배우는 일을 먼저 했다. 『상서(尙書)』「열명」에서 "처음부터 끝까지 늘 배움을 생각하라"고 했는데, 이를 이르는 말이리라!

비록 맛난 안주가 있더라도 먹지 않으면 그 맛을 알지 못하고, 비록 지극한 도가 있더라도 배우지 않으면 그게 좋은 줄을 알지 못한다. 따라서 배운 뒤에야 배움이 모자란 줄 알고, 가르친 뒤에야 가르침이 힘든 줄 안다. 모자란 줄 안 뒤에야 스스로 돌아보고, 힘든 줄 안 뒤에야 스스로 힘쓴다. 그러므로 "가르침과 배움은 서로 길러준다"고 말한다. 『상서』「열명」에서 "가르침은 배움의 반쪽이다"라고 하였는데, 이를 이르는 말이리라!

(發慮憲, 求善良, 足以謏聞, 不足以動衆. 就賢體遠, 足以動衆, 未足以化民. 君子如欲化民成俗, 其必由學乎!

玉不琢, 不成器; 人不學, 不知道. 是故古之王者建國君民, 教學爲先. 兌命曰, "念終始典于學," 其此之謂乎!

雖有嘉肴, 弗食不知其旨也; 雖有至道, 弗學不知其善也. 是故學然後知不足, 教然後知困. 知不足, 然後能自反也; 知困, 然後能自强也. 故曰教學相長也. 兌命曰, "斅學半," 其此之謂乎!)

2.

옛날의 가르침은 이렇게 이루어졌으니, 가(家)마다 숙(塾)이 있고, 당(黨)마다 상(庠)이 있으며, 수(術)마다 서(序)가 있고, 국도(國都)에는 대학(大學)이 있었다. 해마다 대학에 들어가고, 한 해 걸러서 시험을 쳐 평가했다. 첫 해(와 둘째 해)에는 경전의 구두를 익히고 뜻을 해석할 줄 아는지 살피고, 셋째 해(와 넷째 해)에는 배운 대로 지극히 하고 벗들과 즐거이 지내는지를 살피며, 다섯째 해(와 여섯째 해)에는 두루 배우고 익히며 스승을 가까이하는지를 살피고, 일곱째 해(와 여덟째 해)에는 배운 것을 강론하고 벗을 잘 가려 사귀는지를 살피니, 여기까지를 '작게 이룸'이라 했다. 아홉째 해(와 열째 해)에는 갖가지 사물을 잘 알고 이치에 통달하여 스스로 굳건하게 서서 되돌아가지 않으니, 이를 '크게 이룸'이라 했다. 무릇 그렇게 된 뒤에야 백성을 교화하고 풍속을 바꿀 수 있으며 가까이 있는 이들은 기꺼이 따르고 멀리 있는 이들은 그리워할 것이니, 이것이 '대학의 길'이다. 옛 기록에서 "개미는 때맞게 흙을 물고 옮기는 일을 배워서 끝내 개밋둑을 이룬다"고 했는데, 이를 이르는 말이리라!

대학에서 처음 가르칠 때, 가죽 갓을 쓰고 제사에서 나물을 바치게 하는 것은 그 도를 공경한다는 뜻을 드러내는 일이고, 「소아(小雅)」의 노래 세 편을 익히게 하는 것은 처음 벼슬하는 길을 가르치는 일이며, 대학에 들어와 북을 쳐서 학생들을 부르고 책 상자를 열게 하는 것은 깍듯이 학업을 하도록 하는 일이고, 개오동나무 회초리와 싸리나무 회초리 두 가지를 준비하게 한 것은 몸가짐을 잡도리하려는 일이며, 천자가 체 제사를 지내기 전에는 대학을 둘러보지 않는 것은 학생들이 뜻을 느긋하게 지니도록 하려는 일이고, 학생들을 때때로 살피면서도 말로써 다그치지 않는 것은 스스로 마음을 잘 지니도록 하려는 일이며, 어린 사람은 듣기만 하고 묻지 않게 하는 것은 배움의 단계를 뛰어넘지 않게 하려는 일이니, 이 일곱 가지는 가르침의 큰 가닥들이다. 옛 기록에서, "무릇 배움에서는 벼슬아치라면 할 일에 대해 먼저 배우고, 벼슬이 없는 선비라면 그 뜻을 먼저 잡도리한다"고 했는데, 이를 이르는 말이리라!

(古之教者, 家有塾, 黨有庠, 術有序, 國有學. 比年入學, 中年考校. 一年視離經辨志, 三年視敬業樂羣, 五年視博習親師, 七年視論學取友, 謂之小成; 九年知類通達, 强立而不反, 謂之大成. 夫然後足以化民易俗, 近者說服而遠者懷之, 此大學之道也. 記曰, "蛾子時術之," 其此之謂乎!

大學始教, 皮弁祭菜, 示敬道也; 宵雅肄三, 官其始也; 入學鼓篋, 孫其業也; 夏楚二物, 收其威也; 未卜禘不視學, 游其志也; 時觀而弗語, 存其心也; 幼者聽而弗問, 學不躐等也. 此七者, 教之大倫也. 記曰, "凡學, 官先事, 士先志," 其此之謂乎!)

3.

대학의 교육은 이러하다. 반드시 철마다 알맞은 가르침이 있어야 하고, 물러나 쉴 때는 반드시 느긋하게 배워야 할 게 있다. 평소에 거문고를 끼고 놀지 않으면 (필요할 때) 편안하게 뜯을 수 없고, 평소에 사물의 비유를 두루 배우지 않으면 (필요할 때) 편안하게 시를 읊을 수 없으며, 평소에 갖가지 예복을 살피지 않으면 (필요할 때) 편안하게 예의를 차릴 수 없고, 평소에 온갖 기예에 마음을 일으키지 않으면 (필요할 때) 배운 것을 즐길 수 없다. 그러므로 군자가 배움에 대해서는 잘 갈무리하고 잘 닦으며 잘 쉬고 잘 논다. 그러해야만 배움을 편안하게 여기고 스승을 가까이하며, 좋은 벗을 즐겨 사귀고 참된 도를 믿는다. 이러하므로 스승이나 길벗을 떠나도 배운 것을 거스르지 않는다. 「열명」에서 "지극하면서 자신을 낮추며 힘써야 할 때 재바르게 한다면, 닦은 대로 결실을 맺으리라"라고 했는데, 이를 이르는 말이리라!

지금의 가르침이란 눈앞의 책을 되풀이해서 읽게 하고 (깊은 뜻을 알게 하지 않으며) 질문을 번다하게 하고 말을 했다 하면 잡다하며, 학습의 진도에만 급급하여 학생의 상황을 돌아보지 않고, 학생이 온 마음을 다 기울일 수 있게 하지 못하며, 그 재능을 다하지 못하도록 가르치니, 가르침을 베푸는 자는 어그러져 있고 가르침을 구하는 이도 어긋나 있다. 그렇기 때문에 배운 것을 숨기려 하고 제 스승을 미워하며, 공부가 어렵다고 힘들어만 하고 그것이 보탬이 되는 줄은 모른다. 이러하니 학업을 다 마쳤더라도 배운 것을 내버리는 일이 참으로 빠르다. 가르침이 올바로 이루어지지 못하는 것은 바로 이 때문이리라!

(大學之敎也, 時敎必有正業, 退息必有居學. 不學操縵, 不能安弦; 不學博依, 不能安詩; 不學雜服, 不能安禮; 不興其藝, 不能樂學. 故君子之於學也, 藏焉, 修焉, 息焉, 遊焉. 夫然, 故安其學而親其師, 樂其友而信其道. 是以雖離師輔而不反也. 兌命曰, "敬孫, 務時敏, 厥修乃來," 其此之謂乎!

今之教者, 呻其佔畢, 多其訊, 言及于數, 進而不顧其安, 使人不由其誠, 教人不盡其材, 其施之也悖, 其求之也佛. 夫然, 故隱其學而疾其師, 苦其難而不知其益也. 雖終其業, 其去之必速. 教之不刑, 其此之由乎!)

4.

대학의 교육법에서는 잘못을 일으키기 전에 막는 것을 예(豫, 미리 함)라 하고, 할 만한 때에 하는 것을 시(時, 때맞게 함)라 하며, 절도를 뛰어넘지 않고서 가르치는 것을 손(孫, 겸손함)이라 하고, 서로 살피면서 잘 되도록 부추기는 것을 마(摩, 어루만짐)라 한다. 이 네 가지는 가르침을 일으키는 일이다.

잘못을 일으킨 뒤에 막는다면, 맞서 굳게 버티고 그 가르침을 받아들이지 않는다. 때가 지난 뒤에야 배운다면, 부지런히 힘쓰더라도 이루기 어렵다. 마구잡이로 가르치면서 마땅하지 않으면, 뒤얽히고 어지러워 제대로 닦지 못한다. 홀로 배우면서 벗이 없으면, 꽉 막히고 좁으며 듣는 것도 적다. 벗들과 흉허물 없이 지내면 스승의 가르침을 거스르고, 편안하게 놀면서 마음이 치우치면 배움을 버려둔다. 이 여섯 가지는 가르침을 무너뜨리는 일이다.

군자란 무엇이 가르침을 일으키는지 알고 또 무엇이 가르침을 무너뜨리는지 안 뒤에야 비로소 남의 스승이 될 수 있다. 그러므로 군자가 가르쳐서 깨우칠 때는 이끌면서 다그치지 않고, 힘쓰게 하면서 억누르지 않으며, 생각을 열어주지만 목표를 꼭 이루어야 한다고 하지 않는다. 이끌면서 다그치지 않으면 잘 어우러지고, 힘쓰게 하면서 억누르지 않으면 수월해지며, 실마리를 열어주면서 이르는 길을 알려주지 않으면 스스로 생각한다. 잘 어우러지고 수월해지며 스스로 생각한다면, 잘 깨우쳤다고 말할 수 있으리라.

(大學之法, 禁於未發之謂豫, 當其可之謂時, 不陵節而施之謂孫, 相觀而善之謂摩. 此四者, 教之所由興也.

發然後禁, 則扞格而不勝; 時過然後學, 則勤苦而難成; 雜施而不孫, 則壞亂而不修; 獨學而無友, 則孤陋而寡聞; 燕朋逆其師; 燕辟廢其學. 此六者, 教之所由廢也.

君子旣知教之所由興, 又知教之所由廢, 然後可以爲人師也. 故君子之教喩也, 道而弗牽, 强而弗抑, 開而弗達. 道而弗牽則和, 强而弗抑則易, 開而弗達則思. 和易以思, 可謂善喩矣.)

5.

배우는 이에게는 네 가지 잘못이 있는데, 가르치는 이는 반드시 이를 잘 알아야 한다. 사람이 배우면서 자칫 잘못하면 지나치고, 자칫 잘못하면 너무 좁아지고, 자칫 잘못하면 너무 쉽게 생각하고, 자칫 잘못하면 서둘러 그친다. 이 네 가지는 각각 다른 마음에서 비롯된 것인데, 그 마음을 잘 알아야 비로소 그 잘못을 바로잡을 수 있다. 가르침이란 잘하는 것은 길러주고 잘못은 바로잡도록 해주는 일이다. 노래 잘하는 사람은 다른 사람이 그 소리를 잘 잇게 하고, 잘 가르치는 사람은 학인이 그 뜻을 잘 잇게 한다. 그 말은 간결하면서도 뜻이 분명하고, 은근하면서도 뜻이 두텁고, 드물게 비유로써 일깨우니, 뜻을 잇는다고 말할 만하다.

군자는 학문에 이르는 길이 어려울 수도 쉬울 수도 있음을 알고 또 배우는 자의 자질이 훌륭한지 나쁜지를 안 뒤에야 널리 일깨울 수 있으며, 널리 일깨울 수 있게 된 뒤에야 스승이 될 수 있고, 스승이 될 수 있게 된 뒤에야 한 관청의 우두머리가 될 수 있으며, 우두머리가 될 수 있게 된 뒤에야 임금이 될 수 있다. 그러므로 스승이란 군주가 되기 위해 배워야 할 바탕이다. 이런 까닭에 스승을 가림에 있어 삼가지 않을 수 없다. 옛 기록에서, "세 왕조의 네 왕(하 왕조의 우왕 · 상 왕조의 탕왕 · 주 왕조의 문왕과 무왕)이야말로 훌륭한 스승이다"라고 했는데, 이를 이르는 것이리라!

(學者有四失, 教者必知之. 人之學也, 或失則多, 或失則寡, 或失則易, 或失則止. 此四者, 心之莫同也. 知其心, 然後能救其失也. 教也者, 長善而救其失者也 善歌者使人繼其聲, 善教者使人繼其志. 其言也, 約而達, 微而臧, 罕譬而喩, 可謂繼志矣.

君子知至學之難易而知其美惡, 然後能博喩; 能博喩, 然後能爲師; 能爲師, 然後能爲長; 能爲長, 然後能爲君. 故師也者所以學爲君也. 是故擇師不可不愼也. 記曰, "三王四代唯其師," 此之謂乎!)

6.

무릇 배움의 길에서 엄정한 스승을 만나는 일은 어렵다. 스승이 엄정한 뒤에야 도가 높아지고, 도가 높아진 뒤에야 백성이 학문을 공손하게 받들 줄 안다. 이러하므로 임금이라도 신하를 신하로 대하지 못하는 경우가 둘 있는데, 제사에서 시동(尸童) 노릇을 할 경우에는 신하로 대하지 못하고, 임금에게 스승이 된 이에게는 신하로 대하지 못한다. 대학에서 의례를 행할 때에 비록 천자에게 아뢸 일이 있더라도 북쪽을 향해 서지 않으니, 이는 스승을 높이기 때문이다.

제대로 배우는 학인은 스승이 편안하게 가르치는데도 그 효과는 갑절이고 또 잘 좇아가면서 그 은덕을 스승에게 돌린다. 그러나 제대로 배우지 않는 학인은 스승이 힘들게 가르치는데도 그 효과는 절반이고, 또 허겁지겁 좇아가면서 스승을 탓한다. 제대로 묻는 학인은 목수가 단단한 나무를 다루는 것처럼 하니, 먼저 쉬운 부분부터 다루고 옹이가 있는 부분은 남겨두었다가 천천히 다루어서 저절로 풀리게끔 한다. 그러나 제대로 묻지 못하는 학인은 이와 반대로 한다. 물음에 제대로 대답해주는 스승은 종지기가 종을 치는 것처럼 작은 것으로 두드리면 작게 울려주고, 큰 것으로 두드리면 크게 울려주니, 차분하고 침착하게 기다린 뒤에야 소리를 오롯하게 다 낸다. 그러나 물음에 제대로 대답하지 못하는 스승은 이와 반대로 한다. 이것은 모두 배움에 나아가는 길이다.

(凡學之道, 嚴師爲難. 師嚴然後道尊, 道尊然後民知敬學. 是故君之所不臣於其臣者二, 當其爲尸, 則弗臣也; 當其爲師, 則弗臣也. 大學之禮, 雖詔於天子, 無北面, 所以尊師也.

善學者, 師逸而功倍, 又從而庸之; 不善學者, 師勤而功半, 又從而怨之. 善問者, 如攻堅木, 先其易者, 後其節目, 及其久也, 相說以解; 不善問者, 反此. 善待問者, 如撞鐘, 叩之以小者則小鳴, 叩之以大者則大鳴, 待其從容, 然後盡其聲; 不善答問者, 反此. 此皆進學之道也.)

7.

외운 것으로 물음에 답하는 것을 배움이라 여기는 자는 남의 스승이 되기에 모자라니, 스승이란 반드시 묻는 말을 잘 들을 줄 알아야 하리라! 배우는 이가 힘이 모자라서 제대로 묻지 못하게 된 뒤에야 스승은 말해준다. 말해주는데도 알아듣지 못하면 그때는 말을 그만두어도 된다.

훌륭한 대장장이의 아들은 반드시 가죽옷 만드는 법을 배우고, 훌륭한 궁사의 아들은 반드시 키 만드는 법을 배우며, 말에게 처음 수레를 몰게 하는 자는 말을 뒤로 끌고 가서 수레를 말 앞에 두어 다른 말이 수레 끄는 것을 보게 한다. 이 세 가지를 잘 살피는 군자라야 배움에 뜻을 두었다고 할 만하다.

옛날의 학자는 여러 가지를 견주어서 같은 부류끼리 묶었다. 북은 다섯 가지 소리에 속하지는 않지만, 다섯 가지 소리는 북이 없으면 화음을 이루지 못한다. 물은 다섯 가지 색에 속하지는 않지만, 다섯 가지 색은 물이 없으면 도드라지지 않는다. 학문은 다섯 감각기관에 속하지는 않지만, 다섯 감각기관은 학문이 없으면 다스려지지 않는다. 스승은 다섯 가지 상복을 입는 대상에 속하지 않지만, 다섯 가지 상복은 스승이 없으면 익숙해지지 않는다.

군자가 말하기를, "크나큰 덕은 능력이나 자리에 매이지 않고, 크나큰 도는 그릇이 아니며, 크나큰 믿음은 약속하지 않고, 크나큰 때는 고르지 않다"고 했으니, 이 네 가지를 살핀다면 근본에 뜻을 두었다고 할 만하다. 하 · 상 · 주 삼대의 왕들이 물에 제사지낼 때에는 모두 강에 먼저 하고 바다를 나중으로 했으니, 어떤 것은 물의 처음이고 어떤 것은 물의 끝이기 때문이다. 이를 '근본에 힘쓴다'고 말한다.

(記問之學, 不足以爲人師, 必也其聽語乎! 力不能問, 然後語之. 語之而不知, 雖舍之, 可也.

良冶之子, 必學爲裘; 良弓之子, 必學爲箕; 始駕馬者, 反之, 車在馬前. 君子察於此三者, 可以有志於學矣.

古之學者, 比物醜類. 鼓無當於五聲, 五聲弗得不和. 水無當於五色, 五色弗得不章. 學無當於五官, 五官弗得不治. 師無當於五服, 五服弗得不親.

君子曰, "大德不官, 大道不器, 大信不約, 大時不齊," 察於此四者, 可以有志於本矣. 三王之祭川也, 皆先河而後海, 或源也, 或委也, 此之謂務本.)

부록 2

『순자(荀子)』「해폐(解蔽)」

『대학』의 팔조목 가운데 격물(格物) · 치지(致知) · 성의(誠意) · 정심(正心)에 대해 자세하게 풀이한 글은 거의 없다. 마음에 대해 공자는 거의 말하지 않았고, 맹자는 『맹자』에 「진심(盡心)」편을 두어 말했으나 체계적이지는 않았다. 이에 견주면, 순자는 마음과 마음의 수양에 대해 깊이 있게 체계적으로 논술했다고 할 수 있는데, 『순자』 가운데서도 「해폐(解蔽)」편이 특히 자세하다. '해폐'란 마음이 가려져서 꽉 막혀 있는 것을 풀어준다는 뜻이다.

1.

무릇 사람의 걱정거리는 굽은 데에 가려져서 크나큰 이치에는 어두운 데에 있다. 이 걱정거리를 잘 다스리면 다시 바른 길로 가지만, 이건지 저건지 의심하면 헷갈려 헤맨다. 천하에는 두 개의 도가 없고, 성인에게는 두 마음이 없다. 이제 제후들은 서로 다른 정치를 하고 온갖 학파들은 서로 다른 학설을 내세우는데, 이렇게 되면 반드시 어떤 것은 옳고 어떤 것은 그르며 어떤 것은 다스려지고 어떤 것은 어지러워진다. 나라를 어지럽히는 군주나 집안을 어지럽히는 사람도 제 마음을 지극히 다해서 바른 것을 구하려고 스스로 애쓰지 않는 것은 아니다. 그렇지만 그들은 바른 도를 강샘하며 어기므로, 남들이 그가 좋아하는 것으로 꾄다. 자신이 쌓아올린 것에 대해서는 나쁘다는 말을 들을까 두려워하고, 사사로운 마음에 기대어서 내 것과 다른 방법을 살펴보고는 그것이 훌륭하다는 말을 들을까 두려워한다. 이런 까닭에 바른 도와 나란히 달리면서도 저의 얕은 생각을 거두지 못한다. 이게 굽은 데에 가려져서 바른 것을 구할 기회를 놓치는 것이 아니겠는가!

마음을 제대로 부리지 않으면 흰 것과 검은 것이 바로 앞에 있어도 눈으로 보지 못하고, 우레와 북소리가 곁에서 울려도 귀로 듣지 못하리니, 하물며 마음이 가려져 있음에랴! 도를 체득한 사람을 위로는 나라를 어지럽히는 군주가 비난하고 아래로는 집안을 어지럽히는 사람이 비난한다면, 어찌 슬프지 않겠는가! 그러므로 가려진다고 할 때, 욕심에 가려지기도 하고, 미움에 가려지기도 하며, 시작해야 한다는 생각에 가려지기도 하고, 끝내야 한다는 생각에 가려지기도 하며, 멀리 있다는 생각에 가려지기도 하고, 가까이 있다는 생각에 가려지기도 하며, 넓다는 생각에 가려지기도 하고, 얕다는 생각에 가려지기도 하며, 옛날이라는 것에 가려지기도 하고, 지금이라는 것에 가려지기도 한다. 무릇 온갖 것은 다르므로 가려지지 않는 일이 없는데, 이것이 마음을 쓰는 데서 가장 흔한 걱정거리다.

(凡人之患, 蔽於一曲, 而闇於大理. 治則復經, 兩疑則惑矣. 天下無二道, 聖人無兩心. 今諸侯異政, 百家異說, 則必或是或非, 或治或亂. 亂國之君, 亂家之人, 此其誠心莫不求正而以自爲也. 妬繆於道而人誘其所迨也. 私其所積, 唯恐聞其惡也; 倚其所私, 以觀異術, 唯恐聞其美也. 是以與治雖走而是己不輟也. 豈不蔽於一曲而失正求也哉!

心不使焉, 則白黑在前而目不見, 雷鼓在側而耳不聞, 況於蔽者乎! 德道之人, 亂國之君非之上, 亂家之人非之下, 豈不哀哉! 故爲蔽, 欲爲蔽, 惡爲蔽, 始爲蔽, 終爲蔽, 遠爲蔽, 近爲蔽, 博爲蔽, 淺爲蔽, 古爲蔽, 今爲蔽. 凡萬物異則莫不相爲蔽, 此心術之公患也.)

2.

옛날에 군주로서 가려진 자로는 하나라의 걸왕과 은나라의 주왕이 있다. 걸왕은 애첩인 말희와 간신인 사관에 가려져서 관룡봉을 알아보지 못했으니, 그 마음은 헷갈려서 헤매고 그 행동은 어지러워졌다. 주왕은 애희인 달기와 간신인 비렴에게 가려져서 미자계를 알아보지 못했으니, 그 마음은 헷갈려서 헤매고 그 행동은 어지러워졌다. 그리하여 뭇 신하들은 참된 마음을 버리고 사사로운 이익에 힘썼으며, 백성은 그릇됨을 탓하면서 할일을 하지 않았으며, 똑똑하고 착한 이들은 조정에서 물러나와 달아나 숨었으니, 이것이 저 왕들이 구주(九州)의 땅을 잃어버리고 종묘를 지켜온 나라를 망치게 된 원인이다. 걸왕은 정산에서 죽었고, 주왕은 머리가 붉은 깃대에 매달렸다. 스스로도 미리 알지 못했고, 다른 사람 또한 간언하지 않았으니, 이는 가려지고 막힌 데서 온 재앙이다.

은나라 탕왕은 하나라 걸왕을 거울로 삼았으므로 자기 마음을 잡도리하여 삼가면서 다스렸다. 이런 까닭에 이윤을 오랫동안 등용하고 자신도 도리를 잃지 않을 수 있었으니, 이것이 하나라 왕을 대신하여 구주를 차지한 이유다. 문왕은 은나라 주왕을 거울로 삼았으므로 자기 마음을 잡도리하여 삼가면서 다스렸다. 이런 까닭에 태공망 여상을 오랫동안 등용하고 자신도 도리를 잃지 않을 수 있었으니, 이것이 은나라 왕을 대신하여 구주를 차지한 이유다. 먼 곳에서 갖가지 진귀한 보배를 가져오므로 눈은 온갖 아름다운 색깔을 보고, 귀는 온갖 아름다운 소리를 듣고, 입은 온갖 맛난 것을 맛보고, 몸은 잘 갖추어진 궁궐에서 살고, 이름은 온갖 칭호를 다 받으며, 살아 있을 때는 온 천하가 그를 위해 노래하고, 죽을 때는 온 세상이 그를 위해 슬피 울었다. 이를 '지극한 성세'라 한다.

시에서 "봉새와 황새 훨훨 나는데, 그 날개 방패 같고, 그 소리는 퉁

소 같구나. 봉새도 있고 황새도 있어 제왕의 마음을 즐겁게 해주네"라고 했는데, 이는 가려지지 않은 데서 온 복을 이른다.

(昔人君之蔽者, 夏桀殷紂是也. 桀蔽於末喜斯觀, 而不知關龍逢, 以惑其心而亂其行; 紂蔽於妲己·飛廉, 而不知微子啓, 以惑其心而亂其行. 故羣臣去忠而事私, 百姓怨非而不用, 賢良退處而隱逃, 此其所以喪九牧之地而虛宗廟之國也. 桀死於亭山, 紂縣於赤旆, 身不先知, 人又莫之諫, 此蔽塞之禍也.

成湯監於夏桀, 故主其心而愼治之, 是以能長用伊尹而身不失道, 此其所以代夏王而受九有也. 文王監於殷紂, 故主其心而愼治之, 是以能長用呂望而身不失道, 此其所以代殷而受九牧也. 遠方莫不致其珍, 故目視備色, 耳聽備聲, 口食備味, 形居備宮, 名受備號, 生則天下歌, 死則四海哭, 夫是之謂至盛.

詩曰, "鳳凰秋秋, 其翼若干, 其聲若簫, 有鳳有凰, 樂帝之心," 此不蔽之福也.)

3.

옛날에 신하로서 가려진 자로는 당앙과 해제가 있다. 당앙은 권세를 얻으려는 욕심에 가려져 충신 재자를 쫓아냈고, 해제는 나라를 얻으려는 욕심에 가려져 형인 신생에게 죄를 뒤집어씌웠다. 그러나 당앙은 송나라에서 죽임을 당했고, 해제는 진나라에서 죽임을 당했다. 현명한 재상을 쫓아내고 효성스런 형에게 죄를 뒤집어씌웠다가 자신들은 형벌로 죽임을 당했음에도 이를 알지 못했으니, 이는 가려지고 꽉 막힌 데서 온 재앙이다. 그러므로 탐욕스럽고 비루하게 굴거나 반란을 일삼거나 권세를 다투고도 치욕을 당하거나 멸망하지 않은 자는 예부터 이제까지 결코 없었다.

포숙과 영척, 습명은 어질고 지혜로워서 가려지지 않았기 때문에 관중을 잘 도와주면서 명예와 이익과 복과 녹봉을 관중과 나란히 누렸다. 소공과 태공망 여상은 어질고 지혜로워서 가려지지 않았기 때문에 주공을 잘 도와주면서 명예와 이익과 복과 녹봉을 주공과 나란히 누렸다. 전하는 말에 "현명한 이를 알아보는 것을 밝다고 하고, 현명한 이를 잘 돕는 것을 능력 있다고 한다. 그렇게 되도록 부지런하고 힘쓴다면, 반드시 복을 길이길이 누리리라"고 했는데, 이는 가려지지 않은 데서 온 복을 이른다.

(昔人臣之蔽者, 唐鞅奚齊是也. 唐鞅蔽於欲權而逐載子, 奚齊蔽於欲國而罪申生. 唐鞅戮於宋, 奚齊戮於晉. 逐賢相而罪孝兄, 身爲刑戮, 然而不知, 此蔽塞之禍也. 故以貪鄙 · 背叛 · 爭權而不危辱滅亡者, 自古及今, 未嘗有之也.

鮑叔 · 寗戚 · 隰朋仁知且不蔽, 故能持管仲而名利福祿與管仲齊. 召公 · 呂望仁知且不蔽, 故能持周公而名利福祿與周公齊. 傳曰, "知賢之謂明, 輔賢之謂能. 勉之彊之, 其福必長," 此之謂也. 此不蔽之福也.)

4.

옛날에 유세하면서 가려진 자로는 세상을 어지럽히는 학파가 있다. 묵자는 실용에 가려져서 문화의 가치를 알지 못했고, 송자(宋子, 宋鈃 또는 宋牼)는 욕망에 가려져서 만족을 알지 못했으며, 신자(愼子, 愼到)는 법에 가려져서 현명함의 가치를 알지 못했고, 신자(申子, 申不害)는 권세에 가려져서 지혜를 알지 못했으며, 혜자(惠子, 惠施)는 언변에 가려져서 실질을 알지 못했고, 장자는 자연에 가려져서 사람을 알지 못했다. 그러므로 실용을 좇는 것을 도라고 한다면 이로움에만 마음을 다할 것이고, 욕망을 좇는 것을 도라고 한다면 흐뭇해지는 데에만 마음을 다할 것이며, 법을 좇는 것을 도라고 한다면 헤아림에만 마음을 다할 것이고, 권세를 좇는 것을 도라고 한다면 편리함에만 마음을 다할 것이고, 언변을 좇는 것을 도라고 한다면 논리에만 마음을 다할 것이며, 자연을 좇는 것을 도라고 한다면 저절로 되는 것에만 마음을 다할 것이다. 이런 것들은 모두 도의 한 귀퉁이일 뿐이다.

무릇 도는 한결같음을 바탕으로 하면서 온갖 변화를 다하는 것이니, 한 귀퉁이로는 드러낼 수가 없다. 한 굽이만 아는 자는 도의 한 귀퉁이만 살피므로 제대로 알 수가 없다. 그러므로 넉넉하다고 여겨 꾸미려고 한다면, 안으로는 스스로 어지럽히고 밖으로는 남을 헷갈리게 하며, 위에 있을 때는 아랫사람들을 가리고 아래에 있을 때는 윗사람들을 가리니, 이것이 가려지고 꽉 막힌 데서 오는 재앙이다.

공자는 어질고 지혜로우면서도 가려지지 않았다. 그리하여 다스리는 방도를 배워서는 넉넉히 옛 왕들처럼 될 수 있었다. 한 학파를 이루어 주나라의 도를 터득하였으니, 그를 들어 쓴다면 일을 이루고 공을 쌓는 데에 아무런 걸림이 없었을 것이다. 그러므로 그 덕은 주공과 나란하였고, 그 명성은 하·상·주의 왕들과 견줄 수 있었으니, 이것이 가려지지 않은 데서 온 복이다.

(昔賓孟之蔽者, 亂家是也. 墨子蔽於用而不知文, 宋子蔽於欲而不知得, 愼子蔽於法而不知賢, 申子蔽於埶而不知知, 惠子蔽於辭而不知實, 莊子蔽於天而不知人. 故由用謂之道, 盡利矣; 由俗謂之道, 盡嗛矣; 由法謂之道, 盡數矣; 由埶謂之道, 盡便矣; 由辭謂之道, 盡論矣; 由天謂之道, 盡因矣. 此數具者, 皆道之一隅也.

夫道者, 體常而盡變, 一隅不足以擧之. 曲知之人, 觀於道之一隅而未之能識也. 故以爲足而飾之, 內以自亂, 外以惑人, 上以蔽下, 下以蔽上, 此蔽塞之禍也.

孔子仁知且不蔽, 故學亂術足以爲先王者也. 一家得周道, 擧而用之, 不蔽於成積也. 故德與周公齊, 名與三王竝, 此不蔽之福也.)

5.

성인은 마음을 쓰는 데서 생기는 걱정거리를 잘 알며 가려지고 꽉 막힌 데서 오는 재앙도 잘 본다. 그래서 욕심도 없고 미움도 없으며 시작한다는 생각도 없고 끝내야 한다는 생각도 없으며 가까이 있다는 생각도 없고 멀리 있다는 생각도 없으며 넓다는 생각도 없고 얕다는 생각도 없으며 옛것이라는 생각도 없고 지금이라는 생각도 없이 온갖 것들을 다 늘어놓고서 잘 매달고 저울질하여 알맞음을 찾아낸다. 그러므로 갖가지 다른 것들이 서로 가려서 제자리를 어지럽힐 수가 없다.

무엇으로 저울질한다는 말인가? 도다. 그러므로 사람 마음은 도를 알지 않으면 안 된다. 그 마음이 도를 알지 못하면 도를 따를 수 없고 도가 아닌 것을 따르게 된다. 사람이라면 누가 제멋대로 할 수 있음에도 할 수 없는 것을 굳이 하려 하면서 할 수 있는 것을 꺼리려 하겠는가? 도를 따를 수 없다는 마음으로 사람을 얻으려 한다면, 반드시 도에 어긋나는 사람과 만나게 되고 도에 맞는 사람은 만날 줄을 모른다. 도를 따를 수 없다는 마음으로 도에 어긋나는 사람과 함께 도에 맞는 사람을 헤아리고 따지는 것, 이것이 어지러움의 뿌리다.

대체 어떻게 그것을 아는가? 마음은 도를 안 뒤에야 도를 따를 수 있기 때문이다. 도를 따를 수 있게 된 뒤에야 도를 제대로 지키면서 도가 아닌 것을 꺼릴 수 있기 때문이다. 도를 따르는 마음으로 사람을 얻는다면 도에 맞는 사람을 만나고 도에 어긋나는 사람을 만나지 않게 된다. 도를 따르는 마음으로 도에 맞는 사람과 함께 도에 어긋나는 사람을 헤아리고 따지는 것, 이것이 다스림의 고갱이다.

어째서 도를 알지 못하는 것을 걱정하는가? 따라서 다스림의 고갱이는 도를 아는 데에 있다.

(聖人知心術之患, 見蔽塞之禍, 故無欲無惡無始無終無近無遠無博無淺無古無今, 兼陳萬物而中縣衡焉. 是故衆異不得相蔽以亂其倫也.

何爲衡? 曰道. 故心不可以不知道. 心不知道, 則不可道而可非道. 人孰欲得恣而守其所不可以禁其所可? 以其不可道之心取人, 則必合於不道人而不知合於道人. 以其不可道之心與不道人論道人, 亂之本也.

夫何以知? 心知道然後可道. 可道然後能守道以禁非道, 以其可道之心取人, 則合於道人而不合於不道之人矣. 以其可道之心與道人論非道, 治之要也.

何患不知? 故治之要在於知道.)

6.

사람은 무엇으로 도를 아는가? 마음이다. 마음은 어떻게 아는가? 비움과 한결같음, 고요함으로 안다. 마음은 무언가를 갈무리하지 않은 적이 없으나, 그럼에도 거기에는 이른바 비움이 있다. 마음은 채우지 않은 적이 없으나, 그럼에도 거기에는 이른바 한결같음이 있다. 마음은 움직이지 않은 적이 없으나, 그럼에도 거기에는 이른바 고요함이 있다. 사람은 나면서부터 앎이 있고, 알면 외우게 되니, 외움이란 갈무리하는 것이다. 그럼에도 이른바 비움이 있다. 이미 갈무리한 것으로 새로이 받아들이는 일을 헤살하지 않으니, 이를 비움이라 한다. 마음은 나면서부터 앎이 있고, 알면 다름이 있음을 느끼니, 다름이란 동시에 아울러서 아는 것이다. 동시에 아울러서 알면 둘이 된다. 그럼에도 이른바 한결같음이 있다. 저 하나로 이 하나를 헤살하지 않으니, 이를 한결같음이라 한다. 마음은 누우면 꿈을 꾸고 느슨해지면 함부로 돌아다니고 부리면 꾀를 낸다. 그러므로 마음은 움직이지 않은 적이 없으나, 그럼에도 이른바 고요함이 있다. 꿈이나 어수선함으로 앎을 어지럽히지 않으니, 이를 고요함이라 한다.

아직 도를 터득하지 못해 도를 구하는 이에게는 비움과 한결같음, 고요함을 일러주어 그것을 본보기로 삼게 해야 한다. 도를 바라는 이가 마음을 비우면 도에 들어가게 되고, 도를 일삼는 이가 마음을 한결같이 지니면 도를 다하게 되고, 도를 생각하는 이가 마음을 고요하게 지니면 도를 살피게 된다. 도를 알고 살피며 도를 알고 그대로 하는 이는 도를 체득한 사람이다. 마음을 비우고 한결같으며 고요한 것, 이를 대단히 맑고 환하다고 한다. 그러면 꼴이 있는 것이면 무엇이나 보이고, 보이는 것은 무엇이나 갈피를 세우며, 갈피를 세운 것은 무엇이나 제자리를 잡는다. 방 안에 앉아 있어도 온 천하를 보고, 지금을 살면서도 아득히 오래 되고 먼 것들의 갈피를 잡으며, 온갖 것들을 환히 꿰뚫어 보아서 그 실정을 알고, 다스려짐과 어지러움을 견주어 헤아려서 법도를 꿰며, 천지의 운행을 잘 알아서 온갖 것들이 제구실을 하도록 하고, 크나큰 이치를 오롯이 따르므로 시간과 공간 안에 있는 모든 것을 감싼다.

드넓고도 큰데, 누가 그 끝을 알겠는가? 환히 트이고 너른데, 누가 그 덕을 알겠는가? 쉼 없이 들끓고 갖가지가 뒤섞여 있는데, 누가 그 몸을 제대로 알아보겠는가? 환히 밝기로는 해와 달과 견주고, 크나크기로는 온 세상을 채우니, 이런 이야말로 대인이라 이른다. 그런 사람에게 어찌 가려짐이 있겠는가!

(人何以知道? 曰, 心. 心何以知? 曰, 虛壹而靜. 心未嘗不臧也, 然而有所謂虛; 心未嘗不滿也, 然而有所謂一; 心未嘗不動也, 然而有所謂靜. 人生而有知, 知而有志, 志也者, 臧也, 然而有所謂虛. 不以所已臧害所將受謂之虛. 心生而有知, 知而有異, 異也者, 同時兼知之, 同時兼知之, 兩也. 然而有所謂一. 不以夫一害此一謂之壹. 心, 臥則夢, 偸則自行, 使之則謀. 故心未嘗不動也, 然而有所謂靜, 不以夢劇亂知謂之靜.

未得道而求道者, 謂之虛壹而靜, 作之則. 將須道者之虛則入, 將事道者之壹則盡, 將思道者靜則察. 知道, 察知道, 行體道者也. 虛壹而靜, 謂之大淸明. 萬物莫形而不見, 莫見而不論, 莫論而失位. 坐於室而見四海. 處於今而論久遠, 疏觀萬物而知其情, 參稽治亂而通其度, 經緯天地而材官萬物, 制割大理而宇宙理矣.

恢恢廣廣, 孰知其極? 睪睪廣廣, 孰知其德? 涫涫紛紛, 孰知其形? 明參日月, 大滿八極, 夫是之謂大人. 夫惡有蔽矣哉!)

7.

마음이란 몸의 군주요 신명의 주인이니, 명령을 내리기는 해도 명령을 받는 일은 없다. 스스로 꺼리고 스스로 부리며, 스스로 빼앗고 스스로 가지며, 스스로 다니고 스스로 멈춘다. 그러므로 입은 을러대서 침묵하거나 말하게 할 수 있고 몸은 을러대서 굽히거나 펴게 할 수 있으나, 마음은 을러대서 뜻을 바꾸게 할 수 없으니, 옳으면 받아들이고 그르면 물리친다. 그래서 "마음은 받아들일 때 제대로 가리므로 꺼리는 것이 없으니 반드시 스스로 보기 때문이요, 갖가지 것들이 어지러이 뒤섞여 있어도 뜻을 지극히 하므로 헷갈리지 않는다"고 말한다.

시에서 "도꼬마리 뜯고 또 뜯어도, 납작 바구니도 채우지 못하네. 아아, 그리운 내 님이여, 바구니를 한길에 내던지네"라고 하였다. 납작 바구니는 채우기 쉽고, 도꼬마리는 얻기 쉽다. 그럼에도 채우지 못하는 것은 한길을 보며 떠난 님을 생각하느라 마음이 갈리었기 때문이다. 그러므로 "마음이 갈라지면 알지 못하고, 마음이 쏠리면 오롯하지 못하며, 마음이 갈리면 의심쩍고 헷갈린다"고 하는 것이다.

찬찬히 헤아리면 온갖 것들을 아울러 알 수 있다. 맞닥뜨린 일에 온몸을 다하면 아름답게 마무리된다. 무슨 일이든 두 마음으로 할 수 없다. 그래서 지혜로운 이는 하나를 잘 가려내서 한결같이 한다.

(心者, 形之君也而神明之主也, 出令而無所受令. 自禁也, 自使也; 自奪也, 自取也; 自行也, 自止也. 故口可劫而使墨云, 形可劫而使詘申, 心不可劫而使易意, 是之則受, 非之則辭. 故曰, "心容, 其擇也無禁必自見, 其物也雜博, 其情之至也不貳."

詩云, “采采卷耳, 不盈頃筐, 嗟我懷人, 寘彼周行.” 頃筐易滿也, 卷耳易得也. 然而不可以貳周行. 故曰, “心枝則無知, 傾則不精, 貳則疑惑.”

以贊稽之, 萬物可兼知也. 身盡其故則美, 類不可兩也, 故知者擇一而壹焉.)

8.

농사꾼은 밭일에 정통하지만 농업 담당관리가 될 수 없고, 장사꾼은 장사에 정통하지만 상업 담당관리가 될 수 없으며, 공인은 기구 만드는 데 정통하지만 기구 담당관리가 될 수 없다. 그러나 어떤 사람은 이 세 가지 기술을 하나도 잘 해내지 못하지만 세 가지 공무를 맡아 다스릴 수 있으니, 이른바 도에 정통하고 일에는 정통하지 못했기 때문이다. 일에 정통한 사람은 일을 그 일로서만 다루고, 도에 정통한 사람은 일들을 아울러서 다룬다. 그래서 군자는 도를 한결같이 구하고 일들을 찬찬하게 헤아린다. 도를 한결같이 구하면 바르게 되고, 일들을 찬찬히 헤아리면 잘 살피게 된다. 뜻과 행동이 바르고 사리를 잘 살피면 온갖 것들이 제구실을 한다.

옛날 순임금이 천하를 다스릴 때, 일마다 명령을 내리지 않아도 온갖 것들이 잘 되었다. 마음의 그 아슬아슬함에 머물렀으므로 그 영화로움이 가득했고, 마음의 그 미묘함을 잘 길렀으므로 영화로워도 알지 못했다. 그래서 『도경』에서 “사람의 마음은 아슬아슬하고, 도를 따르는 마음은 미묘하다”고 말한 것이다. 아슬아슬하고 미묘한 낌새는 오로지 밝은 군자라야 알 수 있다. 그러므로 사람의 마음은 비유하자면 쟁반의 물과 같아서, 바르게 두고 흔들지 않으면 더러운 찌끼는 아래로 가라앉고 맑고 밝은 것은 위에 있게 되므로 수염이나 눈썹까지도 낱낱이 볼 수 있고 살결도 살필 수 있다. 그러나 실바람이라도 지나가면 더러운 찌끼가 아래에서 움직이고 맑고 밝은 것이 위에서 어지러워지므로 커다란 몸뚱이라도 바른 꼴을 볼 수가 없다. 마음 또한 이와 같다. 그러므로 잘 이끌어 이치에 맞게 하고 잘 길러 맑게 해서 어떤 것도 비뚤어지게 하지 못하도록 한다면, 옳음과 그름을 가리고 께름한 것을 풀 수 있다. 작은 것에라도 이끌리게 되어 바름이 밖에서 뒤바뀌고 마음이 안에서 비뚤어지면, 흔한 이치조차 가려낼 수 없게 된다.

(農精於田而不可以爲田師, 賈精於市而不可以爲賈師, 工精於器而不可以爲器師. 有人也, 不能此三技而可使治三官, 曰, 精於道者也, 非精於物者也. 精於物者以物物, 精於道者兼物物. 故君子壹於道而贊稽物. 壹於道則正, 以贊稽物則察. 以正知行察論, 則萬物官矣.

昔者舜之治天下也, 不以事詔而萬物成. 處一危之, 其榮滿側; 養一之微, 榮矣而未知. 故道經曰, "人心之危, 道心之微." 危微之幾, 唯明君子而後能知之. 故人心譬如槃水, 正錯而勿動, 則湛濁在下而淸明在上, 則足以見鬚眉而察理矣. 微風過之, 湛濁動乎下, 淸明亂於上, 則不可以得大形之正也. 心亦如是矣. 故導之以理, 養之以淸, 物莫之傾, 則足以定是非決嫌疑矣. 小物引之, 則其正外易, 其心內傾, 則不足以決庶理矣.)

9.

글을 좋아한 사람은 많았는데, 창힐만 알려진 것은 그의 마음이 한결같았기 때문이다. 농사를 좋아한 사람은 많았는데, 후직만 알려진 것은 그의 마음이 한결같았기 때문이다. 음악을 좋아한 사람은 많았는데, 기만 알려진 것은 그의 마음이 한결같았기 때문이다. 올바름을 좋아한 사람은 많았는데, 순임금만 알려진 것은 그의 마음이 한결같았기 때문이다. 수는 활을 만들고 부유는 화살을 만들었는데, 활쏘기에 정통한 사람은 예였다. 해중은 수레를 만들고 승두는 수레에 말을 매었는데, 수레몰이에 정통한 사람은 조보였다. 예부터 이제까지 두 마음을 지니고도 한 가지 일에 정통할 수 있었던 사람은 없었다. 증자는 이렇게 말했다. "마당에서 쥐를 잡을 수 있을지 생각하면서 어떻게 나와 함께 노래할 수 있으랴!"

석굴 안에 어떤 사람이 있었는데, 그의 이름은 급이었다. 그 사람됨이 어림하여 잘 맞추면서 생각하기를 좋아했다. 그러나 귀와 눈이 욕망에 사로잡히면 그 생각이 흩어졌고, 모기나 등에 소리가 들리면 정신이 흐트러졌다. 그래서 귀와 눈의 욕망을 물리치고 모기나 등에 소리를 멀리하고서 느긋하게 앉아 고요하게 생각하면 환히 꿰뚫었다. 이런 식으로 어짊을 생각한다면, 미묘하다고 할 수 있을까? 맹자는 아내의 그릇됨을 미워하여 아내를 내쫓았는데, 이는 스스로 힘썼다고 말할 수는 있으나 제대로 생각하는 데에는 미치지 못한 것이다. 유자는 누워 자는 것을 싫어하여 제 손바닥을 불로 지졌는데, 이는 스스로 잘 참았다고 할 수는 있으나 제대로 좋아하는 것에는 미치지 못한 것이다. 귀와 눈의 욕망을 물리치고 모기나 등에 소리를 멀리하는 것으로는 삼간다고 할 수는 있으나 미묘하다고 할 수는 없다.

저 미묘함은 지극한 사람의 경지다. 지극한 사람인데, 무엇을 힘쓰고 무엇을 참으며 무엇을 삼가겠는가? 그러므로 흐린 밝음은 밖을 환하게 하고, 맑은 밝음은 안을 환하게 한다. 성인은 욕망을 좇고 감정대로 하지만 이치로써 잡도리하니, 대체 무엇을 힘쓰고 무엇을 참으며 무엇을 삼가겠는가? 그래서 어진 이가 도를 행할 때는 억지로 함이 없고, 성인이 도를 행할 때는 힘써 하는 일이 없다. 어진 이의 생각은 깍듯하고, 성인의 생각은 즐겁다. 이것이 마음을 다스리는 도다.

(故好書者衆矣, 而倉頡獨傳者, 壹也; 好稼者衆矣, 而后稷獨傳者, 壹也; 好樂者衆矣, 而夔獨傳者, 壹也; 好義者衆矣, 而舜獨傳者, 壹也. 倕作弓, 浮游作矢, 而羿精於射; 奚仲作車, 乘杜作乘馬, 而造父精於御. 自古及今, 未嘗有兩而能精者也. 曾子曰, "是其庭可以搏鼠, 惡能與我歌矣!"

空石之中有人焉, 其名曰觙. 其爲人也, 善射以好思. 耳目之欲接, 則敗其思; 蚊蝱之聲聞, 則挫其精. 是以闢耳目之欲, 而遠蚊蝱之聲, 閑居靜思則通. 思仁若是, 可謂微乎? 孟子惡敗而出妻, 可謂能自彊矣, 未及思也. 有子惡臥而焠掌, 可謂能自忍矣, 未及好也. 闢耳目之欲, (可謂能自彊矣, 未及思也.) 蚊蝱之聲聞則挫其精, 可謂危矣, 未可謂微也.

夫微者至人也. 至人也, 何彊, 何忍, 何危? 故濁明外景, 清明內景. 聖人縱其欲, 兼其情, 而制焉者理矣, 夫何彊, 何忍, 何危? 故仁者之行道也, 無爲也; 聖人之行道也, 無彊也. 仁者之思也, 恭; 聖人之思也, 樂. 此治心之道也.)

10.

무릇 사물을 보았을 때 의심이 나서 마음속이 안정되지 않으면 바깥 사물이 또렷하지 않게 되고, 내 생각이 맑지 않으면 그런지 그렇지 않은지 결정할 수 없다. 어둑어둑한 데를 가는 사람은 가로놓인 바위를 보고 엎드린 범으로 여기고, 똑바로 선 나무를 보고는 서 있는 사람으로 여기는데, 이는 어둑어둑한 것이 밝은 눈을 가렸기 때문이다. 술 취한 사람은 백 걸음이나 되는 개울을 건너고는 반걸음이면 건너는 도랑으로 여기고, 몸을 수그린 채 성문을 나와서는 조그만 문으로 여기는데, 이는 술이 그 정신을 어지럽혔기 때문이다. 눈을 지그시 누른 채 물건을 보면 하나가 둘로 보이고, 귀를 막은 채 소리를 들으면 조용한 데도 떠들썩한 듯이 들리는데, 이는 형세가 그의 감각기관을 어지럽혔기 때문이다.

그러므로 산 위에서 멀리 소를 바라보면 양처럼 보이지만 양을 찾는 자가 내려가서 그것을 끌고 오지 않는 것은 먼 거리가 그 크기를 가렸기 때문이다. 산 아래에서 멀리 나무를 바라보면 열 길이나 되는 나무도 젓가락처럼 보이지만 젓가락을 찾는 자가 올라가서 꺾지 않는 것은 그 높이가 길이를 가렸기 때문이다. 물이 움직이면 그림자도 흔들리는

데, 사람들이 그림자를 보고서 좋다거나 나쁘다고 판단하지 않는 것은 물의 형세가 눈을 어질어질하게 해서다. 장님은 하늘을 올려다보아도 별을 보지 못하는데, 사람들이 그것으로 별이 있는지 없는지 결정하지 않는 것은 그의 눈이 멀었기 때문이다. 어떤 사람이 이런 상황에서 사물을 판단한다면, 그는 세상에서 가장 어리석은 자다. 저 어리석은 자가 사물을 판단하는 것은 의심스런 것으로써 의심스런 것을 판단한 짓이니, 그 판단은 반드시 마땅하지 않다. 참으로 마땅하지 않다면, 어찌 허물이 없을 수 있겠는가?

(凡觀物有疑, 中心不定, 則外物不淸, 吾慮不淸, 則未可定然否也. 冥冥而行者, 見寢石以爲伏虎也, 見植杖以爲後人也, 冥冥蔽其明也. 醉者越百步之溝, 以爲蹞步之澮也, 俯而出城門, 以爲小之閨也, 酒亂其神也. 厭目而視者, 視一以爲兩, 掩耳而聽者, 聽漠漠而以爲哅哅, 埶亂其官也.

故從山上望牛者若羊, 而求羊者不下牽也, 遠蔽其大也; 從山下望木者, 十仞之木若箸, 而求箸者不上折也, 高蔽其長也. 水動而景搖, 人不以定美惡, 水埶玄也. 瞽者仰視而不見星, 人不以定有無, 用精惑也. 有人焉, 以此時定物, 則世之愚者也. 彼愚者之定物, 以疑決疑, 決必不當. 夫苟不當, 安能無過乎?)

11.

하수 어귀의 남쪽에 연촉량이라는 사람이 있었다. 그 사람됨이 어리석어서 무서움을 잘 탔다. 어느 달 밝은 밤에 길을 가다가 제 그림자를 내려다보고는 귀신이 엎드려 있는 것이라 여기더니 또 제 머리칼을 올려다보고는 도깨비가 서 있는 것이라 여겨 뒤돌아서서는 냅다 뛰어 집에 이르렀으나, 곧바로 숨이 끊어져 죽어버렸다. 어찌 슬픈 일이 아니겠는가?

무릇 사람들이 귀신이 있다고 여기는 것은 틀림없이 깜짝 놀라서 정신이 나가거나 의심으로 헷갈리는 때에 그렇다고 결정해버려서다. 이렇게 사람들은 없는 것을 있다고 하고 있는 것을 없다고 하기도 하는데, 이는 자신의 경험으로 일을 결정해버리기 때문이다. 습기로 말미암아 병에 걸리면 북을 치면서 마비 증세를 물리치려고 하는데, 그러면 반드시 북만 해지고 돼지만 낭비하게 된다. 그럼에도 병이 낫는 복을 누리지 못한다. 그러므로 비록 하수 어귀의 남쪽에 살지 않는 사람이라도 연촉량과 별 다를 바가 없다.

(夏首之南有人焉, 曰涓蜀梁. 其爲人也, 愚而善畏. 明月而宵行, 俯見其影, 以爲伏鬼也, 卬視其髮, 以爲立魅也, 背而走, 比至其家, 失氣而死. 豈不哀哉!

凡人之有鬼也, 必以其感忽之間, 疑玄之時, 正之. 此人之所以無有而有無之時也, 而己以正事. 故傷於溼而擊鼓鼓痹, 則必有蔽鼓喪豚之費矣, 而未有俞疾之福也. 故雖不在夏首之南, 則無以異矣.)

12.

무릇 사람의 본성을 알면 사물의 이치를 알 수 있다. 사람의 본성을 알 수 있는 방법으로써 사물의 이치를 알 수 있는 방법을 구할 수 있으나, 의심스런 곳에서 멈출 줄 모른다면 한평생이 다하도록 두루 미칠 수 없다. 그것은 이치를 꿰는 방법은 비록 수만 수십만 가지라 하더라도 끝내 온갖 것들의 변화를 다 아우르기에는 모자라기 때문이니, 자칫 어리석은 자와 똑같이 된다.

배우면서도 제 몸이 늙고 자식들이 다 자라도록 어리석은 자와 똑같이 되고 심지어 그만두어야 한다는 것도 모른다면, 이런 자야말로 망령된 사람이다. 그러므로 배움이란 참으로 이르러야 할 데를 배우는 일이다. 어디에 이르러야 하는가? 지극한 만족에 이르러야 한다. 무엇을 지극한 만족이라 하는가? 말하자면, 성인이다. 성인이란 모듬살이의 이치를 다 꿰뚫은 사람이고, 왕자는 모든 제도를 다 마련한 사람이다. 이 두 가지를 다한 사람이야말로 천하의 마루가 되기에 넉넉하다.

그러므로 배우는 자는 성왕을 스승으로 삼고, 성왕의 제도를 잘 따져 법도로 삼으며, 그 법도를 본받아서 갖가지 것들을 하나로 묶는 줄기를 찾고, 그 사람을 본받고 닮으려 애쓴다. 성왕의 도를 향해 힘쓰는 이는 선비고, 성왕과 비슷하게 가까워진 이는 군자며, 성왕의 도를 아는 이는 성인이다.

지혜가 있으면서도 이를 꾀하지 않는 자는 두려워하는 자요, 용기가 있으면서도 이를 떠받들지 않는 자는 해치는 자요, 잘 살피면서도 이를 분명히 하지 않는 자는 가로채는 자요, 능력이 많으면서도 이를 매끈하게 닦지 않는 자는 간교한 자요, 말재주가 날카로우면서도 이를 말하지 않는 자는 수다스런 자다. "천하에는 두 가지가 있는데, 그름을 통해 옳음을 살피는 것이 있고, 옳음을 통해 그름을 살피는 것이 있다"는 말이 전하는데, 이는 성왕의 제도와 합치되는 것과 성왕의 제도와 합치되지 않는 것을 이른다. 천하에 이 성왕의 도를 올바른 기준으로 삼지 않으면서도 옳음과 그름을 구분하고 굽음과 곧음을 바로잡을 수 있는 자가 있겠는가?

(凡以知人之性也, 可以知物之理也. 以可以知人之性, 求可以知物之理, 而無所疑止之, 則沒世窮年不能徧也. 其所以貫理焉雖億萬, 已不足以浹萬物之變, 與愚者若一.

學, 老身長子, 而與愚者若一, 猶不知錯, 夫是之謂妄人. 故學也者, 固學止之也. 惡乎止之? 曰, 止諸至足. 曷謂至足? 曰, 聖也. 聖也者, 盡倫者也; 王也者, 盡制者也. 兩盡者, 足以爲天下極矣.

故學者, 以聖王爲師, 案以聖王之制爲法, 法其法以求其統類, 以務象效其人. 嚮是而務, 士也; 類是而幾, 君子也; 知之, 聖人也.

故有知非以慮是, 則謂之懼; 有勇非以持是, 則謂之賊; 察孰非以分是, 則謂之篡; 多能非以脩蕩是, 則謂之知; 辯利非以言是, 則謂之誰. 傳曰,

"天下有二, 非察是, 是察非, 謂合王制與不合王制也." 天下有不以是爲隆正也, 然而猶有能分是非治曲直者邪?)

13.

만약 옳음과 그름을 구분하는 일을 그르다 하고, 굽음과 곧음을 바로잡는 일을 그르다 하며, 다스림과 어지러움을 구별하여 따지는 일을 그르다 하고, 사람의 도를 다스리는 일을 그르다 한다면, 비록 능력이 있더라도 사람들에게 아무런 이익이 없고 능력이 없더라도 사람들에게 아무런 손해가 없다. 그런 자는 괴상한 이론을 늘어놓고 기이한 언사로 장난치면서 서로 뒤죽박죽으로 만들어버린다. 남의 입을 막고 누르면서 말재주를 피우고, 낯가죽이 두꺼워서 남이 욕해도 끄떡없으며, 올바르지 않으면서도 함부로 건방지게 굴고, 망령된 논리를 펴면서 잇속을 차리며, 사양할 줄 모르고 예의를 갖출 줄 모르며 상대를 밀쳐내기 좋아하니, 이는 난세에 간사한 자가 펴는 이론이다. 그런데 천하에 이론을 펴는 자들 가운데에는 이런 자들이 꽤 많다. "자잘하게 쪼개서 말하는 걸 잘 살핀다고 하고, 사물들을 잔뜩 늘어놓는 걸 말재주 있다고 하는 것을 군자는 천하게 여긴다. 널리 듣고 잘 기억한다 해도 왕자의 제도에 맞지 않으면, 군자는 그것을 천하게 여긴다"는 말이 전하는데, 이를 이른다.

애써 해도 이루는 데에 보탬이 되지 않는 게 있고, 힘써 구해도 얻는 데에 보탬이 되지 않는 게 있으며, 걱정하며 속을 태워도 일에 보탬이 되지 않는 게 있다. 그런 것들은 멀찌감치 버려두어서 자신에게 헤살부리지 않게 하고 잠시라도 마음속에 파고들지 못하게 해야 한다. 지나간 것에 마음을 두지 말고, 올 것을 미리 걱정하지 말며, 답답해하거나 안타까워하는 마음을 갖지 말아야 한다. 때가 되면 움직이고, 올 것이 오면 응하며, 일이 생기면 잘 가려서 처리하라. 그러면 다스려질 것인지

어지러워질 것인지, 될 수 있는지 될 수 없는지가 환하게 드러나리라!

(若夫非分是非, 非治曲直, 非辨治亂, 非治人道, 雖能之, 無益於人, 不能, 無損於人. 案直將治怪說, 玩奇辭, 以相撓滑也. 案彊鉗而利口, 厚顔而忍詬, 無正而恣睢, 妄辨而幾利, 不好辭讓, 不敬禮節, 而好相推擠, 此亂世姦人之說也. 則天下之治說者, 方多然矣. 傳曰, "析辭而爲察, 言物而爲辨, 君子賤之, 博聞彊志, 不合王制, 君子賤之," 此之謂也.

爲之無益於成也, 求之無益於得也, 憂戚之無益於幾也. 則廣焉能棄之矣, 不以自妨也, 不少頃干之胸中. 不慕往, 不閔來. 無邑憐之心. 當時則動, 物至而應, 事起而辨. 治亂可否, 昭然明矣!)

14.

은밀하면 성공하고 새나가면 실패한다고 해도 밝은 군주는 그런 짓을 하지 않는다. 드러내야 성공하고 감추면 실패한다고 해도 어리석은 군주는 그런 짓을 하지 않는다. 그러므로 군주가 은밀하면, 헐뜯는 말이 이르고 곧은 말은 되돌아가며 소인이 가까이 오고 군자는 멀어진다. 시에서 "컴컴한 것을 환하다 하고, 여우와 살쾡이 털을 파랗다 하네"라고 했는데, 이는 위가 어두우니 아래가 엉큼하다는 뜻이다.

군주가 드러내면, 곧은 말이 이르고 헐뜯는 말이 되돌아가며 군자가 가까이 오고 소인은 멀어진다. 시에서 "밝고 밝은 이들이 아래에 있고, 빛나고 빛나는 이가 위에 있도다"라고 했는데, 이는 위가 밝으니 아래가 교화된다는 뜻이다.

(周而成, 泄而敗, 明君無之有也; 宣而成, 隱而敗, 闇君無之有也. 故君人者周, 則讒言至矣, 直言反矣, 小人邇而君子遠矣. 詩云, "墨以爲明, 狐狸而蒼," 此言上幽而下險也.

君人者宣, 則直言至矣, 而讒言反矣, 君子邇而小人遠矣. 詩曰, "明明在下, 赫赫在上," 此言上明而下化也.)

정천구

1967년생. 부산대학교 국어국문학과를 졸업하고 서울대학교 대학원에서 석사와 박사 학위를 받았다. 삼국유사를 연구의 축으로 삼아 동아시아 여러 나라의 문학과 사상 등을 비교 연구하고 있으며, 현재는 대학 밖에서 '바까데미아(바깥+아카데미아)'라는 이름으로 인문학 강좌를 열고 있다.

저서로 『논어, 그 일상의 정치』『맹자독설』『삼국유사, 바다를 만나다』『중용, 어울림의 길』『맹자, 시대를 찌르다』『한비자』『한비자, 제국을 말하다』『대학, 정치를 배우다』 등이 있고, 역서로 『차의 책』『동양의 이상』『밝은 마음을 비추는 보배로운 거울』『원형석서』『일본영이기』『삼교지귀』 등이 있다.

대학, 정치를 배우다 **고전오디세이 08**

초판 1쇄 발행 2018년 5월 21일

지은이 정천구
펴낸이 강수걸
편집장 권경옥
편집 정선재 윤은미 김향남 이송이 이은주
디자인 권문경 조은비
펴낸곳 산지니
등록 2005년 2월 7일 제333-3370000251002005000001호
주소 부산시 해운대구 수영강변대로 140 BCC 613호
전화 051-504-7070 | 팩스 051-507-7543
홈페이지 www.sanzinibook.com
전자우편 sanzini@sanzinibook.com
블로그 http://sanzinibook.tistory.com

ISBN 978-89-6545-499-1 04150
978-89-6545-169-3 (세트)

* 책값은 뒤표지에 있습니다.
* 이 도서의 국립중앙도서관 출판예정도서목록(CIP)은 서지정보유통지원시스템 홈페이지(http://seoji.nl.go.kr)와 국가자료공동목록시스템(http://www.nl.go.kr/kolisnet)에서 이용하실 수 있습니다.(CIP제어번호: CIP2018008811)

:: 산지니에서 펴낸 책 ::

진화와 윤리 고전오디세이 01
19세기 자유주의 과학인의 멘토 토마스 헉슬리의 윤리 선언
토마스 헉슬리 지음 | 이종민 옮김 | 국판 양장 192쪽

맹자독설 고전오디세이 02
과거와 현재를 관통하는 고전의 힘
정천구 지음 | 국판 268쪽

삼국유사, 바다를 만나다 고전오디세이 03 *2013 대한출판문화협회 청소년도서
인문의 바다, 민중의 바다, 이야기의 바다를 항해하다
정천구 지음 | 신국판 292쪽

중용, 어울림의 길 고전오디세이 04
『논어』『맹자』『순자』『예기』와 어우러진 새로운 『중용』을 읽다
정천구 지음 | 신국판 양장 340쪽

맹자, 시대를 찌르다 고전오디세이 05 *2014 부산문화재단 우수도서
아름다운 순우리말 번역의 새로운 맹자 주석서
정천구 지음 | 신국판 양장 608쪽

한비자 고전오디세이 06
쉽고 명료한 번역으로 접하는 인간사의 실상과 이치
한비 지음 | 정천구 옮김 | 신국판 양장 568쪽

한비자, 제국을 말하다 고전오디세이 07
통치술의 고전 한비자를 통해 한국 사회를 진단하다
정천구 지음 | 신국판 256쪽

대학, 정치를 배우다 고전오디세이 08
유교 정치학의 교과서
정천구 지음 | 신국판 양장 420쪽

논어, 그 일상의 정치 고전오디세이 09
정확한 주석과 새로운 해석으로 만든 또 하나의 〈논어〉 주석서
정천구 지음 | 신국판 양장 640쪽